改訂版

伝統を知り、
今様に着る

着物の事典

大久保信子 監修

池田書店

はじめに

若かりし頃、学校の授業で「温故知新（おんこちしん）」という言葉を学びました。「古い物事を研究して、新しい道理を得ること」という意味のこの言葉は、私が常に心がける大好きな教訓となりました。建築家を志す方々も、京都などの古い建築物を研究するとお聞きしたことがあります。

着物は日本の長い歴史と伝統の中から生まれた、合理的かつ美しさの極致とも思われる衣装です。時代は二十世紀から二十一世紀に変わり、ファッションの世界も、気象も著しいスピードで変化しており、社会現象の変化は当然着物にも及んでおります。私が日頃仕事を通して接している若い方々の着物に対する考え方も、どんどんこの変化に対応しております。

この『伝統を知り、今様に着る　着物の事典』は「温故知新」の心がけを旨としながら、その変化に対応したものにするため、スタッフの方々と白熱した議論と検討を重ねて完成されました。

なお、このたびの改訂版では、シーン別フォーマル着物の着こなし、単衣（ひとえ）・薄物の着こなし、具体的な着付けの方法について追加しました。

付記

この本の製作にあたり、商社の皆様にはすばらしい商品を提供いただきましたこと、深く御礼申し上げます。

大久保 信子

もくじ

三章 カジュアル着物

四章 浴衣

五章 季節の着分け

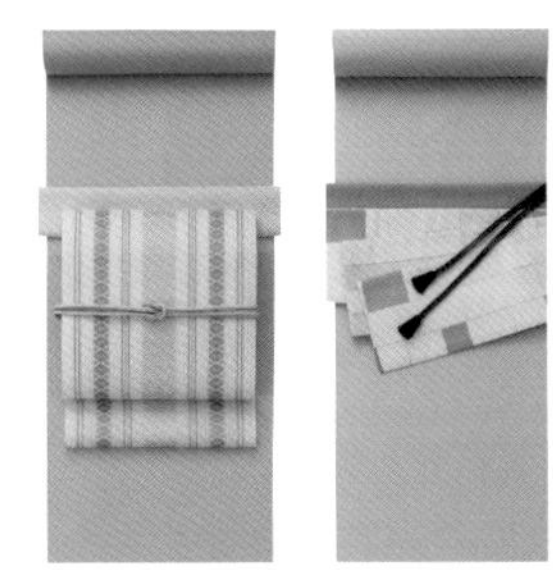

六章 着付けのルール

七章 買い方・しまい方

八章 和のふるまい

巻末資料

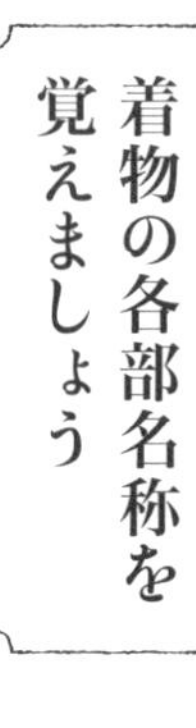

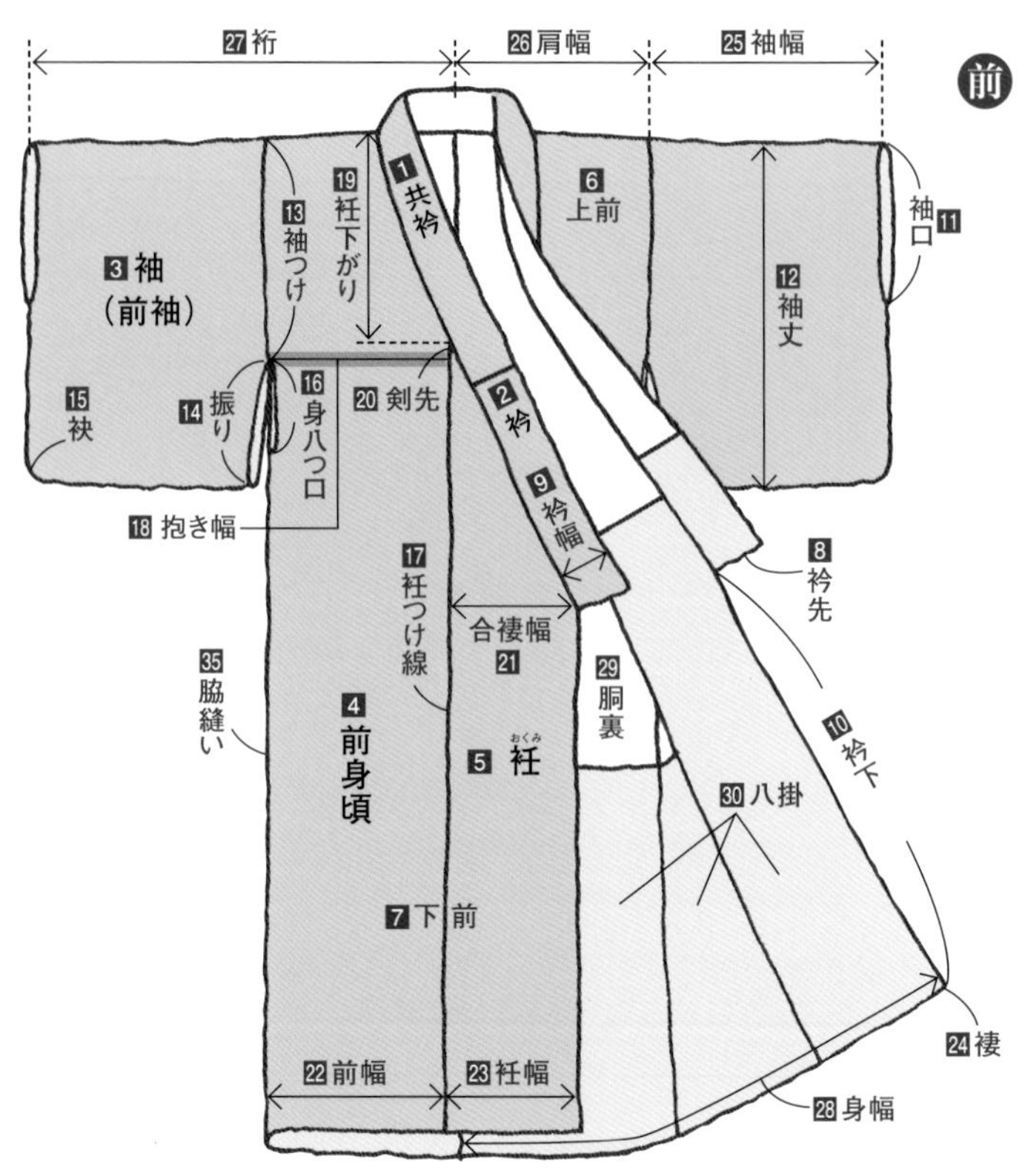

前

1 共衿（ともえり）
衿の汚れを防止するために、着物の表地と同じ布を衿の上につける衿のこと。「掛け衿」ともいう。

2 衿（えり）
首周りの細長い布の部分。掛け衿と区別する場合は地衿と呼ぶ。

3 袖（そで）
両腕を覆う部分。

4 前身頃（まえみごろ）
体の前面の袖と衽の間の部分。

5 衽（おくみ）
衿から裾まで前身頃を十分合わせるために縫いつける半幅の部分。

6 上前（うわまえ）
着物を着て前を合わせたとき、上になる部分。左前身頃と左衽。

7 下前（したまえ）
着物を着て前を合わせたとき、下になる部分。右前身頃と右衽。

8 衿先（えりさき）
着物の衿の先端。

9 衿幅（えりはば）
衿の幅。

10 衿下（褄下）（えりした（つました））
衿先から褄先までの寸法。

11 袖口（そでぐち）
袖から手先を出すために開いた部分。

12 袖丈（そでたけ）
袖山から袖下までの袖の長さ。

13 袖つけ（そで）
身頃に袖を縫いつけた部分。

14 振り（ふ）
袖つけから下の袖が開いている部分。

15 袂（たもと）
袖の下の袋のようになった部分。

16 身八つ口（みやくち）
着物の身頃の脇の開き。

17 衽つけ線（おくみ）
衽と前身頃を縫い合わせた線。

18 抱き幅（だきはば）
衽つけ線から脇縫いの身八つ口どまりの部分の幅。

19 衽下がり（おくみさ）
肩山から剣先までの間の寸法。

20 剣先（けんさき）
衽の上端で衿と身頃とが合わさった細くとがった部分。衽先ともいう。

21 合褄幅（あいづまはば）
衿先の直角の位置から衽つけ線までの幅。

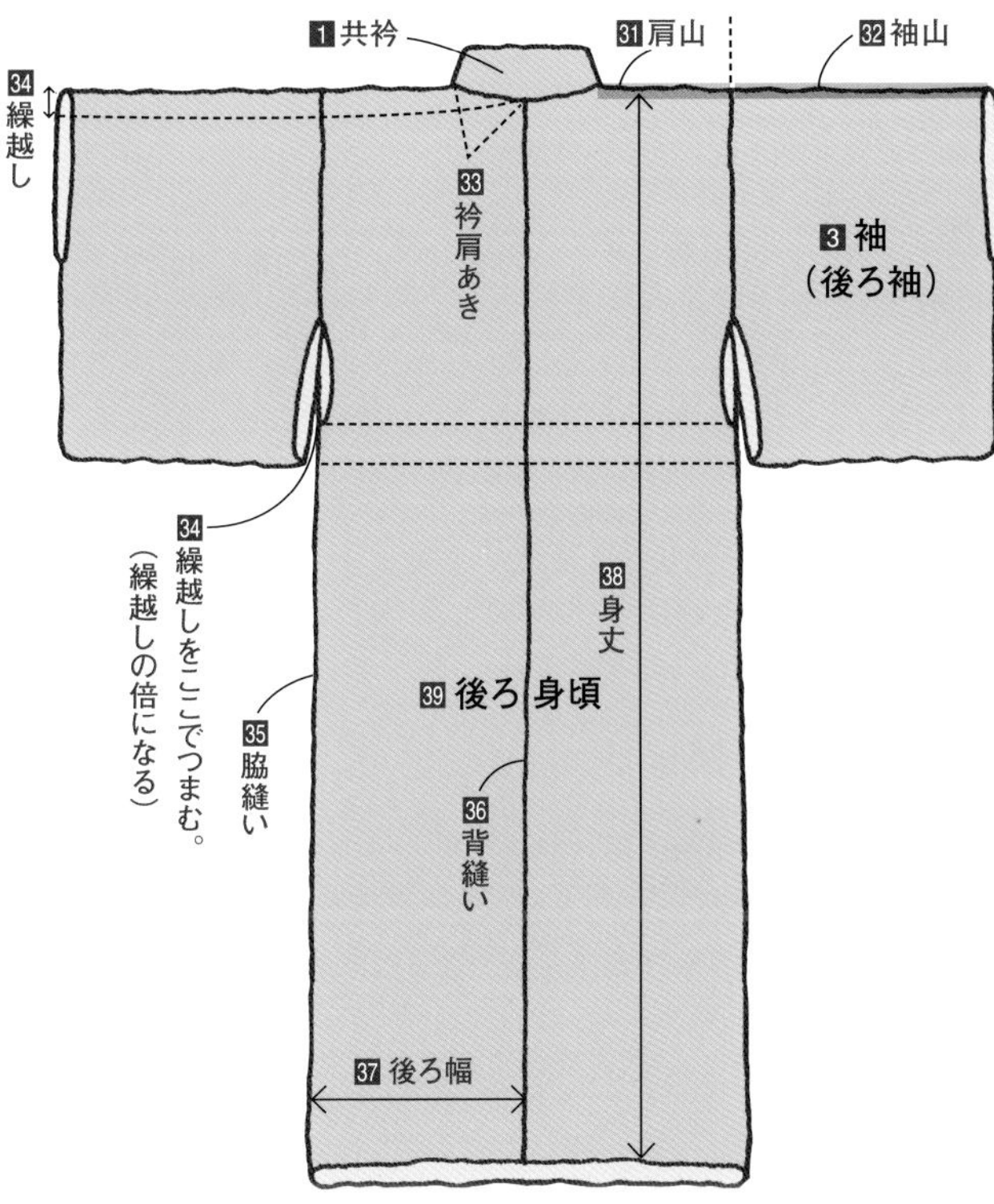

38 身丈（みたけ）
肩山から裾までの長さ。

39 後ろ身頃（うしろみごろ）
後ろの脇縫いから脇縫いまで。前身頃と繋がっている。

34 繰越し（くりこし）
衿を抜いて着るために、衿肩あきを肩山より後ろ身頃にずらすこと。

35 脇縫い（わきぬい）
前身頃と後ろ身頃を縫い合わせた縫い目。脇線ともいう。

36 背縫い（せぬい）
左右の後ろ身頃を縫い合わせた縫い目。背中心ともいう。

37 後ろ幅（うしろはば）
背縫いから脇縫いまでの裾の幅。

ろ

31 肩山（かたやま）
前身頃と後ろ身頃の折り目の山のこと。

32 袖山（そでやま）
袖の前と後ろの折り目の山のこと。

33 衿肩あき（えりかたあき）
着物の肩に衿をつけるために、背縫いから首周りの寸法に合わせて横に入れた切れ込み。

27 裄（ゆき）
背縫いから袖口までの寸法。肩幅と袖幅を足した幅。

28 身幅（みはば）
着物全体の幅のこと。衽幅、前幅、後ろ幅を足した幅。

29 胴裏（どううら）
着物の胴部分につける裏地。

30 八掛（はっかけ）
着物の裏地で、前身頃、後ろ身頃、衽、衿先、袖口の左右2枚ずつにつける。裾回し（すそまわし）ともいう。

22 前幅（まえはば）
衽つけ線から脇縫いまでの裾口の幅。

23 衽幅（おくみはば）
衽つけ線から褄までの裾口の幅。

24 褄（つま）
裾の左右両端部分。褄先ともいう。

25 袖幅（そではば）
袖つけから袖口までの寸法。袖山の幅。

26 肩幅（かたはば）
背縫いから袖つけまでの寸法。肩山の幅。

着姿の各部名称を覚えましょう

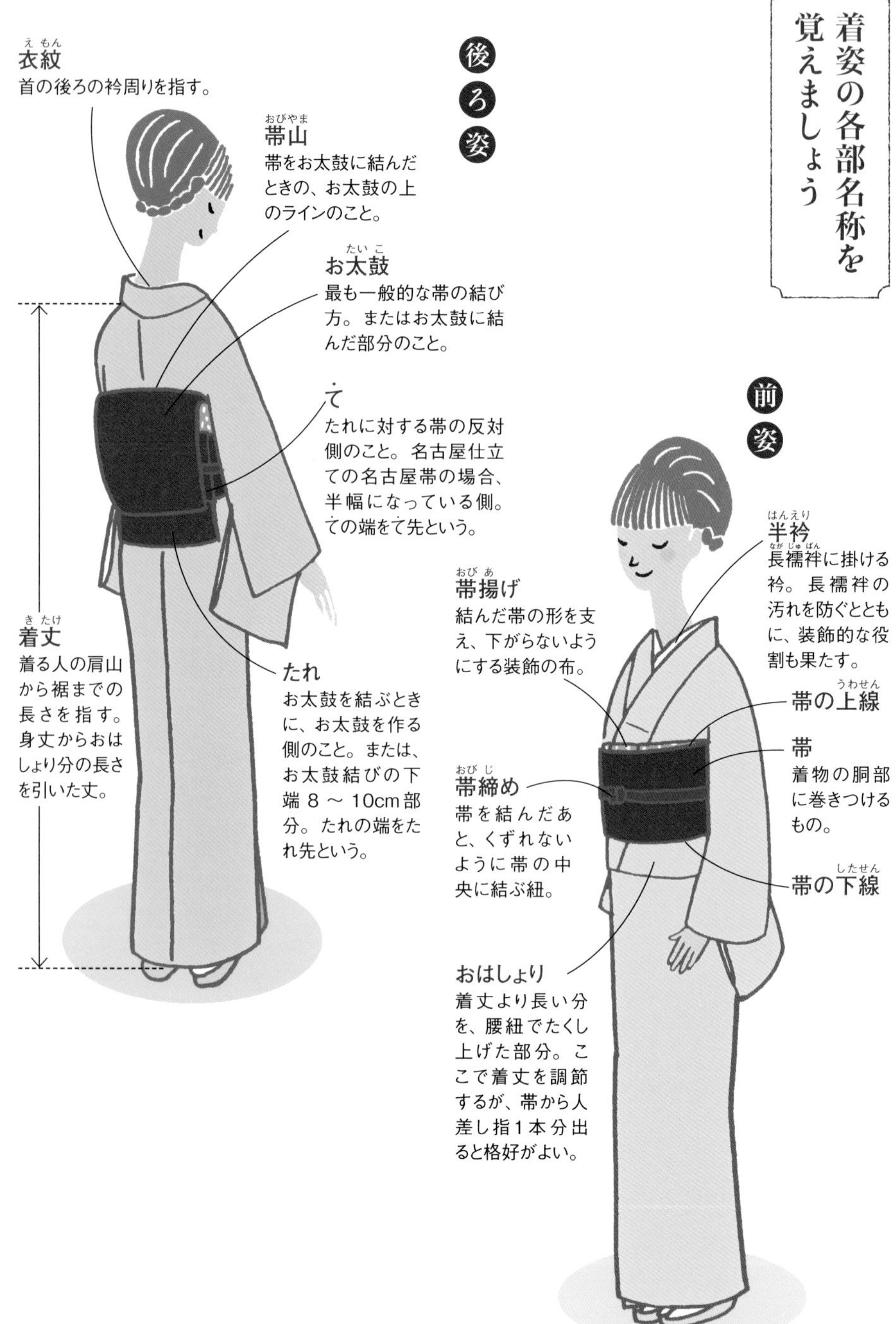

後ろ姿
衣紋
首の後ろの衿周りを指す。
帯山
帯をお太鼓に結んだときの、お太鼓の上のラインのこと。
お太鼓
最も一般的な帯の結び方。またはお太鼓に結んだ部分のこと。
て
たれに対する帯の反対側のこと。名古屋仕立ての名古屋帯の場合、半幅になっている側。ての端をて先という。
着丈
着る人の肩山から裾までの長さを指す。身丈からおはしょり分の長さを引いた丈。
たれ
お太鼓を結ぶときに、お太鼓を作る側のこと。または、お太鼓結びの下端 8 ～ 10cm 部分。たれの端をたれ先という。
前姿
半衿
長襦袢に掛ける衿。長襦袢の汚れを防ぐとともに、装飾的な役割も果たす。
帯揚げ
結んだ帯の形を支え、下がらないようにする装飾の布。
帯の上線
帯
着物の胴部に巻きつけるもの。
帯締め
帯を結んだあと、くずれないように帯の中央に結ぶ紐。
帯の下線
おはしょり
着丈より長い分を、腰紐でたくし上げた部分。ここで着丈を調節するが、帯から人差し指１本分出ると格好がよい。

一章 着物の基本

着物一枚を仕立てるのに、必要な繭の量を知っていますか？
着物を着こなすには、まず着物を知ることです。
着物を知ることは、「染め」と「織り」の違いを知ることです。
やわらかな雰囲気の染めの着物と、折り目正しい凛とした織りの着物。
どのようにして着物ができるかを理解すれば、
着物をより身近に感じることができるでしょう。
絢爛豪華な織りの帯と、たおやかさを表現する染めの帯もご紹介します。

染めと織り、何が違う？

着物を区別するときの最も大きな分け方が「染め」と「織り」です。染めと織りから着物の種類をとらえると、フォーマルとカジュアルの違いを理解しやすくなります。

染めの着物

織りの着物

「染め」と「織り」の違い

布は糸を織って作ります。白い糸を織って白布にし、それを染め、色柄をつけたものを「染め」といいます。一方、糸そのものを染め、それを織ることによって模様を出したものを「織り」といいます。後で染めるか先に染めるかの違いで、例外を除いて、後染め＝染め、先染め＝織りとなります。

染めの着物

フォーマルの着物は、染めの着物が主流です。極細い生糸で織られた薄くやわらかな風合いの生地に、染色をほどこします。生地はさまざまですが、手ざわりがしっとりとしているため「やわらかもの」ともいわれ、動きにより揺れる生地感は、優雅な印象です。柄づけにより、さらに種類が分かれます。

織りの着物

「やわらかもの」に対して「硬い着物」ともいわれる織りの着物は主として紬を指し、真綿から紡がれる紬糸で織られます。紬糸は生糸より太く、織り上がる布は地厚になります。紬のほか、御召や木綿、ウールの着物も糸を先に染めることが多く、織りの着物に分類されます。総じて織りの着物は街着として着られます。

帯の織りと染め

着物とは逆に、帯の場合は、一般的には織りの帯がフォーマル、染めの帯がカジュアルとされます。織りの帯には金銀を配した豪華なものが多く、装いの格調を高くします。対して染めの帯はやわらかな印象を与えます。帯の作りによりさらに種類が分かれますが、帯の形よりも柄の風格によってフォーマルであるかが決まります。

織りの帯

染めの帯

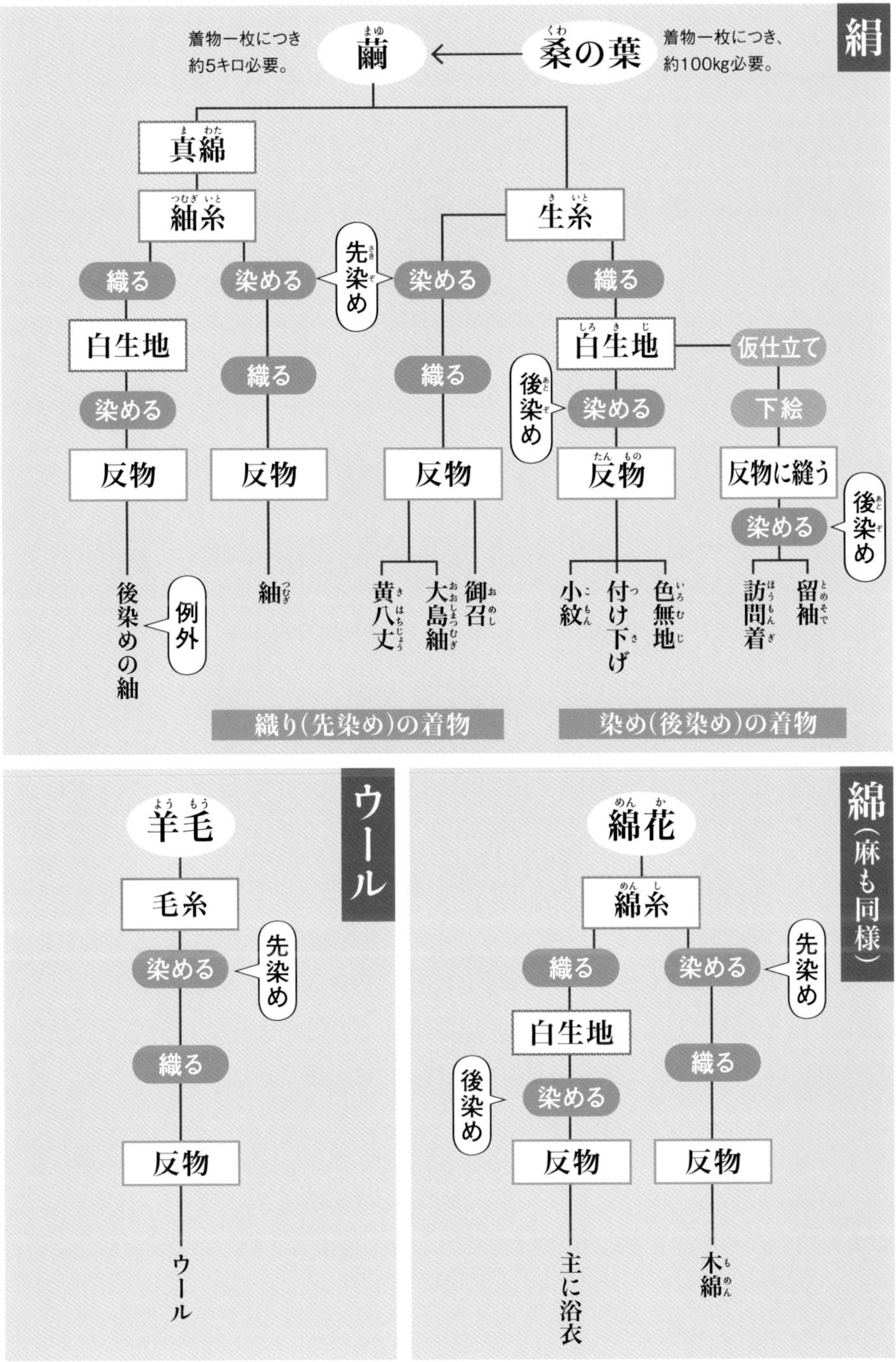

絹

桑の葉　着物一枚につき、約100kg必要。
↓
繭　着物一枚につき約5キロ必要。

真綿 → 紬糸
- 織る → 白生地 → 染める → 反物 → 後染めの紬（例外）
- 染める（先染め） → 織る → 反物 → 紬

生糸
- 染める（先染め） → 織る → 反物 → 黄八丈、大島紬、御召
- 織る → 白生地 → 染める（後染め） → 反物 → 小紋、付け下げ、色無地
- 白生地 → 仮仕立て → 下絵 → 反物に縫う → 染める（後染め） → 訪問着、留袖

織り（先染め）の着物

染め（後染め）の着物

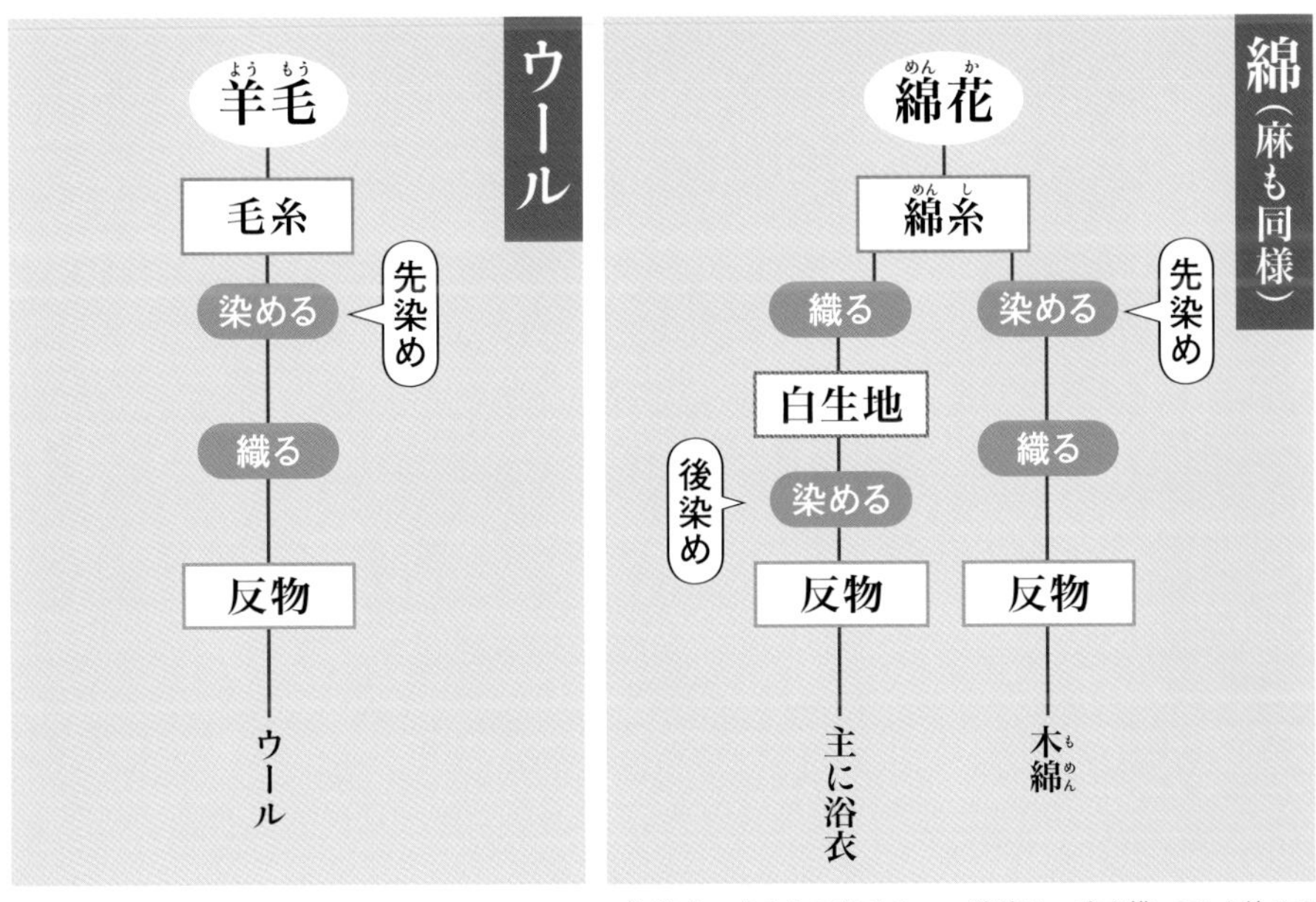

先染め…糸を先に染める　後染め…布を織ってから染める

染めの着物を知る

生糸で白生地を織り、色を染める

染めの着物とは、生糸で白生地を織り、後から色を染めた着物のことです。そのため、「後染め」とも呼ばれます。染めの着物の仕立て方と特徴を紹介します。

白生地（しろきじ）

絽（ろ）

縞状の筋が特徴。夏の着物や帯、小物に用いる。

縮緬（ちりめん）

緯（よこ）糸に強い撚りをかけた生糸を用い、生地にしぼと呼ばれる凹凸がある。

綸子（りんず）

光沢があり、華やかな雰囲気の生地。複雑に経（たて）糸と緯（よこ）糸を交差させて凹凸をつけ、地紋を織り出したものが多い。

白生地／銀座もとじ

繭（まゆ）

蚕が蛹（さなぎ）になるために、口から絹糸を出して自分の身を保護する覆い。1個の繭から1000~·1500mの生糸が引ける。

生糸（きいと）

繭から引き出した糸を撚り合わせて1本にした絹糸。生糸についているたんぱく質を除去すると、つるんとした光沢が生まれる。

繭・生糸／さが美

生糸を織り上げ、白生地の反物に

染めの着物には、繭（まゆ）から引き出した糸を撚（よ）り合わせた生糸と呼ばれる絹糸を用います。細くなめらかな生糸で織り上げた生地は、薄くてやわらかく、光沢があります。織り方により綸子（りんず）、縮緬（ちりめん）、絽（ろ）など、さまざまな質感の生地が生まれ、「地紋」と呼ばれる模様を織り出すこともあります。

そのほかに、撚りをかけない生糸を用いるなめらかで艶やかな「羽二重（はぶたえ）」、羽二重の一種でしっかりした生地感が特徴の「塩瀬（しおぜ）」など、着物の種類や染め方によって、適した生地が織られます。

白生地を一色で染めて色無地に

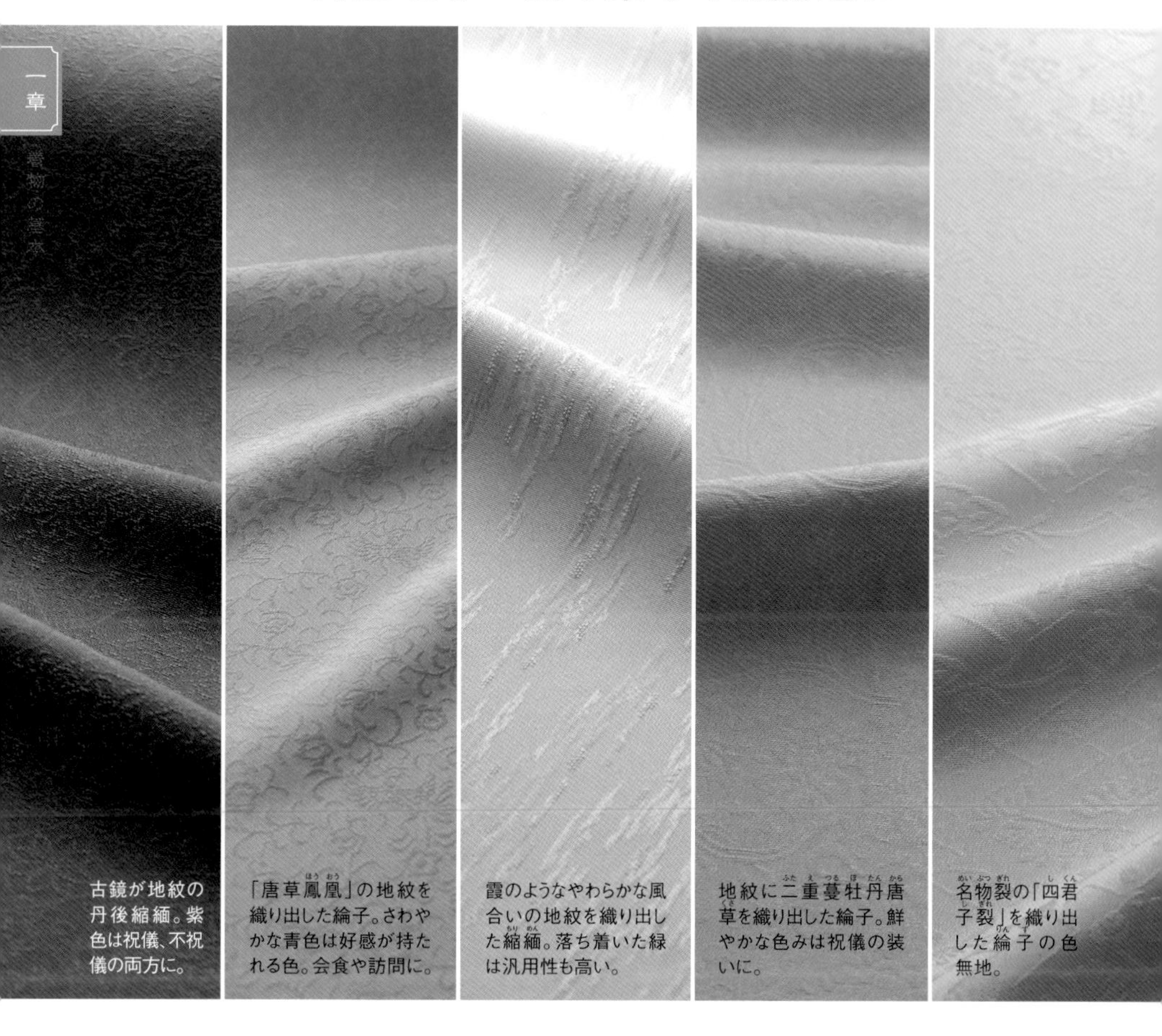

古鏡が地紋の丹後縮緬。紫色は祝儀、不祝儀の両方に。

「唐草鳳凰」の地紋を織り出した綸子。さわやかな青色は好感が持たれる色。会食や訪問に。

霞のようなやわらかな風合いの地紋を織り出した縮緬。落ち着いた緑は汎用性も高い。

地紋に二重蔓牡丹唐草を織り出した綸子。鮮やかな色みは祝儀の装いに。

名物裂の「四君子裂」を織り出した綸子の色無地。

白生地の美しさを生かす「無地染め」

白生地が織り上がったら、色を染めます。最もシンプルな染色法が、単色に染める無地染めです。色無地とも呼ばれ、柄がない分、生地の風合いを最大限に生かせる染め方ともいえます。無地染めには地紋を織り出した白生地を用いることがほとんどです。

染め上がった生地は「反物」と呼ばれ、円筒の芯に巻かれます。着物一反は着物一着分に必要な生地を指し、反物の幅と長さは一定ではありませんが、昔は三丈物と呼ばれ、幅9寸5分（約36センチ）、長さ3丈（約12メートル）を目安に織られていました。

1個の繭から約1000〜1500メートルの生糸が引け、一反の着物地には約5キロ（繭の大きさにより2500〜4000個）の繭が必要になります。

着物の反物を裁断して着物の形に縫い上げ、裏地となる八掛と胴裏をつけると一枚の着物に仕立て上がります。

着物の反物に、裏地の八掛、胴裏を

着物は、着物の表地となる着物の反物、裏地となる八掛と胴裏の三種類の生地で仕立てられます。八掛は袖口や裾などの着姿からちらりと見える部分、胴裏は胴部分の裏につけて着物を補強します。一般的に胴裏は白羽二重を用い、八掛は着物に合わせて選びます。

八掛は、着物と同色の濃淡をつけるのが一般的ですが、街着の着物には、反対色や柄物の八掛を合わせる場合もあります。

ただし、留袖や訪問着、色無地など礼装用の着物には、共布（表地と同じ布）をつけ、着物に風格を出します。薄い色の着物には、八掛の色が透けるため、ぼかし染めを用います。

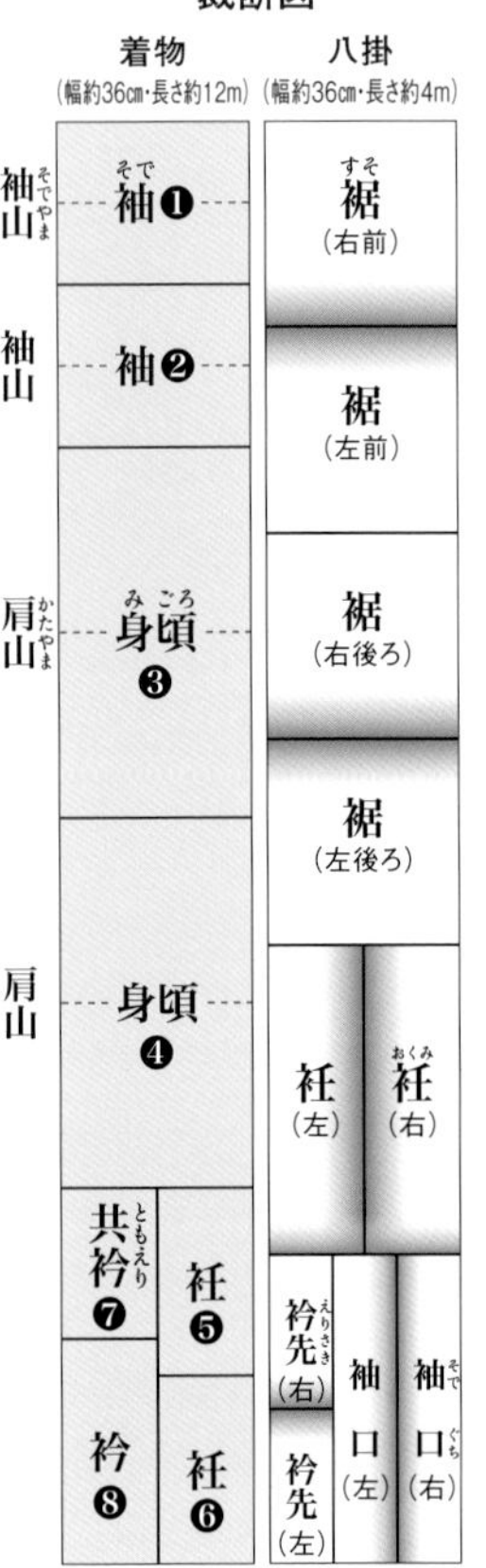

※幅と長さの比率は実際と異なります。

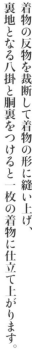

着物の反物
着物一枚分（一反）の生地を巻いたもの。通常幅9寸5分（約36cm）、長さ三丈（約12m）に織られるが、日本人の体格が大きくなったことから、今では長く広い幅の反物も多い。

八掛
「裾回し」とも呼ばれる着物の裏地。「八掛」は、前・後ろ身頃の裾に4枚、衽に2枚、衿先に2枚、袖口に2枚合わせて10枚に切り分けて用いることから名づけられた上方語。衿先と袖口は1枚ずつと数え、8枚に切り分けるとして、八掛と呼ばれる。動きにより少し見える部分につけるため、着物と合ったものを選ぶ。八掛の生地は、着物の反物と同じ幅だが、長さは1丈（約4m）となる。

胴裏
着物の裏地で、胴部分に用いるため表からは一切見えない。着物地になじむ生地がよい。やわらかい白の羽二重が一般的。

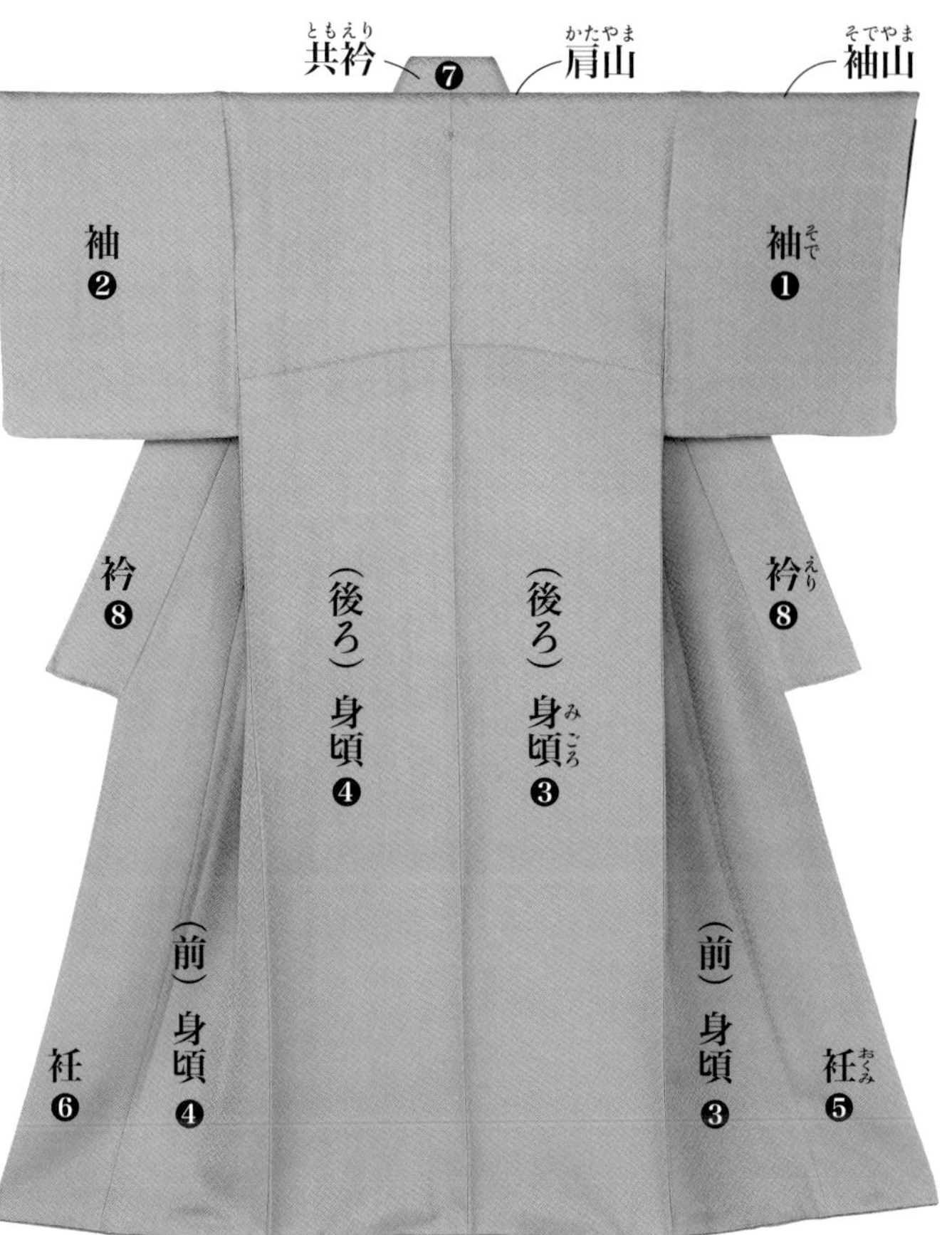

着物／銀座もとじ

着物の反物を8枚に分け、縫い合わせることで、着物の形に仕立て上がる。

着物の表地と同色のぼかし染めの八掛と白の胴裏。ぼかし染めの八掛は、見える部分に色がつくように染められる。

パーツを縫い合わせて一枚の着物に

着物の反物は、袖2枚、身頃2枚、衽2枚、衿1枚、衿の上に掛ける共衿1枚の8枚のパーツに分けられ、裁断されます。各パーツはすべて直線裁ちのため、縫い目をほどいて元のパーツに縫い合わせると、一枚の反物の形に戻すことができます。このため、着物が傷んでくると反物に戻してからお手入れをすることができます。また、着物の色や柄に飽きたら、反物の形に戻してから染め替えることもできます。生地の余りがほとんど出ないのも着物の利点といえるでしょう。

仕立てにかかる日数は、時期や購入店、仕立て方法によってさまざまですが、2週間から1か月くらいが目安です。

染めの技法、いろいろ

白生地を染めるには、さまざまな染色技法があります。糸目糊や型紙を用いることで、絵画的な表現がしやすいのが特徴です。

手描き染め

筆や刷毛を用いて色を挿したり、防染して色を染める方法です。
特に、手描きというと友禅染めを指すこともあります。

ろうけつ染め

筆や刷毛でろうを置いて防染し、色染めする染色法。ろうは糊より防染力が弱く、自然なにじみやひび割れができるのが特徴。型染めに用いることもある。インドネシアのバティックが有名だが、日本では奈良時代を最盛期に、友禅染めの出現により一時衰退した。現在は、素朴な風合いを求めるおしゃれ着や個性的な着物に用いられる。

ぼかし染め

濃い部分からだんだんに淡くぼかして染める染色法。平安時代に多様化し、裾を濃くだんだん薄くぼかす「裾濃」、写真のように全体のところどころをぼかす「斑濃」などがある。おぼろげで幽玄の趣があり、着物のほかに、長襦袢や八掛にも用いられる。単色のぼかし染めなら色無地と同じ扱いになり、お茶席にもふさわしい。

手描き友禅

江戸時代、京都の宮崎友禅斎により、もち米とぬかと塩を混ぜた糸目糊が考案された。糸目糊で模様の輪郭をなぞることで、隣り合う色が混ざらないように防染できるようになり、花鳥風月などの題材を絵画のように精密で色彩豊かに表現する。

絞り染め

白く残したい部分を糸でくくる、縫って締める、板で挟むなどして防染し、
染料に浸して模様を残す技法です。

着物／銀座もとじ

鹿の子絞り

絞り目をひとつひとつ指先でつまんで糸でくくる、絞り染めの最高級品。模様が子鹿の斑点に似ていることから名づけられた。江戸時代に何度も奢侈禁止令の対象にされ、代わりに型染めで絞りを表現する摺り疋田が人気に。また、普通の鹿の子絞りよりもやや大きく染めたものを疋田絞りという。

型染め

模様を彫った「型紙」を白生地に置き、上から防染糊や色糊を置いて染める方法です。色違いなど量産を可能にしました。

江戸小紋

型紙の上に防染糊を置いて地色を一色で染め、模様を白く染め抜く江戸小紋。型紙がずれることなく送るには、熟練した技術が必要になる。

着物／銀座もとじ

小紋

技法的には型友禅と同じで、型紙の上から色糊で染める。柄に上下のない多色染めで、最も一般的な型染めといえる。

型友禅

型紙の上からへらで色糊を塗り、絵画的に表現した型染め。色数の多いものは数枚から数十枚の型紙が必要になる。

型絵染めとは?

型染めの中でも、特に作者の創作による絵画的な図案を用いたものを「型絵染め」といい、下絵描き、型彫り、染めの工程を一貫してひとりの作家が行います。1956年に芹沢銈介氏の型染め技法が重要無形文化財に認定された際に、ほかの型染め技法と区別するために初めて用いられました。細密な文様をすっきりと染め上げる江戸小紋や長板中形に対し、豊かな絵画性が特徴です。

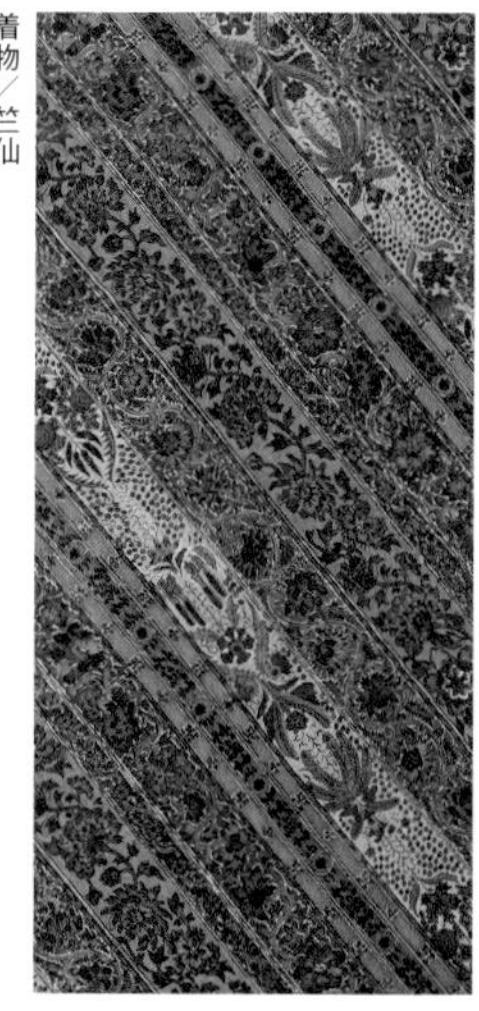

着物／竺仙

更紗

鳥獣、人物、植物を色彩豊かに唐草風にデザインしたもの。型紙の上から丸刷毛で染料を刷り込む。ろうけつ染めや手描き染めの更紗もある。

柄づけによる着物の種類

染めの着物は柄づけの違いで格が決まります。縫い目で模様が繋がる「絵羽模様」は礼装・盛装用になります。

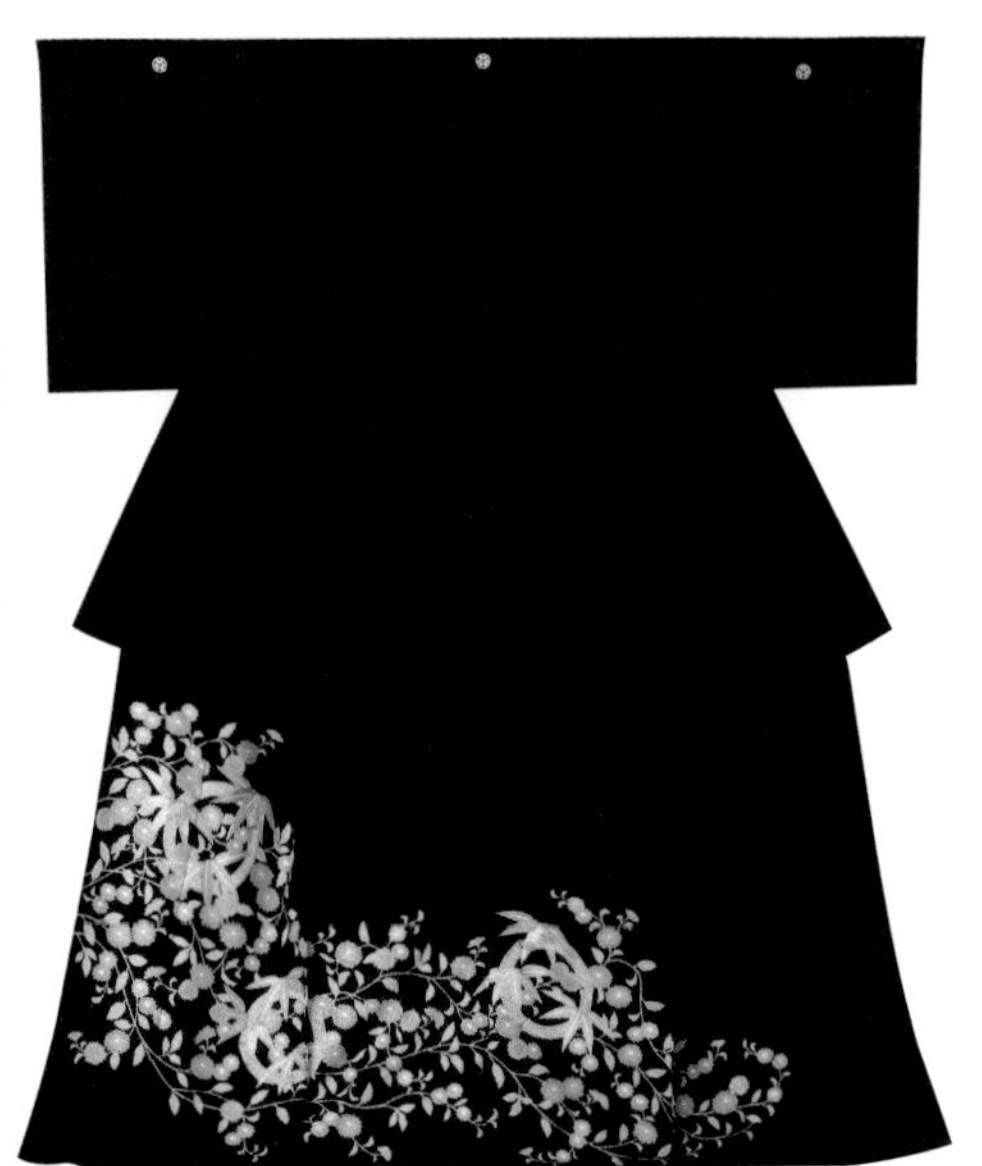

留袖

縫い目で模様が繋がる格調高い江戸褄模様

上半身は無地で裾だけに模様が入る「江戸褄模様」で、模様が縫い目で途切れない「絵羽模様」です。白生地を仮仕立てして下絵を描き、一枚の布状に戻してから下絵に沿って染めます。吉祥文様や有職文様など格調高い模様が描かれます。

訪問着

肩から袖の模様が繋がる華やかな絵羽模様

訪問着の柄づけも、留袖と同様に縫い目にまたがって模様が描かれる「絵羽模様」ですが、衿、胸、肩、袖などの上半身にも模様が入るのが特徴です。柄ゆきは落ち着いた古典調のものからモダンな柄までさまざまですが、絵画のような華やかさと気品があります。

仮仕立てをして、下絵を描く

着物／銀座もとじ

付け下げ

反物(たんもの)の状態で模様を上向きに描く着物

第二次世界大戦中の奢侈(しゃし)禁止令のため、華やかな訪問着の略式として誕生した着物です。左右の身頃や肩から袖の縫い目や背縫いで模様が繋がってはいませんが、反物の状態で仕立てたときに袖山と肩山で模様が上向きになるように染めます。

着物／銀座もとじ

反物に直接、模様を染める

小紋

繰り返し模様の型染めの着物

反物に上下の向きはなく、主に型染めで同じ模様を繰り返し染め上げます。色や柄の大きさはさまざまですが、全体的に柄が入るのが特徴で、洋服でいうとプリント柄のワンピースのような印象です。もとは柄の大きさにより大紋(だいもん)、中紋(ちゅうもん)、小紋と分けていましたが、現在は総称して小紋といいます。

織りの着物を知る

糸を染めて、反物を織る

糸を染めてから模様を織り出した生地で仕立てた着物を「織りの着物」といい、「先染めの着物」とも呼ばれます。街着の着物が主流で、紬、御召のほかに木綿やウールなども織りの着物です。

紬

大島紬

専用の締機で糸を防染し、何度も鉄分の多い泥に浸して揉み込むと、艶やかな黒、茶、藍色に仕上がる。

結城紬

繭を茹でて広げ、袋状の真綿にしてから紡いだ糸で織り上げる。経糸と緯糸に、模様ができるように糸くくりして防染して染める。ふっくら温かな風合いが特徴。

繭

茹でる前に羽化してしまったくず繭は、生糸に向かないため真綿にし、紬の原料となる。蚕の中には黄色の繭を作る品種もいる。

紬糸

くず繭を茹でて広げ真綿にしてから手で撚りをかけて紡いだ絹糸。節があるため、素朴な風合いがある。糸の種類により、紬の種類が分けられる。

繭・生糸／さが美

糸を染めてから織る 先染めの着物

織りの着物には、色染めした糸から模様を織り出した生地を用います。

紬

紬は織りの着物の代表で、糸の種類により四つに分けられます。

○繭を熱湯で茹でて袋状に広げ、真綿にしてから紡いだ紬糸で織ったもの。（結城紬など）

○2匹の蚕が入った玉繭から紡いだ玉糸で織ったもの。（牛首紬など）

○もともと紬糸で織られていたが、今は生糸で織られているもの。（大島紬、黄八丈など）

○生糸が取れないくず繭を使った紬。（機械織りの一般的な紬）

木綿

館山唐桟
唐桟とは、江戸時代にオランダ船で輸入された木綿の縞織物のこと。各地に産地があったが、今でも昔ながらの技法で製造するのは館山唐桟のみ。細い木綿糸を植物染料で染めて平織にし、絹のような光沢がある。
伊勢木綿
江戸庶民に愛された、藍の縦縞の木綿。単糸というやわらかな糸を用いて織るのが特徴で、シワになりにくく、肌ざわりもよく、保湿性や通気性にも富む。着るほどに味が出るという。
久留米絣
藍染めに白く浮かぶ絣柄の木綿。手ぐくりの絣糸を天然藍で染め、手織りで作る。

久留米絣／木村

御召

緯糸に強い撚りをかけた糸を使う。左の縞柄は経糸に複数の色糸を用い、細かな縞を作っている。

御召／塩野屋

後染めの紬

現在では技術が進み、紬糸で白生地を織り、後で染める「後染めの紬」も登場しています。

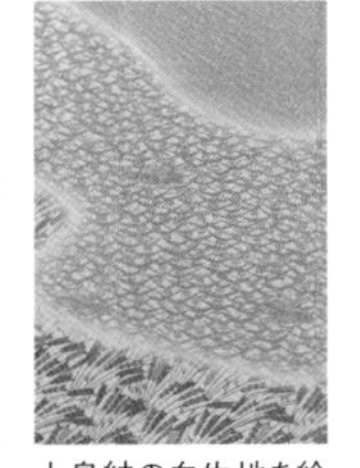

大島紬の白生地を絵羽模様に後染めした訪問着。

御召

御召は、もとは柳条縮緬と呼ばれる縮緬の一種で、表面にしぼがある御召縮緬の略称です。生糸を染めてから、縮緬と同様に強い撚りをかけ、その糸を用いて織り上げます。織りの着物の中で最も格上です。

木綿

室町時代に綿花が栽培され始め、浴衣や普段着の素材が麻から木綿に移行しました。縞や格子柄のほか、まだらに染めた絣糸で模様を織り上げる絣柄が代表的です。

帯の種類と格を知る

形による帯の種類と格

帯は長さと幅、仕立て方により種類があり、用途も変わります。主に礼装に用いられる袋帯、袋帯を簡略化した名古屋帯、さらに仕立てを簡単にした袋名古屋帯などがあります。

袋帯

［幅8寸2分（約31センチ）
長さ1丈1尺1寸（約4メートル20センチ）以上］

二重太鼓ができる長さに仕立てられた帯で、礼装用の着物に合わせます。錦織や唐織、綴織など織りの帯が多く、金、銀、箔を配したものは主に礼装用に用いられます。

もともとは袋状に織られていたために名づけられましたが、今では無地か地紋の裏地を合わせて、両端をかがって仕立てたものが増えています。

また、金銀を使わず色糸だけで控えめな模様を織り出した生地や、後染めの生地を用いて仕立てた袋帯を洒落袋と呼び、主におしゃれ着としてカジュアルなパーティなどに締めます。

織り袋帯

名古屋帯

［仕立て上がり幅8寸2分（約31センチ）
長さ9尺2寸（約3メートル50センチ）前後］

大正時代に名古屋女学校（今の名古屋女子大学）を設立した越原春子さんが袋帯の二重太鼓を簡略化し、一重のお太鼓が結べるように短くした帯を考案しました。これを名古屋帯といいます。たれ先を約1メートル折り返してお太鼓裏にし、残りを半幅に折り縫い閉じて仕立てます（→28・29頁）。素材と柄により、カジュアルからセミフォーマルに締められ、塩瀬や縮緬などの染め名古屋帯は小紋や紬などおしゃれ着に、錦織や唐織などの格調高い織り名古屋帯は訪問着や色無地に向きます。反物幅が9寸（約34センチ）のため、九寸名古屋とも称されます。

染め名古屋帯

洒落袋／青山みとも　染め名古屋帯、結城紬の袋名古屋帯／銀座いせよし

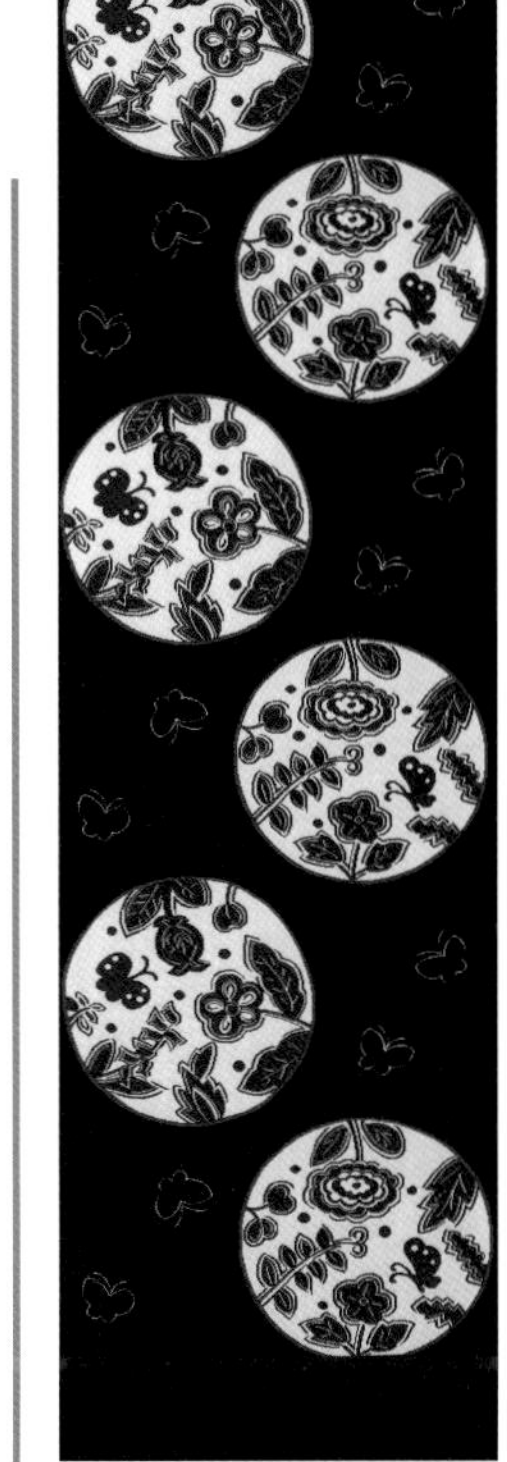
染め洒落袋

袋名古屋帯(ふくろなごやおび)

[幅8寸2分(約31センチ)
長さ9尺2寸(約3メートル50センチ)前後]

袋帯の仕立てやすさと名古屋帯の軽さを組み合わせ、あらかじめ帯地を8寸幅に織った名古屋帯で、八寸名古屋、八寸帯、かがり帯とも呼ばれます。一般的には地厚な織り帯で、生地がしっかりしているので、帯芯を必要としません。裏地や縫い代がいらないので、仕立て上がりの8寸幅で織ることができるのです。お太鼓になるたれの部分は、名古屋帯と同様に1メートルほど折り返して仕立てます。博多織や紬なら小紋や紬に合わせてカジュアルに、金糸・銀糸を用いた綴織(つづれおり)なら準礼装に用います。

結城紬の袋名古屋帯

綴織の袋名古屋帯

織り名古屋帯

半幅帯(はんはばおび)

[幅4寸3分(約16センチ)
長さ8尺5寸(約3メートル22センチ)]

袋帯や名古屋帯の半分の幅のため、半幅帯と呼ばれます。主に浴衣のほかに、紬、木綿、ウールなど街着向きの帯で、簡単な帯結びで締められます。博多織など絹のほか、木綿や麻、化繊など素材はさまざまです。裏地をつけた小袋帯(こぶくろおび)と、一枚仕立ての単衣帯(ひとえおび)があります。

織りの半幅帯

名古屋帯の寸法で袋帯に仕立てる「京袋帯(きょうぶくろおび)」

袋帯と同じように表地に裏地を縫い合わせ、名古屋帯と同じ長さに仕立てた帯を京袋帯といいます。袋帯より軽くお手頃で、前帯の幅を自由に変えられます。豪華な柄ゆきなら、礼装に用いることもできます。

織りの帯と染めの帯

着物と同様に、帯にも織りと染めがあります。着物とは逆に、一般的に織りの帯のほうが染めの帯よりも格上になります。

織りの帯、いろいろ

フォーマル

綴織

地の経糸と緯糸だけで模様を織り出すため平面的に仕上がる。

唐織

光沢のある美しい緯糸を浮かせて文様を織り出し、一見刺繍のようにふっくらしている。

錦織

金糸・銀糸、多彩な色糸を用いて模様を織り出す紋織物の総称。佐賀錦、唐織、綴織も錦織の仲間になる。

カジュアル

紬

節のある紬糸で織られ、ざっくりとした風合い。（帯／銀座いせよし）

幾何文様のような柄で合わせやすいカジュアルな織りの帯。（帯／銀座もとじ）

博多織

華皿　子持縞　独鈷　華皿

張りがあり地厚な帯で、縞、格子、仏具の独鈷、華皿を織り出す。経に細い糸を緯に太い糸を用い、経糸で織り柄を出す。

格調高い織りの帯はフォーマル仕様

色糸を表に出したり出さなかったり、文様を織り方で表現するのが織りの帯です。代表的な織りが錦織と唐織で、重厚感があり、礼装用の帯になります。錦とは「金」と「帛（絹織物）」を組み合わせた文字で、金糸・銀糸や色糸を用いて絢爛豪華に作られる紋織物の総称です。唐織は刺繍のように見えるふっくらした織り柄が特徴です。どちらも金銀をほどこしたうえ、古典調の格調高い文様を織り出し、礼装を華やかに演出します。綴織も金銀をほどこしたものは礼装向きに。ただし、博多織や紬はカジュアル向きです。

染めの帯、いろいろ

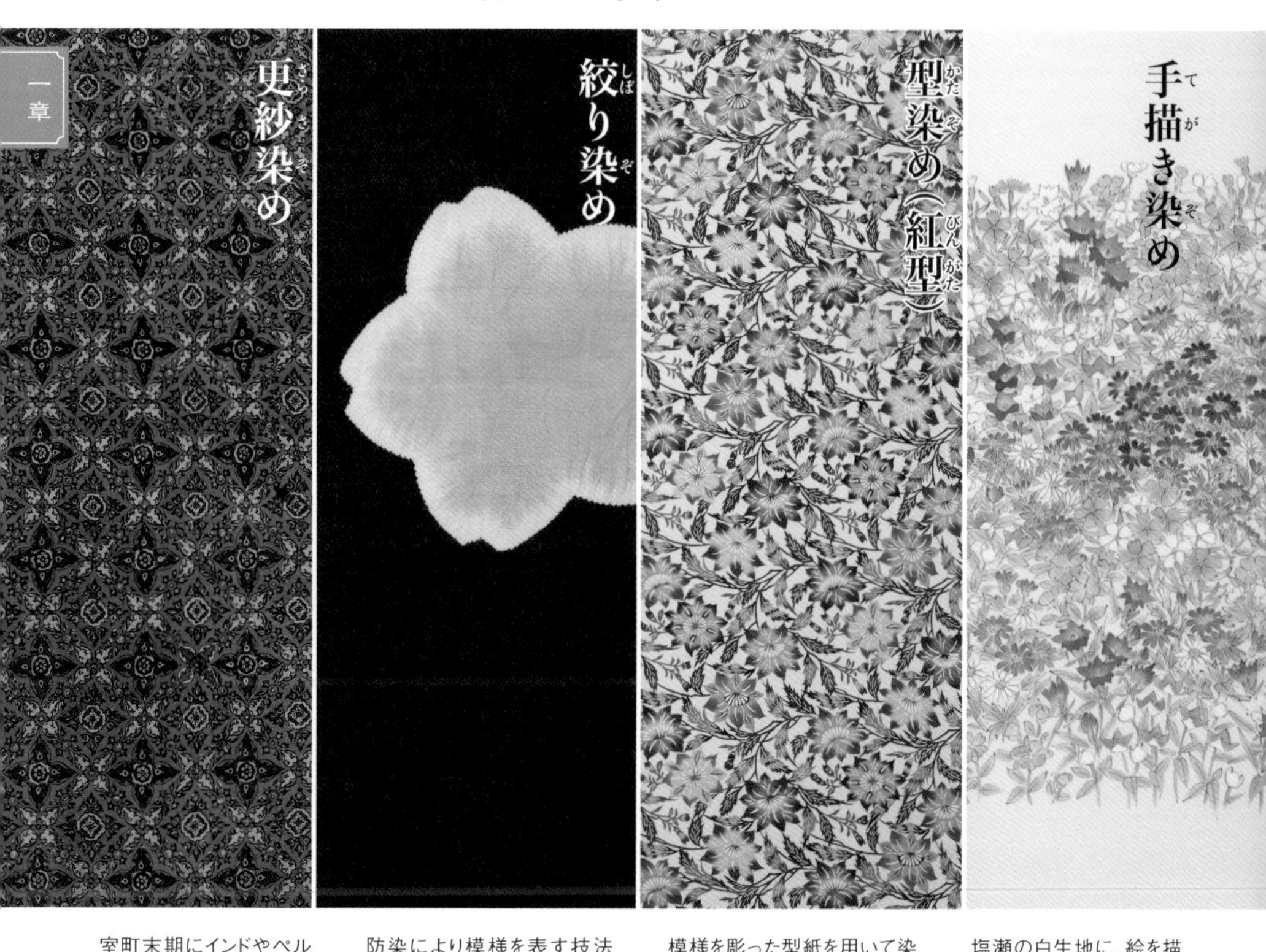

室町末期にインドやペルシアから輸入された異国情緒漂う草花や鳥獣を染めた布を模し、木綿に型染めしたもの。

防染により模様を表す技法の中でも、最も素朴な染色法。紬地を桜の花の形に縫い締め、染め出した大胆なデザイン。（帯／銀座いせよし）

模様を彫った型紙を用いて染める。これは、紅型という、沖縄の伝統的な型染めで、鮮やかな色と顔料を使うのが特徴。（帯／竺仙）

塩瀬の白生地に、絵を描くように草花を手描き染めしたやさしい印象の染め帯。（帯／銀座いせよし）

織りの着物に合わせれば やわらかい雰囲気に

白生地に図柄を染めた帯を染め帯といいます。染めの着物や織りの着物に、染め帯を合わせると、やわらかい印象を与えます。

お太鼓柄に染められることが多く、柄や素材により準礼装から街着まで用います。素材は塩瀬や縮緬が一般的で、染色技法は着物と同様、手描き染め、型染め、絞り染め、更紗染め、ろうけつ染めなどがあります。

金銀の彩色や、金糸・銀糸で刺繍をほどこしたもの、吉祥文様など格調高い文様なら、訪問着や色無地、江戸小紋、付け下げに合わせて披露宴にも向きます。

素材はほかに、綸子、紬、夏向けの絽や紗などの絹地から、木綿、麻などにも染められます。季節や個性を表現できるのも、多彩な染め帯ならではの楽しさです。

帯の仕立てと柄づけ

帯にも反物があり、通常、芯を入れて仕立てます。ここでは、帯の仕立て方や柄づけの種類を紹介します。

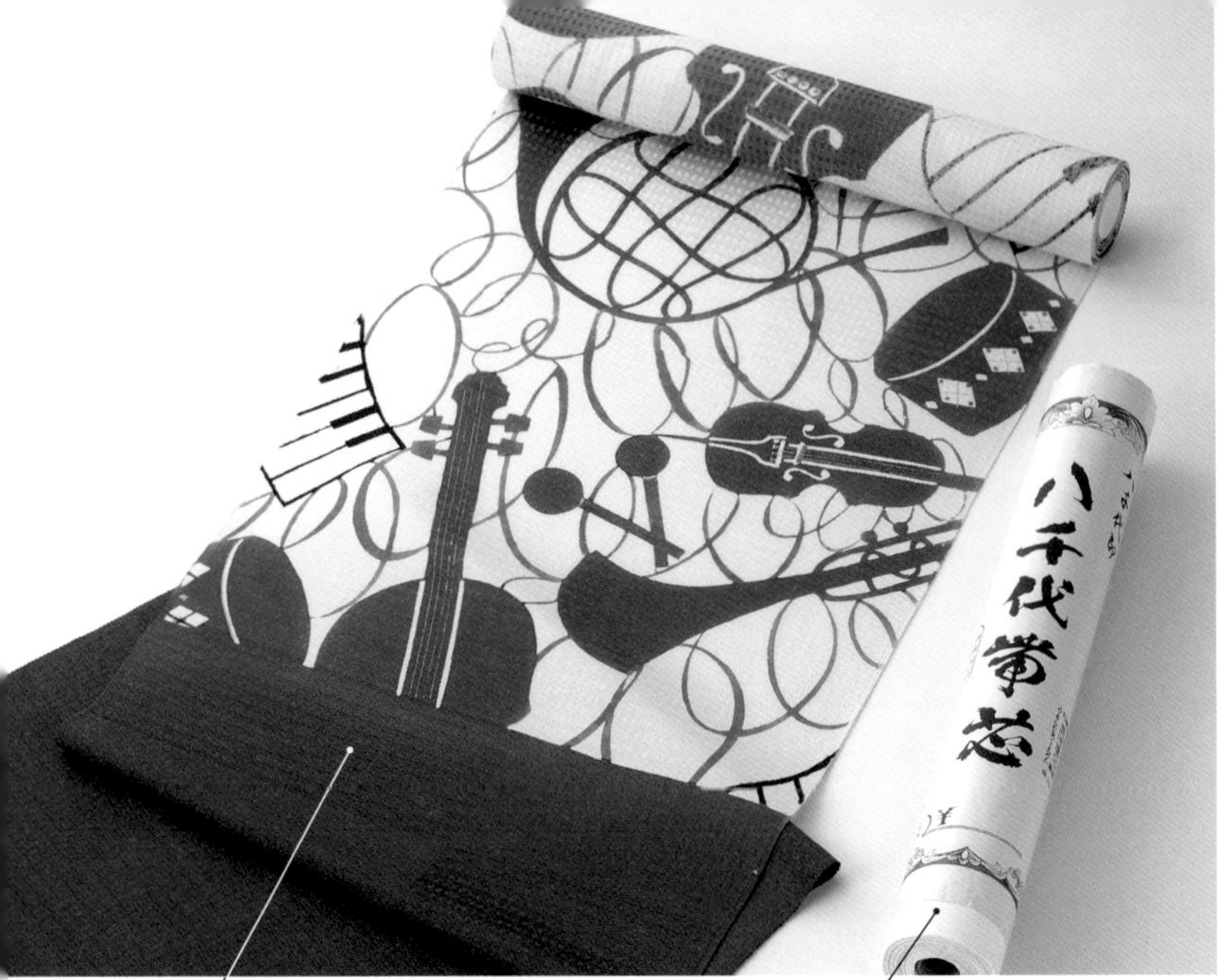

帯の反物
名古屋帯は幅9寸（約34cm）、長さ1丈2尺5寸（約4m73cm）前後で店頭に並ぶ。（帯／銀座いせよし）

帯芯
帯に適度な張りを持たせるためには、木綿の帯芯がおすすめ。帯となじませるために起毛させる。

帯の仕立て

帯地には、帯芯を入れて仕立てます。帯芯には帯の風合いをよくし、帯に適度な厚みと硬さを与え、締め心地をよくする役割があります。仕立てる際に帯芯の見本帳から選ぶことができますが、一般的に織り帯には薄くて適度な張りのあるものを、染め帯には厚地でしっかりしたものを用います。素材は、三河木綿などのよく起毛して帯になじむ天然繊維がおすすめです。仕立て上がりの帯は、最初は硬く締めにくいものですが、3回ほど締めればなじみます。

◎名古屋帯のて先の仕立て

名古屋帯の場合、て先の仕立て方が主に3種類あります。素材と自分に合った仕立て方を選びましょう。

1.名古屋仕立て

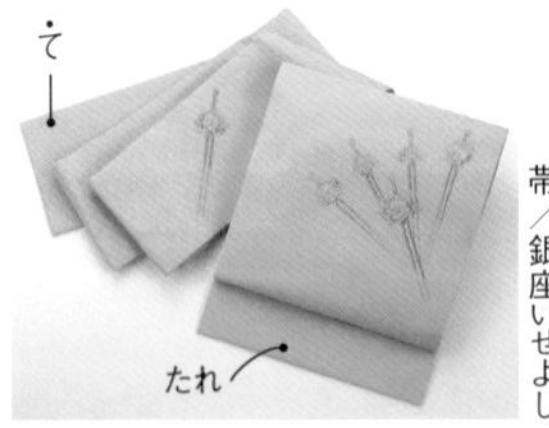

帯／銀座いせよし

胴の部分をすべて半分（約4寸幅）に折って仕立てた、一般的な名古屋帯の仕立て方。前帯の幅が固定されているため、扱いやすいのが特徴。長身の方やふくよかな方なら、あらかじめ幅を広めに仕立ててもよい。

帯の柄づけ

帯の柄の入り方は全通柄、六通柄、お太鼓柄の三つに分けられます。

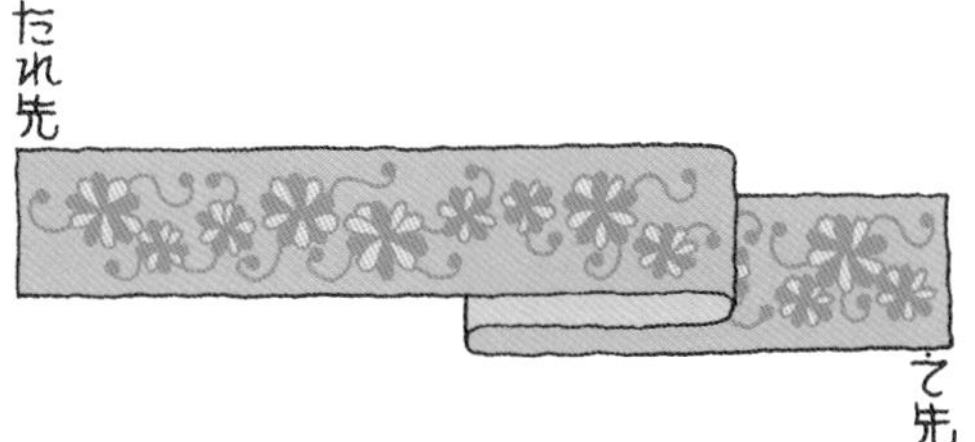

全通柄
帯の長さ全部に均等に模様がある柄づけ。模様が途切れないので、ふくよかな方におすすめ。

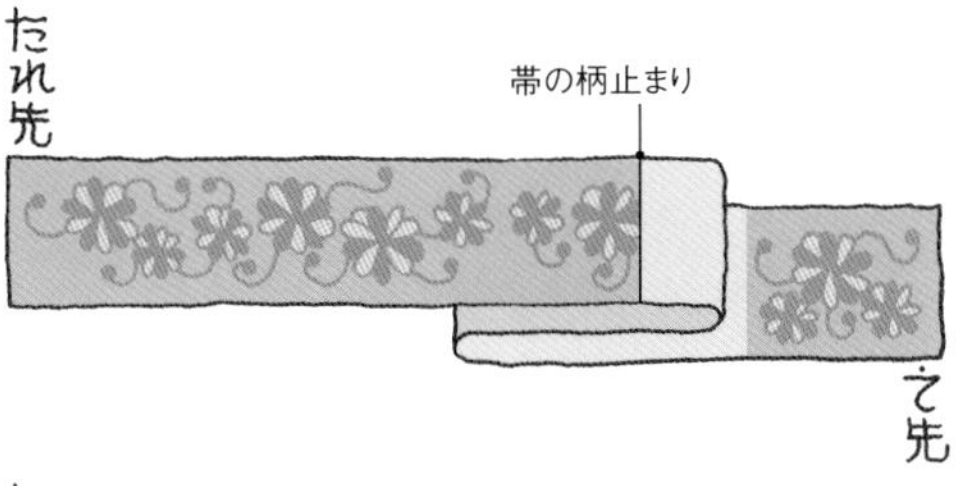

六通柄
「六尺通し柄」の略で6尺は約2.3m。巻くと隠れてしまうひと巻き目だけ模様を省き、て先と、ふた巻き目からたれ先まで模様がある。

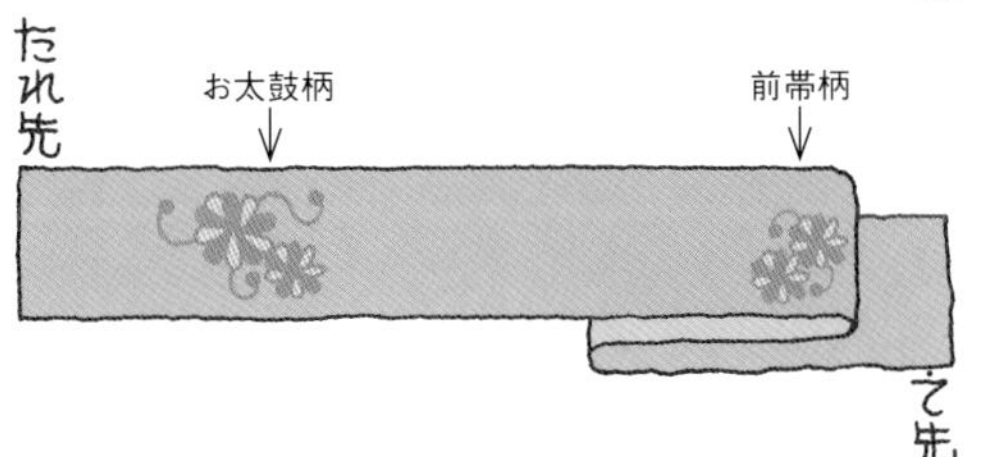

お太鼓柄
お太鼓結び専用の柄つけで、お太鼓の部分と、ふた巻き目となる前帯部分だけに模様がある。

◎袋帯の仕立て

表地と裏地をかがり合わせた状態で店頭に並ぶ。仕立ては薄い帯芯を入れ、て先・たれ先の無地部分を内側に折り返して内側でかがるだけ。帯地が硬く重い場合は、帯芯を入れずに仕立てる。

◎袋名古屋帯の仕立て

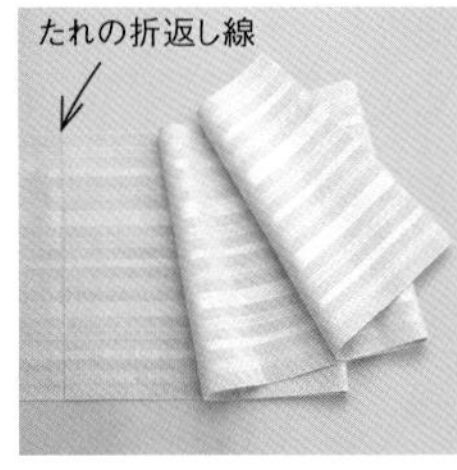

地厚なため、帯芯を入れずに単衣仕立てにする。たれ先から3尺（約114cm）ほど折り返してたれと耳（両脇）をかがる。て先は開いたまま三つ折りにしてかがるか、松葉仕立てにしてもよい。

2.松葉仕立て

て先部分だけを半分に折って仕立てた形。前帯の幅が自由自在に調整できるという利点がある。半幅部分は好みにより、1尺（37.8cm）ほどまで。袋名古屋帯のて先にも用いられる。

3.開き仕立て

胴部分を折らず、て先を平らに開いたまま裏地をつけて仕立てる。前帯の幅を自由に変えられるため、長身の方におすすめ。芯地を囲むように縫った形から、鏡仕立て、額縁仕立て、お染め仕立てと呼ぶこともある。

染めと織り、作家と職人の紹介

卓越した技術やセンスを持つ作家や職人が創作した着物や帯は、存在感や個性を放つものが多く、着物愛好家の憧れです。一～三章に掲載した着物や帯の作家物と職人を紹介します。

煌彩錦　北村武資

西陣織に従事した北村武資氏（1935～2022年）は、法隆寺や正倉院に伝えられる古代織物に魅せられ、その復元を志しました。飛鳥時代や奈良時代の錦織に多く用いられた、三色以上の経糸で模様を織り出す「経錦」と経糸が網目状になったもじり織の一種である「羅」を研究し、伝統を元に独自の新たな織りの美を生み出します。1995年に羅、さらに2000年に経錦の人間国宝に認定されています。美しい煌彩錦の帯は、斜めに伸び縮みし、とても柔らかく締めやすく仕上がります。

38頁帯

江戸小紋　浅野榮一
縞彫り　児玉博

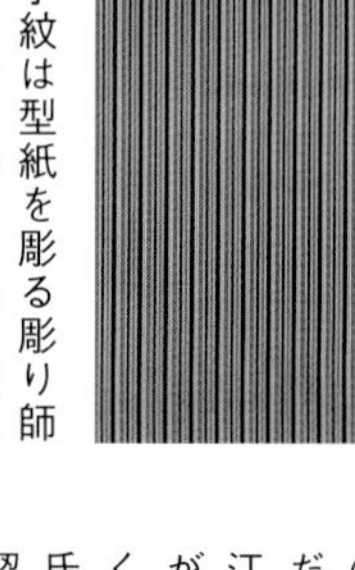
79頁着物

江戸小紋は型紙を彫る彫り師と型紙を用いて染める染め職人の技術が一致して、初めてよい反物が生まれます。今ではそのほとんどが枠染めと呼ばれるスクリーン捺染になった江戸小紋ですが、「手づけ」と呼ばれる手染めはふっくらとした立体感があり、柄の繊細さも格別です。浅野榮一氏（1946年～）は昔ながらの手染めにこだわる、縞一筋40年の江戸小紋染め職人のひとりです。人間国宝である彫り師の児玉博氏（1909～1992年）が彫った極細かな縞彫りの伊勢型紙を用い、長さ3丈（約12メートル）の白生地に1寸幅（約3センチ）に30本以上の縞を入れる「微塵縞」を染め上げます。型紙の継ぎ目を寸分違わずに何十回も送るには、大変な技術が必要です。また、微塵縞の縞に数色の色を入れる「唐桟縞」を染めることができるのは、浅野氏を含み日本で二人だけしかいません。縞の手染め江戸小紋は現在ある型紙の寿命がくると、数年後この世からなくなるといわれています。浅野氏は2007年に現代の名工に認定されています。

琉球紅型　知念貞男

27頁帯

雲や波に花を散らして、星や貝を思わせるなど、自然の物象を具体的に表現する琉球紅型。紅型作家の中で、琉球王国の王家に庇護された型づけ三宗家のひとつである知念家を継ぐのが知念貞男氏（1932～2012年）です。伝統的な技法に基づきつつ、赤、黄、紫を中心に現代との調和を図った作品を生み出します。1994年日本伝統工芸染織展正会員に認定されました。

八丈織　菊池洋守

八丈織の作家である菊池洋守氏（1940～2019年）は、八丈島の伝統的な染織技法を身につけた後、染織家の故・柳悦博氏に師事して独自の染織技法を生み出しました。草木染めだけでなく、化学染料を混ぜることで独創的な色を生み、その染料で染めた絹糸を綾織で織り上げた生地は、光の加減で独特の光沢を放ちます。

84頁着物

※「人間国宝（重要無形文化財保持者）」は歴史上または芸術上価値の高い無形の文化的所産を伝承する者に文部科学大臣が認定するもの。
※「現代の名工（卓越した技能者）」は、厚生労働大臣により、卓越した技能を研鑽した者、またその技術を後進に伝承してきた功績を認められた者に与えられる。

二章

フォーマル着物

季節ごとに新しい柄が出ては消えていく中、
フォーマルに装う着物の柄の多くは、百年以上前から続く柄です。
変わらないものには、やはり優れたところがあるのではないでしょうか。
一千年も昔から、女性は美しくありたいと衣装をつけ、お化粧をしました。
何代もの女性が選び出した美を、私たちも受け継いでいきたいものです。

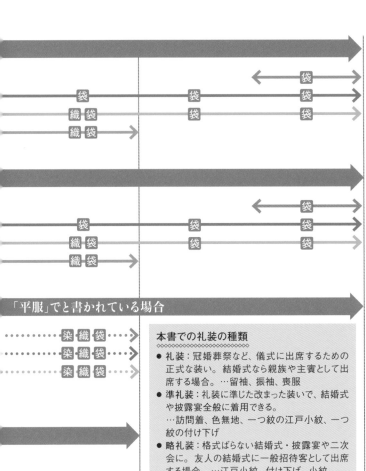

フォーマル着物、どこに着て行く？

本書では、「フォーマル」な場は、結婚式や入学式など「式」と名のつくものや、人生の節目を祝う七五三などの儀式のことを指します。「セミフォーマル」な場は、かしこまったパーティや年始のあいさつなど、礼儀を尽くした装いがふさわしい場とします。着物はもちろん、帯や小物の合わせ方や紋の数で、装いの格が変わります。

袋

袋　袋　袋

織 袋　袋　袋

織 袋

袋

袋　袋　袋

織 袋　袋　袋

織 袋

「平服」でと書かれている場合

染 織 袋

染 織 袋

染 織 袋

本書での礼装の種類

- 礼装：冠婚葬祭など、儀式に出席するための正式な装い。結婚式なら親族や主賓として出席する場合。…留袖、振袖、喪服
- 準礼装：礼装に準じた改まった装いで、結婚式や披露宴全般に着用できる。
  …訪問着、色無地、一つ紋の江戸小紋、一つ紋の付け下げ
- 略礼装：格式ばらない結婚式・披露宴や二次会に。友人の結婚式に一般招待客として出席する場合。…江戸小紋、付け下げ、小紋

※合わせる帯、小物、紋の数により装いの格は変化する。

訪問着

（→38・39頁）

華やかに装いたいときの準礼装の着物で、結婚式やパーティにぴったりです。

色留袖

（→35頁）

未婚・既婚を問わない礼装で、親族の結婚式や主賓の装いに。

黒留袖

（→34頁）

既婚女性の礼装で、五つ紋を入れて花嫁の母親や仲人の装いに。

準礼装　礼装　高い

帯の種類

- 袋 袋帯
- 織 格調高い柄の織り名古屋帯
- 染 格調高い柄の染め名古屋帯

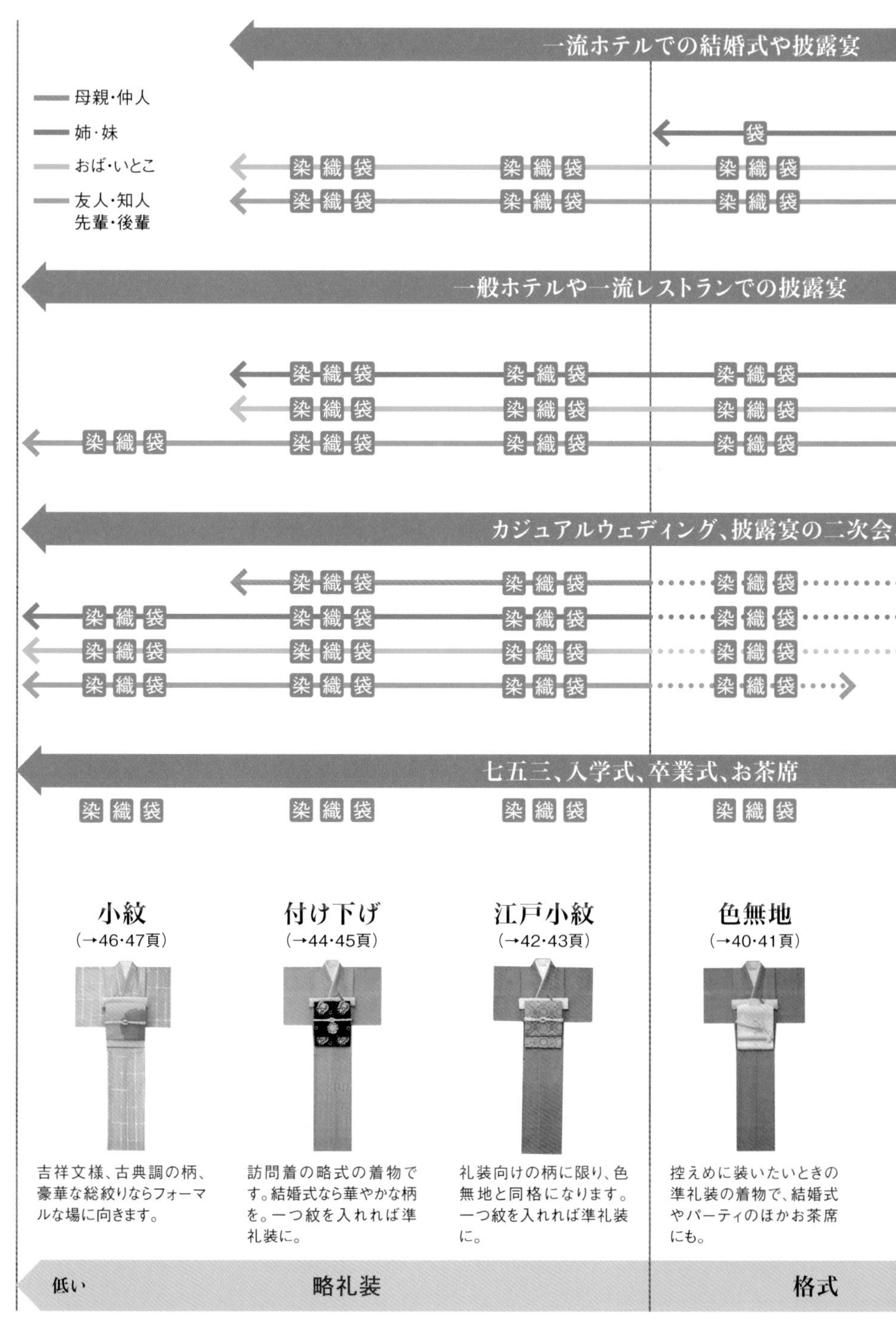

小紋
（→46・47頁）

吉祥文様、古典調の柄、豪華な総絞りならフォーマルな場に向きます。

付け下げ
（→44・45頁）

訪問着の略式の着物です。結婚式なら華やかな柄を。一つ紋を入れれば準礼装に。

江戸小紋
（→42・43頁）

礼装向けの柄に限り、色無地と同格になります。一つ紋を入れれば準礼装に。

色無地
（→40・41頁）

控えめに装いたいときの準礼装の着物で、結婚式やパーティのほかお茶席にも。

フォーマル

結婚式に

菊模様に金箔をほどこした笹竹が格調高い黒留袖に、花襷文に向かい鶴の錦織の袋帯を合わせて、晴れの日の喜びを表現しました。

結婚式で
親族や仲人が着る
既婚女性の礼装

黒留袖

[kurotomesode]

黒留袖は結婚式や披露宴で仲人夫人や新郎新婦の母親、既婚の姉妹など新郎新婦に近い関係者が着る、既婚女性の礼装です。裾周りにのみ絵羽模様が広がり、「江戸褄」とも呼ばれます。五か所に実家もしくは婚家の家紋を最も正式な「染め抜き日向紋」で入れます（→56・57頁）。帯は金、銀、白の地色に、吉祥文様や有職文様を織り出した重厚感のある袋帯を。小物は金、銀、白の礼装用を合わせ、半衿、長襦袢、足袋は必ず白にします。伝統的な吉祥文様なら、季節を問わずに着られるものがよいでしょう。

フォーマル

結婚式に

落ち着いた色合いの茶屋辻文様の着物はいくつになっても着られ、有職文様の錦織の袋帯が優美さを演出します。黒留袖に準じて比翼仕立てにし、礼装用の小物でまとめます。

礼装から
準礼装まで
着用範囲が広い

色留袖

[irotomesode]

裾周りにのみ絵羽模様が広がる色留袖は、未婚、既婚問わずに着られます。五つ紋を付けて比翼仕立てにすれば（↓36頁）、黒留袖と同格の装いで礼装になりますが、最近では着用の幅を広げるために、あえて三つ紋、一つ紋にして準礼装にすることも多くなりました。この場合には、比翼仕立てにはせず、薄い色の伊達衿でおしゃれを楽しむことができます。五つ紋付きで装う場合には合わせる帯や小物は黒留袖に準じますが、準礼装として装うなら、品のよい淡い色の小物を合わせることもできます。

留袖には決まりごとがあります

留袖の語源には諸説ありますが、結婚を機に、それまで着ていた振袖の振りを短く留めたことに由来し、婚家にも長く留まるようにという願いが込められています。裾周りにのみ模様のある着物を式服とする習慣が民間で広まったことから、留袖が既婚女性の礼装になったとされています。ただし、黒を忌む宮中では、色留袖を礼装とします。留袖には、仕立て方や小物合わせに独特の決まりごとがあります。

第一礼装の留袖には「紋」が、必須です。

留袖には必ず紋を入れます。黒留袖の場合は染め抜き日向五つ紋を。色留袖の場合は、黒留袖と同様か、または使い勝手のよいように三つ紋か一つ紋にすることもあります。一般的に、染め抜き日向紋を付けます。(→56・57頁)

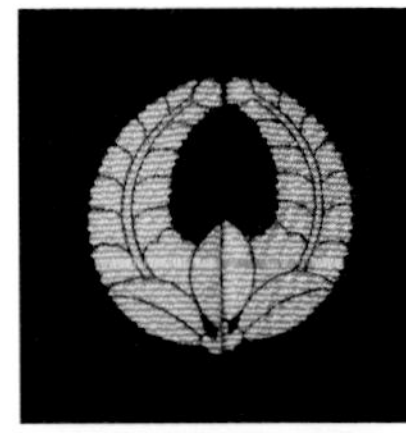

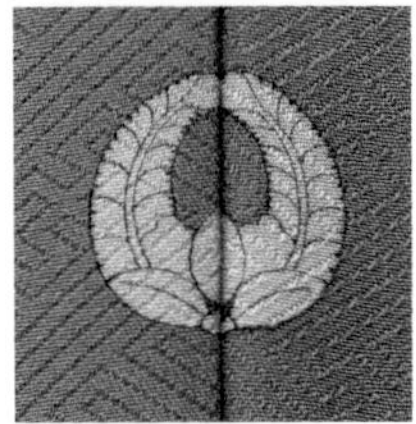

上り藤の染め抜き日向紋

白羽二重の着物(下着)を重ね着しているように見せる「比翼仕立て」が一般的です。

留袖はもともと、「白羽二重」という撚りをかけない生糸で織った生地で仕立てた着物を重ね着するものでした。今では、衿、袖口、振り、裾周りにだけ、白羽二重の別布を縫いつけて、二枚着ているかのように見せる「比翼仕立て」が一般的です。

色留袖の場合、五つ紋付きなら比翼仕立てに、三つ紋か一つ紋なら比翼仕立てにせずに、訪問着風に着ることもあります。

袖口・振り

裾周り

衿

小物の合わせ方にも気をつけて。

◆帯周り

帯
金地、銀地、白地の錦織(にしきおり)や唐織(からおり)の袋帯を合わせる。
吉祥文様や有職(ゆうそく)文様など格調高い柄を選ぶ。

帯揚げ
総絞りか綸子(りんず)の白、または白地に金銀が入っているものを。
三つ紋や一つ紋の色留袖を準礼装として装うなら淡い色でも。

帯締め
白か白地に金銀色のものを。
三つ紋や一つ紋の色留袖を準礼装として装うなら淡い色でも。

帯留め
宝石や蒔絵(まきえ)など、高級感のあるものならつけてもよい。

◆末広(すえひろ)(祝儀扇(しゅうぎせん))

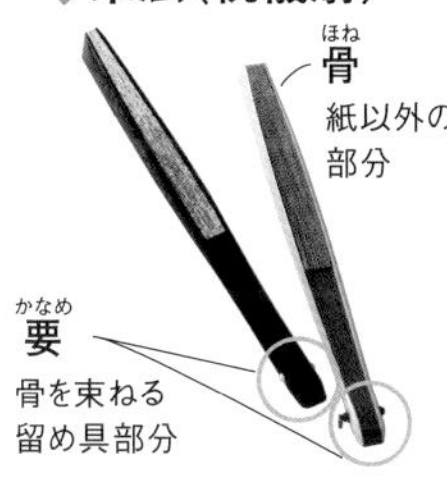

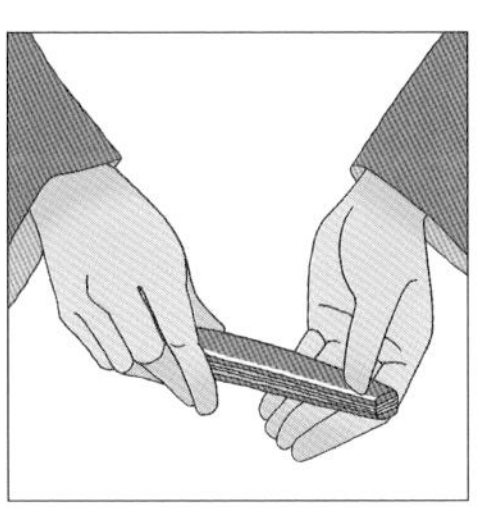

少し小ぶりの礼装用の扇子を末広といい、帯の左脇に挿す。黒留袖の場合は黒骨を、色留袖の場合は黒骨か白骨を用いる。

あいさつをするときは、右手で要を持ち、左手で下から先を受けると丁寧な印象に。広げてあおぐことはしない。

「八掛(はっかけ)」は表地と共布を用いた「共八掛(ともはっかけ)」にします。

絵羽(えば)模様の着物の場合、八掛に表地と同じ生地が使われます。「共八掛」といい、表地の絵羽模様と同様の柄があり、格の高さを感じさせます。

黒留袖は、主に「一越縮緬(ひとこしちりめん)」という生地で仕立てます。

黒留袖はほとんどが一越縮緬で仕立てられます。しぼが小さく表面がさらっとして、横に細かなうねがあるのが特徴です。色留袖の場合は、生地に決まりはありません。

フォーマル

結婚式に

東京手描き友禅の作家・西澤(にしざわ)幸雄(ゆきお)作の着物に、人間国宝・北村武資(きたむらたけし)作の優美な錦織(にしきおり)の袋帯を合わせて。格調高い装いの中にも華やかな印象。

広げると一枚の絵画のようになる華やかな着物

訪問着

[houmongi]

華やかさと品格を併せ持つ訪問着は、留袖の次に格があります。白生地を一度仕立ててから模様の位置を決め、糸を解き、染めなどの加工をほどこします。仕立て上がると、裁ち目をまたがり模様が繋がる「絵羽模様(えばもよう)」になるのが特徴です。結婚式など改まった場面では、重厚感のある袋帯に金、銀、白の小物を合わせて格調高く装います。パーティなどで華やかに着飾る場面であれば、お好みの袋帯に色のある帯締め、帯揚げをし、宝石の帯留めを合わせても素敵です。一般的に紋は付けません。

着物・帯／銀座もとじ　帯揚げ・帯締め／加藤萬

フォーマル

祝儀の席に

グラデーションになった江戸小紋地に、同色でほどこした松の絵柄が格調高い印象です。黒地に松葉柄の染め帯と白の帯締めを合わせて、凛とした着こなしに。娘・息子の結納の席にも。

一色染めや
裾模様だけなら
凛とした装いに

着物・帯／銀座いせよし　帯揚げ・帯締め／加藤萬

信子さんのこぼれ噺

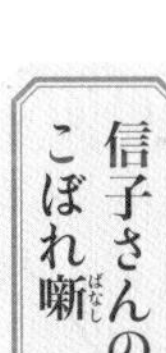

「菰を着ても錦を巻け」
ということわざどおり、
帯は着物の要です。
帯がよいほど着物姿が映えます。

着る方のお好みで
伊達衿は省略してもよいでしょう。

結婚式に

品のよい落ち着いたピンクベージュの色無地。錦織(にしきおり)や唐織(からおり)の袋帯を合わせて、小物を礼装用にすれば、結婚式にも出席できます。紋を入れ、着物の地色よりも薄い色の伊達衿(だてえり)をつけると、より改まった装いになり留袖に次ぐ格に。

結婚式からパーティまで一枚あると重宝

網代(あじろ)文の地紋に、線で紋を表す素描きの梅鉢の陰紋(かげもん)。

色無地

[iromuji]

地紋のある、または地紋のない白生地を一色に染めた着物を色無地といいます。紋(→56・57頁)の数や合わせる帯により格が変わることから、結婚式やパーティ、各種式典まで一枚あると幅広い場面で着回せます。一つでも紋が入れば無紋の訪問着よりも格上に、紋を入れなければおしゃれ着感覚でも着られます。用途を広げるために、紋を入れないか、一つ紋を入れ、帯で格調を整えるのが最近の主流です。華美を避けるお茶席の着物としても古くから茶人に好まれ、色、地紋により慶弔両用もできます。

着物・帯/銀座もとじ　帯揚げ・帯締め/加藤萬

色無地の地紋例

蘭、菊、梅、竹を配した四君子は、吉祥文様でおめでたい席に向く。

吉祥文様のひとつである御所解き文様の細かな図案が雅やか。

魔よけ、厄よけの意を表す古鏡文。正倉院の御物・銅鏡の意匠。

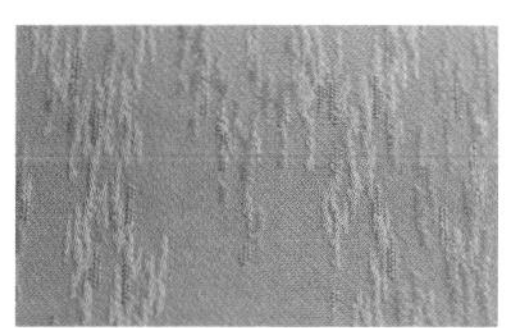

具体的な物や形を表さない地紋なら、着る場所を選ばない。

パーティに

セミフォーマル

品格のある織り名古屋帯を選べば、初釜などのお茶会や友人や会社関係の披露宴にも出席できます。淡い色の小物を合わせて上品に。

着物・帯／銀座もとじ　帯揚げ・帯締め／加藤萬

信子さんのこぼれ噺

- 色無地は利用価値の高い着物です。まず慶弔に、茶事の定番、お出かけ着、ちょっと改まった席に着られ、大変便利です。私は袷、単衣の色無地を一枚ずつ作り、目上の方と同席する際にも着ています。
- お子様の七五三や入学式など、控えめに装うべきときにも向いています。

フォーマル

披露宴に

江戸小紋の代表的な柄である「鮫」などの江戸小紋三役は、フォーマル向きの柄です。金糸を贅沢に使った重厚感のある袋帯を合わせ、小物類も礼装用でそろえて末広（すえひろ）を挟むと格調高い装いになります。

遠目には
無地に見える
粋な着物

江戸小紋

[edokomon]

江戸小紋は遠目には無地に見えますが、近くで見れば繊細で優美な柄に、卓越した職人技を感じる一色染めの着物です。もともとは武士の裃（かみしも）に用いられていましたが、江戸中期以降に町人や女性の着物として流行しました（→78頁）。鮫（さめ）、角通し（かくどおし）、行儀（ぎょうぎ）という柄の「江戸小紋三役」に、加賀藩前田家の菊菱（きくびし）や薩摩藩島津家の大小霰（あられ）など、各大名家の留柄（とめがら）は格が高いとされ、紋を付けて礼装用の帯を合わせれば準礼装になります。柄が細かいほど貴重になり、「極（ごく）」を冠して「極鮫（ごくさめ）」「極角通し（ごくかくどおし）」などと呼ばれます。

着物／竺仙　帯揚げ・帯締め／加藤萬

江戸小紋三役

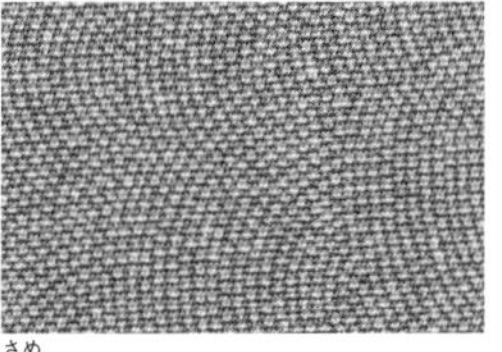

鮫(さめ)
細かい点で斜めに重ねた扇形を、鮫の肌に見立てている。より細かい極鮫は紀州徳川家の留柄。

角通し(かくどお)
極小さな正方形を縦横に整然と並べた文様。「縦にも横にも筋を通す」という意味を持つ。

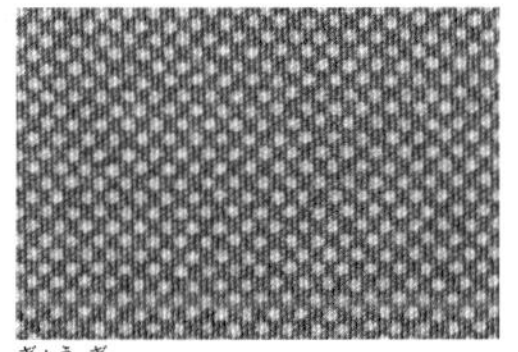

行儀(ぎょうぎ)
角通しに似ているが、点が斜め45度に規則正しく並んでいる。「礼を尽くす」という意味を持つ。

※写真は柄を拡大したものです。

パーティに

セミフォーマル

柊(ひいらぎ)をあしらった染めの名古屋帯でクリスマスパーティへ。帯揚げと帯締めを淡い緑とピンクでまとめ、大人のかわいらしさを表現。

着物・帯／竺仙　帯揚げ・帯締め／加藤萬

信子さんのこぼれ噺(ばなし)

❀江戸小紋に紋を入れるなら、三役の中でも最も格調の高い鮫小紋に一つ紋がおすすめです。角通しと行儀は入れないほうが洒落ています。

❀現在は型染めをより簡易にした枠染め(わくぞめ)（スクリーン捺染(なっせん)）がほとんどで、昔ながらの手染めの江戸小紋は大変貴重です。

フォーマル

披露宴に

無地感覚のモダンな付け下げも、唐織（からおり）の袋帯を合わせれば訪問着と同じ用途で着られます。地色より薄い伊達衿（だてえり）をつけて、小物を白、金、銀を用いた礼装用にすれば、より改まった装いになり、訪問着と同格に。

すっきり
おしゃれで
使い道も広い

付け下げ

【tsukesage】

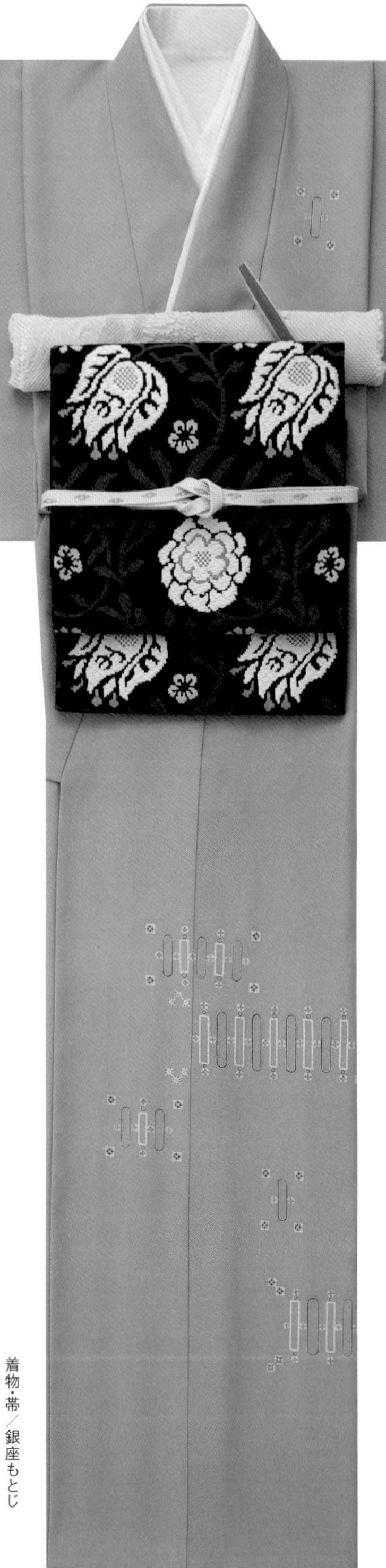

着物・帯／銀座もとじ

付け下げは、第二次世界大戦下に華やかな訪問着が禁止されたため、訪問着を簡略化した着物として考案されました。柄はすべて上向きですが、絵羽（えば）模様ではなく、背縫いで模様は繋がっていません。控えめで柄の種類も多く、茶人や着物通の方に好まれています。また、合わせる帯次第で訪問着のように披露宴やパーティへ、小紋のように観劇やおしゃれ着としても着られるため、一枚あると大変重宝します。一般的には紋を付けませんが、付ける場合には陰紋や縫い紋の一つ紋がふさわしいでしょう（↓56・57頁）。

パーティに

反物（たんもの）の状態で店頭に

付け下げは、訪問着のように仮仕立てにしてから絵羽（えば）模様を描くのではなく、着たときに模様が上を向くように反物の状態から染められます。反物には袖、身頃、衽（おくみ）…と仕立てる目印（裁ち目）が入っています。最近は、上前の衽と前身頃の裁ち目で模様が繋がるように染めた、華やかな「付け下げ訪問着」と称するものもあります。

セミフォーマル

染めの名古屋帯を合わせれば、おしゃれなパーティの装いに。淡いブルーの帯揚げと帯締めで清楚にまとめます。

着物・帯／銀座もとじ　帯揚げ・帯締め／加藤萬

信子さんのこぼれ噺（ばなし）

✿格調高い帯を締めて、小物使いを礼装用にすれば、訪問着風に着られます。

✿付け下げは私の大好きな着物です。なんといってもお値段がお手頃で、小粋な柄が目移りするほどお店に並んでいます。まず、好みの色を中心に選びましょう。

セミフォーマル

友人の披露宴に

光沢のある綸子(りんず)が華やかな印象の小紋には、やさしい青磁(せいじ)色を生かした帯を合わせて上品な装いに。染めの名古屋帯でも、金彩が入っていると改まった装いになります。礼装用もしくは淡い色の小物を合わせます。

品のある色柄なら
コーディネート次第で
披露宴にも対応

着物・帯／青山みとも　帯揚げ・帯締め／加藤萬

小紋

[komon]

型染めで繰り返し模様が染められた小紋は、洋服でいえばシルクのワンピースです。柄ゆきも多彩で、合わせる帯によってカジュアルにもよそゆきにも装えます。かわいらしい飛び柄に、染め名古屋帯や袋名古屋帯を合わせればカジュアルに、吉祥文様や王朝文様などの総柄小紋に格調高い文様の織りや染め名古屋帯を合わせれば、平服指定の友人の結婚披露宴など、かしこまりすぎない場面で着ることができます。初心者の方であれば、まずは洋服感覚で、応用の効く一枚を選ぶとよいでしょう。

吉祥文様の小紋柄

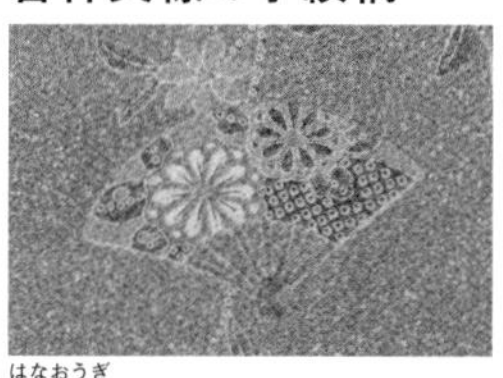

花扇

扇は末広ともいい縁起のよい文様。平安時代に貴族が使った房のついた檜扇文様も華やか。

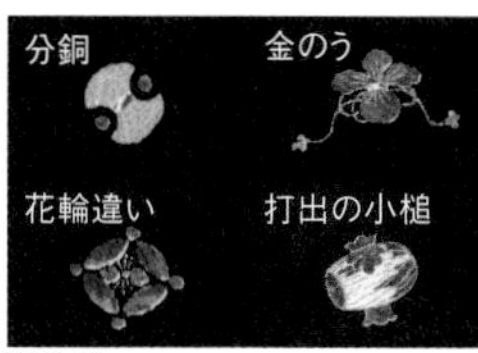

宝尽くし

約10種の宝のうち、数個を集めた文様。小槌、金のう、花輪違い、分銅、隠れ笠、宝珠、鍵などがある。

松竹梅

寒さに堪える松、竹、梅は「歳寒三友」と呼ばれ、三つそろうと慶事の象徴とされる。

パーティに

セミフォーマル

高貴な貝紫とエスニックな柄がおしゃれな紬の帯で、モダンな着こなしに。帯の黒地が全体のトーンを引き締めます。

着物・帯／青山みとも　帯揚げ・帯締め／加藤萬

信子さんのこぼれ噺

小紋は大紋ではないので、柄が大きすぎないほうがよいと思います。帯と小物とのコーディネートを考えるとき大柄ほど融通が利きにくくなります。また、せっかくのよい生地も引き立ちません。

シーン別

フォーマル着物の着こなし

お宮参り、七五三

愛らしい晴れ姿に優しく寄り添いましょう。寒い日にはコートを羽織ります。

わが子の成長を祝う

神前でわが子の無事な成長を願う親心は、いつの世でも同じです。四季の草花が上品にあしらわれた京友禅の訪問着と、宝相華（ほうそうげ）に立涌（たてわく）文を組み合わせた袋帯に、礼装用の帯揚げ・帯締めを合わせて。

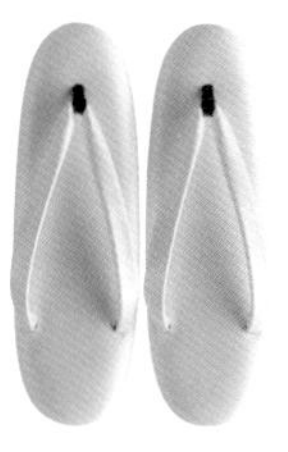

草履／辻屋本店

白いエナメルの草履は幅広く活用できます。前つぼに色が入っているタイプのものも、色がアクセントになっていておしゃれです。

総柄の小紋を晴れ着に

御所解の文様が全面に描かれた華やかな総柄小紋は、帯や小物の合わせ方次第で晴れ着からお出かけまで幅広く使えます。有職文様が織られた格調高い帯を合わせ、淡い色の小物を合わせれば、フォーマルな場に合った装いになります。

きちんとした印象の江戸小紋

江戸小紋三役（→43頁）などフォーマル向きの柄を選びましょう。写真のように、生地の表裏を異なる柄で染めた江戸小紋は、単衣に仕立てても素敵です。正倉院文様を織り込んだ品格のある唐織の名古屋帯を合わせると、セミフォーマルな装いに。

着物／東京ますいわ屋　帯／はんなり浅草店　帯揚げ・帯締め／加藤萬

入園、卒園

子どもの入園・卒園式には、江戸小紋など、控えめながら格式ある着物を。帯の合わせ方で、奥ゆかしくも華やかにも演出できます。

入園は鮫小紋に染め帯で控えめに

鮫小紋の着物に金彩で描いた品のよい染め帯を合わせると、一段控えた装いになります。塩瀬地の名古屋帯には、礼装にふさわしい名物裂の柄、花兎文が描かれています。

着物・帯／はんなり浅草店　帯締め・帯揚げ／加藤萬

バッグ／銀座いせよし

バッグは小ぶりのものよりも、入園式で配られる書類などが入るくらいの大きさのものを選ぶと便利です。金地なら式典にも合います。

落ち着いた色目の付け下げで

四季の草花を金糸で描いた菱形模様がシンプルに配置された付け下げ。年齢を問わない色目です。パステル調の色糸で織り上げた帯で、早春の喜びを感じさせるコーディネートに。

着物・帯／東京ますいわ屋　帯揚げ・帯締め／加藤萬

入園、卒園 同じ着物で帯替え

卒園式もお子さんにとって一生に一度の大切な記念日になりますから、ぜひ着物で。入園式と同じ江戸小紋の着物に、格調の高い有職（ゆうそく）文様の唐織（からおり）名古屋帯を合わせました。晴れやかに子どもの成長を祝いましょう。

着物／はんなり浅草店　帯／東京ますいわ屋　帯揚げ・帯締め／加藤萬

お茶会

茶席では、何よりも調和の心が大切です。季節感も重んじます。会の趣旨によって装いに迷ったら、先生や先輩に確認しましょう。

色無地を初釜や炉開きに

色無地は茶人の制服ともいわれ、茶の湯には欠かせない着物です。こっくりとした紫の色無地は、いくつになっても着られます。金糸・銀糸で菊の文様を織った袋帯との取り合わせは格調が高く、改まった茶事向き。

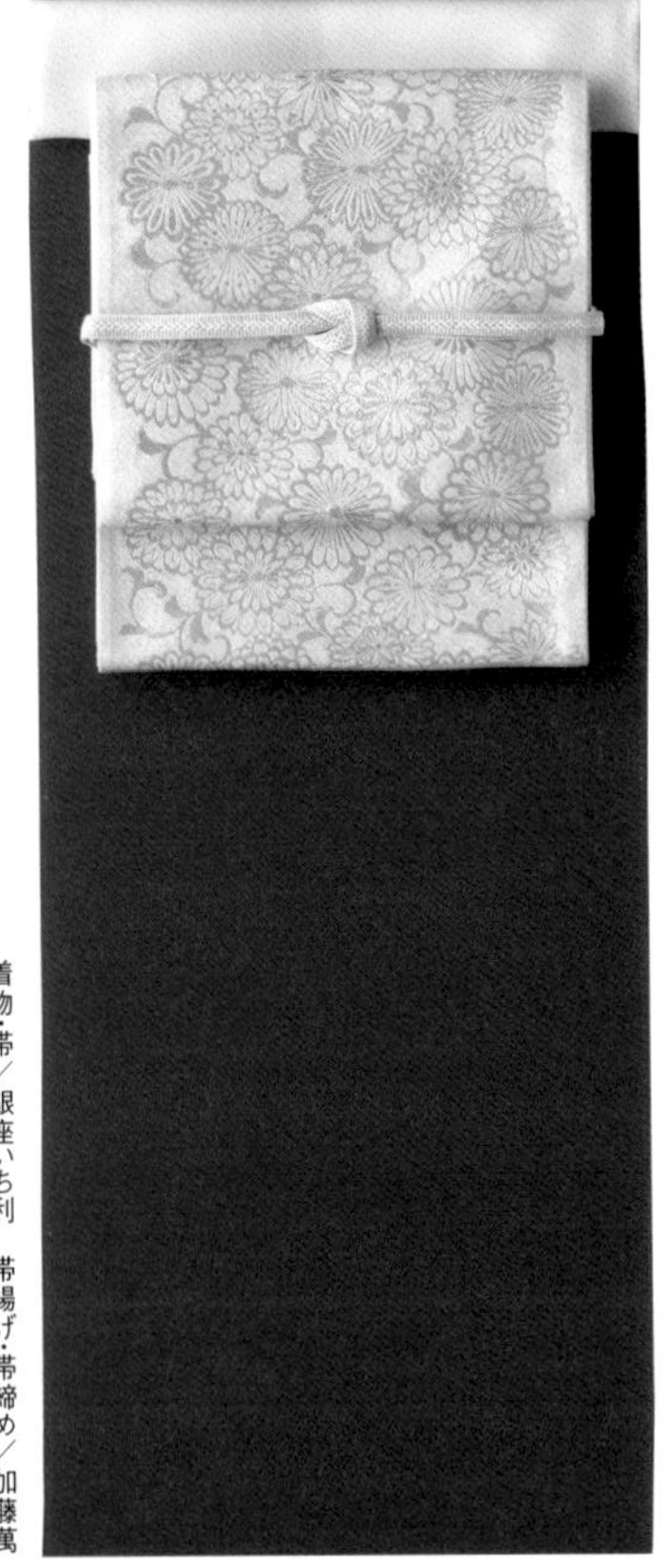

着物・帯／銀座いち利　帯揚げ・帯締め／加藤萬

数寄屋袋／加藤萬

数寄屋袋は、袱紗や懐紙、楊枝、扇子などの小物を収める袋で、茶室に持って入ることができます。

信子さんのこぼれ噺　紋付き着物の保管

染め抜いた白い部分の汚れを防ぐため、たんすにしまうときには白い薄紙をあてて畳み、たとう紙に包んで保管します。

品のよい小紋は茶席にも

茶席では、しつらいやお道具の趣向の邪魔をせず、華を添える装いがふさわしいものです。サーモンピンクの地に桔梗を散らした品のよい小紋を、立涌花文の西陣織名古屋帯で格上げして、茶席やお稽古に。

着物・帯／銀座いち利　帯揚げ・帯締め／加藤萬

付け下げでお呼ばれの茶事へ

葦に棲む野ねずみの毛の刷毛で模様を描いた「子毛描き」の付け下げと、御所解文様に江戸刺繡をほどこした染め名古屋帯。公家文化の雅を伝える御所解の文様は、季節に関係なく使えて重宝します。

着物・帯／竺仙　帯揚げ・帯締め／荒川

小物は黒が一般的です

葬儀・告別式では、小物は黒で統一します。草履やバッグは光沢のないものを身につけましょう。足袋は白足袋を着用します。

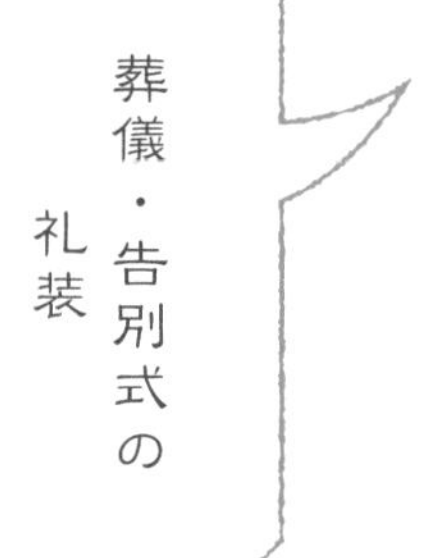

黒喪服

［kuromofuku］

葬儀・告別式の際には黒喪服を着ます。喪主や親族は、家により三回忌くらいまで黒喪服を着ることも。地紋のない無地が喪の正式で、長襦袢、半衿、足袋は白を合わせ、それ以外はすべて黒でそろえます。紋は染め抜き日向五つ紋を付けて、弔事の礼装とします。生地は関東では羽二重、関西では一越縮緬を用いることが多いようです。一生物になるので、あつらえることをおすすめします。帯は黒の綴織や織り名古屋帯を。紗綾形や菊、雲取りなどの地紋入りが一般的です。

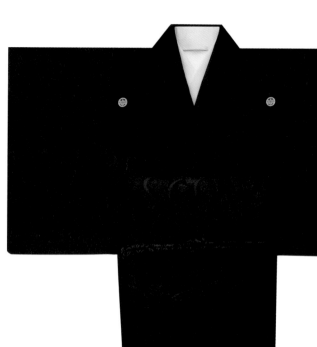

着物・帯／さが美

羽織も黒を
親族でない場合は、地味な色の色無地や江戸小紋の上に、黒羽織を着用するのもよいでしょう。

地味な色の
色無地を
不祝儀の装いに

色喪服
[iromofuku]

色喪服は、喪主・親戚以外が通夜や法事、偲（しの）ぶ会などに着用します。一つ紋を付けるのが一般的です。専用に用意しなくても、紫や鼠（ねずみ）色、薄茶色など地味な色の色無地や江戸小紋を流用することができます。地紋がある場合は、吉祥文様は避け、雲や流水（りゅうすい）、紗綾形（さやがた）などの文様を選びましょう。江戸小紋（↓42・43頁）なら三役など格の高い文様を選びます。合わせる帯は、黒または薄鼠色の名古屋帯を。小物は黒喪服に準じ、長襦袢、半衿、足袋は白を、草履や羽織は黒を合わせます。

着物・帯／さが美

紋

紋（家紋）は礼装である留袖や喪服には必ず付けるもので、自らの家系を示す大切なものです。家紋を辿ると、祖先の顔が見えてきます。

平安時代に貴族が牛車（ぎっしゃ）や調度品に文様を付け、他家と区別したのが紋の始まりとされます。平安後期の源氏の白旗と平家の赤旗の時代を経て武家社会に入り、武士は戦での功名を大将に印象づける必要がありました。そこで生まれた印が武家の紋です。戦国時代には紋は敵味方を判別するための目印となりました。

庶民に紋が広まったのは、明治維新後に名字を許されてからのことです。

家紋

染め抜き日向紋（ひなたもん）

紋の形を面で染め抜き、枠を墨描きしたもの。最上格となる。家紋に丸がある場合、女性は丸をはずしてもよい。

摺（す）り込み日向紋

型紙をあて染料で染める摺り込み紋は、着物の地色が薄い場合に用いる。染め抜きより格下。

染め抜き陰紋（かげもん）

陰紋は輪郭だけで紋を表現したもの。日向紋に対して略式になる。

縫いの陰紋

紋を刺繍で表現したもの。染め抜き、摺り込みより格下で、一つ紋に用いる。

※見本の紋は片喰（かたばみ）。子孫繁栄の願いが込められた紋。

洒落（しゃれ）紋

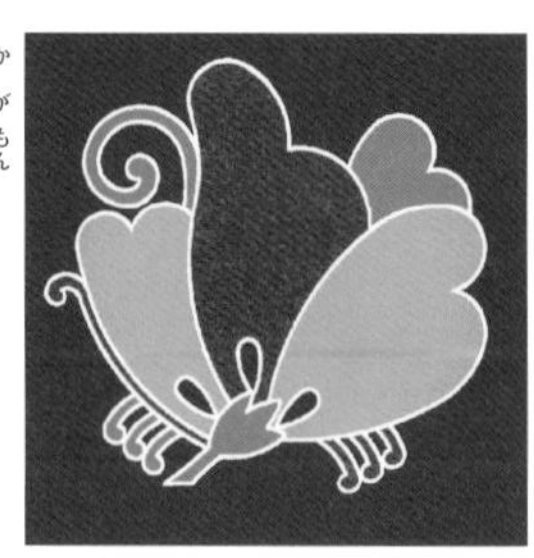

加賀紋（かがもん）

一般的には、家紋をアレンジしたものや好きな絵柄を多彩な色彩で染めた紋のこと。

家紋の片喰と女紋の揚羽蝶を組み合わせた「片喰蝶」。

加賀縫い紋

家紋をアレンジしたものや好きな絵柄を多彩な刺繍で表現した紋のこと。刺繍紋とも。

吉祥文様である四君子（しくんし）。慶事にふさわしい文様は人気。

紋デザイン／波戸場承龍（京源）

◎紋の数と意味

紋は入れる位置と数が決まっていて、一つ紋、三つ紋、五つ紋の三通りあり、数が増えるごとに格が上がります。最初に背縫いに背紋を入れると一つ紋と呼び、次に両後ろ袖に袖紋を加えると三つ紋に、両胸に抱き紋（胸紋）を入れると五つ紋となります。大きさに決まりはありませんが、女性用は直径5分5厘（約2・1センチ）が一般的です。

紋を入れると礼装になるため、おしゃれ着には向かなくなります。

◎紋の種類

●**図案**…約2万5千種類あるといわれます。

●**表現**…形を白く染め抜く「日向紋（ひなたもん）」と、紋の輪郭を描く「陰紋（かげもん）」があります。

●**技法**…主に地色を染め抜く「染め抜き」、色を染める「摺り込み」、刺繍で表す「縫い」の3種があります。正式は染め抜き、次いで摺り込み、縫いの順となります。

五つ紋に入れるのは最も正式な紋である「染め抜き日向紋」です。

●**女紋（おんなもん）**…父の紋ではなく、母から娘など、女系から女系へと伝える紋のことで、主に関西での風習です。近年は、婚家の紋を新調した着物に付けることが多く、女紋のしきたりも変化しています。女性らしくアレンジした家紋を指すこともあります。

●**洒落紋（しゃれもん）**…本来の紋の意味から離れ、草花や干支（えと）など自分の好きな模様を刺繍や染めで表現した遊び心のある紋を洒落紋といいます。家紋の代わりにはなりませんが、無地の紬などおしゃれ着の飾りとして付けます。家紋をアレンジして洒落紋にすることもでき、替え紋、伊達紋（だてもん）ともいいます。主に一つ紋で入れます。

紋の位置と名称

袖山
衿つけ
2寸
1寸5分
袖紋
袖山から2寸（約7.5cm）下がった、袖幅の中央。両後ろ袖に入れる。
背紋
衿つけから1寸5分（約5.5cm）下がった背縫い上。
肩山
4寸
抱き紋（胸紋）
肩山より4寸（約15cm）下がった、前幅の中央。両胸に入れる。

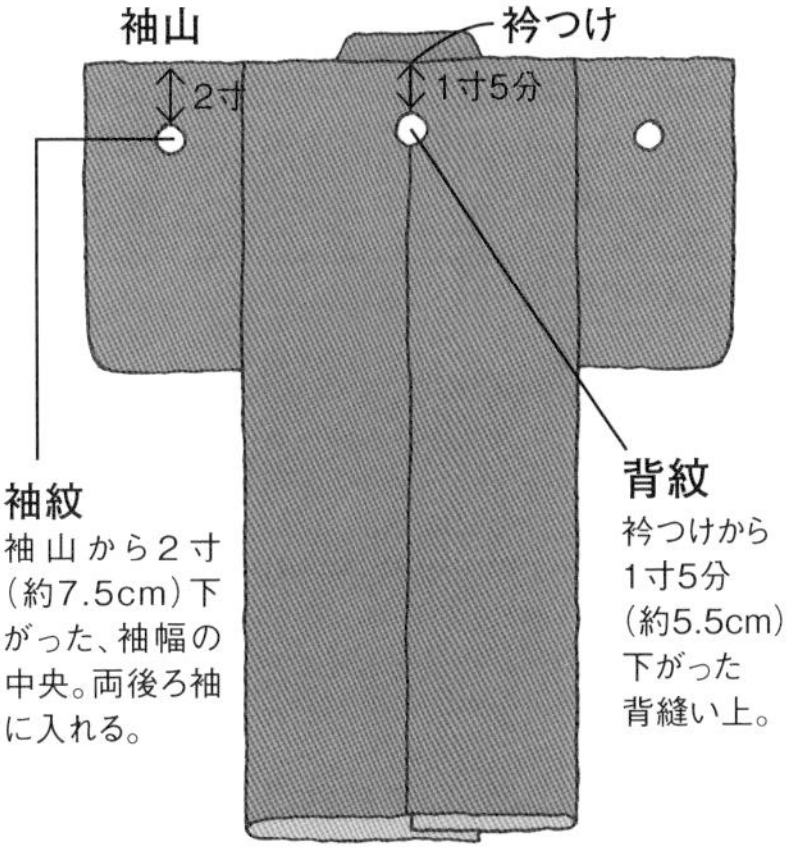

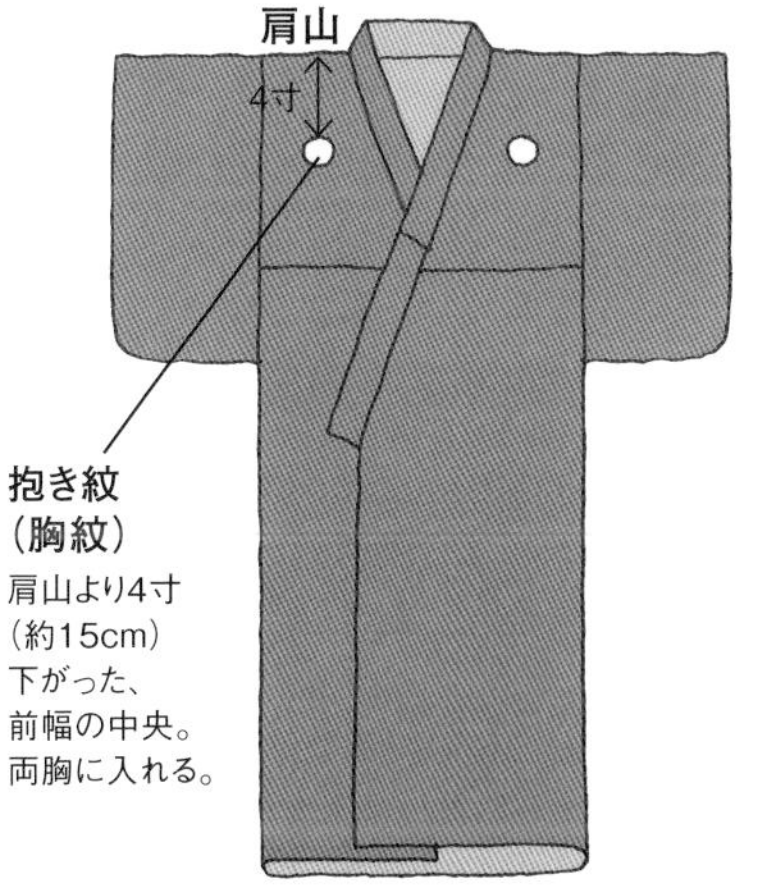

五つ紋	背紋、袖紋、抱き紋すべてに、染め抜き日向紋を入れる。黒留袖と黒喪服には必須。色留袖に入れることもある。
三つ紋	背紋と袖紋に入れる。陰紋や縫い紋でもよいが、染め抜き日向紋が基本。色留袖や色無地に入れる。
一つ紋	背紋だけに入れる。色留袖や色無地、訪問着、礼装用の江戸小紋、色喪服に入れる。
洒落紋	基本は背紋の一つ紋に。江戸小紋、無地の紬などに入れる。

フォーマルの帯

フォーマル用の
帯といえば

袋帯

正倉院文様のひとつである華文の周りに、吉をもたらすといわれる瑞鳥（鳳凰や鶴など）を配した格調高い錦織の袋帯。

●錦織：金銀など何色もの糸で美しい文様を織り出した紋織物の総称。唐織や綴織も含まれる。

菱繋ぎの中に華文を散らした雅やかな唐織の名古屋帯。色数は多いが、上品な色合いで合わせやすい。

●唐織：16世紀に京都西陣で始まった豪華絢爛な織物。柄が刺繍のように立体的に織り出され、量感がある。

帯は着物と同等か、格上のものを合わせます

金銀をあしらった格調高い文様の豪華絢爛な帯は、まさに礼装の顔です。色無地や江戸小紋なども、帯次第で装いの格を一気に上げることができます。着物や着て行く場所によって使い分けましょう。

◆礼装に締める帯

五つ紋付きの黒留袖や色留袖に合わせる帯は、金、銀、白、またはそれに色を加えて織られた、錦織や唐織、綴織などの織りの袋帯を締めます。伝統的な文様を元に典雅な趣が大切にされたデザインが特徴です。重厚な有職文様や正倉院文様、おめでたいとされる松竹梅や桐、鳳凰、鶴亀といった吉祥文様が織り出されています。

フォーマルには
上質な織り柄を

名古屋帯
袋名古屋帯

流麗な雲文の綴織の袋名古屋帯は袋帯と同格に。金糸を織り込んだ風格のある帯は、留袖や色無地に合わせたい。

●綴織：地厚でしっかりした硬い生地が特徴。絵画のような写実的な表現ができるので、壁掛けなどにも多く使われる織り方。

水楓文のお太鼓柄が風流な名古屋帯は秋のお茶会などに。唐織により刺繍風に見える文様が重厚感を感じさせる。

◆準礼装に締める帯

三つ紋または一つ紋の色留袖、訪問着、色無地、一つ紋付きの江戸小紋や付け下げなど、準礼装の着物には、織りの袋帯を合わせます。重厚な雰囲気の色柄であれば、格調高い文様の織りの名古屋帯、綴織の袋名古屋帯を合わせてもよいでしょう。吉祥文様の染め帯を合わせても素敵です。

◆略礼装に締める帯

江戸小紋、付け下げ、豪華な柄ゆきの小紋なら、フォーマル向きの格調高い織りや染めの名古屋帯を合わせましょう。装いの格も上がり、友人の披露宴にも出席できます。パーティであれば、会の趣旨に沿った文様を選ぶのも楽しみのひとつになります。

長襦袢（ながじゅばん）

薄いピンクのぼかし染めの長襦袢は、どんな装いにも合うので便利。吉祥文様の花扇の地紋は慶事にふさわしい。

襦袢生地／加藤萬

白の無地が基本 ぼかし染めはセミフォーマルに

留袖や喪服には、必ず白無地の長襦袢を着用します。礼装以外であれば、カジュアルな着物まで対応できる淡い色の無地やぼかし染めの長襦袢が使い勝手がよいでしょう。

素材は、肌のあたりがやわらかく着姿も美しい正絹（しょうけん）がおすすめです。最近では自分で洗える絹の長襦袢も登場し、大変便利です。

もみじと霞の地紋が入った慶弔両用の襦袢。不祝儀に用いるなら地紋は吉祥文様は避ける。

半衿

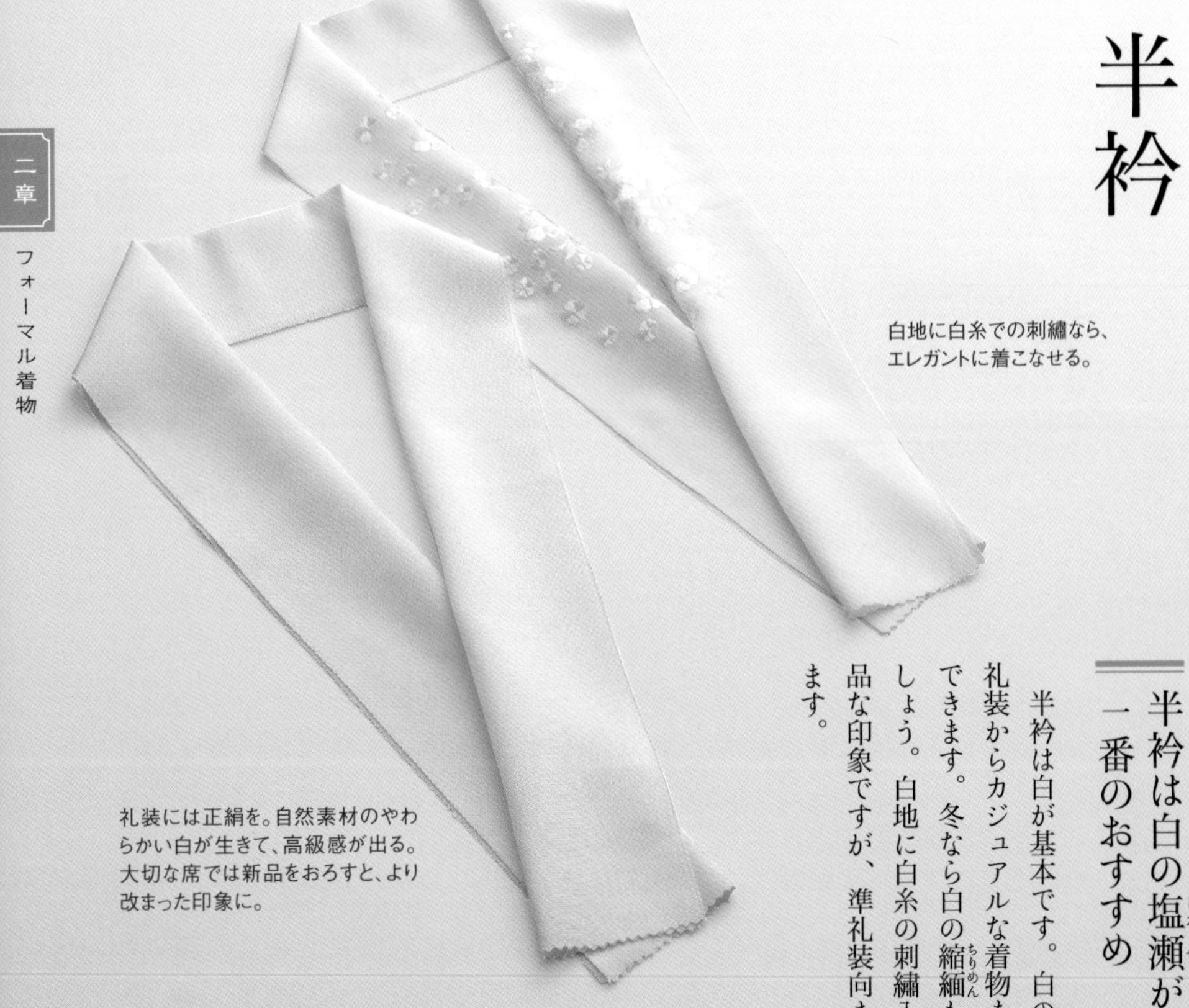

白地に白糸での刺繡なら、エレガントに着こなせる。

礼装には正絹を。自然素材のやわらかい白が生きて、高級感が出る。大切な席では新品をおろすと、より改まった印象に。

塩瀬の半衿、刺繡半衿／ゑりの高砂屋

半衿は白の塩瀬が一番のおすすめ

半衿は白が基本です。白の塩瀬で礼装からカジュアルな着物まで対応できます。冬なら白の縮緬もよいでしょう。白地に白糸の刺繡入りは上品な印象ですが、準礼装向きになります。

伊達衿（重ね衿）

白と淡い色の伊達衿。素材は塩瀬や縮緬、綸子などが一般的で、地紋のあるものも。

白ならすべての着物に対応

その昔、礼装には2枚以上重ねて着物を着ていた名残から生まれたのが伊達衿です。色無地、江戸小紋を礼装として着用するなら、白の伊達衿をつけます。色ものを合わせるなら、着物の地色より薄い色を選ぶと品よく見えます。ただし、お茶席ではあまりつけません。

伊達衿／ゑりの高砂屋

帯揚げ

礼装には白か淡い色を

留袖には白無地か白に金銀をほどこした綸子(りんず)や縮緬(ちりめん)、絞りの帯揚げを合わせます。色無地や訪問着なら、白はもちろん、淡い色のものや刺繍入りで装いのアクセントにしてもよいでしょう。生地は綸子や絞りが華やかでおすすめです。

帯揚げは着物と帯の繋ぎ役です。全体の調和を考えて選びましょう。

（上）淡い紫地に梅の地紋で華やかなデザイン。（中央・下）淡いクリーム色と薄いピンクは幅広く使える無地の縮緬。

白の帯揚げならどんなフォーマルシーンにも合わせられる。（上）セミフォーマルにも使いやすい白地に金銀の小花を散らしたデザイン。（下）ボリューム感のある総絞りの帯揚げ。

帯揚げ（手前から1枚目・4枚目）／加藤萬

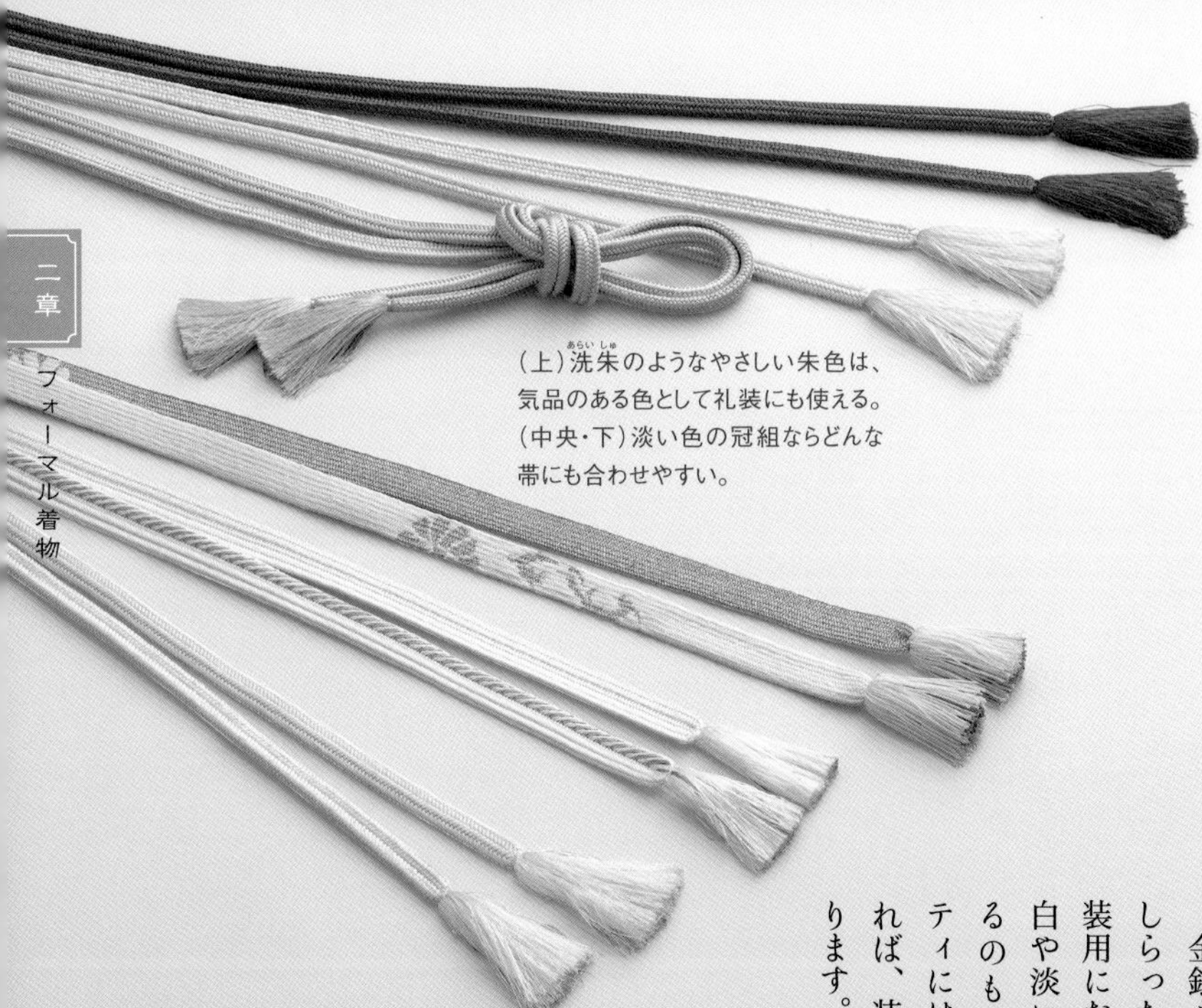

帯締め

品のよい色で装いの格を上げて

金銀または白地に金銀をあしらった平組(ひらぐみ)や白の冠組(ゆるぎぐみ)は礼装用になります。準礼装には白や淡い色で、品よくまとめるのもおすすめです。パーティには濃いめの色を合わせれば、装いのアクセントになります。

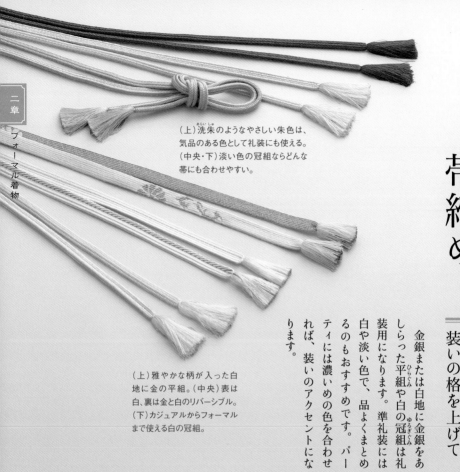

(上)洗朱(あらいしゅ)のようなやさしい朱色は、気品のある色として礼装にも使える。(中央・下)淡い色の冠組ならどんな帯にも合わせやすい。

(上)雅やかな柄が入った白地に金の平組。(中央)表は白、裏は金と白のリバーシブル。(下)カジュアルからフォーマルまで使える白の冠組。

帯締め／加藤萬

帯留め

(上)扇形の芝山細工はお祝いの席にぴったり。
(中央)金銀やパールは、帯や着物を選ばない。
(下)季節を問わない菊モチーフ。

ジュエリーのような高級感のあるものを

ドレスに合わせるジュエリーと同様に、フォーマルシーンで合わせる帯留めは高級感のあるものが似合います。ダイヤやパールなどの宝石類、蒔絵(まきえ)、象牙(ぞうげ)などの細工物を選びましょう。ただしお茶会では、道具を傷つけることがないように、身につけないのが礼儀です。

扇形の帯留め、菊のパールの帯留め／時代布と時代衣装 池田

足袋（たび）

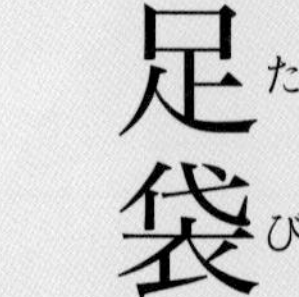

こはぜの枚数が多いほど足袋が深くなる。肌が見えない4枚がおすすめ。

白足袋で礼を尽くします

足元は清潔な白足袋ですっきり見せましょう。こはぜは足首をしっかり包む４枚のものが一般的です。試着をして、自分のサイズに合ったものを履けば、シワもできずピタッと美しくきまります。

白足袋は汚れが目立ちやすいので、履物を脱ぐ場合には、道中は足袋カバーを履いて汚れを防止したり、替え足袋を用意しておくとよいでしょう（↓250頁）。

大切な席なら、新しい白足袋を。幅が選べるものや形状記憶タイプもある。

足袋／ゑりの高砂屋

道中は足袋カバーを

白足袋が汚れないよう、足袋の上から履く足袋カバー。伸縮性のある素材でできている。こはぜのついたタイプを選べば着姿も美しい。

替え足袋やカバーは小袋に入れて携帯

お茶席やお座敷に上がる際、足袋が汚れていては失礼にあたります。道中に足袋が汚れることもあるので、替え足袋を小袋に入れ、携帯しておくと安心です。

和布のかわいらしい巾着なら、着物にしっくりはまる。汚れたものを入れるので、洗えるものがよい。

巾着／ゑりの高砂屋

草履（ぞうり）

一足目はエナメルの白または淡い色を

白または淡い色のエナメルの草履なら、留袖はもちろん、色無地、訪問着、小紋まで、ほとんどの着物に合わせられます。鼻緒、前つぼ、台がすべて同じ色であれば、コーディネートしやすく便利です。留袖や訪問着の裾模様を引き立てるため、裾を長めに着付ける場合には、かかとに高さがあるほうがバランスよく着こなせます。親指と人差し指の股が痛くなりやすい方は、台の傾斜が緩やかなものを選ぶとよいでしょう。

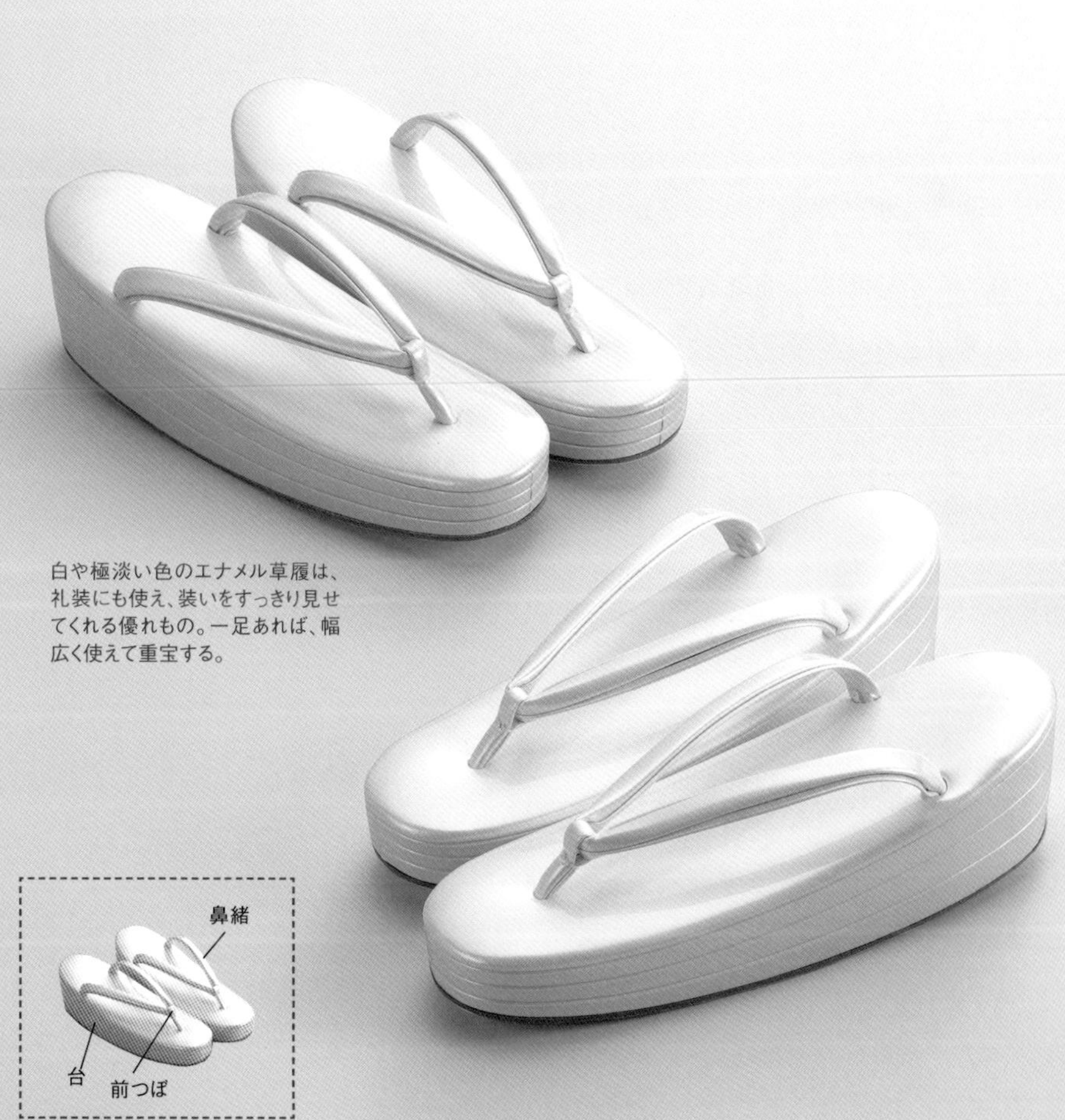

白や極淡い色のエナメル草履は、礼装にも使え、装いをすっきり見せてくれる優れもの。一足あれば、幅広く使えて重宝する。

ピンクのエナメル草履、白のエナメル草履／冨士屋

バッグ

装いを華やかにする上質なバッグ

バッグは着物と行く場所によって、比較的自由に選ぶことができます。礼装には装いの格に合った上質なバッグを合わせます。佐賀錦や古代織物を復元した裂地の布製のバッグは、着物の装いをより着物らしく、美しく見せます。

パーティなどの席なら、洋装と兼用できるエレガントなバッグも素敵です。ビーズやスパンコールをあしらった華やかなデザインもよいでしょう。袱紗が入る程よい大きさがおすすめです。

正倉院文様のひとつ、獅噛文のバッグ。獅子が口を開いているように見えるため、その名がついたといわれる。洋装にも使いやすいシンプルなデザイン。

（上・左）早雲寺文台裂のバッグ。原品は、室町時代の連歌の第一人者、宗祇の愛用品だった箱根の早雲寺什宝にある文台と硯箱に貼られた裂地。蔓唐草が織り出されている。

バッグ（黒を除く）／龍村美術織物

コート

着物を守る役目もあります

礼装で外出する際は特に、着物を汚さないように塵よけとしてコートを着用するのがおすすめです。裾まですっぽり覆う、丈の長い雨ゴートなら、雨が降っていない日には塵よけとして、肌寒い日には軽い防寒コートとして兼用でき、大変重宝します。雨ゴートは、畳んで持ち歩けるように、軽くてシワになりにくい素材を選びましょう。風呂敷を携帯すれば、脱いだコートを包んで持ち運べます。

道中着

裾すぼまりでスマートに着こなせる道中着型の塵よけ兼雨ゴート。ポリエステルに撥水加工をほどこし、軽くてシワになりにくい。

道行

胸元が四角く開いた道行衿なら女性らしい雰囲気に。着物地のほか、防寒用のウール素材もある。

道中着／銀座伊勢由

教えて信子さん！

フォーマル着物の疑問解消

着物編

披露宴の「一・五次会」では、何を着ればよいでしょうか？

A 会場に合わせて装いの格を決めます

披露宴と二次会を一緒に行う一・五次会は、流行りのスタイルです。一般的には披露宴よりくだけた雰囲気になるので、会場や招待客との調和を優先して装いましょう。訪問着はもちろん、華やかな小紋がおすすめです。帯は古典柄で重厚感を出すより、モダンな袋帯や名古屋帯が合います。宝石の帯留めをつけても素敵です。

Q 友人の披露宴で、小紋を着てもよいですか？

A 雰囲気になじめばよいでしょう

友人の披露宴であれば、神社や一流ホテルでの挙式を除いて、柄ゆき次第で小紋を着てもよいのではないでしょうか（→46・47頁）。帯は格調高い柄の織りまたは染めの名古屋帯を合わせます。小紋に礼装向きの名古屋帯なら、一流ホテルの披露宴にもなじみます。着物も帯も柄ゆき次第なので、判断が難しいかもしれませんが、洋装と同じように、雰囲気になじむことを考えましょう。

80頁で紹介する華やかな小紋に、金の蝶を織った名古屋帯を合わせて、友人の披露宴に花を添える装いに。（着物・帯／銀座いせよし）

パーティの案内に「平服（へいふく）で」と書いてあります。何を着ればよいでしょう？

A 平服は略礼装を指します

結婚式の招待状など、案内状に「平服で」とあるのは「礼装ではなく略礼装で」という意味になります。普段着を指すわけではないので注意しましょう。パーティの趣旨や会場に合わせて装いを考えればよいでしょう。

サイズが合わない着物で披露宴に出ても大丈夫ですか？

A あまりおすすめしません

フォーマルな装いとは、相手や同席者に礼を尽くす装いということです。サイズが合っていないことが、はっきりわかるようではいただけません。着丈はおはしょりで調整できる程度ならよいですが、くるぶしが出ると街着のようになります。また、裄も手首が出るのはエレガントではありません。裄がほんの少し短いくらいであれば、所作に気を配りましょう。サイズが合っていないことが気になると、動作も不自然になるものです。着方と所作で間に合わなければ、礼装としてはおすすめしません。

Q 絞り染めの着物はパーティに着られますか？

A まったく問題ありません

絞り染めの着物がカジュアルな着物だと誤解している方もいますが、そのようなことはありません。絹地に細かい絞りをほどこした「京鹿の子絞（↓271頁）」はまさに技術の結晶ですし、総絞りの着物は大変に手間のかかった贅沢な品です。絞りの訪問着や振袖もあり、結婚式にも着られます。ただし、素材が木綿になると普段着になります。

京鹿の子の着物／京鹿の子紋振興協同組合

Q 留袖はレンタルでも失礼はないでしょうか？

A 問題ありません

留袖は親戚や友人に借りることもありますから、失礼にはなりません。留袖のレンタルを行うホテルもあり、着付けとセットで頼むこともできます。紋は、「五三の桐」が付いていることが多いです。また、着物と同じ素材の別布に紋を描いて貼りつける「張り紋（切り付け紋）」というものもあります。お店の許可があれば、自分の家紋の張り紋を付けることもできます。

Q 化繊の訪問着を結婚式に着てもよいですか？

A 問題ありません

いわなければわかりませんから、問題ありません。着物のレンタルショップでも化繊の訪問着は置いてあります。絹の着物と同じように、柄ゆきと帯合わせに気をつければよいでしょう。

信子さんのこぼれ噺

黒は主役？

歌舞伎の世界では、黒の着物は「助六さん」の衣装のように主役が着るといわれております。結婚式ではどうでしょうか？

もちろん主役は花嫁花婿ですが、花婿は黒紋付き、花嫁は白打掛が主流です。主賓の女性は黒留袖または黒礼服です。白打掛の花嫁姿は、黒一色の中の一輪の白百合のように美しいから主役になれるのです。

着物編

Q 紬の着物は披露宴に着て行けますか？

A カジュアルなパーティならよいでしょう

しっとりした無地の紬に織りや染めの名古屋帯を合わせれば、ドレスコードのないパーティ、友人のハウスウエディングやレストランでの披露宴に着て行けます。

紋を入れてもフォーマルな着物にはなりませんから、紋を入れるのはおすすめしません。もし入れるとしたら、無地または絵羽柄の紬に、家紋ではなく意匠を凝らした洒落紋を。紬は観劇やコンサート鑑賞などに、おしゃれ着として着るほうが素敵だと思います。

吉祥文様である四君子を刺繍した洒落紋なら、お祝いの席にぴったり。

Q 色無地には一つ紋を入れたほうがよいですか？

A 目的に合わせましょう

色無地は、必ず紋を入れなければならないものではありません。紋を入れると格が上がり、着て行く場所が限定されることを覚えておきましょう。紋は入れずに、帯で格を上げると使い道が広がります。フォーマルな場面で着るのが主な目的であれば、一つ紋を入れるとよいでしょう。慶弔両用できる地紋と色で一枚作ると、いざというときにとても便利です。一つ紋付きでも十分格調高くなります。

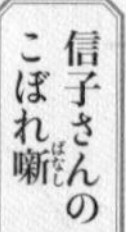

信子さんのこぼれ噺

着物の色の話

私はお店で着物を選ぶときや無地染めを依頼するときには、必ず窓の近くなど自然光のあたる場所に持って行き、色を見ます。室内で濃く見えた色が明るい色だったり、違った色に見えるからです。

また、小さな色見本に比べて、仕立て上がった着物が薄い色に見えることがあります。できればお店の現物見本を見て確かめましょう。

Q お茶会に招待されました。どんな着物なら失礼になりませんか？

A 華美な着物は避けましょう

お茶は侘び寂びの世界です。華美なものは避ける慣例がありますから、派手な色柄の着物や帯は合いません。会の趣旨や流派にもよるので、先生や先輩に尋ねるか、周囲の方の着用される着物を見習うのがよいでしょう。一般的には、色無地や江戸小紋、小紋に、織りの名古屋帯、季節の図案が描かれた塩瀬（しおぜ）の帯を合わせるとよいと思います。初釜（はつがま）や家元（いえもと）主催のお茶会など格式の高い茶事には、色無地、江戸小紋、付け下げ、金銀を控えた色留袖や訪問着に、織りの袋帯や名古屋帯を合わせます。

子どもの入学式にはどんな着物を着ればよいでしょうか？

A 控えめな装いにしましょう

入園・入学式、卒園・卒業式は、教育の場であることをわきまえて、控えめに装いましょう。色無地や江戸小紋、付け下げなどに、華美でない織りの名古屋帯を合わせれば、控えめながら礼をわきまえた装いになります。お宮参りや七五三など、子どもが主役のイベントでも同様に装いましょう。

Q 家紋以外の紋を入れることはできますか？

A 式典以外なら、替え紋（かえもん）でも

正式な場には「定紋（じょうもん）」といい、正式な家紋を用いるのがマナーです。国民全員が家紋を持っているのは世界的にも珍しいことです。しかし、日本の家紋は登録制ではないので、自由度が高いのが特徴です。家紋は一家にひとつと思われていますが、賜与・婚姻などにより複数の家紋がある家もあります。私的な集いやパーティであれば、好みの「替え紋」を入れた着物で出かけても問題ありません。定紋を元に蝶や扇に見立てた女紋（おんなもん）（→57頁）を作ると、自分の紋に愛着がわく方も多くいらっしゃいます。（紋章師・波戸場承龍さん）

●紋をアレンジした例

鶴の丸

＋

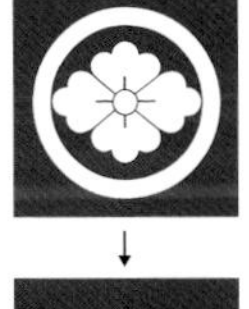

丸に花菱

↓

鶴花菱

信子さんのこぼれ噺（ばなし）

自由が利かない〝モン〟

有名デパートの呉服担当の方にお聞きした話。あるご婦人に紋入れを依頼されたので、紋帳（もんちょう）をお見せしたところ、「気に入った紋がないわ。私が好きな紋を描きますからそれで」と頼まれたそうです。

家紋はそれぞれの家に理由があって伝わってきたものです。江戸時代には「紋のあるところ」を指す「紋所（もんどころ）」といい、紋を付ける場所も形も代々決まっている、自由が利かない〝モン〟なのです。

Q 結婚後の紋はどうしたらよいでしょう？

A 地方や家によって違いがあります

地方や家によって考え方が異なりますが、家同士で話し合われるのがよいでしょう。一般的には、武家の文化が根付いた関東では婚家の紋を、商家の文化が根付いた関西では、「女紋（おんなもん）」といって、実家の紋を継ぐところが多いようです。稀（まれ）な例ですが、関西と関東の男女の婚儀の場合、家紋を大事にする家柄同士だと揉めることもあるようです。この場合も、家同士で解決することになります。（紋章師・波戸場承龍さん）

Q 着物の格と紋について、よくわかりません

A さまざまな考え方があります

紋の種類や数は、着物の格に合わせるものです。留袖と喪服以外の着物は紋が必ず必要なわけではないので、着物の種類や柄ゆきに合わせて決めることになります。着物の用途や好みなどを踏まえて、着物を仕立てるお店、または紋章師（もんしょうし）の方に相談するのが一番です。下の表を目安として参考にするとよいでしょう。紋を入れた着物には、相応の帯を締めるのも着こなしのポイントです。

染め抜き日向（ひなた）紋（片喰（かたばみ））

（格：高い↑↓低い）

礼装の格	着物	紋	備考
礼装	黒留袖	染め抜き日向五つ紋	・必ず付ける。
	色留袖	染め抜き日向五つ紋	・黒留袖と同格に。
	色無地	染め抜き日向五つ紋	・五つ紋を付けるのは非常に稀。
準礼装	色留袖	染め抜き日向三つ紋・一つ紋	・主賓の装いに。
	色無地	染め抜き日向三つ紋	・一つ紋の訪問着より格上になる。
	訪問着	染め抜き日向一つ紋 もしくは省略	・現在は省略することが多い。 ・豪華な柄ゆきなら、三つ紋を付けてもよい。
	色無地	一つ紋 もしくは省略	・パーティなどの華やかな場には、洒落紋を用いても。
	江戸小紋	一つ紋	・三役などの格のある柄なら、紋を入れてよい。
	付け下げ	一つ紋	・一つ紋なら紋を省略した訪問着より格上になる。 ・付けるなら縫い紋にするほうがよいといわれる。
略礼装	江戸小紋	省略	
	付け下げ	省略	
・パーティ	紬（無地）	洒落紋 もしくは省略	・昔は入れないものだったが、好みで洒落紋を入れることも。

帯編

フォーマルの場で締めてはいけない帯はあるのでしょうか？

A 着物より格が下がる帯は締めません

帯は着物と同格か、着物より格が上のものを合わせるのが基本です。ですから、フォーマルの場では、趣味性の高い帯やカジュアル感のある更紗、縞柄、格子などは避けましょう。また紬、木綿の帯も向きません。

結婚式での帯結びはお太鼓でなく、飾り結びにしてもよいですか？

A 式ではお太鼓を締めましょう

結婚式などの式典では、袋帯なら二重太鼓、名古屋帯ならお太鼓が正式な結び方になります。留袖には必ず袋帯で二重太鼓に結びます。格のある帯なら、お太鼓を締めるほうがふさわしいでしょう。

カジュアルなパーティであれば、小紋に華やかな飾り結びも素敵です。ただし角出しはあくまでカジュアルな帯結びになります。

ちなみに、成人式で若いお嬢さんが振袖に帯を羽根が出るように結ぶのは、「未来に向かって飛び立つ」という意味があります。年齢や着物に合った結び方を心がけましょう。

丸帯とはどういうものですか？

A 戦前の礼装用の帯です

帯幅の倍の幅の生地を縦半分に折って縫う、裏表がない豪華な帯になります。戦前まで礼装用の帯として使われましたが、裏を別布で仕立てた、より軽い袋帯が登場してからは、花嫁や舞妓さんの衣装くらいにしか使われていません。

祝いの席では袋帯を締めないといけませんか？

A 留袖以外なら、名古屋帯でも

「礼装には必ず袋帯」といわれるのは、二重太鼓にお祝いを重ねるという意味があるからとされています。袋帯と名古屋帯は結んでしまえば違いがわかりませんが、名古屋帯は袋帯を簡略化したもので一重太鼓になりますから、最善の礼を尽くすには不似合いになります。留袖には必ず袋帯を締めましょう（↓37、58頁）。

式の主賓である場合は留袖や訪問着に袋帯を合わせますが、それ以外なら名古屋帯でも金銀を配した錦織や唐織を選べば、十分豪華でフォーマルな場に映えます。帯結びをよく見れば袋帯と名古屋帯の違いはわかりますが、そこまでチェックをする人はあまりいません。大切なのは、帯の素材や柄が着て行く場に合っていることではないでしょうか。

礼装にアクセサリーをつけてもよいですか?

A 品のよいデザインを選びましょう

指輪、イヤリング、ピアスは問題ありません。高級感がある宝石やシンプルな貴金属を選びましょう。イヤリングやピアスは、ぶら下がらない耳に留めるタイプが合います。腕時計は華奢なデザインのものを選ぶとよいでしょう。ブレスレットは着物には合いませんので、おすすめはしません。

お茶会では道具に傷をつけないよう、かんざし、帯留めなど、アクセサリー類はすべて身につけてはいけません。結婚指輪がはずれない場合は、絆創膏や肌色のテープを貼るとよいでしょう。

Q 草履に格はありますか?

A 色が薄く台が高いものは改まった装いに向きます

一般的に、台が高いものほど格が高く、礼装用には台と鼻緒が同色、あるいは同素材のものを選びます。留袖や訪問着は豪華な裾模様があるため、裾を長めに着付けるほうが美しく、台の高さが1寸5分（約5・5センチ）あれば着姿が映え、カジュアルな着物にも対応できます。

フォーマルには5枚こはぜの足袋がよいのですか?

A 肌が見えなければ大丈夫です

こはぜ1枚で丈に約2センチの差があります。「フォーマルには5枚こはぜ。カジュアルには4枚こはぜ」といわれることがあるのは、5枚こはぜのほうが丈が長い分肌が見えにくいためです。椅子に座ると着物の着丈が上がり、足が見えやすくなりますが、よほど雑に動かなければ見えるものではありません。4枚こはぜのほうが動きやすいので4枚をおすすめします。日本舞踊をされる方は、立ったり座ったりの動作が多いので、5枚こはぜを着用します。

信子さんのこぼれ噺（ばなし）

懐中時計

腕時計を身につけると袖口を傷めることがあるので、着物には懐中時計をおすすめします。懐中時計についた紐を帯枕の紐に通して、帯と帯の間に挟んでおけば落ちる心配もありません。お好みの根付けにつけ替える楽しさもあります。

三章
カジュアル着物

作家の幸田文さんの着物や帯を選ぶ基準は
「出ず入らず」であったといいます。
高級品はよくて当たり前ですし、懲りすぎても調和が取れません。
出しゃばりもせず、引っ込みもしない、
「ああ、よい取り合わせ」という点が
着物も見栄えがして、帯もぴったりはまるということです。

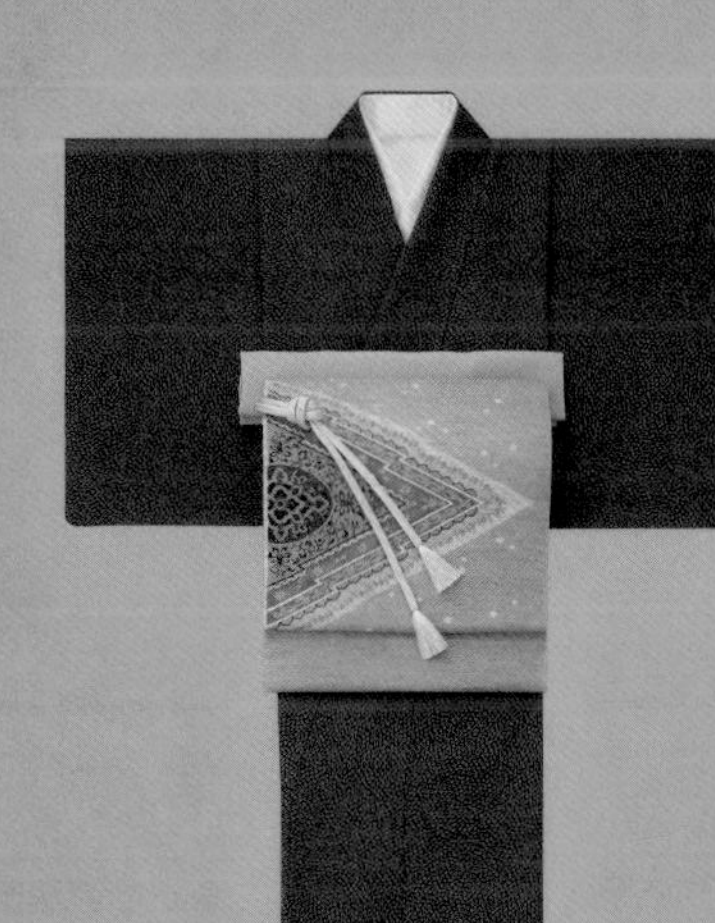

カジュアル着物、どこに着て行く？

カジュアルな装いの場合、レストランやショッピングなど着て行く場所により着物や帯の選び方が変わります。決まったルールはありませんが、恥ずかしくない装いをしたいもの。おおまかな違いを把握しておきましょう。

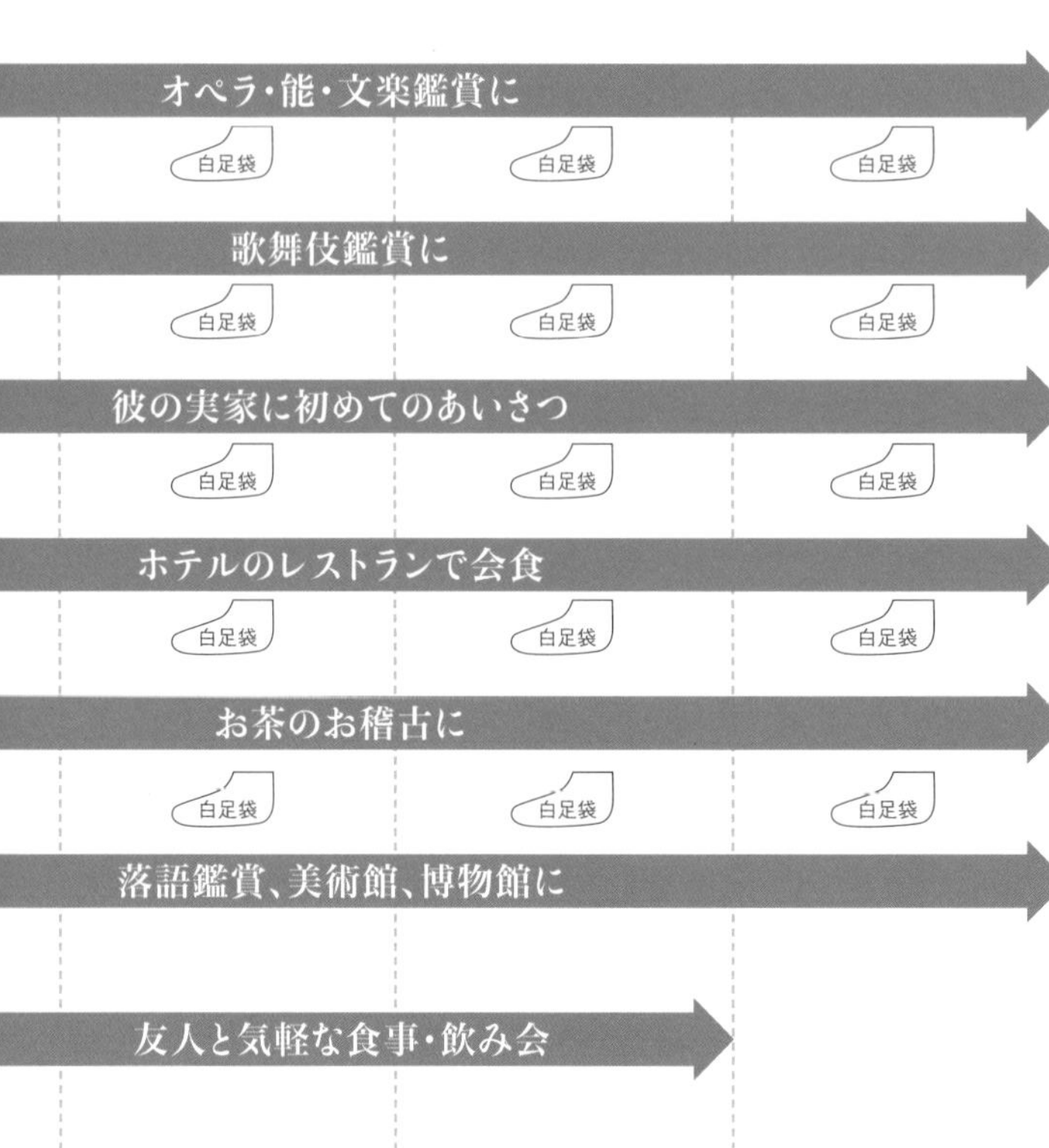

名古屋帯・袋名古屋帯

御召

（→82・83頁）

織りと染めの中間の着物で、彼や夫の実家を訪問するとき、習いごとなどにもおすすめです。

小紋

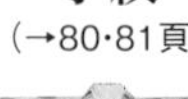

（→80・81頁）

デザインにより大きく印象が変わる着物です。やわらかい雰囲気なので、ショッピングなどのお出かけにぴったりです。

江戸小紋

（→78・79頁）

遊び心のある柄はカジュアル向きですが、格調高い着物なので、品よく装いましょう。ややかしこまったお出かけにおすすめです。

高い

色足袋・柄足袋はふさわしくない場所

白足袋と色足袋

カジュアル着物なら、好みで色足袋・柄足袋を合わせても楽しいものです。ただし、色足袋・柄足袋を履くだけで普段着の装いになるので、彼の実家に初めてあいさつにうかがうときなど、ややかしこまった場面なら、カジュアル着物でも必ず白足袋を合わせて礼を尽くしましょう。

白足袋

白足袋

白足袋

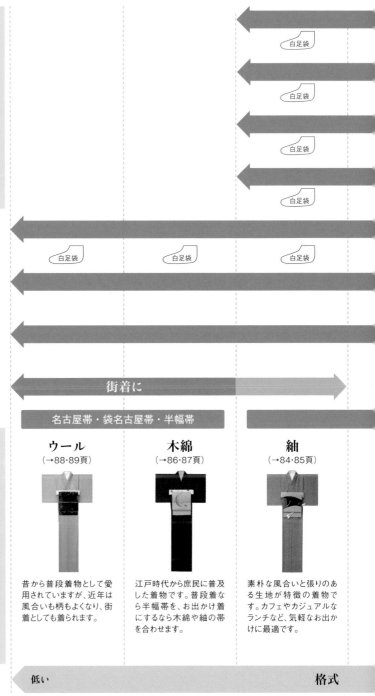

白足袋

白足袋 白足袋 白足袋

街着に

名古屋帯・袋名古屋帯・半幅帯

化繊

（→90･91頁）

化繊の着物は、カジュアルと断定しづらい着物です。小紋柄なら小紋として、紬風なら紬として、色無地なら色無地として着られます。デザインにより、着て行くシーンを考えましょう。

ウール

（→88･89頁）

昔から普段着物として愛用されていますが、近年は風合いも柄もよくなり、街着としても着られます。

木綿

（→86･87頁）

江戸時代から庶民に普及した着物です。普段着なら半幅帯を、お出かけ着にするなら木綿や紬の帯を合わせます。

紬

（→84･85頁）

素朴な風合いと張りのある生地が特徴の着物です。カフェやカジュアルなランチなど、気軽なお出かけに最適です。

低い　格式

街歩きに

桜の文様を近くで見ると、花びらが散っている、かわいらしくも繊細な柄ゆき。無地感覚の江戸小紋だからこそ、大胆な更紗柄が映えます。

江戸っ子のユーモアを粋に楽しむ

桜

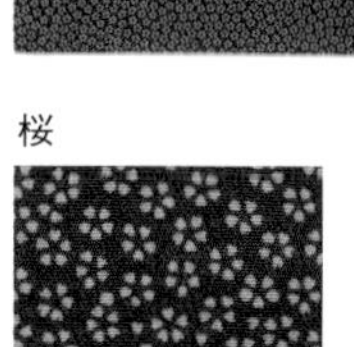

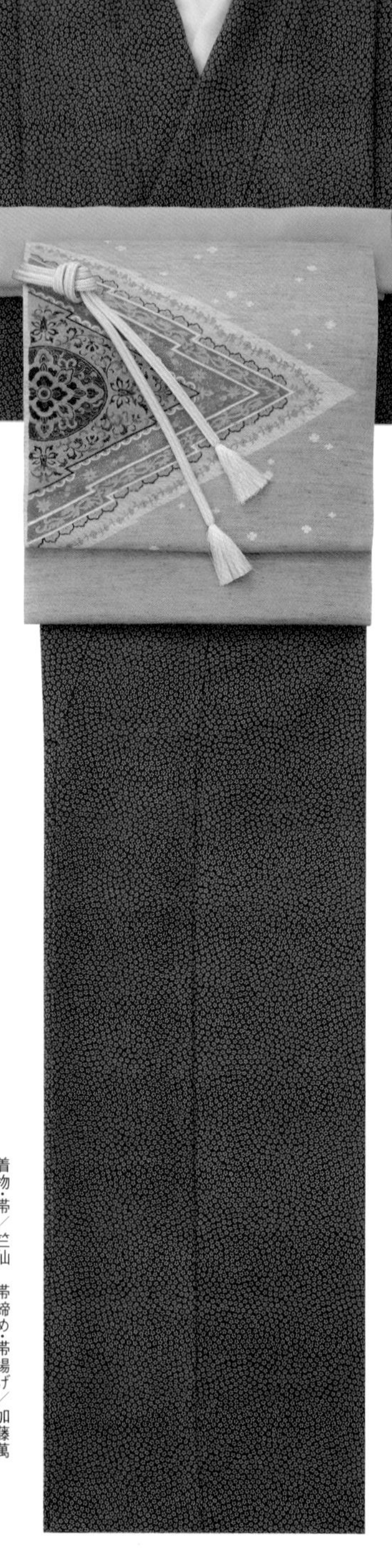

江戸小紋

[edokomon]

着物・帯／竺仙　帯締め・帯揚げ／加藤萬

武士の裃(かみしも)に用いた柄が始まりとされる江戸小紋（→42頁）。次第に庶民にも広がり、富士山と茄子を描いた「初夢」や文字を意匠化した「家内安全」「雪月花(せつげっか)」など、遊び心のある柄が発達しました。なかでも、やく（厄・役・薬）とおろしをかけた「大根におろし金」や、無病息災をかけた「六瓢簞(むびょうたん)」など洒落を利かせた「いわれ小紋」は、粋なおしゃれを楽しむ江戸っ子のユーモアが凝縮されています。遠目には無地に見え、近づけば思わずうなる遊び柄は、さり気なく個性を演出するのにおすすめです。

お正月の装いに

三度染めをほどこした唐桟縞は江戸小紋の技術の結晶です。玩具尽くし柄の染め帯で遊び心を加えます。

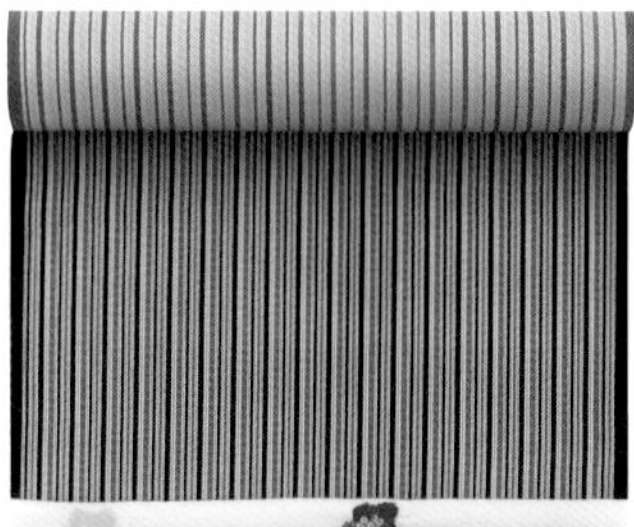

着物・帯／竺仙　帯締め・帯揚げ／加藤萬

秋のお茶会に

季節を問わない江戸小紋は、帯で季節感を表現しましょう。移りゆく四季を装いに取り入れるのも風流です。

着物・帯／竺仙　帯締め・帯揚げ／加藤萬

信子さんのこぼれ噺

年輩の方が袖の振りにほんの一寸幅ほど紅絹をつけたり、
白地の帯揚げについた赤の小さな模様を少しだけのぞかせたり。
女性はいくつになっても、赤を取り入れるのが女らしさだと思います。

小紋
［komon］

小紋は、観劇やコンサート、食事会、お茶会など、ちょっとしたお出かけに重宝します。ひと口に小紋といっても柄ゆきの種類は豊富で、友禅染めの総柄小紋や古典柄などはよそゆきとして着ることができます。逆に、幾何文様（↓263頁）や遊び心のある柄などは街着として装います。よそゆきか街着か判断に迷う模様の小紋には、周囲との調和を考えて帯を合わせるとよいでしょう。小紋に合わせる帯は名古屋帯が基本です。パーティや観劇には、織りや染めの帯をお好みで合わせてはいかがでしょう。

おしゃれを楽しむ
ワンピース感覚の
お出かけ着

パーティに

カラフルな縞が波打つ「たゆたう」柄は、紺地の帯で引き締めて。多色使いの着物にはシンプルなデザインの帯を合わせるとバランスよくまとまります。

着物・帯／銀座いせよし　帯締め・帯揚げ／加藤萬

コンサートに

楽器柄の小紋でクラシックコンサートへ。淡い色合いに、苧環（おだまき）つきの帯締めがアクセントになります。

着物・帯／銀座いせよし　帯締め・帯揚げ／加藤萬

お呼ばれに

小さな蝶が飛び交うおしゃれな飛び柄小紋。縞の博多織の帯で着物の甘さを引き締め、大人のかわいさを表現します。

着物・帯／銀座いせよし　帯締め・帯揚げ／加藤萬

信子さんのこぼれ噺（ばなし）

お好みの柄の小紋に合わせて、染めや織りの名古屋帯をそろえておくと、違う雰囲気を楽しめます。

和のお稽古に

大きめの矢絣も落ち着いた色ならコーディネートしやすい。単衣の御召に藤柄の上品な染め帯と黄緑の帯締めで、季節感を演出します。

知的な
香りが漂う
織りの着物

御召
【omeshi】

着物／塩野屋　帯締め・帯揚げ／加藤萬

御召とは御召縮緬の略称で、徳川十一代将軍家斉が好んで召されたことから名づけられました。縮緬と同様に緯糸に強い撚りをかけた生糸を用いますが、糸を染色してから織り上げます。しぼがあり、縮緬よりもシャリ感があり、紬よりも軽い着心地で、織りの着物の中でも最も高級とされています。明治時代の女学生の袴姿でおなじみの矢絣柄のほか、縞や無地なら洗練された着姿を演出します。裾さばきもよく、観劇、お稽古、パーティ、目上の方へのあいさつや年始参りまで、幅広く活躍します。

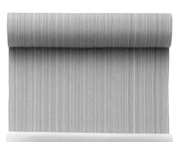

歌舞伎鑑賞へ

カラフルな手毬柄の染め帯を合わせてはんなりとした装いに。無地の御召は、色無地と同格に着られます。

着物／塩野屋　帯締め・帯揚げ／加藤萬

個展のお祝いに

御召に御召の帯を合わせた洒落たコーディネート。やわらかな色合いの縞柄に、華やかなぼかし染めの帯を。

着物・帯／塩野屋　帯締め・帯揚げ／加藤萬

信子さんのこぼれ噺

- 御召には縮緬の染め帯を合わせると、ほかのものにはない風情が出ます。
- 硬めの生地なので、はじめは単衣に仕立てるのがおすすめです。

銀ブラに

先染めの生糸で織り上げる八丈織は、おしゃれな街着として便利です。銀座の柳を描いた個性的な染め帯に、帯締めと帯揚げの彩度を抑えてシンプルにまとめました。

日常着から
おしゃれ着まで
素朴な色柄が魅力

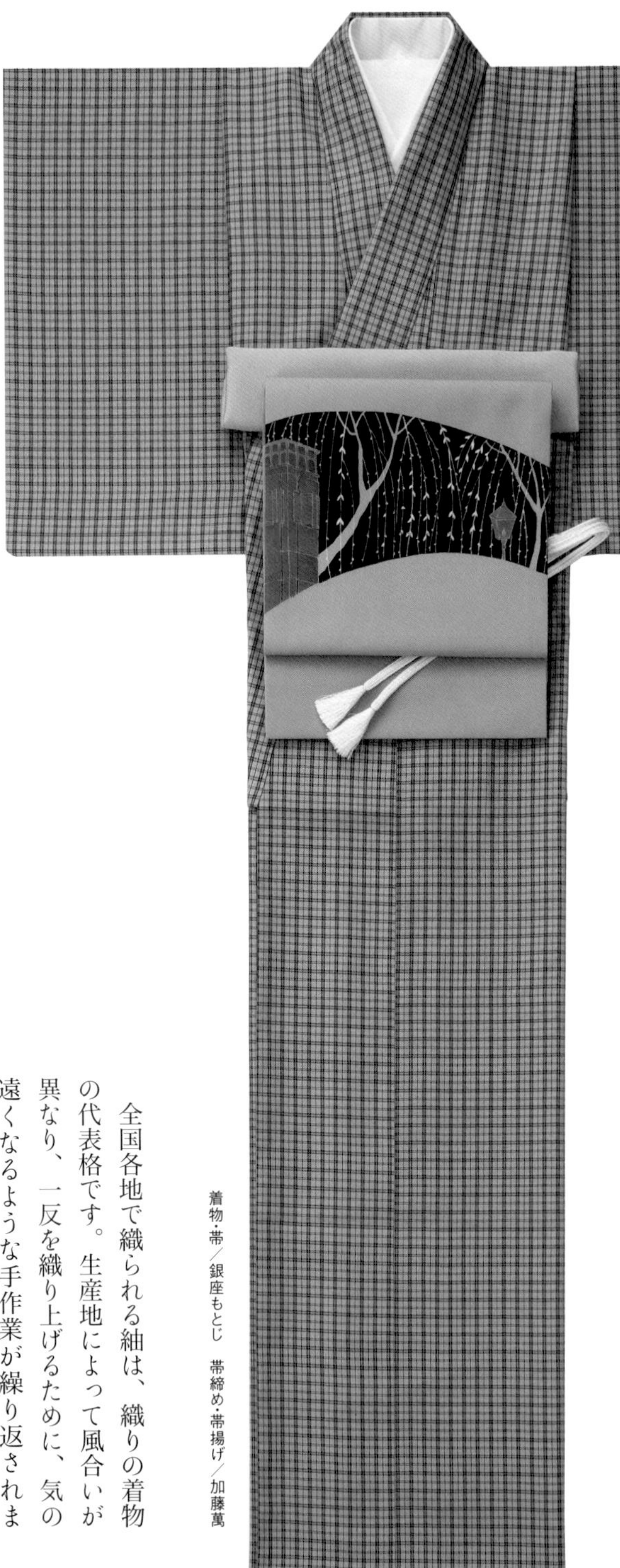

紬
[tsumugi]

全国各地で織られる紬は、織りの着物の代表格です。生産地によって風合いが異なり、一反を織り上げるために、気の遠くなるような手作業が繰り返されます。もともとは出荷できないくず繭を使って織られた庶民の日常着でしたが、現在では作り手の減少により希少価値が高まり、結城紬などは高価なものとして紬ファンを魅了する着物となりました。基本的には街着の扱いになりますが、最近では後染め紬の訪問着なども作られるようになり、用途や着て行く場所の幅も広がりを見せています。

着物・帯／銀座もとじ　帯締め・帯揚げ／加藤萬

ホームパーティに

シックな文様を織り出した着物は、帯次第で変幻自在。半幅帯に帯留めをつけて、気取らない雰囲気に。

着物／awai

お稽古に

着るほどに体になじむ風合いが特徴の結城紬。細縞の着物地に、更紗の染め帯が映えます。

着物・帯／銀座もとじ　帯締め・帯揚げ／加藤萬

信子さんのこぼれ噺

- 大島紬は軽くて水に強いので旅行のお供におすすめです。
- 後染めの紬なら、染めの着物と同じように着用できます。

美術館へ

臙脂(えんじ)の地色にピンクの点で縞を表した着物は、無地感覚で着られます。柄半衿や帯留めで遊び心のあるコーディネートに。飛び絞りの帯揚げをアクセントにしました。

手入れが楽で
普段用に
おすすめ

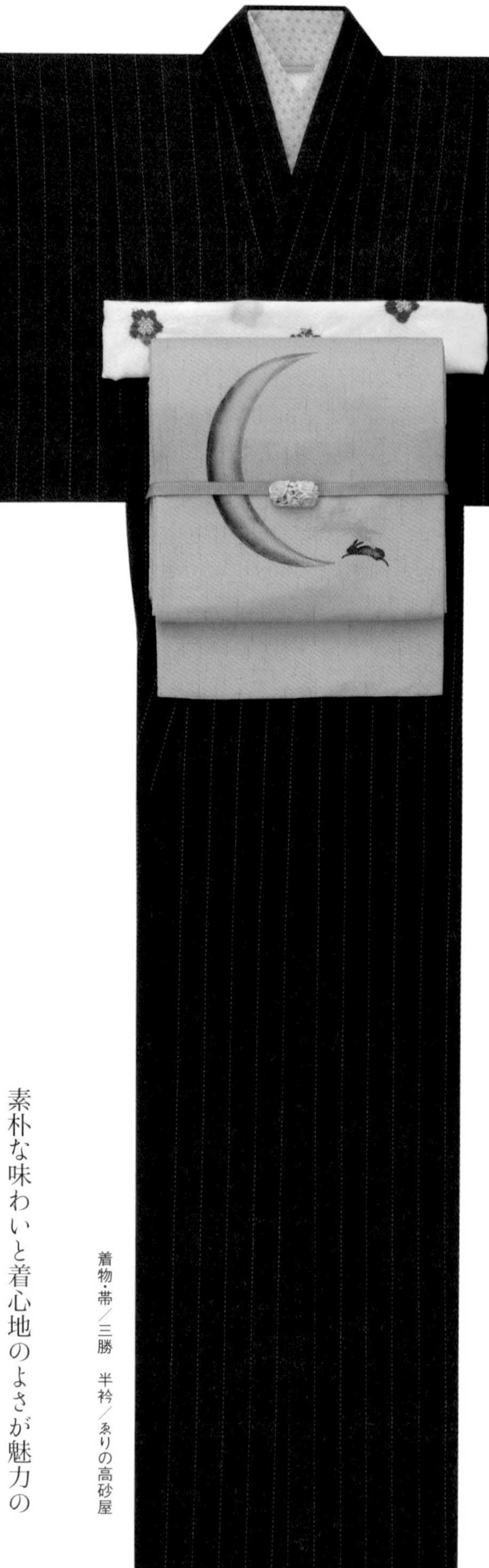

着物・帯／三勝　半衿／ゑりの高砂屋

木綿

［momen］

素朴な味わいと着心地のよさが魅力の木綿は、普段着感覚で気軽に着られる着物です。裏地をつけない単衣(ひとえ)仕立てでも袷(あわせ)の時期に着ることができます。紬と同様、全国各地で生産され、各産地により風合いが異なります。値段も手頃なものが多く、冬は気軽なお散歩着として、夏は浴衣のように素足に下駄で装えます。帯や小物合わせによってはおしゃれ着になりますが、基本はお稽古や近所へのお買い物、自宅での日常着として着用します。合わせる帯も、くだけた雰囲気の袋名古屋帯や半幅帯がよいでしょう。

名所巡りに

かわいらしい小坊主の絵柄の染め帯が、久留米絣の素朴で温かみのある印象を深めます。

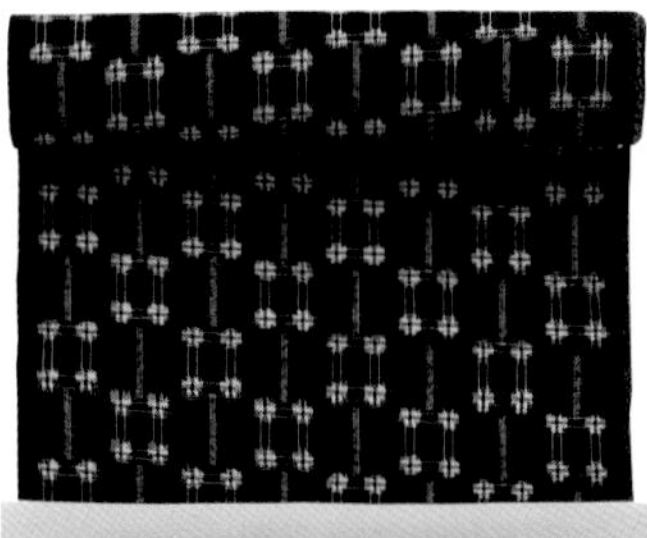
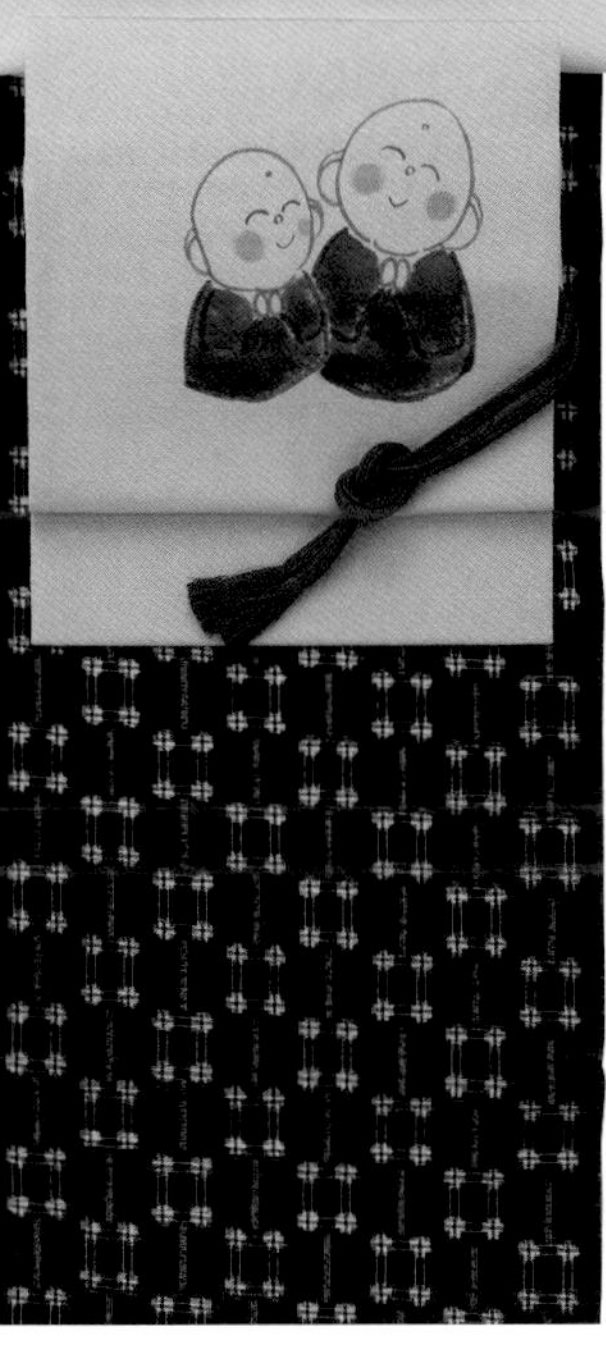

着物／畑龍　帯／さが美　帯締め・帯揚げ／加藤萬

小旅行に

やわらかな風合いで着心地のよさが特徴の片貝木綿。格子の着物に格子の袋名古屋帯を合わせた上級者の装い。

着物・帯／木村　帯締め／加藤萬

信子さんのこぼれ噺

- 木綿は裏地をつけない単衣仕立てがおすすめです。お手入れが楽で、軽やかに着られます。
- 寒い時期は久留米絣や片貝木綿のような厚手の木綿を、暖かい時期は伊予絣や綿薩摩のような薄手の木綿を選びましょう。

ホームパーティに

細い縞が体のラインを美しく見せてくれます。無地感覚で着られるので、オリエンタルで印象的な更紗の帯を合わせて都会的な雰囲気を楽しみましょう。

軽くて動きやすく、手入れも楽！初心者におすすめ

ウール

［wool］

軽くて手入れがしやすく、動きやすいウールの着物は、着物が日常着であった時代に洋服を作るウール織機から作られ、爆発的に普及しました。当時は各家庭で繕いながら着回していたため、お手入れやお直しがしやすいよう単衣に仕立てていました。昭和50年頃を境に徐々に衰退しましたが、素朴でかわいらしい雰囲気が再び人気を呼んでいます。また、絹糸を織り交ぜたシルクウールは、独特のしなやかさがあり、新たな街着として注目を浴びています。名古屋帯なら上品に、半幅帯なら軽やかに装えます。

着物・帯／三勝　帯締め・帯揚げ／加藤萬

初詣に

シルクウール地の花柄小紋に、モダンな名古屋帯を合わせて華やかに。春らしいピンクで初詣にもぴったり。

着物・帯／三勝　帯締め・帯揚げ／加藤萬

屋形船でお花見

薄水色の縞がさわやかなシルクウールに、桜柄の六寸帯とピンクの帯揚げでかわいらしくコーディネート。

着物／三勝

信子さんのこぼれ噺

- ウールは気軽に着るものなので、単衣に仕立てるのがおすすめです。冬でも暖かく着られます。
- 最近のウールやシルクウールは裾さばきもよく、気楽にクリーニングに出せるのが魅力です。

お正月のあいさつ

お正月にぴったりの品のよいコーディネートです。青磁(せいじ)色の地に雪輪(ゆきわ)の小紋はやさしい雰囲気。白地の名古屋帯で、改まった気持ちを表現して。

気軽に洗えて
小紋風、紬風と
いろいろ選べる

化繊

[kasen]

化繊の着物は比較的お手頃に着物を楽しめるので、初心者にもおすすめです。自宅の洗濯機で洗うことができ、天候が不安定な日や汚れる可能性があるとき、旅行などすぐにお手入れができないときに、一枚持っていると重宝します。色柄も、訪問着や色無地、小紋、紬風、浴衣などさまざまな種類が作られています。最近では、天然素材のものと変わらない印象のものも増えてきたため、化繊の着物でも訪問着や色無地なら礼装用として着用できます。柄ゆきで着て行くシーンを選びましょう。

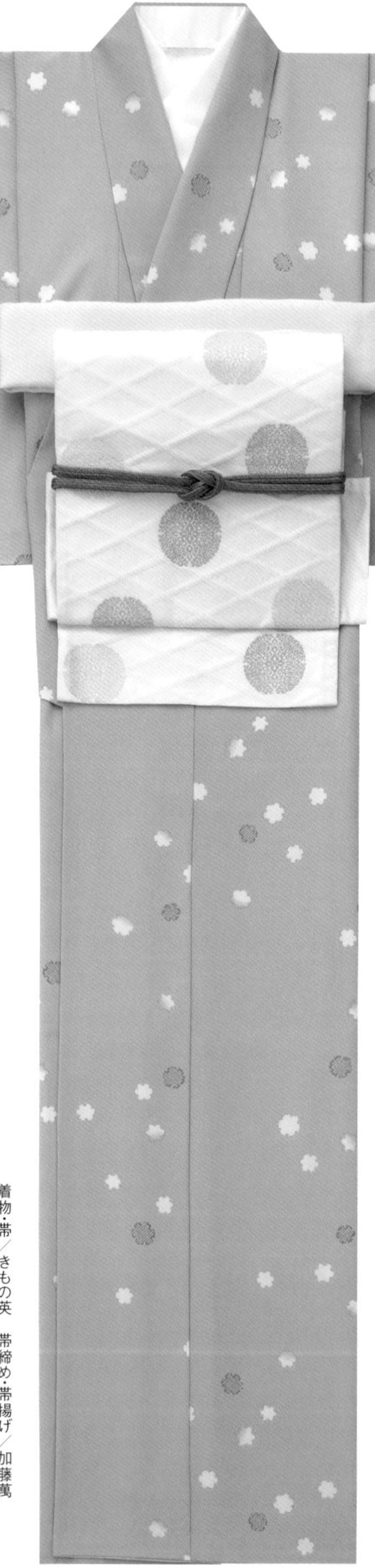

着物・帯／きもの英　帯締め・帯揚げ／加藤萬

春の小旅行に

紬風のシャリ感があり、春にぴったり。いちごの染め帯で、一期一会を求めた小旅行に出かけるのも素敵です。

着物・帯／きもの英　帯締め／加藤萬

歌舞伎鑑賞に

淡い黄色に蝶の柄をあしらった小紋柄に、黒地に秋の草花をあしらった染め帯で凛とした着こなしを。

着物・帯／きもの英　帯締め・帯揚げ／加藤萬

信子さんのこぼれ噺

- 汗ジミがついたら化繊でも着られなくなります。汚れたら洗いましょう。
- 洗濯する際はネットに入れます。脱水時間を約30秒にして、シワを伸ばしてから干しましょう。

おしゃれ着の帯

織りも染めも
種類が豊富

名古屋帯

帯／井澤屋

上品な染め帯なら、より軽やかなイメージに。蝶に金糸をほどこしたお太鼓柄の帯は、パーティにもぴったり。

帯／銀座いせよし

花々に蝶が舞う控えめな色地の織りの名古屋帯は、江戸小紋や小紋に合わせてお茶会に。

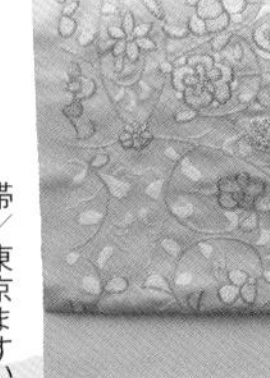

帯／東京ますいわ屋

淡いピンクの帯地に可憐な花々が刺繍された女性らしいデザイン。小紋に合わせてショッピングに。

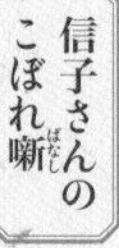

黒地の帯の効用

私の帯は、黒地のものが多い。黒地はどんな派手な着物にも合ううえに、着物姿を引き締めてくれるのです。

着物の格も帯次第 格下の帯は避けましょう

食事会や観劇など、おしゃれ着に締める帯として出番が多いのは名古屋帯や袋名古屋帯です。半幅帯なら、よりカジュアルな印象に。帯は着物と同格か、それ以上のものを合わせるようにします。

◆名古屋帯

名古屋帯は多彩な色糸を用いた織りの帯はもちろん、上品な染め帯、モダンな刺繍帯など、おしゃれ着に合う色柄が豊富です。特にお太鼓柄には、遊び心や季節を象徴する具体的な絵柄が用いられることが多く、シンプルな着物と合わせて帯を主役に装うのも素敵です。金、銀、箔をほどこした名古屋帯は準礼装向きになり、カジュアルな場には向きません。

街着の帯

個性的な
織りの帯なら

袋名古屋帯

帯／木村

絹にも匹敵するやわらかな風合いが魅力の綿薩摩の帯。大きなチェック柄なら、気軽なお出かけにぴったり。

帯／東京ますいわ屋

ざっくりとした風合いの手織りの紬帯なら、木綿やウールにも。幾何学的な花が大胆で個性的。

リラックスした
雰囲気で

半幅帯

帯／銀座いせよし

数本の糸で組み上げる組物の単衣の帯。軽やかで単衣の季節にもおすすめ。

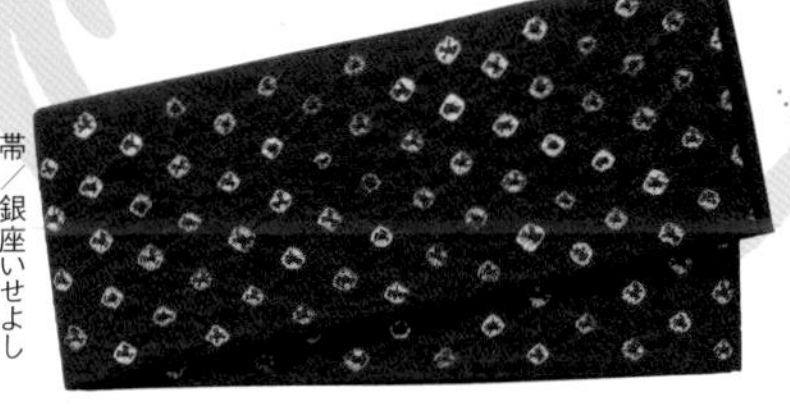

帯／銀座いせよし

絞り染めで水玉を表現したカジュアルなデザイン。

◆袋名古屋帯

袋名古屋帯には綴織、紬、博多織など地の厚い織り帯があります。金銀のない綴織はおしゃれ着に、紬や博多織はカジュアル向きになります。昔は「染めの着物に織りの帯、織りの着物に染めの帯」といわれましたが、ひとつの目安として考えればよいでしょう。

◆半幅帯

名古屋帯や袋名古屋帯の半分の幅で、木綿やウールはもちろん、紬や小紋で気軽に出かけるときにおすすめのカジュアルな帯です。帯揚げや帯締めがなくても結べ、角出し風にボリュームを出して結んだり、変わり結びを楽しむことができます。くだけた雰囲気で装えます。

カジュアルの和装小物

二部式襦袢

色柄物でおしゃれを楽しむ

日常的に着物を着たい方には、肌襦袢と裾よけに分かれた二部式襦袢（うそつき襦袢）が便利です。洗える素材なら、汗をかくたびに自宅の洗濯機で洗うことができます。また袖の取りはずしが可能なタイプなら、一枚の襦袢で違う色柄の袖をつけ替えることができて、袖からちらりとのぞく襦袢をいく通りも楽しめます。肌襦袢を兼ねるので、暑がりの方にもおすすめです。

肌襦袢と裾よけの役割を兼ねる二部式襦袢は、日常用として着物を着る人に愛用されている。

洗える二部式襦袢／ゑりの高砂屋
襦袢生地／銀座いせよし

（右）淡い色地に同系色の飛び柄入り。無地に近く合わせやすい。
（左）水洗いができる綿シルクは、シャリ感があり着心地もよい。

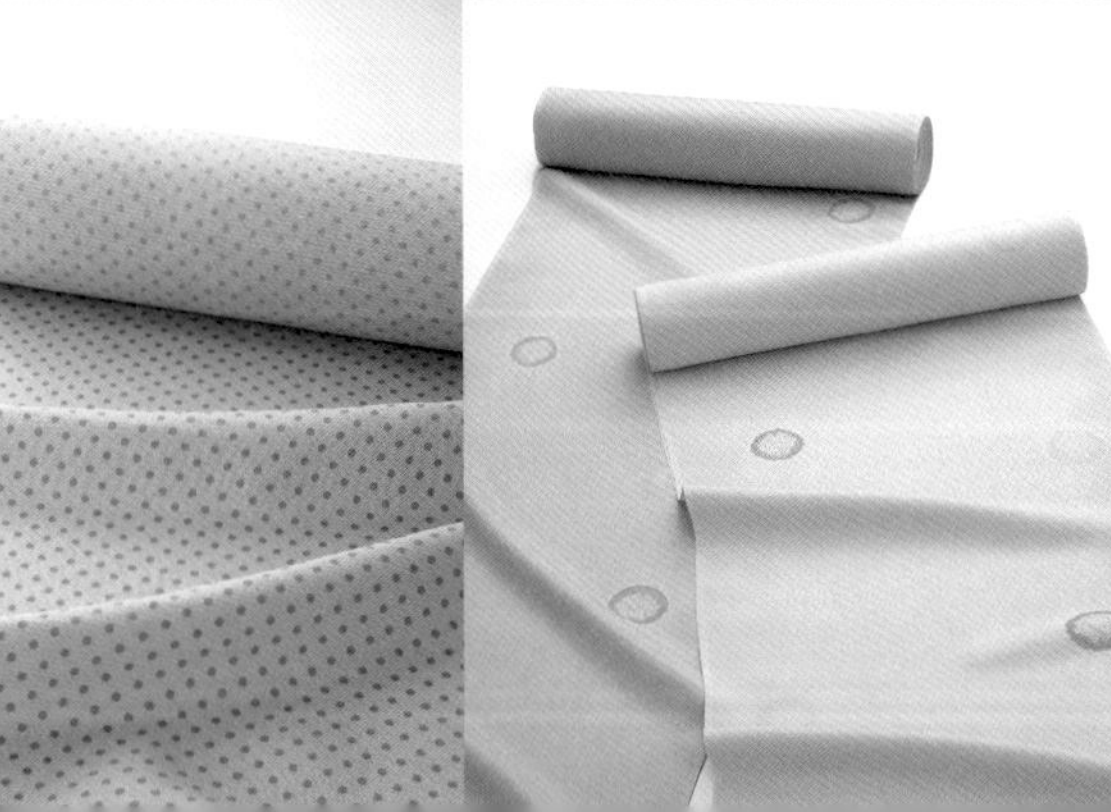

襦袢生地、いろいろ

フォーマル以外の着物なら、襦袢の模様をのぞかせるのも楽しいものです。自宅で洗濯できる綿シルクなど便利な素材も登場し、ますます着物が身近になっています。

半衿

おすすめは塩瀬（しおぜ）の白、淡い色なら上品に

礼装にも使える塩瀬の白の半衿は、どんな着物にも合わせられる万能選手です。衿元をすっきりと見せ、清潔感のある装いにしてくれます。

紬、木綿、ウールなら、色柄物の半衿を楽しむのもよいでしょう。顔色がきれいに映る淡い色を選べば自然にまとまります。半衿が主張しすぎると野暮ったくなるので、着物とのバランスを見ながらコーディネートしましょう。

［柄半衿］淡い色がおすすめ。着物や洋服の端切れを利用する方法もある。（右）薄いピンク地に橙色の麻の葉。（中央）臙脂（えんじ）色の鹿の子（かこ）模様。（左）水色の鹿の子模様。

［無地］ともに無地の縮緬（ちりめん）半衿。細かなしぼがあり、やさしい表情に。色半衿なら淡いピンクがおすすめ。肌を引き立て、上品にまとまる。

半衿／ゑりの高砂屋

（重なりの上から）綸子地に赤い梅柄の飛び絞り、水色の縮緬、薄いピンクの縮緬、黄色の細縞、薄紫の細縞。

帯揚げ

控えめながらもぱっと華やか

帯揚げの色や柄で遊びを取り入れるのも、カジュアルな装いならではの楽しみです。白地に赤の飛び柄の帯揚げは、渋めの着物に程よい色艶を加えることができ、重宝します。

意外な色の組み合わせが楽しめる着物ですが、帯揚げの色を迷ったときには、着物や帯の地色の濃淡色や柄からひと色取るとバランスよくまとまります。全体を見て、帯揚げを見せる分量を調節するとよいでしょう。

帯揚げ（飛び絞りを除く）／加藤萬

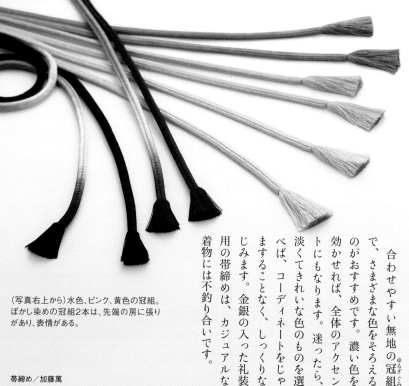

帯締め

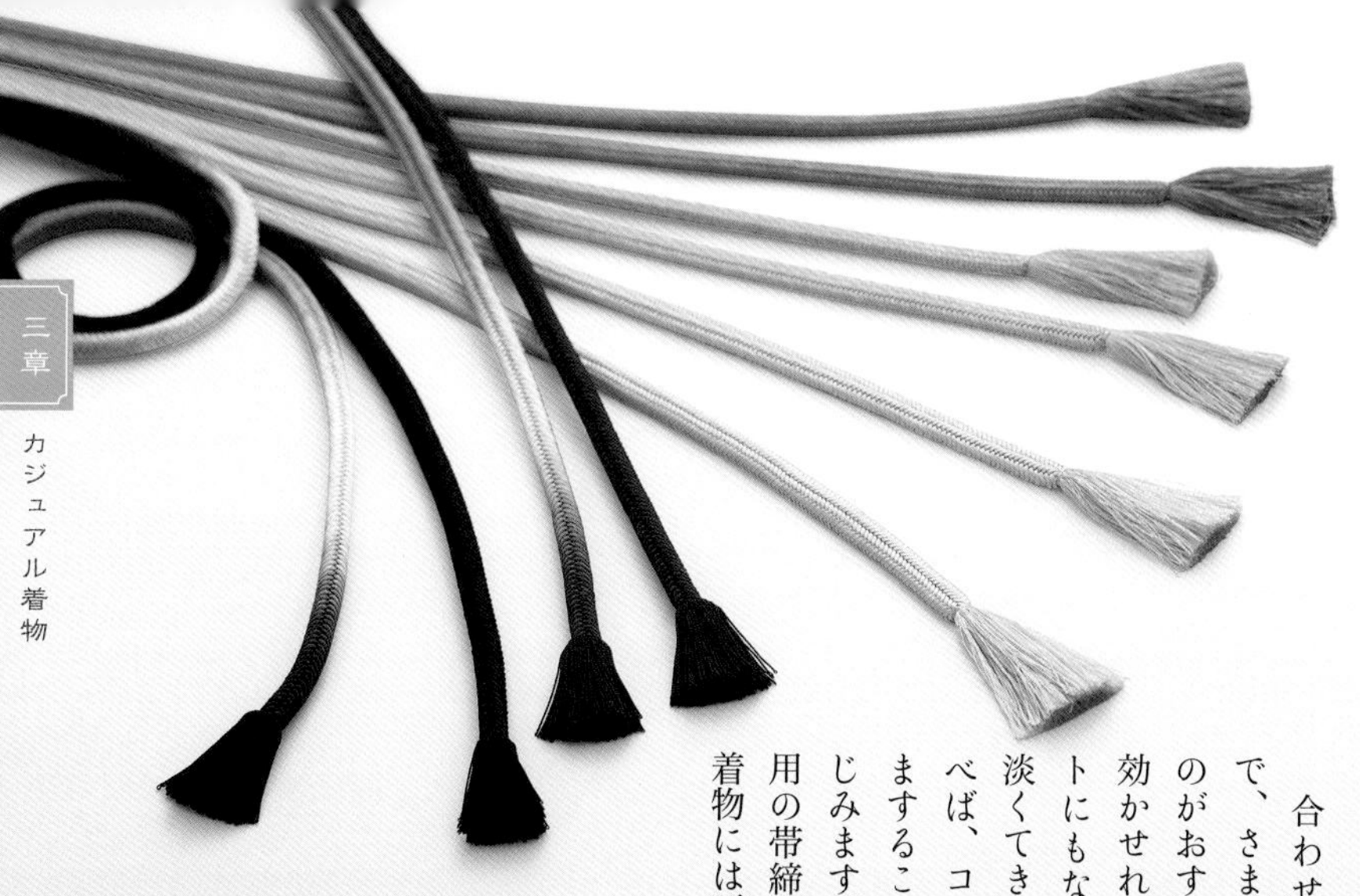

効かせる色となじませ色で万全

合わせやすい無地の冠組で、さまざまな色をそろえるのがおすすめです。濃い色を効かせれば、全体のアクセントにもなります。迷ったら、淡くてきれいな色のものを選べば、コーディネートをじゃますることなく、しっくりなじみます。金銀の入った礼装用の帯締めは、カジュアルな着物には不釣り合いです。

(写真右上から)水色、ピンク、黄色の冠組。ぼかし染めの冠組2本は、先端の房に張りがあり、表情がある。

帯締め／加藤萬

帯留め

お腹の真ん中でちょこんと主張

カジュアルな装いなら、帯留めのおしゃれも自由に楽しめます。素材やモチーフはさまざまで、着て行く場所や季節に合わせて楽しめます。二分紐や三分紐など細身の帯締めに通して使います。

帯の柄がない部分に留めるとバランスよくまとまります。

(上)夏にぴったりの涼しげなガラスの帯留め。(下)シルバーの帯留めは、シンプルな着物や帯に合う。

(上)蒔絵の技法を使った葵柄の帯留めは、2本の紐を組み合わせた帯締めとセット。(中央)モダンな七宝細工はゴールドの帯締めで。(下)丸型のシルバーの帯留めが縞の三分紐と好相性。

シルバーの帯留め2種(帯締め含む)／awai
ガラス玉・蒔絵・七宝細工(帯締め含む)／銀座もとじ

足袋（たび）

（上）華やかな桜の地紋入りのピンクの色無地。（中央）淡い色の花柄が北欧風。裏地にもひと工夫あり。（下）指先に刺繍された花と蝶がポイント。白足袋感覚で履きやすい。

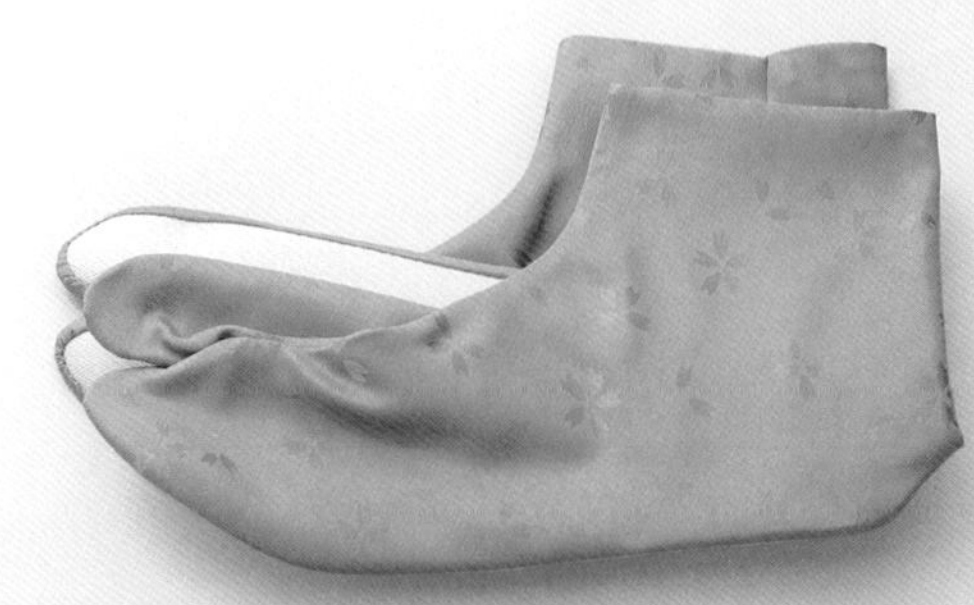

白足袋できりりと、色柄物でかわいらしく

街着として着る着物にも、足袋は白がおすすめです。何よりも清潔感があり、着こなしを引き締めて品よくまとめてくれます。

白地にワンポイントの刺繍が入った足袋なら、ちょっとした遊び心を演出できます。

色・柄足袋も種類が豊富ですが、品を損なわないように着物との相性を考えて選びましょう。色足袋でも、足裏は白のものを選ぶと、見た目にも清潔感があります。

草履（ぞうり）

手入れが楽なエナメルがおすすめ。

小紋や御召、紬にはエナメルの草履を

小紋や御召、よそゆきの紬の着物なら、履物は草履を履きます。一足買うなら、礼装用と兼用できる白や淡い色がよいでしょう。次に買うなら濃い色を選ぶと、着こなしの幅が広がります。色数を抑えたもののほうが落ち着きがあります。

草履／冨士屋

下駄（げた）

木綿やウールなら足袋に下駄で軽快に

気軽なお出かけには、草履の形をした舟形下駄（草履下駄）が軽やかで便利です。木綿やウールなら、下駄を合わせてもよいでしょう。台は塗りや柾目（まさめ）（木目）が通ったものが綺麗です。裏にゴムが張ってあると、底が減りにくく長持ちします。

鼻緒は好きな色柄を。面積が小さいので、着物のじゃまをしない。

舟形下駄なら小紋、御召、紬、木綿、ウールに合わせられる。

（奥）下駄（神代杉）／冨士屋

バッグ

食事会や観劇には上質なバッグを。白、黒、茶などの定番色で、シンプルな小ぶりのバッグなら着物にも兼用できる。

洋装と兼用して自由なおしゃれを

おしゃれ着や街着に合わせるバッグは、洋装のバッグを兼用するのもおしゃれです。ただし、ショルダーバッグは着物には不向きで、小ぶりな二本手のタイプが使いやすくおすすめです。上質な革のシンプルなバッグがあれば、ホテルや料亭などへ行くときにも使えます。街着なら、個性的な和柄のバッグを着こなしのアクセントにするのもよいでしょう。エスニックな刺繍のバッグもしっくりなじみます。

風呂敷を利用した丸い形がかわいらしい和布バッグや、シルク地に刺繍が華やかなエスニック風のバッグは街着に。

（上）レザーバッグ／FURLA　（下）和布バッグ／銀座いせよし

羽織（はおり）

室内でも着用可能 普段着なら小紋柄を

羽織は洋服でいうとカーディガンのようなもので、室内では着たままでも脱いでもよいものです。もともと男性のもので歴史は浅く、女性が着用を許されたのは明治に入ってからのことでした。大正時代には、良家の子女を中心に流行しました。

羽織も着物と同様に、柄ゆきで着て行く場所を決めます。落ち着いた色の無地の羽織なら準礼装に着られますが、基本的には礼装には向きません。おしゃれ着や街着には小紋柄や絞り、紬の羽織が合います。

丈は流行により、長くなったり短くなったりしています。現在はひざ丈が主流です。

羽織のつくり

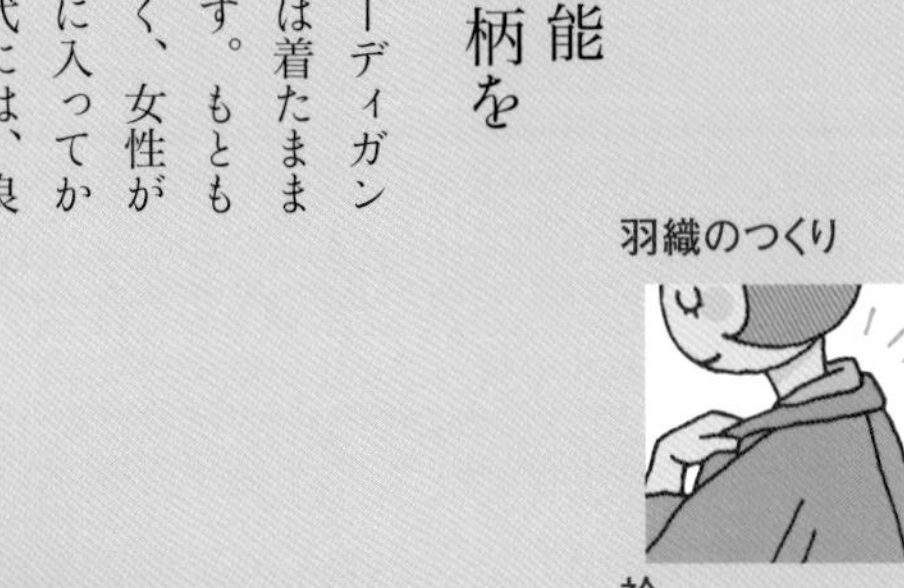

衿
縦に折り返してある全体が衿。肩から後ろ側だけ半分に折る。

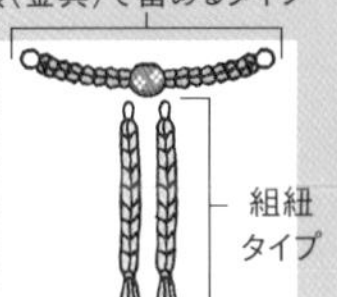

羽織紐
羽織の衿を留めるもの。共布の紐のほか、別売りで鐶を使って留めるタイプや組紐タイプがある。

羽裏
羽織の裏地。きれいな色や柄を入れれば、脱いだときにおしゃれ。

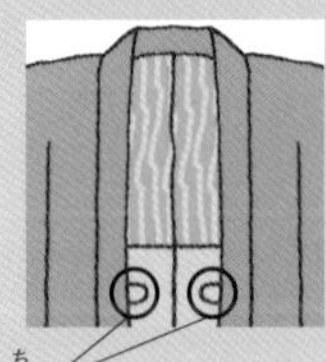

乳（ち）
羽織紐や羽織留めを留めるループ。乳の位置はとても大切で、羽織ったときに帯の上線と帯締めの間にくるとバランスがよい。

羽織／新装大橋

教えて信子さん!

カジュアル着物の疑問解消

着物を着る機会を増やしたいのですが……

A どこにでも着て行きましょう

パーティはもちろん、歌舞伎や落語鑑賞、お茶会なら、着物を着て来る人も多いので場になじむでしょう。また、和のお稽古ごとを習うと、着物を着る機会も自然に増えるものです。それ以外にも、観劇、美術館、発表会、寺社巡り、小旅行、お食事会など、ちょっとしたお出かけにどんどん着て行きましょう。こういったお出かけには紬や小紋が大変便利です。自宅にお客様をお招きするときに着物を着るのも素敵です。居酒屋に行くなら、紬や木綿、ウールがよいでしょう。

着物が合わない場面は?

A 動きやすさを優先する場では避けましょう

基本的には、会社や体を動かすスポーツ、アウトドアシーンには適しません。また、試着が必要な洋服の買い物の際も、着物では不便なこともあります。

着物が着られるお稽古ごとは?

A 茶道など興味のあるものを

和のお稽古ごとといえば、茶道、華道、香道、長唄、三味線、お琴、日本舞踊などがあります。茶道や華道は洋服で行う教室もあるので、始める前に先生に確認するとよいでしょう。和のお稽古を習うと、会に招かれたり、発表会があったり、着物を着る機会が増えるので、着物の着方が上手になります。

歌舞伎に適した装いは?

A 初日や千秋楽は華やかに

観劇ですから、一般的には小紋や江戸小紋、御召に名古屋帯を合わせるとよいと思います。演目や贔屓の役者さんにちなんだ柄、色を取り入れた装いをして行くのも、歌舞伎のもうひとつの楽しみ方です。「義経千本桜」なら桜や鼓を帯に取り入れたり、鶴の精が舞う「鶴寿千歳」という演目なら鶴の柄の帯を結んだり。贔屓の役者さんが坂田藤十郎なら、名前にちなんで藤の花や藤色を取り入れる方もいらっしゃいます。でも、それを自分から話すのは野暮なことです。連れの人に聞かれて初めて、「あら気づいた?」というふうにさりげなく装うのが粋というもの。

桟敷席や一等席、お正月公演や襲名公演、初日や千秋楽などの特別な日は、付け下げなど華やかにドレスアップして出かけましょう。

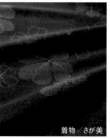

Q 旅行に行くにはどんな着物がよいですか？

A シワになりにくい大島紬がおすすめです

私なら大島紬を着て行きます。大島紬は水に強いため、急な雨でも安心です。また、軽くてシワにもなりにくいので、身軽な装いで楽しみたい旅行には最適です。ウールや木綿、化繊の着物も手入れが楽なので、旅行向きといえます。お手入れ用の別珍の小布団も携帯しておくと安心です（→234頁）。

大島紬は、生地が薄くて軽く、シワになりにくいうえ、水にも強い。無地や柄の少ないものなら比較的お手頃。

Q 紬の着物は袖丈を短く仕立てたほうがよいですか？

A 袖丈は変えず、袖に丸みを出しましょう

昔は紬は普段着でしたから、軽快に着こなすために、袖丈を短く仕立てるようにいわれていました。今はカジュアルなパーティなどよそゆきに着るのであれば、小紋などと同じように仕立てるとよいでしょう。袖丈をそのままにして、袖に少し丸みを出せば、手持ちの長襦袢が合わせられるうえ、軽快な印象になります（→230頁）。

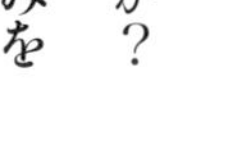

Q 色無地をカジュアルに着てはいけませんか？

A カジュアルには合いません

色無地は帯次第でカジュアルに着られそうですが、留袖や振袖が礼装になる前は、最も格の高い着物でした。「着てはいけない」というより、格の高い着物なのでそぐわないといったほうがよいでしょう。

Q 身幅が小さくなった着物は、どうすればよいですか？

A 下前の衿先に足し布を

着付けの際、上前の幅をしっかり取り、下前の幅を狭くして身幅を調整すると着られますが、前がはだけやすく、着心地もよくないのでおすすめできません。どうしても着たいときは、下前の衿先に布を足して幅を出します。あくまで応急処置なので、長く着るならお直しに出しましょう。

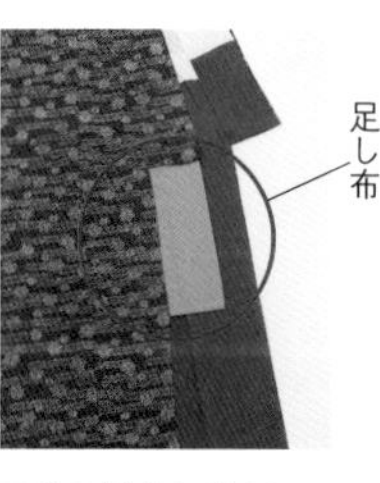

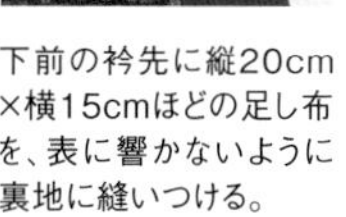

下前の衿先に縦20cm×横15cmほどの足し布を、表に響かないように裏地に縫いつける。

Q 縞の着物は粋と聞きますが、どんな縞を選べばよいでしょうか？

A 遠目に無地に見える細い縞がおすすめです

季節を問わない縞は、人気が高い柄のひとつです。着ると体の丸みに沿って曲線になり、体のラインをきれいに見せてくれます。ただし、太い縞は着こなしが難しい柄といえるでしょう。細い縞なら、無地のように見え、帯合わせもしやすくおすすめです。

黒と白の極細い縞の御召に紫地に黒の格子柄の帯。着物は遠目にグレーに見え、洋服感覚で色合わせできる。

着物・帯／awai　帯揚げ・帯締め／加藤萬

縞の種類

万筋 まんすじ

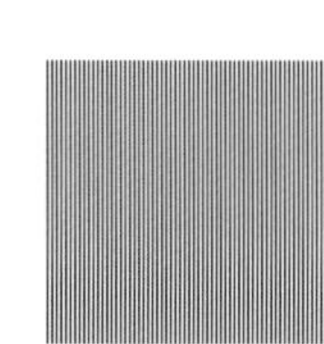

江戸小紋に用いるとても細かい縦縞で、遠目には無地に見える。少し広い縞を千筋、より細かいものを毛万筋、さらに細かくかすれたものを刷毛目という。

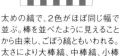

棒縞 ぼうじま

太めの縞で、2色がほぼ同じ幅で並ぶ。棒を並べたように見えることから由来し、ごぼう縞ともいわれる。太さにより大棒縞、中棒縞、小棒縞に分けられる。

大名縞（大明縞） だいみょうじま

地色部分が縞の倍以上幅のある細い縦縞のことで、大名筋とも呼ばれる。江戸時代に木綿の単衣用に大流行した。縞の間隔が広いものは間明き大名という。

子持ち縞 こもちじま

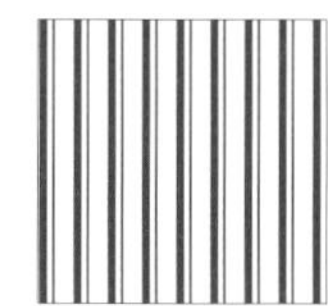

太い縞と細い縞がひと組になって繰り返される縞模様。親子縞、片子持ちともいう。細縞・太縞・細縞がひと組になったものは両子持ち縞と呼ばれる。

金通 きんつう

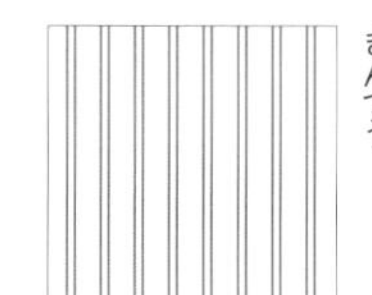

細い2本の縞がひと組になって繰り返される模様。金通しとも呼ばれる。3本の縞がひと組になると、三筋立てという。

矢鱈縞 やたらじま

矢鱈とは「むやみ、節度がないさま」のことで、筋の太さや色の配列が不規則な縞のこと。江戸後期に縮緬の黒や鼠色地の矢鱈縞の着物が大流行した。

よろけ縞 よろけじま

波のようにうねりのある縞模様で、直線の縞よりやわらかい印象。線の太さが均等なものもあれば、細くなったり太くなったりしているものもある。

滝縞 たきじま

太い縞から徐々に細い縞になっていく縞で、グラデーションのようにも見える。太い縞の両方向に徐々に細くなる縞を両滝縞、片側に繰り返したものを片滝縞という。

竹縞 たけじま

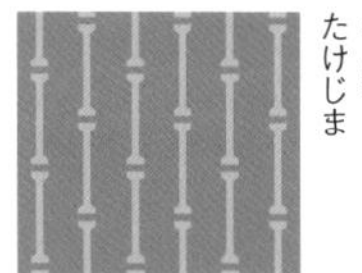

断続させた細い縞の上下を竹節のようにふくらませた模様。一見普通の縞に見えるが、近くで見ると竹とわかるユーモアのあるデザイン。江戸小紋などに見られる。

Q 染め名古屋帯はカジュアルな帯ですか？

A 柄の雰囲気によります

染め帯は織りの帯よりもやわらかい雰囲気を出してくれます。吉祥文様など格調のある柄や、金、銀、箔や刺繍が華やかにほどこされている場合は、準礼装向きになり、カジュアルには向きません。染め帯は遊び心のある柄が豊富なので、パーティの目的に合う柄を締めれば場も華やぎます。クリスマスパーティにサンタクロース、お正月に玩具尽くしなどを合わせると素敵です。

Q 織りの着物に織りの帯を合わせてはいけませんか？

A コーディネート次第です

織りの着物に染めの帯といわれるのは、織りの持つ硬い雰囲気を染めの帯がやわらげることができるためで、決まりというわけではありません。お気に入りの柄や色があれば着物の素材にこだわらずに帯を合わせるとよいでしょう。例えば、紬地に紬の帯を締めると、こなれた感じで素敵です。

凛とした雰囲気を出したいなら、織りと織りの組み合わせがおすすめ。無地の先染め紬に博多織の名古屋帯をコーディネート。

着物・帯／awai　帯揚げ・帯締め／加藤萬

Q よそゆきにも締められるお手頃な帯はありませんか？

A 化繊の染め帯がおすすめ

予算があれば塩瀬の染め帯をおすすめしますが、手が届かないのなら化繊の染め帯をおすすめします。お手頃なうえ、締めやすく緩まないので重宝します。祇園の舞妓さんもお稽古に行くときに使っているそうです。お気に入りの色柄があれば、どんな着物にも合わせられて、訪問着にも締められます。帯はあまり汚れることはありませんが、化繊ならドライクリーニングにも出せます。

帯／井澤屋

訪問着まで合わせられる上品な蝶柄のアセテートの新塩瀬帯。

信子さんのこぼれ噺

大好きな染め帯

私は染めの名古屋帯が大好きです。今はおしゃれな柄が豊富になっており、軽くて締めやすく、なんといっても着くずれしない帯だからです。織りにはない、やさしい雰囲気も女性らしさを高めてくれます。

小物編

Q 帯揚げと帯締めを上手に合わせるには？

A 着物や帯の柄からひと色取ると上手にまとまります

着物と帯の次に決めるのは帯締めです。分量は少ないのですが、装いの中央にくるのでコーディネートを引き締めます。着物や帯の柄からひと色取るとよいでしょう。最後に全体をじゃましない帯揚げを選びます。

帯締めは着物や帯に合わせて豊富に用意しておくと便利です。帯揚げは薄い色を持っていればひとまず対応できます。

Q 帯留めが帯締めに通せません

A 三分紐など細い帯締めを用います

帯留めは、三分紐といって主に帯留めを使用するときに使う約1センチ幅の細い帯締めに通して使います（→97頁）。また、茶道具の桐箱の紐として使われる真田紐を活用することもできます。

Q 履物選びのコツはありますか？

A かかとが出ると綺麗です

草履も下駄も、かかとが1センチほど出るのがちょうどよいサイズです。特に下駄は鼻緒に指を引っ掛けるくらいの感じで履くのが粋といわれます。鼻緒は履いているうちになじむので、履き始めて1、2回はきつくても我慢して。どうしても痛いときは、すげ職人のいる専門店ですげ直してもらいましょう。

Q 色半衿や柄半衿の選び方のコツを教えてください

A 極薄い色や細かい柄を選ぶと上品な雰囲気に

濃い色や色数の多い柄物は、合わせるのが難しいので初心者にはおすすめしません。着物と同系色の極薄い色や細かな柄なら品よくまとまります。薄い色の絞りの半衿も女性らしくやわらかな印象に。紬、木綿、ウールなどのカジュアルな着物に合わせましょう。アンティークの着物であれば、華やかな柄半衿も似合います。

信子さんのこぼれ噺

色半衿の話

淡い色というのは、ひとつ気をつけなければならないことがあります。例えば、淡い鼠色といっても、「青みがかった」とか「赤みがかった」ということがありますが、これを「色の足」といいます。着物のコーディネートのときに気をつけてみましょう。

ついでながら、肌を白く見せたいときは色半衿に青みの淡色、血色よく見せたいときは赤みの淡色を選ぶと、きれいに見えます。

四章

浴衣

「女が素肌にゆかたをまといつけた姿は、いかにもさわやかで、
そのくせなまめかしく美しい」
瀬戸内寂聴さんは浴衣を着た女性を
そう表現されたことがありました。
糊がぱりっと効いた浴衣の中に、
女性のやわらかな身体が泳ぐのはなんとも涼しげです。
白と紺の伝統的な浴衣を、清潔に着こなしていただきたいと思います。

浴衣を着て、どこに出かける？

もともとは湯上がりなどに着るくつろぎ着だった浴衣。高級感のあるものが登場したことや、和装というだけでよそゆきに感じられる時代背景もあり、装いによっては街着としても着られるようになりました。浴衣と帯の組み合わせで、どこに行けるのか確認してみましょう。

浴衣の足元は、素足に下駄を履くものですが、上質な素材の浴衣にお太鼓結びをして、白足袋を履けば夏着物風に着られます。ただし、半幅帯を合わせたら白足袋は履きません。

浴衣は素材や柄ゆきにより、花火大会などに着る遊び着向きと夏着物風に着られるよそゆき向きに分かれます。また、よそゆき向きの浴衣でも、半幅帯を合わせるとくだけた雰囲気になります。

ビアガーデンに

お祭り・花火大会に

街歩き・浴衣のイベントに

夕涼みに

半幅帯・兵児帯

浴衣（綿絽）＋半幅帯（麻）（→111頁）

涼感がある綿絽には、半幅帯や兵児帯を結んで夏祭りに、夏用の名古屋帯を合わせればよそゆきに。

浴衣（綿紬）＋半幅帯（麻）（→111頁）

素朴な風合いの綿紬は、麻の半幅帯でシンプルにまとめます。夏用の袋名古屋帯なら、よそゆきに。

浴衣（綿コーマ）＋半幅帯（麻）（→110頁）

昔ながらの白地に藍の綿コーマの浴衣は兵児帯も似合います。名古屋帯は合わせません。

低い

色足袋・柄足袋はふさわしくない場所

四章
浴衣

浴衣の素材、いろいろ

- 岡木綿…輸入綿糸を用いた、足さばきのよい白木綿織物。江戸時代、栃木県真岡市を中心に生産された真岡木綿を模したもの。
- 綿コーマ…コーマとは高度に洗練された木綿糸のこと。コーマで織られた平織の生地。
- 綿麻…扱いやすい木綿に、麻特有のシャリ感を合わせた素材。さらさらとした肌ざわりで着心地がよい。
- 綿縮…強い撚りをかけた木綿糸で織った生地で、表面に縮んだシワができる。
- 綿紬…紬のように木綿糸を先に染めて織った生地。ハリがあってしっかりしているので、体の線が出にくい。
- 紅梅…太さの異なる2種類以上の糸を配して、表面に細かな格子状を表した織物。さらっとした肌ざわり。凹凸を指す「勾配」が転じて「紅梅」になった。太さの異なる木綿糸を用いたものを「綿紅梅」、木綿糸と絹糸を用いたものを「絹紅梅」という。
- 綿絽…木綿糸で絽に織った織物で、絽目と呼ばれる隙間がある（絽→135頁）。浴衣地の中で最も涼しい。

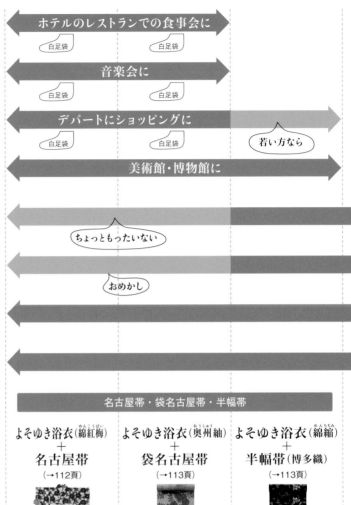

ホテルのレストランでの食事会に

白足袋　白足袋

音楽会に

白足袋　白足袋

デパートにショッピングに

白足袋　白足袋　若い方なら

美術館・博物館に

ちょっともったいない

おめかし

名古屋帯・袋名古屋帯・半幅帯

よそゆき浴衣（綿紅梅） ＋ 名古屋帯 （→112頁）	よそゆき浴衣（奥州紬） ＋ 袋名古屋帯 （→113頁）	よそゆき浴衣（綿縮） ＋ 半幅帯（博多織） （→113頁）

綿紅梅の浴衣に、夏用の名古屋帯を合わせ白足袋を履けば、レストランでの食事にも着られます。	先染めの生地に柄を挿した高級浴衣地の奥州紬は、麻の袋名古屋帯をコーディネートに。	伝統的な長板本染めをほどこした浴衣。博多帯を合わせて大人の雰囲気に。

高い　格式

夏祭りを楽しむ

月明かりのもと白地が映える、伝統的な藍白の綿コーマの浴衣は夏の情緒を運ぶかのよう。朝顔柄にしっとりとした臙脂色の半幅帯を合わせて、艶やかにまとめましょう。

夏のイベントに
欠かせない
遊び着

浴衣

［yukata］

平安時代に沐浴をする際に着用した湯帷子が原型とされる浴衣は、今や夏の遊び着として欠かせない装いとなりました。素材は岡木綿や綿コーマと呼ばれる木綿だけではなく、麻混や化繊などさまざまで、伝統的な藍白からポップなものまで多様に登場しています。着物に比べて安価なため、毎年新調される方も多いようです。遊び着なので、自由に着こなせるのも浴衣ならではの楽しみです。素足に下駄で装う場合には、洋服でいえばTシャツにジーンズ、素足にサンダルで行ける場所に着て行きます。

浴衣・帯／竺仙

花火大会に

涼しげな綿絽に、流水に牡丹とあやめが描かれた艶やかな柄ゆき。ぼかし染めの麻の帯で涼しげに。

浴衣・帯／竺仙

夕涼みに

ざっくりした質感が特徴の綿紬に、色とりどりのあざみ柄がかわいらしい。麻の半幅帯を合わせて軽やかに。

浴衣・帯／竺仙

信子さんのこぼれ噺

- 一枚買うなら、ぜひ白と藍色の色合わせの浴衣を。帯は半幅帯、履物は素足に下駄が基本です。
- 丈はくるぶし丈で短めに着るのが涼しげです。

川床へお食事に

桔梗柄を染めた綿紅梅の浴衣で夏着物風の装いを。よそゆきに着るなら夏向けの名古屋帯を締めましょう。秋草を描いた絽の染め帯で、涼を感じる装いに。

上質素材なら
一流ホテルも
大丈夫！

【 yosoyukiyukata 】

浴衣の基本素材は岡木綿や綿コーマと呼ばれる木綿地ですが、同じ木綿地でもごく薄い生地の綿紅梅や、透かし織の綿絽など、上質の生地もあります。名古屋帯や袋名古屋帯を合わせればお出かけ着になります。足袋を履けば、おしゃれなレストランにも行くことができ、ジャケットを着た男性と並んでも見劣りしない着こなしになります。帯をお太鼓にする場合の帯揚げは、ほとんど見えないようにしましょう。足袋を履く場合も、履物は草履ではなく下駄を合わせます。

浴衣・帯／竺仙　帯揚げ／加藤萬

ホテルのラウンジに

生成り地に藍色の桐の柄が美しい奥州紬の浴衣。からし色の麻の袋名古屋帯と水色の帯締めで粋に着こなして。

浴衣・帯／竺仙

風鈴市に

表面にしぼのある綿縮に、笹とふくら雀の柄をあしらった伝統的な長板中形の浴衣。博多織の半幅帯でシンプルに。

浴衣・帯／竺仙

信子さんのこぼれ噺

- 綿紅梅、綿絽、奥州紬など高級感のある素材なら、よそゆき浴衣になります。
- 夏用の名古屋帯や袋名古屋帯を合わせても素敵です。
- 足袋を履くときも、履物は下駄を合わせましょう。

浴衣の帯

花火大会やお祭りなら

半幅帯・兵児帯

角出し風に結べば、ボリュームが出てよそゆきの装いにぴったり。絹の織りの帯は張りもあり華やかさが出る。【角出し】

折り紙のように折り畳まれた形の貝の口。大人っぽく粋な着姿に。【貝の口】

帯／新装大橋

幅広でやわらかい兵児帯は、蝶結びをするだけで華やかに。帯リボンともいう。【リボン結び】

帯／三勝

黒地にピンクで蔓唐草を染めたモダンな木綿の半幅帯。個性的な装いに。【角出し】

帯結びでイメージチェンジ よそゆきにはお太鼓を

浴衣に合わせる帯は、8寸幅（約30センチ）より幅の細い半幅帯が基本です。やわらかい布をかがっただけの兵児帯を結んでもよいでしょう。帯結びによって着姿の印象が変わります。よそゆき浴衣なら、夏素材の名古屋帯や袋名古屋帯も合います。

◆遊び着には「半幅帯」

岡木綿や綿コーマの浴衣なら、半幅帯を合わせます。素材は絹、綿、麻とさまざまあります。帯結びで印象が変わるので、結び方を研究するのも楽しいものです。裏表で柄が違うリバーシブルの半幅帯なら、よりバリエーションが楽しめます。

幅広でやわらかい兵児帯も遊び着向きです。初心者でも簡単に結べて、華やかさが出ます。

夏用で上品かつ
涼しげ

名古屋帯
袋名古屋帯

帯／竺仙

無地に独鈷（とっこ）文様の織り柄が美しい紗献上（しゃけんじょう）の袋名古屋帯は、夏着物からよそゆき浴衣まで幅広く使える。

帯／三勝

素朴な木綿の型染めは、浴衣になじみやすい。晩夏に紅葉柄を合わせて季節の先取りを。

帯／三勝

朝顔のようなピンクの絞り染めがかわいらしい麻の名古屋帯。

◆よそゆきなら「名古屋帯」

食事やショッピングなどに着て行ける、おしゃれ着として装う上質な浴衣には、お太鼓結びができる名古屋帯や袋名古屋帯を合わせると、着物風の着こなしが楽しめます。紗（しゃ）や絽紬（ろつむぎ）、麻、木綿などの素材が涼やかです。

半幅帯を合わせるときは、帯の格を落とさないように気をつけます。結び方でボリュームを出したり、帯締めをしたり、お出かけ着として装いましょう。

信子さんのこぼれ噺（ばなし）

博多織の帯

半幅帯も名古屋帯も、将軍に献上した博多献上の帯は締めやすく、軽く、夏の定番です。薄い無地の紗献上は何にでも合わせやすく、重宝しています。

下着

冷房が効く場所なら、和装ブラジャーの上に肌襦袢を着ても。

肌襦袢（はだじゅばん）

お祭りや花火大会に浴衣を着るなら、気楽な着付けで気持ちも楽に。肌着も上半身はスポーツブラや和装ブラジャーだけで涼しく装う。

和装ブラジャー

裾よけ

暑いのだから うんとシンプルに

着物と同様に、浴衣にも肌着を着ますが、遊び着の浴衣なら、上は和装ブラジャーかスポーツブラ、カップのついたタンクトップだけでもよいでしょう。スポーツブラは衣紋（えもん）から見えないよう背中の開いたタイプを選びます。下は透けないように、夏用の裾よけをつけます。絽（ろ）や麻が通気性がよく快適です。

冷房が効いている場所に行くときや、よそゆき浴衣には、和装ブラジャーの上に肌襦袢を着てもよいでしょう。下は裾よけを着用します。

下着のラインが見えるのはみっともないので、遊び着にもよそゆきにも裾よけを。

和装ブラジャー、肌襦袢、絽の裾よけ／ゑりの高砂屋

バッグ

（右）中に和布の巾着がついた、2色の竹皮を編んだプチかごバッグ。
（左）ビーズやスパンコールのバッグは夜のお出かけに映える。

小ぶりでかわいらしく

遊び着として着ることの多い浴衣には、小ぶりのかわいらしいバッグがおすすめです。涼を感じさせる素材も夏向きです。洋装にも持てるかごや籐製、ビーズ使いの華やかなものも合います。昔ながらの巾着もいいでしょう。

下駄（げた）

（上）台と歯を一枚の板からくり抜いた駒下駄。水色の麻の葉の鼻緒に赤の前つぼが素敵。
（下）台に傾斜がついたサンダル型の右近下駄。よそゆき浴衣なら足袋を履いて合わせても。

素足で履いても、汚れが目立たない塗りの下駄

浴衣には下駄が必須です。素足に履くので、台には足型がどうしてもついてしまうもの。汚れが目立たない塗りの下駄がおすすめです。台の下に歯がついた駒（こま）下駄と草履のような右近（うこん）下駄などがありますが、初心者は歩きやすい右近がよいでしょう。底にゴムが張ってあるとクッション性があり、木が減りにくくて長持ちします。

下駄／冨士屋

教えて信子さん！

浴衣の疑問解消

浴衣編

Q 浴衣で行けるのは、どんなところまでですか？

A よそゆき浴衣ならレストランにも行けます

浴衣は、Tシャツとジーンズのようなものです。ビアガーデンや居酒屋などカジュアルな場所に留めましょう。よそゆき浴衣に名古屋帯を締めて足袋を履けば、高級ホテルやレストラン、夏に屋外で開催される能にも行くことができます。ただし、下駄を禁止している会場もありますので、その場合は舟形下駄（→99頁）を合わせましょう。夏は浴衣を着て行くとお得になるイベントがたくさんあります。そうしたところを上手に利用して浴衣を楽しみましょう。

Q 浴衣が着られる期間は？

A 目安は6月から9月前半です

厳密な決まりはありませんが、単衣（ひとえ）の着物を着る6月から9月が一般的です。あまりにも寒い日や大雨の日は避けましょう。ちなみに東京では、5月半ばに行われる浅草の「三社祭（さんじゃまつり）」が終わったら浴衣で外出してもよいといわれてます。

Q 長板中形（ながいたちゅうがた）という浴衣は、どういうものですか？

A 伝統的な技法を用いた藍染め（あいぞめ）の浴衣です

長板中形は江戸時代から伝わる伝統的な染色法を用いた藍染めの浴衣で、重要無形文化財に指定されています。長さ約6・3メートルの長板の両面に一反分（約12メートル）の白生地を張り、型紙を置いて防染糊（ぼうせんのり）をつけます。乾燥したら裏返し、柄がぴたりと重なるように同様の作業をします。その後、天然染料の正藍（しょうあい）が入った藍甕（あいがめ）に数回浸して染め上げるのです。表と裏で同じ柄が白く染め抜かれ、卓越した職人技を感じさせる浴衣です（→113頁）。

Q 絹紅梅（きぬこうばい）は浴衣ですか？

A 本来は夏着物です

絹紅梅は綿に絹が入っているので基本は夏着物の扱いになります。しかし、最近は高級なよそゆき浴衣に絹紅梅が使われることもあり、よそゆき浴衣と夏着物の違いは曖昧になっています。詳しくは、152頁の「夏着物と浴衣の違い」を。

Q うちわや扇子を帯に挿してもよいですか？

A うちわは背中に、扇子は前に

お祭りや花火大会にはうちわを、よそ

ゆきの浴衣には扇子を持ちます。帯に挿すなら、うちわは背中に、扇子は前に、どちらも持ち手を下にして挿します。

Q 既製の浴衣（プレタ浴衣）を購入するときの注意点は？

A 身丈と身幅が足りているかを確認しましょう

浴衣は仕立て上がりで、フリーサイズやS・M・Lのサイズで売られていることが多いようです。メーカーによりサイズが多少違うので、試着して、身丈と身幅が足りているかを確認しましょう。どちらかが足りなければ、美しく着られません。身丈が長いなら、おはしょりで調整します。身幅が大きいなら、背中心を右にずらし、余った下前を手前に折り返して調整しましょう。

奥州紬（おうしゅう）とは何ですか？

A 奥州紬は綿紬のひとつです

紬のように糸を先に染めて織った木綿地のことを綿紬といいます。硬めでしっかりしているので、体の線が出にくく透けにくいのが特徴です。浴衣と江戸小紋中心の老舗呉服店「竺仙（ちくせん）」では、先染めの絣糸（かすりいと）を用いた、素朴な風合いの綿紬の浴衣を特に奥州絣や奥州紬といい、奥州絣を小紋染めしたものを奥州小紋と呼んでいます。東北地方を指す奥州に、素朴という意味を込めているそうです。

奥州小紋と呼ばれる浴衣。（浴衣・帯／竺仙）

Q 浴衣は家で洗えますか？

A 綿か麻なら洗濯機で洗えます

浴衣のほとんどは、水に強い綿か麻なので家庭で洗えます。シワにならないようにきちんと畳んで洗濯ネットに入れて、洗濯機で洗いましょう。ただし、綿100％の浴衣は洗濯すると縮みます。特に、正藍（しょうあい）やろうけつ染めの浴衣は縦の縮みが大きいので全体的にやや大きめに仕立てておくのも手です。また、長時間水の中に浸け（つ）たり、ぬるま湯で洗濯すると色落ちするので、水洗いにします。中性洗剤を使う場合は、漂白剤が入っていないものを使いましょう。

脱水は1分弱にし、手のしをして形を整えると、かなりシワが伸びます。陰干しをして乾いたら、アイロンをかけます。ただし麻は熱に弱いので、アイロンはかけず、シワができたら霧吹きをかけて手で伸ばします。それでも取れなければ、アイロンを浮かせてかけます。

大人が兵児帯をしてもよいですか?

A 子ども用は避けましょう

兵児帯はやわらかい布の両端をかがっただけの帯で、もともと男性や子どもの普段用の帯でした。帯幅は8寸（約30センチ）以上あり幅広ですが、張りがないため簡単に結べます。小さい子どもがするような、昔ながらの絞りの兵児帯は、大人の女性が素敵に締めるのは難しいでしょう。

最近は、大人の女性向けに、やや張りがある兵児帯も出ています。半幅帯よりもやわらかい雰囲気になり、ボリュームのあるリボン結びができるので、帯結びが苦手な方におすすめです。商品により、帯リボンと呼ぶこともあります。

リボン結びが簡単にできる兵児帯。

帯／新装大橋

Q 小袋帯とは何ですか?

A 袋帯のように仕立てた半幅帯です

半幅帯には、袋帯のように仕立てた小袋帯と一枚仕立ての単衣帯があります。単衣帯は浴衣や夏着物に、小袋帯は浴衣や夏着物のほかに袷の着物にも使えます。表と裏で色や柄を違えたリバーシブルのものも多く、変わり結びで華やかに装うことができます。

帯／三勝

雪輪の中にさまざまな柄があしらわれた半幅帯。黄色を効かせた飾り結びがおすすめ。

Q 細帯とは何ですか?

A 8寸幅より細い帯のことです

袋帯や名古屋帯は幅を並幅（8寸）に仕立てますが、それよりあえて細く作っている帯を総称して「細帯」といいます。半幅帯は細帯の一種で、幅が8寸の半分の4寸（約15センチ）になります。半幅帯よりも細い帯を締めるのは旅館の浴衣くらいで、一般的な細帯は半幅帯か6寸幅（約23センチ）の六寸帯になり、幅が広いほどよそゆき感が出ます。6寸幅は名古屋帯よりも手軽で、半幅帯よりも多様に結べるため重宝します。

六寸帯(6寸幅)

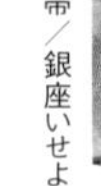
帯／銀座いせよし

半幅帯(4寸幅)

Q 浴衣に合わない帯はありますか?

A 豪華な帯は合いません

夏用の帯でも、袋帯や唐織など金銀を配した豪華な名古屋帯や半幅帯は、遊び着である浴衣には向きません。

帯／銀座いせよし

半幅帯でも金銀が入ったものもある。

小物・その他編

Q 浴衣に半衿をすると夏着物として着られますか？

A 半衿をつけない着方をおすすめします

浴衣は浴衣らしく、半衿をつけずに着ることをおすすめします。涼しさはもちろんのこと、粋ですっきりと見えます。夏着物を持っていないのであれば、半衿をつけて夏着物のように活用されてもよいでしょう。

Q 洋装のサンダルを履いてもよいですか？

A おしゃれは足元からです

浴衣に洋装のサンダルを履いている方を見かけると、せっかくの浴衣がもったいないと感じます。おしゃれは足元からといいます。できれば着物用の下駄を履いていただきたいと思います。

Q 下駄を履くと鼻緒がすれて足が痛くなります

A 鼻緒を軽く引っ張っておきましょう

職人さんがいる専門店できちんと鼻緒をすげてもらえば、痛くなることはありませんが、太めの鼻緒を選ぶのも方法のひとつです。履く前に、鼻緒を軽く左右に引っ張り、広げておくだけでもかなり楽になります。靴と同じように、何度か履くうちになじんでくるものですが、痛くなる前に、鼻緒が当たるところに絆創膏を貼っておいてもよいでしょう。

Q 冷房で冷えるのですが、防寒対策はありますか？

A 足袋を用意しておきましょう

冷房が効いた場所に長くいる可能性があるなら、足袋を用意しておきましょう。サッと脱ぎ履きしたいなら、足袋ソックスも便利です。また、麻など夏素材のストールを用意しておくと、肩やひざにかけることができます。首周りや足元を温めるだけで、体の冷えもやわらぎます。

Q 汗のべたつきを解消する方法はありますか？

A よけいなものを身につけないことです

専用の肌着は、汗で浴衣が直接肌に触れることがなく快適ですが、より気軽に着たいなら、上は和装ブラジャーやスポーツブラ、カップつきのタンクトップ、下は裾よけやステテコだけでもかまいません。よけいなものを身につけないことも、心地よく着るコツです。

また和装ブラジャーにハンカチを挟んでおくと、首から胸に流れた汗を吸い取ってくれるうえ、衿元もくずれにくくなります。

昔の着物を今様に着る

昔の着物＋今の帯

母親や親戚から譲り受けた着物や帯。たんすに眠っていませんか。昔の着物や帯は、当時のままのコーディネートで着ると、どこか古めかしい雰囲気になります。今のものと組み合わせて、素敵によみがえらせましょう。

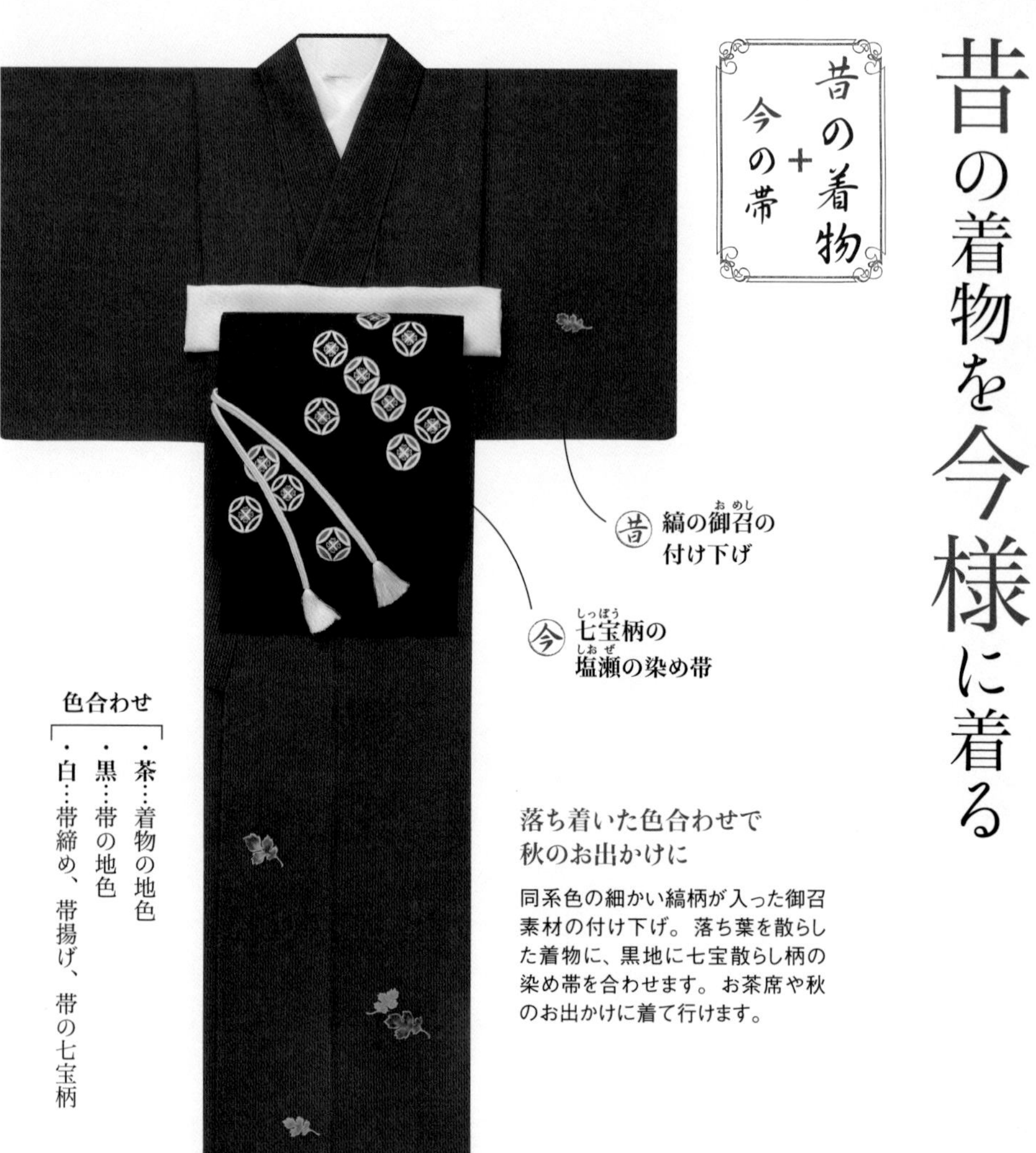

昔 縞の御召の付け下げ

今 七宝柄の塩瀬の染め帯

色合わせ

- 茶…着物の地色
- 黒…帯の地色
- 白…帯締め、帯揚げ、帯の七宝柄

落ち着いた色合わせで秋のお出かけに

同系色の細かい縞柄が入った御召素材の付け下げ。落ち葉を散らした着物に、黒地に七宝散らし柄の染め帯を合わせます。お茶席や秋のお出かけに着て行けます。

丈が短ければ仕立て直しを

身丈が短い場合、着付けで対処できることもありますが、限界があります。気に入った着物なら、悉皆屋さん（→244頁）で仕立て直してもらいましょう。帯で隠れる部分に余り生地や、色の近い別の生地をはぎ、着丈を長くします。最大10cmほど生地をはぐことができます。裄が短い場合は、縫い代を出します（→126頁）。

昔の着物には今の帯を締めて

着物も帯も昔のものだと、古びた雰囲気に。どちらかを今のものにするだけで、今様に着こなせます。

帯揚げや帯締めなどの小物は、色にくすみがあるとぼやけた印象になるため、現代のものを用いたほうがよいでしょう。

着物と帯を上品にコーディネートするには、色数を抑えることです。特に、昔の着物を着こなす場合、この色合わせが大切になります。まず、着物の地色を確認し、柄があまり目立たないものは、帯や帯締め、帯揚げで色数を増やします。帯が華美なら、着物の色柄を抑えましょう。

昔 飛び柄の結城紬

今 雪輪柄の塩瀬（しおぜ）の染め帯

黒の結城紬を凛と着こなし、銀座へショッピングに

飛び柄が素朴な結城紬の着物は、染め帯を合わせるとやわらかい雰囲気になります。雪輪の中に鹿（か）の子（こ）模様をあしらった凝ったデザインが目を引きます。着物の柄と帯揚げの梅の赤を効かせて、凛とした着こなしに。帯次第でカジュアルな街着にも着られます。

色合わせ

- 黒…着物の地色
- 薄い灰色…帯の地色、着物の柄
- 赤…着物の柄、帯揚げの柄

昔の着物のチェックポイント

- □ 身幅が狭いときは、下前の衿先に布を足します。（→103頁）
- □ 丈が短いときは、おはしょりを作らず対丈（ついたけ）で着ることもできます。（→126頁）
- □ 手持ちの襦袢（じゅばん）と裄（ゆき）や袖丈が合うか確認しましょう。
- □ 全体の汚れ、傷みをチェックして、気になる部分は悉皆屋（しっかいや）さん（→244頁）に相談しましょう。仕立て直すことができます。

今の着物＋昔の帯

昔の帯には今の着物を

昔の帯を素敵にコーディネートするコツは、今の着物に締めることです。昔の帯は、豪華な刺繍や織り柄が多いのが特徴です。まず、帯を生かすことを考えてシンプルな着物を合わせると、豪華な帯が映えるでしょう。帯締めや帯揚げは今のものを合わせると、帯がより美しく見えます。また、現代のコーディネート同様に、着物に対して、帯の格を落とさないよう心がけましょう。

今 梅、菊、蘭、竹を描いた四君子(しくんし)文様の付け下げ

昔 龍村美術織物の袋帯

色合わせ

- 黒…着物の地色
- 白…着物の柄、帯揚げ、帯の柄
- 赤、金、青、緑…帯の柄

龍村の織りの帯を主役に準礼装の着こなし

老舗の織元、龍村美術織物の袋帯は、半世紀経っても気品を損なわない存在感を放ちます。控えめに四君子を描いた黒の付け下げに締めれば、訪問着風に着られます。白の帯揚げに末広を合わせれば、披露宴やお正月のあいさつにぴったりの装いに。

今の人々にとって昔の着物が小さいように、昔の帯も長さが短いことがあります。見えない部分に足し布をして仕立て直せば、長さの調整ができます。

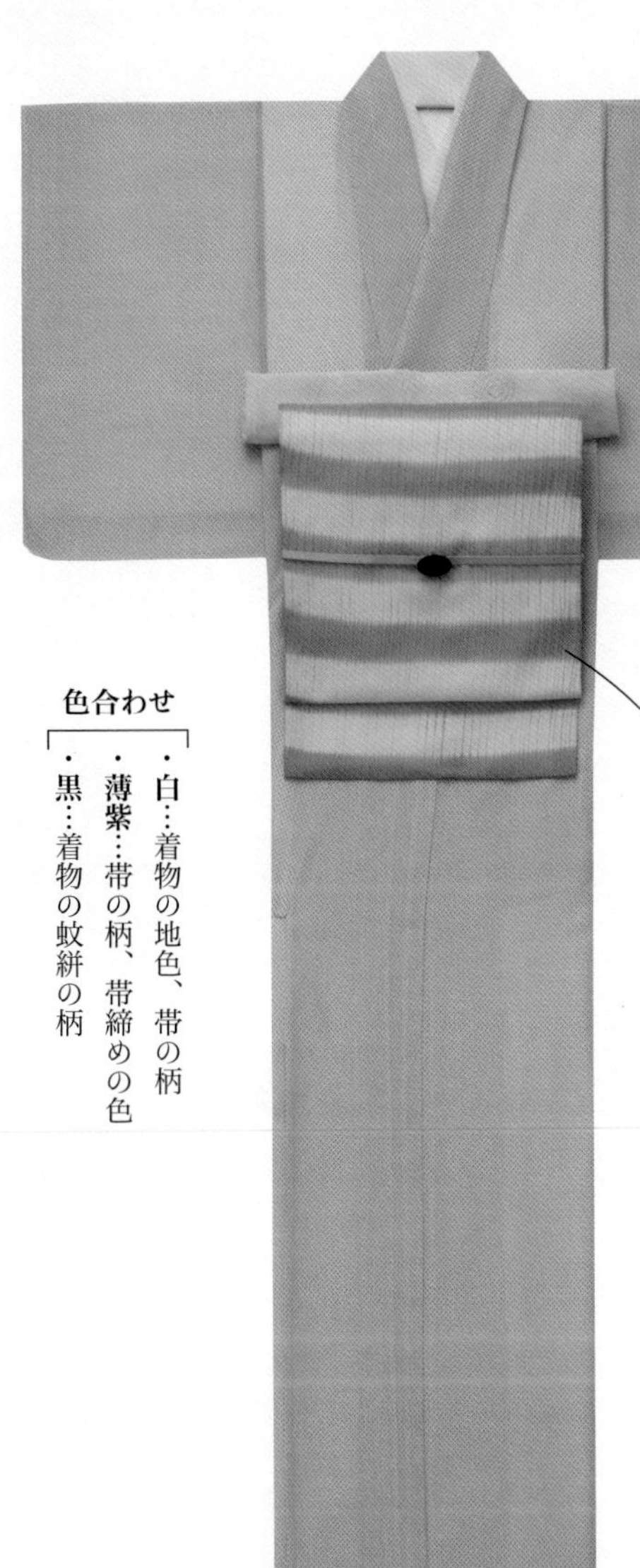

色合わせ

- 白…着物の地色、帯の柄
- 薄紫…帯の柄、帯締めの色
- 黒…着物の蚊絣の柄

今 白地に黒の蚊絣（かがすり）

昔 白と薄紫の段絞りの帯

薄紫と白の段絞りの夏帯を主役にして涼しげに

段絞りの絽（ろ）の帯は、普段着物に合わせやすいモダンなデザインです。白地に黒の蚊絣の夏着物を合わせて、涼しげに装いましょう。帯揚げは薄い水色を、帯締めは帯と同色の薄紫でなじませ、帯留めを利かせています。

小物類は新しいものを

帯揚げや帯締めの色がくすんでいると、全体がぼやけた印象になります。古い帯揚げや帯締めは、絹が劣化したりシミがついていたりすることもあるので、傷みが目立つ場合には新しいものに買い替えましょう。帯揚げも帯締めも面積は小さいのですが、コーディネートの挿し色になります。そのため、光沢や色みがとても重要になります。

昔の帯のチェックポイント

- □ 傷みがないか確認をしましょう。
- □ 昔の帯は長さが短いものがあります。その場合はて先をほどいて、縫い代を伸ばしましょう。
- □ 帯の前幅が細いものは上下にずらして幅広に巻いてもよいでしょう。

教えて信子さん！

昔の着物の疑問解消

Q 着丈が足りません。何かよい方法はありませんか？

A1 **「羽織や道行にリフォームしましょう」**

気に入った柄や思い入れのある品なら、羽織や道行、道中着、帯にリフォームされてはいかがでしょう。

1枚の着物から、名古屋帯なら2本取れます。

A2 **「対丈という着方もあります」**

おはしょりが中途半端にしか出ないなら、おはしょりを出さない対丈で着るのも手です。色半衿や柄半衿を合わせ、半幅帯や六寸帯をやや下のほうで締めるとおしゃれに着こなせます。

Q 裄が短いのですが、どうすればよいですか？

A **「裄出しは比較的簡単です」**

昔の着物は、日常着のためもともと裄が短めです。悉皆屋さん（↓244頁）で裄の縫い代を出してもらいましょう。裄出しだけなら部分的作業で済み、左右で6千円ほどでできます。

借りた着物であれば、仕草に気を配りましょう。手を真っすぐ伸ばさないようにして、手首が出ないようにすれば、それほど目立ちません。

Q 袖丈が襦袢と合いません。

A **「袖丈を縫い上げましょう」**

昔の着物は、袖丈がやや長めのものが多いものです。袷の着物ならほどかずに、手持ちの長襦袢の袖丈に合わせて縫い上げましょう。

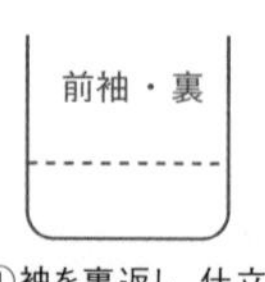

①袖を裏返し、仕立てたい長さの5mm外側を縫い合わせる。

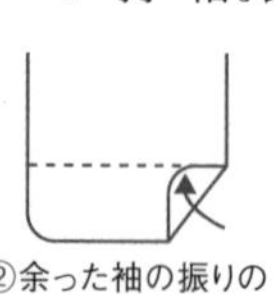

②余った袖の振りの部分を三角に畳む。

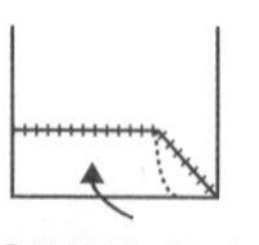

③前袖側に折り上げ、裏地に縫いつける。

五章

季節の着分け

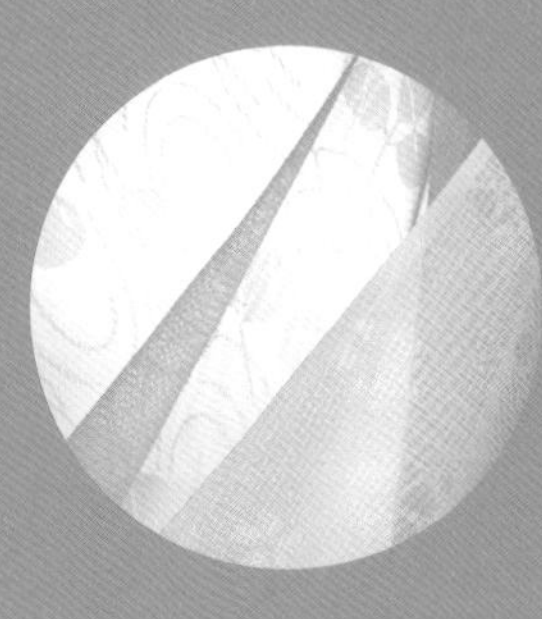

季節の変わり目に着物を改め、
気分を一新する「衣更え（ころもがえ）」は日本のすばらしい風習です。
衣更えは平安時代の宮中行事として始まり、
鎌倉時代には調度品も取り替えたといいます。
気候の変化は著しいものですが、衣を更えることで季節を感じ、
心もしゃんとするような気がいたします。

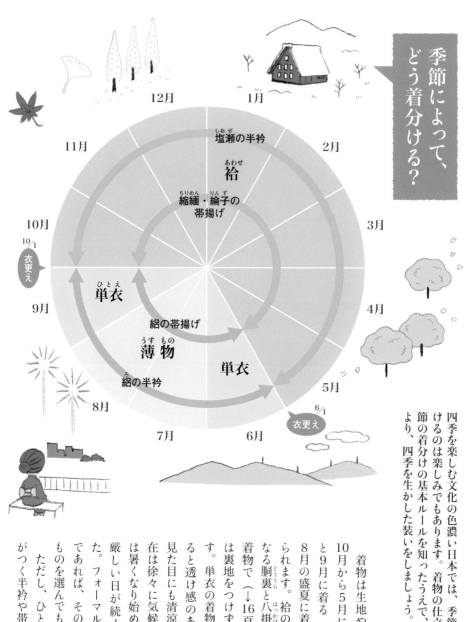

季節によって、どう着分ける？

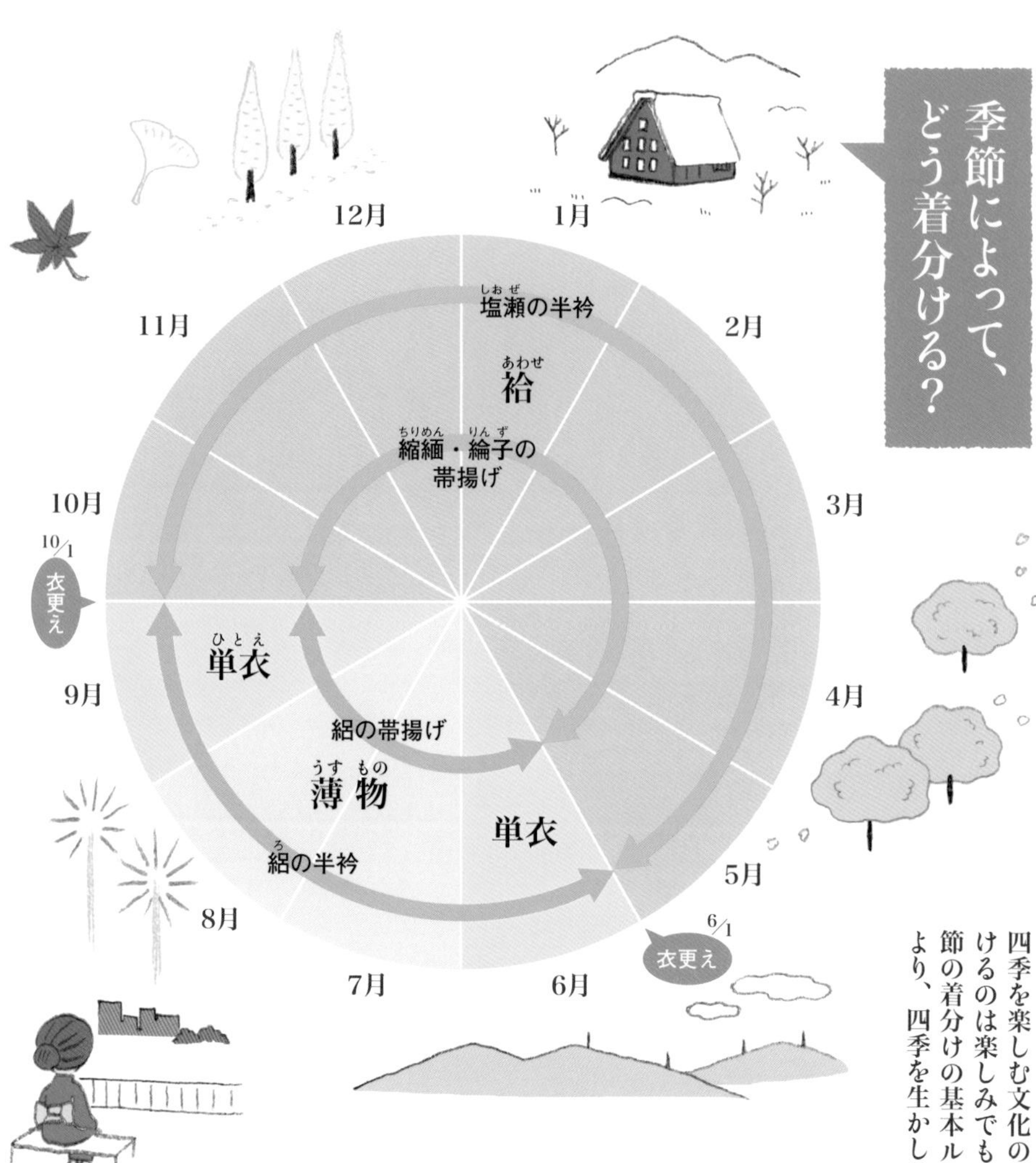

四季を楽しむ文化の色濃い日本では、季節により着物を着分けるのは楽しみでもあります。着物の仕立てや素材など、季節の着分けの基本ルールを知ったうえで、その気候や地域により、四季を生かした装いをしましょう。

着物は生地や仕立て方により、10月から5月に着る「袷」、6月と9月に着る「単衣」、7月から8月の盛夏に着る「薄物」に分けられます。袷の着物とは、裏地になる胴裏と八掛をつけて仕立てた着物で（→16頁）、単衣の着物とは裏地をつけずに仕立てた着物です。単衣の着物の中でも薄物になると透け感のある生地が使われ、見た目にも清涼感を感じます。現在は徐々に気候が変わり、5月には暑くなり始め、9月でも残暑が厳しい日が続くようになりました。フォーマルな席やお茶席以外であれば、その日の気候に合ったものを選んでもよいでしょう。

ただし、ひと目で季節の見分けがつく半衿や帯揚げだけは季節に

7月・8月	6月・9月	10月〜5月	
単衣仕立て（薄物）	**単衣仕立て（単衣）**	**袷仕立て**	着物
透け感のある絽・紗・麻など	絽縮緬・絽紬・夏結城・夏大島・木綿・麻など	綸子・縮緬・紬・大島紬・御召・ウール・木綿など	着物
紅梅・麻など	衣更えの時期には紗と紗、絽と紗を合わせた紗袷	暖かみのある真綿紬は12月〜２月の冬向き	着物
浴衣	浴衣（祭りなど）	季節の変わり目なら、綸子や縮緬、紬の単衣仕立て	着物
絽・紗・羅・麻・絽綴・紗献上など	紗袋・絽綴・紗献上・絽・絽紬など	錦織・唐織・綴織・塩瀬・紬・綸子・博多織・木綿など	帯
浴衣やカジュアルな装いなら半幅帯も	浴衣やカジュアルな装いなら半幅帯も	カジュアルな装いなら半幅帯も	帯
絽・紗など	絽・絽縮緬など	綸子・縮緬・総絞りなど	帯揚げ
一般的に季節は問わない			帯締め
冠組・レース組・細めのもの	冠組・細めのもの・レース組など	太めや平たいもの・冠組・平組など	帯締め
絽・紗・麻など	絽・絽縮緬・楊柳など	塩瀬・縮緬など	半衿
絽・紗・麻の単衣仕立て 幅広のレース袖の二部式	絽・紗・二部式	綸子・縮緬・羽二重で 袖無双仕立て・袷仕立て	襦袢
紗の夏羽織	絽・紗の夏羽織	縮緬・綸子など 秋冬は紬・ウールも	羽織

合ったものを取り入れます。10月からは半衿は塩瀬に、帯揚げは縮緬や綸子などに取り替えましょう。6月になったら、半衿も帯揚げも絽に替えます。

右ページ上の表を参考に、着物選びを1月から見てみましょう。1月から3月は袷の着物を着て、コートや羽織を合わせます。桜が咲く頃には羽織を脱ぎ軽やかに。5月は暑くなれば単衣の着物を着始めますが、小物類は袷の着物用を合わせましょう。6月の衣更えでは、すべて単衣用にします。7月、8月は盛夏の装いに。薄物を着て、涼しげに装います。9月には再び単衣の着物を着用しますが、装いで秋らしさを取り入れましょう。10月の衣更えでは袷の着物を用意して秋を満喫します。紅葉が赤く色づきはじめたら羽織を出し、12月は防寒用のコートで暖かく過ごしましょう。こうして一年が巡り、1月に戻ります。

単衣（ひとえ）の着物

盛夏の前後に装う、
裏地をつけずに仕立てた透けない着物

着る時期…5月中旬～6月末
9月10日～9月末

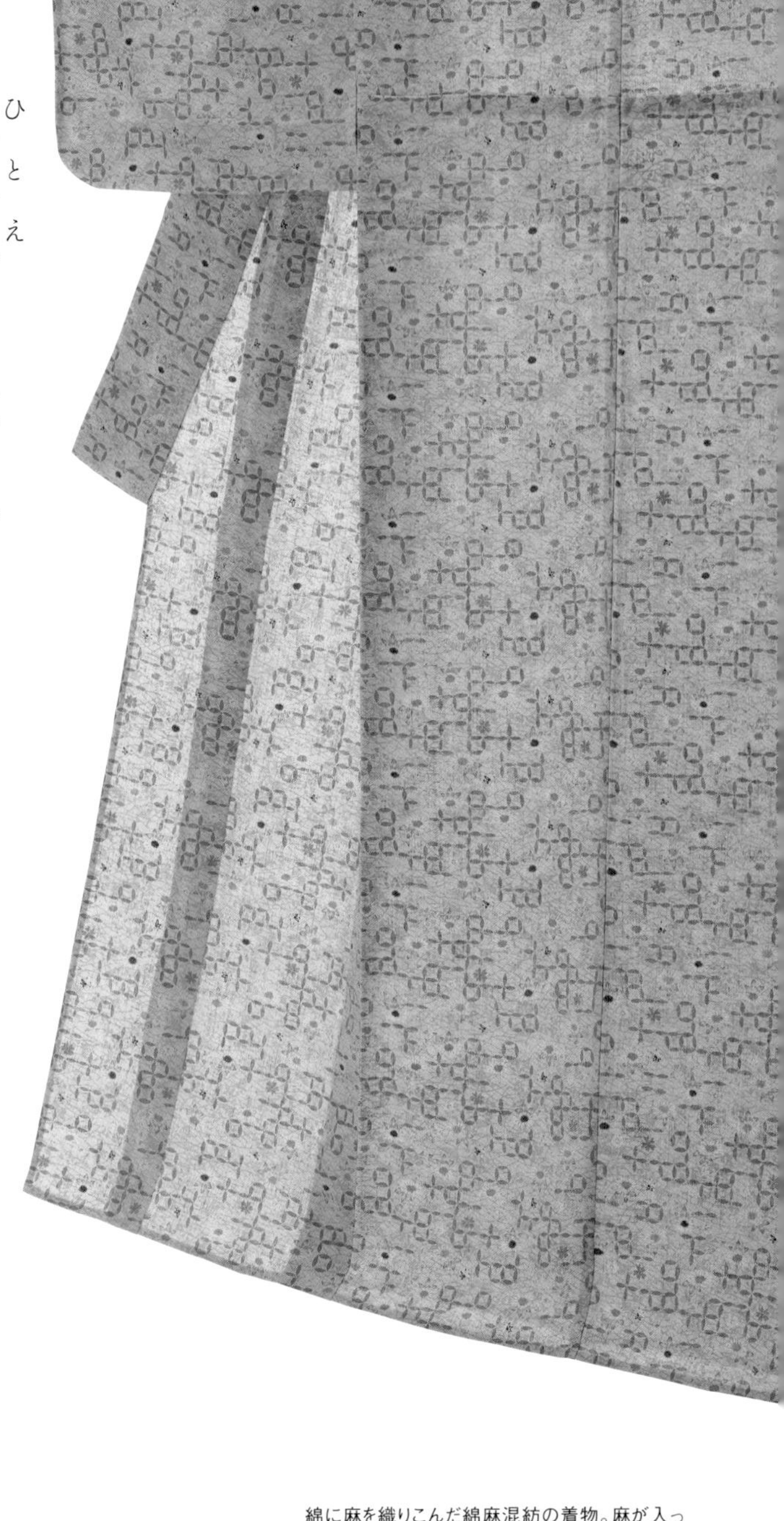

夏になると、裏地のついた袷（あわせ）の着物では暑くなります。そこで、暑くなる5月と6月、暑さが残る9月頃は裏地をつけずに仕立てる単衣（ひとえ）の着物を着ます。5月や6月は寒色系を、9月は暖色系を選ぶと、季節感を表現できます。

綿に麻を織りこんだ綿麻混紡の着物。麻が入っているため、単衣にしてはやや透け感がある。細かな七宝繋ぎに数種の花々が描かれた型染めで、涼を感じさせる白と水色を基調とした色柄は初夏に向く。

反物／銀座いせよし

リバーシブルの色無地

両面を違う色で染めたリバーシブルの色無地もあり、単衣で仕立てれば裾が返ったときに裏の色が見えておしゃれ。色が褪せたら、表裏を逆にして使うことができる。袷に仕立てることも可能。

お尻周りは「居敷あて」で補強

単衣、薄物（→132頁）など単衣仕立ての着物にも、お尻周りに「居敷あて」という補強のための裏地を縫いつけることがある。大きさはさまざまで、お尻の周りにのみつけたり、ウエストから裾に向かって幅広につけることも多い。共布や胴裏、晒、羽二重など表地に適した素材を選ぶ。

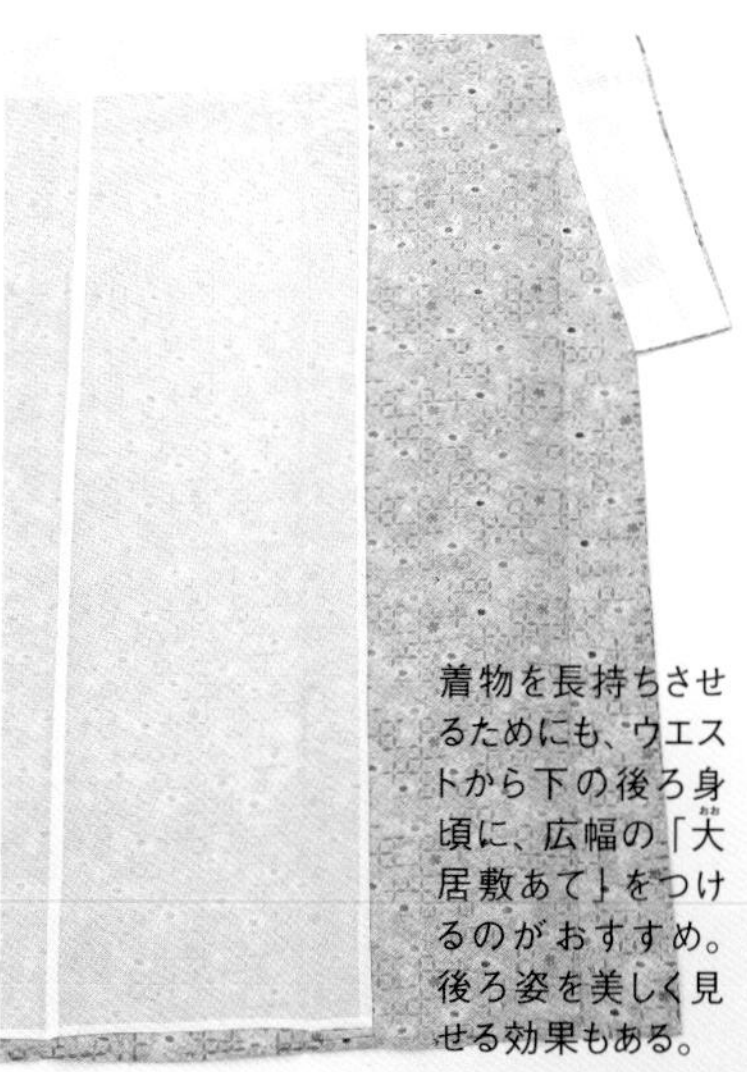
着物を長持ちさせるためにも、ウエストから下の後ろ身頃に、広幅の「大居敷あて」をつけるのがおすすめ。後ろ姿を美しく見せる効果もある。

単衣の着物は、盛夏である7月と8月を挟んで、ほんのひと月ずつ季節を橋渡しする着物です。

初夏の衣更えは6月ですが、最近は気温の上昇が早いので、5月中旬から単衣を着てもかまいません。また、残暑が厳しい9月ですが、重陽の節句（9月9日）を過ぎてからは単衣を着るようにします。

どちらも、絽縮緬、絽紬、夏結城、夏大島、木綿などのさらりとした素材を使います。麻は初夏だけに、綸子や縮緬など袷にも用いる素材の単衣は、季節の変わり目である5月中、またはお彼岸（9月23日前後）以降に着用します。

着物は初夏と初秋で同じものを着られますが、帯や小物合わせで変化をつけましょう。初夏なら涼しげな色合いや、紫陽花や百合などが描かれた帯を合わせると素敵です。初秋には少し深みのある色や、秋草など秋の柄を取り入れ、季節を楽しみます。

薄物の着物

盛夏に装う、
裏地をつけずに仕立てた透ける着物

着る時期…7月初旬〜9月9日（重陽の節句）

暑さが増す7月と8月は、単衣に仕立てた着物の中でも薄くて透け感のある「薄物」と呼ばれる着物を着ます。長襦袢が透けて見え、見た目にも涼やかです。長襦袢と着物の寸法がきちんと合っていることも装いの大切なポイントです。涼しく見えるように着こなしにも配慮しましょう。

涼やかに透ける紗の着物。軽い生地感と通気性のよさで、高温多湿の日本の夏でも心地よく着られる。蚊絣と呼ばれる極細かな絣柄で、夏は式典以外なら、こういった夏着物で食事会からちょっとしたパーティまで対応できる。

色柄選び

濃い色が入った着物は、白の襦袢の透け具合がよくわかり、涼感を演出できる。流水など、水辺の模様で涼しさを表現する方法も。具象的な模様の場合は、夏もしくは秋らしいデザインを選びます。

素材選び

→135頁

着物・帯／銀座いせよし

（上）深みのある赤地に太めの竹縞模様で、粋な印象に。張りのある絹紅梅。
（中央）白地に墨で波が描かれた、いかにも夏らしい柄の絹紅梅。
（下）船が描かれた紗紬の夏帯。素材だけでなく、水を連想させる柄は涼しさも増す。

絽や紗、麻（上布）、絹紅梅など、透ける素材を単衣に仕立てた着物を「薄物」といいます。梅雨の明けきらないじめっとした季節から、入道雲が空にそびえる盛夏の間に着ます。

また、夏は清涼感を演出するのが基本です。肌を見せず、襦袢と着物を重ね着していても、見ている方が涼しく見えるコーディネートを心がけましょう。濃い色の着物を着て白の襦袢が透けるのを効果的に利用したり、着物も帯も淡い色や寒色系でそろえて涼やかに着こなすのもよいでしょう。

そのほかに綿紅梅や、絹、麻、木綿を問わず、強い撚りをかけた糸で織られる縮の着物も活躍します。絹なら結城縮や明石縮、麻なら小千谷縮、綿なら阿波しじらなどがあります。すがすがしい肌ざわりで、アイロンをかけずに着られます。麻や綿紅梅の夏着物は、長襦袢よりもレースの筒袖の半襦袢を合わせて軽快に着るのが似合います。

単衣・薄物に合わせる帯

紗
分銅繋ぎの地紋に淡い色の丸紋は、フォーマルに使える唐織。
帯／銀座いせよし

帯／銀座いせよし

絽縮緬
夏のモチーフである撫子と桔梗を描いた絽の染め帯。淡い黄色地で軽やかな印象に。

帯／銀座いせよし

紗
名物裂のひとつ有栖川文の帯。お太鼓柄と素朴な糸味で幅広く締められる。

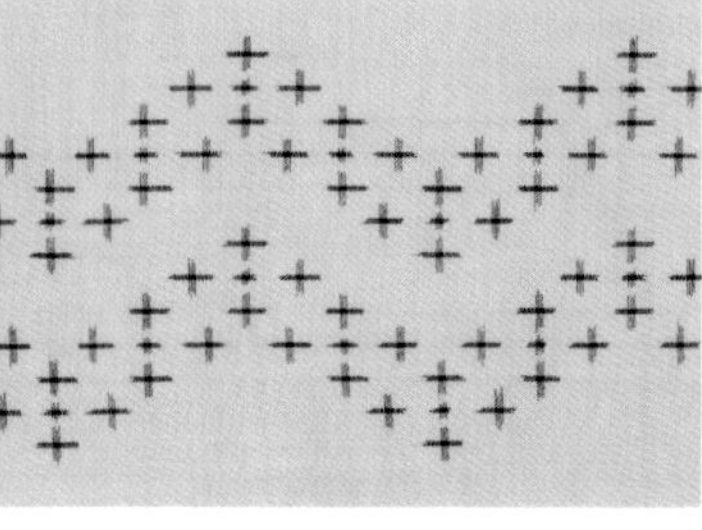

夏場に締める帯は、涼しげに見え、通気性のよい素材を選びましょう。絽の染め帯、絽綴、紗、羅、麻（上布）などが比較的長い期間使えます。

●初夏の帯
単衣の着物には、博多織や紬などの単衣帯が活躍しますが、5月なら袷の着物用の帯で、生地の薄いものや、涼しげな色・柄のものを使います。6月に入ったら、夏帯の出番です。涼やかに見えるコーディネートを心がけます。波、紫陽花、鉄線など夏の文様を選びます。

単衣・薄物の素材いろいろ

夏の着物では、特有の素材が使われています。
それぞれの生地の主な特徴を紹介します。

紗

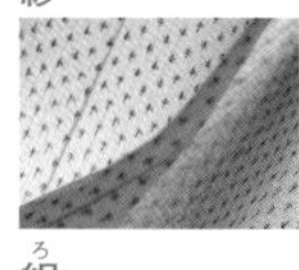

均一に透ける素材で、通気性のよい絹織物。緯糸を1本打ち込むごとに、2本の経糸を交差させるもじり織で、細かい隙間が均一に表れる。着物や帯、襦袢、帯揚げに使われる。

絽

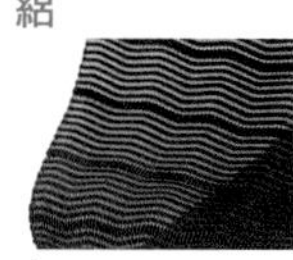

平織ともじり織を組み合わせた絹織物。透ける部分が横縞になって表れる「絽目」が特徴で、経糸に緯糸を3本ごとに絡ませたものを「三本絽」、5本ごとに絡ませたものを「五本絽」という。縦に絽目がある「竪絽」もある。着物、帯、襦袢、半衿、帯揚げに使われる。

羅

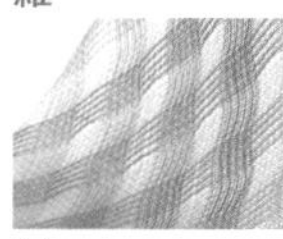

もじり織の一種で、紗よりも複雑な織り組織の絹織物。1本の経糸が左右の経糸とからみ、そこに緯糸を通して粗い隙間を作る。本来の羅は神官の冠のほか夏帯に用いられる程度だが、一般的に粗い網目状の織物を羅と呼ぶことが多い。

麻

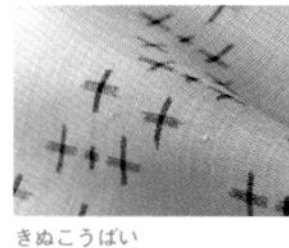

水の吸収と発散がよく、湿気の多い日本の気候にぴったり。江戸時代に木綿が普及する前、一年中庶民が着用した。洗濯できるので襦袢地にも用いられる。着物に用いられる麻のほとんどは苧麻（からむし）。特に上質な麻を「上布」と呼ぶ。

絹紅梅

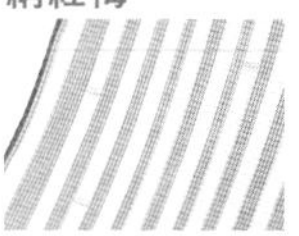

細い絹糸の間に、一定間隔で太い綿糸を経緯に織り込み、格子状の畝を浮き上がらせた紅梅織。薄くて軽いながらも、適度な張りがある。主に夏着物や高級浴衣に用いられる。

＊もじり織…経糸がからみ合ったところに緯糸を通して織り、隙間を作る織物。絽、紗、羅など。

絽綴

帯芯を使わない絽綴の帯は単衣と薄物の両方に合わせやすい。

帯／銀座いせよし

羅

斜め格子の隙間が透明感を感じさせ、涼しげな素材。

帯／銀座いせよし

麻（上布）

ざっくりとした風合いが心地よい能登上布の十字絣。

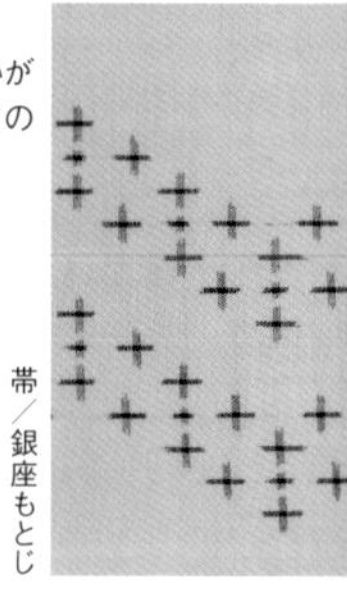

帯／銀座もとじ

●盛夏の帯

薄物には、羅や紗、絽綴、麻の帯を合わせます。張りがある素材に透けた感じがあいまって、涼感が際立つ装いになります。カジュアルな場面なら、浴衣用の半幅帯を合わせてもよいでしょう。色数を少なく、すっきりしたコーディネートにするのが夏の装いを涼しく見せるポイントです。

●初秋の帯

9月も下旬になれば、軽やかな色、柄の絽縮緬、絽紬、紬などを合わせます。いずれも、夏の文様は避け、色は落ち着いた色に、柄は月見や葡萄、秋草など秋らしさを感じさせる文様を選びましょう。「着心地は夏、気持ちは秋」で装います。

●一年中使える帯

半幅帯や博多織の帯は、一年中使えて便利です。

長襦袢

絽、紗、麻ならオールマイティ

単衣と薄物の季節には、基本的に白の絽、紗、麻の長襦袢で、カジュアルからフォーマルまで対応でき、色ものは淡い色なら涼しげです。汗をかくので、自宅で洗濯できる麻は重宝します。

着物は下着で温度調整をするものなので、4月の袷の時期でも、暑ければ夏用の長襦袢を早めに着て心地よく装いましょう。

夏の礼装には、
白の絽の長襦袢を。

絽

横縞状に透け感のある絽の長襦袢は、軽やかさと通気性の両方を兼ね備えている。

二部式襦袢

レース袖で女っぷりを上げる

麻や絹紅梅の夏着物なら、長襦袢の代わりに二部式襦袢を合わせてもよいでしょう。たっぷりとレースがついた筒袖の半襦袢は、振りからレースがちらりと見えると可憐です。袖丈が短いだけで軽やかで、涼しく感じます。裾よけも夏素材を合わせましょう。

身頃は楊柳、袖はレース素材の半襦袢と楊柳の裾よけ。絽の裾よけを合わせてもよい。

半襦袢・裾よけ／銀座いせよし

夏の襦袢生地

麻

墨・ピンク・緑の淡い色合いの麻襦袢地。おしゃれなうえ、自宅で洗える。

紗

絽

(右)薄水色で撫子を地紋に織り出した絽の襦袢生地。
(左)薄ピンクで流水と萩の地紋を織り出した涼しげな紗の襦袢生地。

麻の襦袢／awai、絽・紗の襦袢／加藤萬

半衿

白の絽（ろ）で涼やかに

6月から9月の半衿として活躍するのが、白の絽です。カジュアルからフォーマルまで合わせせられ、絽目の透ける素材感がとても涼しげです。夏の装いの色半衿は、暑苦しい印象を与えることもありますす。使うなら極薄い色にして、清涼感を損なわないようにしましょう。

ほかに麻や紗（しゃ）も合います。縦にしぼがある楊柳（ようりゅう）は5月末から6月中旬まで使え、肌ざわりもさらりとしています。

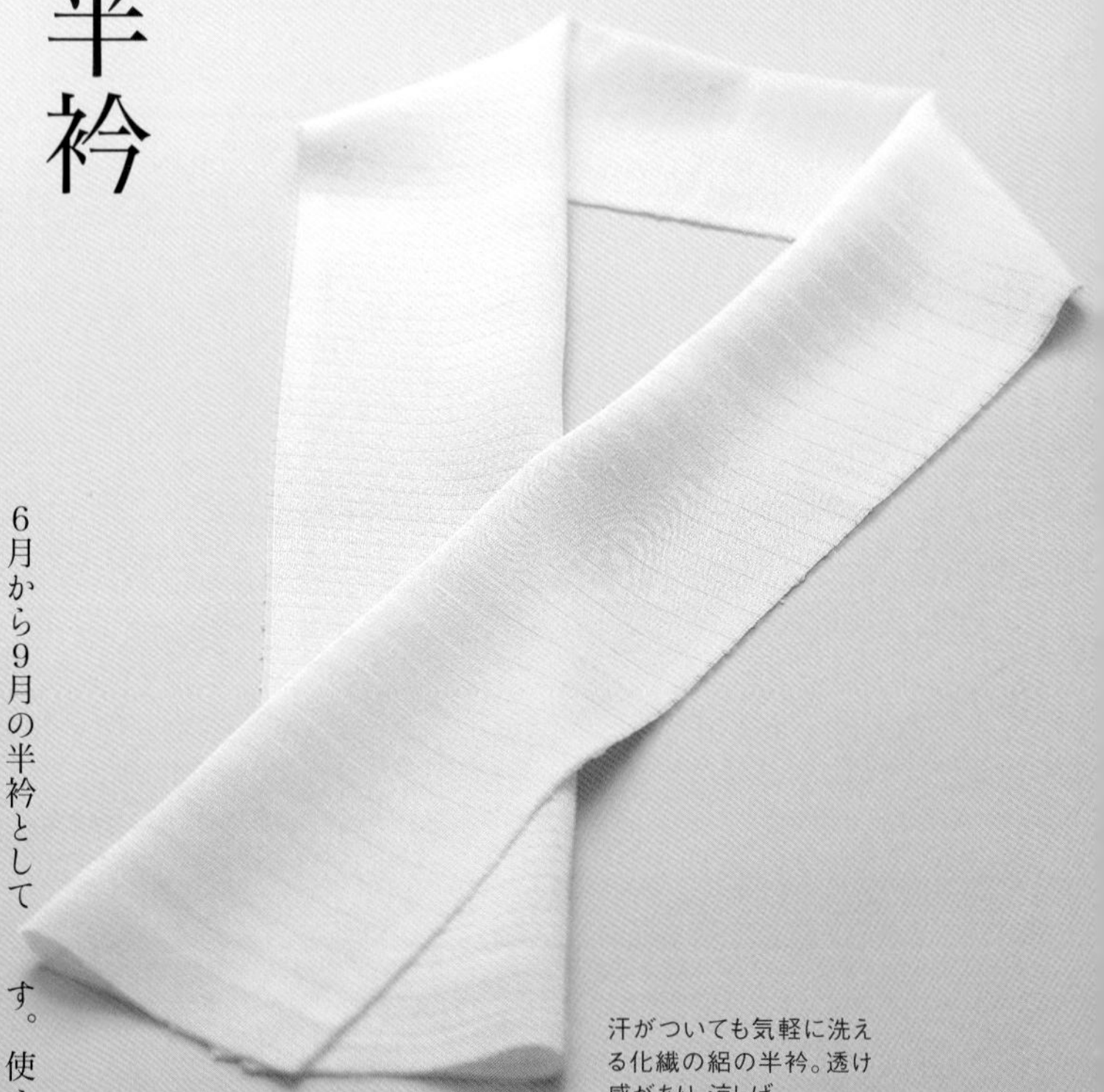

汗がついても気軽に洗える化繊の絽の半衿。透け感があり、涼しげ。

（右から）ピンク、クリーム、紫の極淡い3色の楊柳の半衿。5月末から6月中旬まで使える。

（上）絽の半衿／ゑりの高砂屋　（下）楊柳の半衿／加藤萬

帯揚げ

絽(ろ)、紗(しゃ)、麻の淡い色無地が夏の定番

帯揚げは、6月から9月まで絽、紗、麻などの透け感のある涼しげな素材を選びます。単衣(ひとえ)の季節なら絽縮緬(ろちりめん)もよいでしょう。フォーマルには、絽の白か薄い色を合わせます。カジュアルでも、暑さを感じさせない無地の薄い色やぼかし染めがよいでしょう。

(上)光沢のあるピンクの絽の帯揚げはフォーマルに向く。(中央)大きな絞りがかわいらしいピンクの絽。(下)地紋と絞りの模様のある淡い黄色の紗。

帯締め

淡い色なら袷(あわせ)にも夏用にも

帯締めは季節を問わずに使えます。特に冠組(ゆるぎぐみ)がおすすめです。夏用に作られたレース組の帯締めは、お好みで用いましょう。夏の装いには、色も白、水色、黄色、若草色、桜色など、淡色系でやや細めのものを選びます。

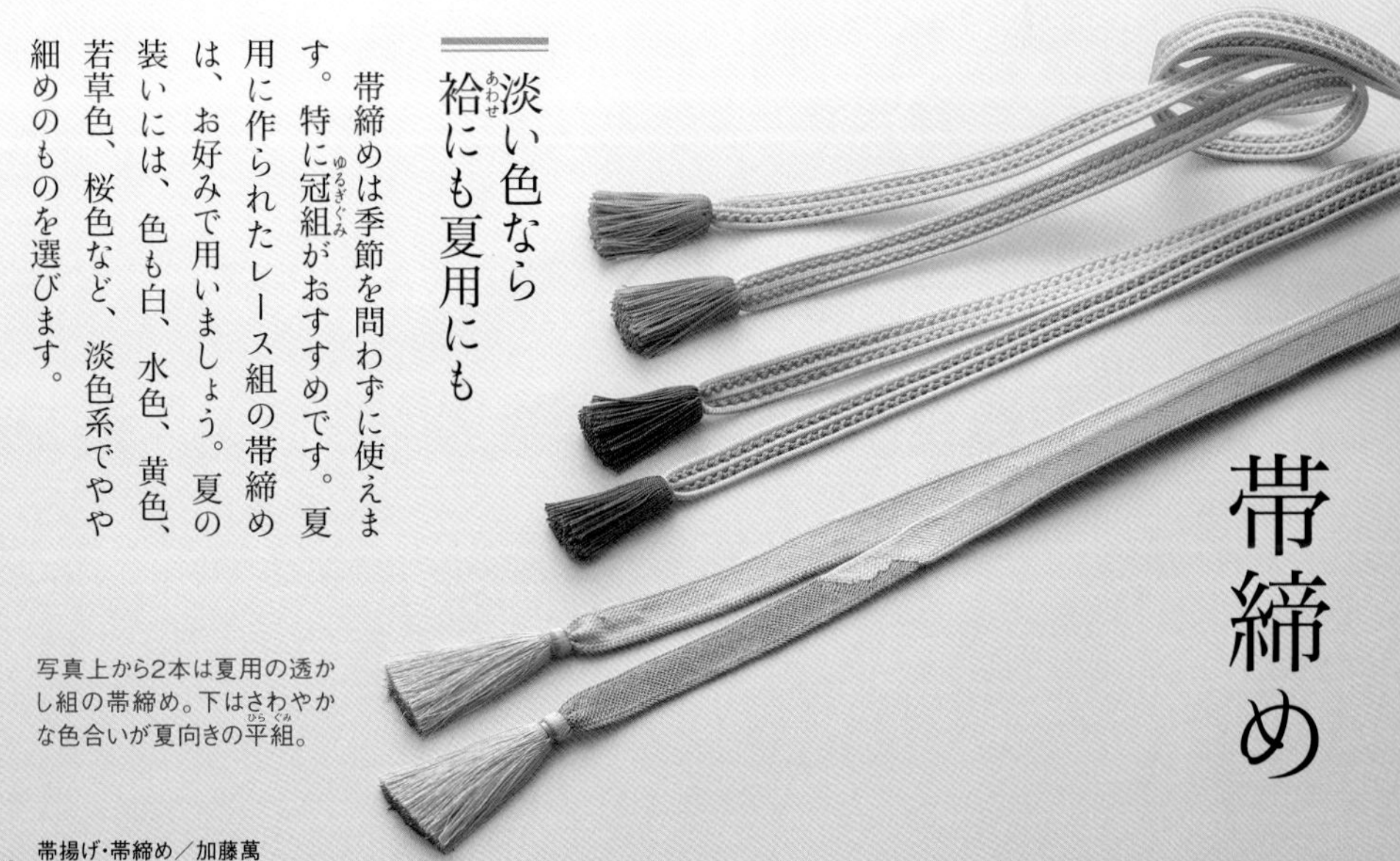

写真上から2本は夏用の透かし組の帯締め。下はさわやかな色合いが夏向きの平組(ひらぐみ)。

帯揚げ・帯締め／加藤萬

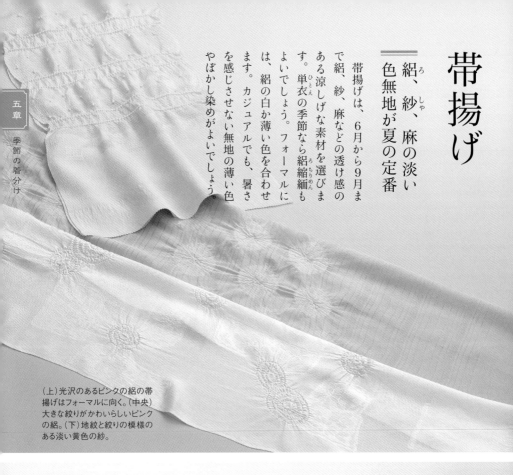

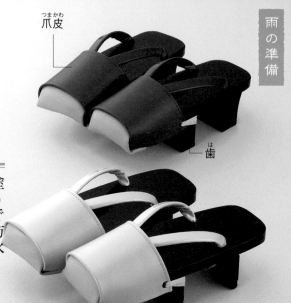

雨下駄（あまげた）

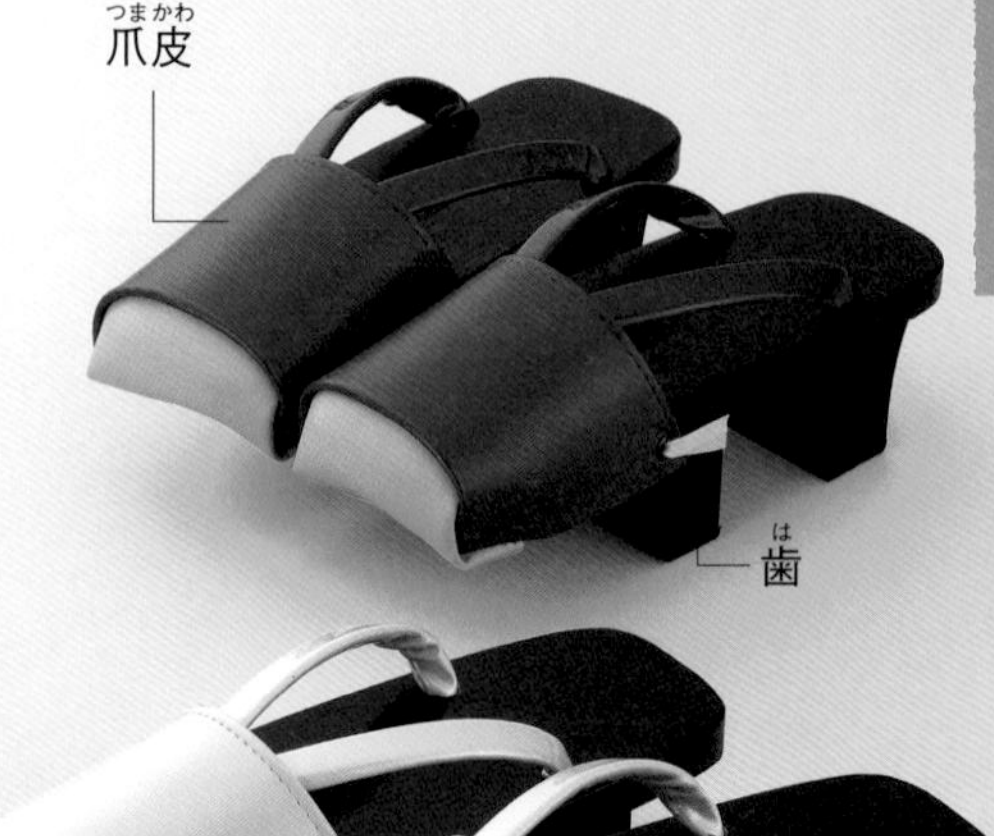

塗りで防水 ゴム張りで滑り止め

台に歯（は）のついた塗り下駄のつま先に、雨よけの爪皮（つまかわ）をつければ、雨用の履物になります。雨がやんだり、屋内に入ったら、必ず爪皮をはずしましょう。会場には替えの草履を持参して、履き替えます。

（上）歯が太いものは、どんな着こなしにも合わせやすい。（下）歯が細いものはクラシックな印象に。

雨下駄／冨士屋

雨草履（あまぞうり）

（上）雨用草履カバーは、バッグに入れておくと急な雨でも安心。（下）透明のカバーなので、上品な雰囲気。

雨の日の移動には カバーつきを

改まった場所や社交の場なら、雨が降っていても草履を履きます。移動の際はつま先に透明のカバーがついている雨専用の草履を履き、会場では替えの草履に履き替えます。取りはずしのできる雨用草履カバーなら、履き替える手間が省け、雨が降りそうな日にも携帯できます。

雨用草履、草履カバー／冨士屋

雨ゴート

二部式なら丈を調整できます

雨の日は、防水・撥水をほどこしたコートを着れば、大切な着物も汚れません。足元が一番濡れやすいので、裾まですっぽり隠れる丈を選びましょう。

道行と裾よけの上下に分かれた二部式なら、既製品でも丈が合わせやすく便利です。雨がやんだら、裾よけを取り、上を道行として着ることもできます。

一枚でコンパクトに収納できる道中着型は、急な雨にもさっと羽織ることができます。塵よけに活用できる晴雨兼用タイプを選びましょう。

道行型

立涌の地紋が入った雨天用二部式コート。カジュアルからフォーマルまで幅広く着られる定番デザイン。

道中着型

洗濯機で丸洗いできる道中着型の雨ゴート。塵よけにも。

道行型／ゑりの高砂屋
道中着型／京都小泉

単衣、薄物の着こなし

雨の季節を楽しむ装い

夏大島の着物は、白地に夕立をイメージしたモダンな幾何文様。絽綴の帯は、青海波のような水を連想させる織り柄。しっとりとした大人のコーディネートです。

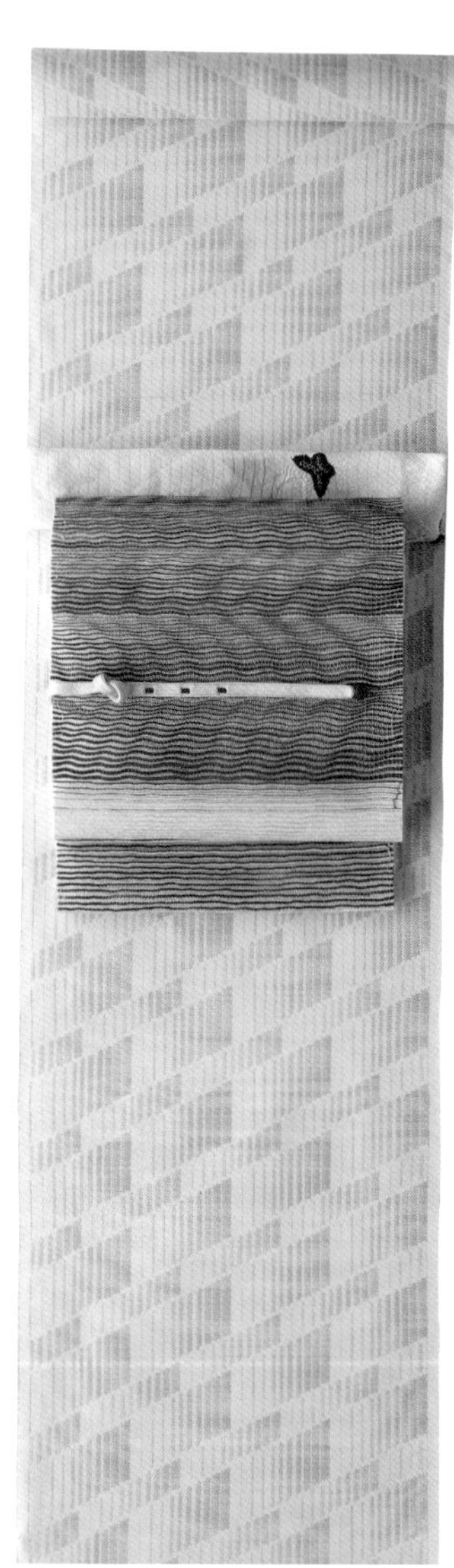

ジーンズ感覚で

鮮やかな瑠璃色の地に大きめの二重格子が印象的な木綿の着物は、ジーンズにTシャツのような感覚で着られます。明るい黄色の絞り花柄がパッと目を引く麻の半幅帯を合わせて、さっそうと。

着物・帯／銀座いせよし

教えて信子さん！

単衣、薄物の疑問解消

Q 紗袷（しゃあわせ）って何ですか？

A 紗袷は限られた期間に楽しむぜいたくな着物です

紗袷は、絽の上に紗を重ねて仕立てたもので、5月末～6月初めの芒種（ぼうしゅ）（6月5日）頃に着ます。絽の柄が透けて見える涼やかな着物です。また、袷にはまだ早い、9月の後半に着ることもできます。紗袷は今ではほとんど作られておらず、紗よりも生地に厚みがある紋紗（もんしゃ）に代わってきています。

絽の柄が透けている。

紗袷

薄羽織／きもの英

Q 夏羽織とはどういうものですか？

A 透ける夏羽織はおしゃれ着です

5月は陽気がよくなり、草木が生長して生い茂る頃。白い着物や帯が合う季節ですが、道中の汚れは気になるところ。紗や絽、透かし織りの生地で仕立てた羽織は、コートよりも気軽に着られて肌寒いときに便利です。9月に着てもOK。

真夏のお出かけに

撫子柄の着物は、生地に凹凸があって肌につかず、シャリ感が涼しい絹紅梅。長襦袢と足袋をつければ夏のお出かけ着に。格子柄の麻八寸帯を合わせました。

盛夏に涼しい麻着物

縞目に味がある小千谷縮の着物に、抽象化された花かごをあしらった桔梗文のすくい帯を合わせて、視覚的にも涼しげに。7～8月の夏の盛りに、浴衣代わりに。博多半幅帯を矢の字に結んで、帯締めをするのもよいものです。

着物・帯／銀座いせよし

重宝な塩沢御召

塩沢御召は糸の撚りが強く、シャリ感のある着物。袷もいいですが、思い切って単衣に仕立てると、5～6月や9月に重宝する一枚になります。ざっくりした手織り帯と、縦しぼの入った帯揚げで涼しげに。

移りゆく季節を感じて

夏着物の小千谷縮でも、こっくりとした秋色なら季節感が変わります。遠山と紅葉を描いた名古屋帯を合わせて秋の気配を先取りしながら、帯揚げの水色で夏の名残を惜しむ初秋の装いです。

帯揚げ・帯締め／加藤萬

季節の色合わせ、柄の着こなし

春の着こなし

すがすがしい新緑をイメージ

万筋(極細縞)の紬は、単衣に仕立て、春の終わりから着るのがおすすめ。濃紺のシックな博多帯で、着物のさわやかさが際立ちます。

着物・帯・帯揚げ・帯締め／awai

春の喜びを桜色に込めて

春霞を思わせるほんのりくすんだピンクが綺麗な紬の着物に、モザイク柄のモダンな半幅帯を。帯締めの茶で、淡い色が引き立ちます。

着物・帯・帯揚げ／awai

3月はまだまだコートが手放せませんが、気分は春めいてきます。まずは、装いの色から春を取り入れましょう。ピンクや若葉色など、やさしいパステルカラーは洋服でも和服でも春らしい色です。桜の時期が過ぎる頃には、藤色や緑色系を取り入れます。暑くなり始める5月は、涼しげな色で夏の訪れを予感させましょう。初春から初夏へ向けて、季節の移り変わりを感じる色を取り入れましょう。

●モチーフ…桃、菜の花、チューリップ、桜、れんげ、すみれ、藤、苺、ひな祭り、端午の節句

夏の着こなし

ひんやりシャーベット色

汗をかく夏に向く絹と綿混合の洗える着物。メロンシャーベットのような色無地が涼しげです。紗献上の名古屋帯でお茶会やお食事会にも。

着物・帯・帯揚げ・帯締め／awai

一色染めの江戸更紗で粋に

さらりとした風合いで、夏のカジュアル着として人気の小千谷縮の着物。透かし織りで市松文様を織り出した名古屋帯を合わせて涼しげに。

着物・帯・帯揚げ・帯締め／awai

夏はできるだけ涼しく着ることが装いのコツです。モノトーンは凛としてひんやりとした印象を与えます。黒の薄物なら、透け感が引き立って涼しげです。また、極薄い色どうしも色合わせもしやすくおすすめです。通常、文様は季節を先取りするものですが、夏の文様には、あえて雪輪などの冬を感じさせるモチーフを取り入れて涼を演出することもあります。

●モチーフ…朝顔、撫子、秋草、流水、花火、金魚、虫かご、風鈴、うちわ、雪輪

秋の着こなし

しっとりと憂いを秘めて

小さな格子を縞状に並べたベージュ地の紬に、くすんだ朱色に枝葉が静かに流れる織りの帯を合わせ、秋のしっとり感を表現。

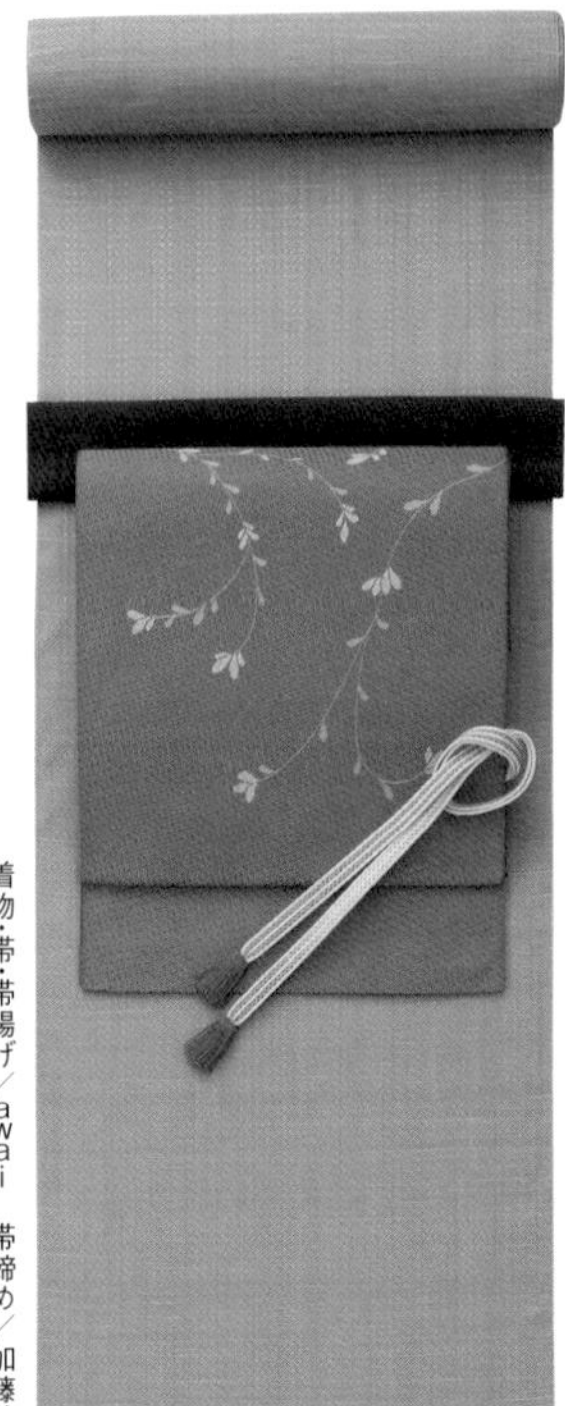

着物・帯・帯揚げ／awai　帯締め／加藤萬

大地の実りを茶系で表現

紬特有の素朴な温かみを感じさせる着物は、草木染めでやさしい色合いに。もじり織りのやわらかな雰囲気の帯で、茶のグラデーションを楽しんで。

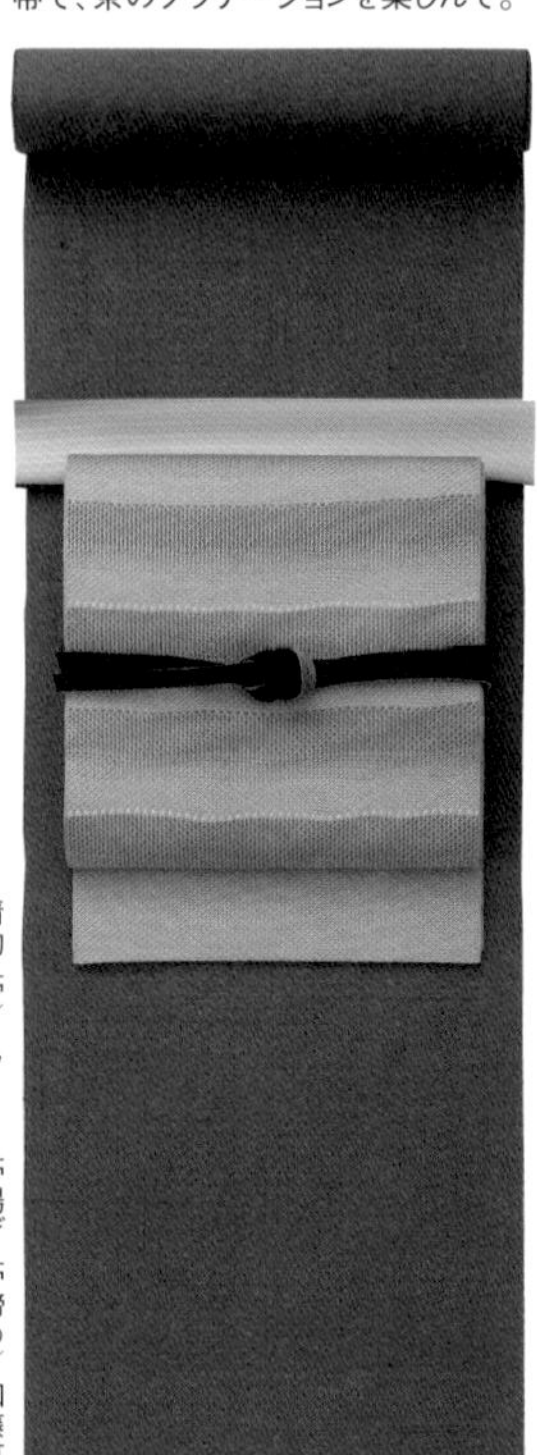

着物・帯／awai　帯揚げ・帯締め／加藤萬

お彼岸（9月23日前後）を過ぎたら、秋を表現しましょう。涼を取り入れた夏とは逆に、茶や深みのある赤などで温かみを演出します。色選びのコツは、秋になると色づく葉や果実、木の実を連想させることです。朱色やからし色、茶色で紅葉や銀杏（いちょう）の葉を、深い紫や橙（だいだい）で葡萄（ぶどう）や柿の実を表現します。味覚も視覚も、自然の恵みに感謝しつつ、着物を存分に楽しみましょう。

●モチーフ…紅葉、銀杏、萩、すすき、菊、葡萄、柿、栗、雁（かり）、月見、稲穂、吹き寄せ

冬の着こなし

渋い色柄にやさしい小物を

博多織の献上帯にほどこされる独鈷（とっこ）文様を紬の着物に用い、渋く洒落た雰囲気。淡雪のような織り帯でかわいらしさと軽さを出します。

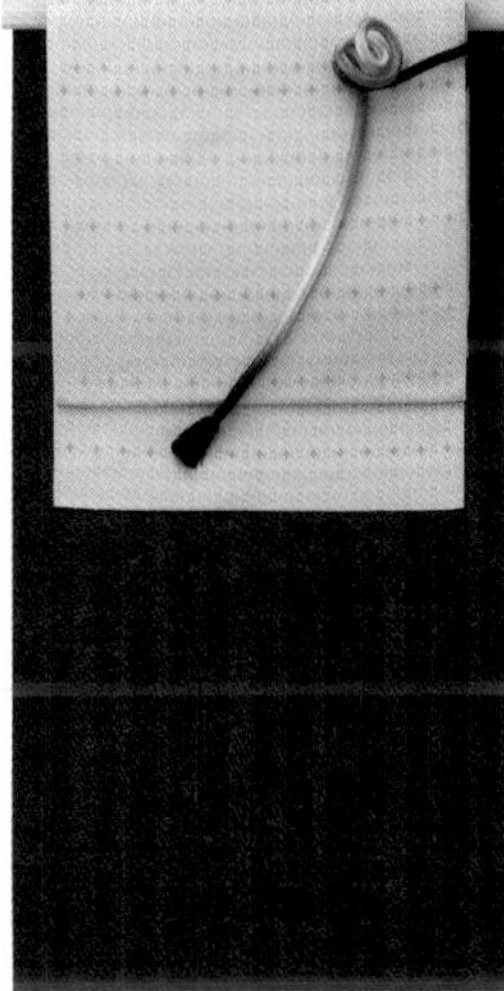

着物・帯・帯揚げ／awai　帯締め／加藤萬

落ち着いた華やかさ

御召のような風格がある紬地。四季を問わずに着られるベージュに、凝ったデザインの織り帯を締めてシックなパーティ仕様に。

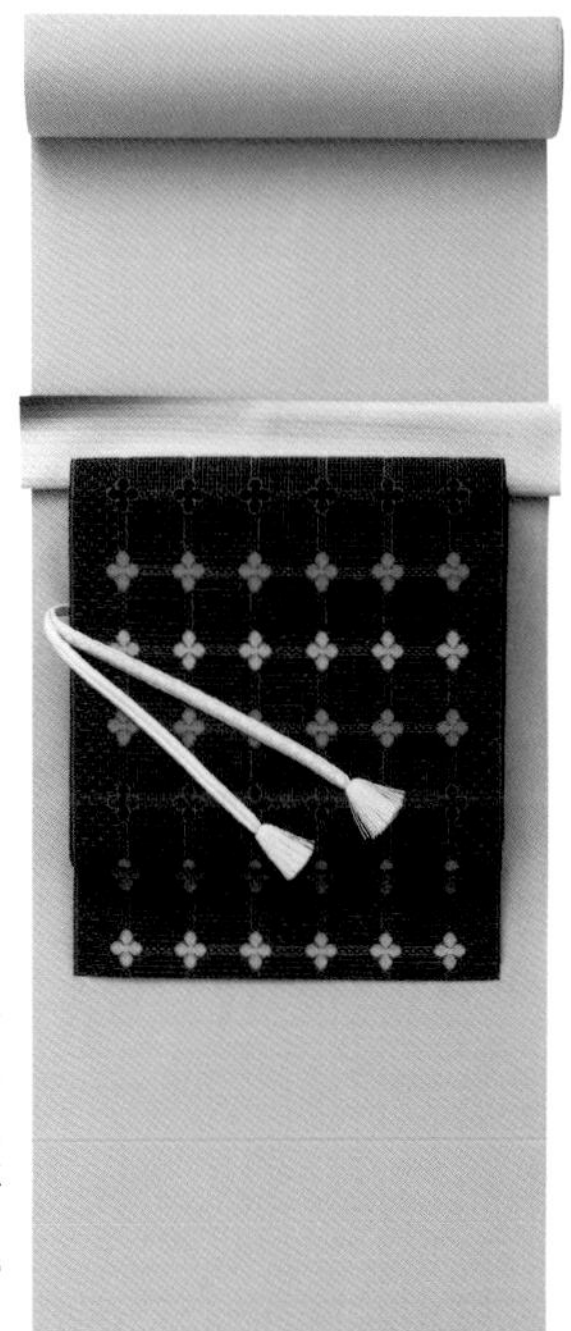

着物・帯・帯揚げ・帯締め／awai

枯れ葉が散り落ちる冬は、自然の色がめっきりと少なくなります。引きかえに、街はイルミネーションで華やかになります。装いも、秋のやわらかい色合いから、華やかさを加えたメリハリの利いたコーディネートを楽しみましょう。クリスマスや忘年会、お正月には、装いを華やかにしてくれる帯を持っていると便利です。着物がシンプルでも、帯と小物を華やかにすると、いつもの着物がパーティ仕様になります。

●モチーフ…クリスマス、羽子板、凧（たこ）、独楽（こま）、宝尽（たからづ）くし、干支（えと）、雪、梅、椿、水仙、柊（ひいらぎ）、南天

季節を問わない袷の着こなし

着物や帯の文様には季節がありますが、着物や帯を季節ごとにそろえるのは大変です。袷の時期であれば、季節を問わずに着られる文様を選ぶと着回しが利いて重宝するでしょう。ここでは、春、秋、冬の三つの季節に使える柄の選び方を紹介します。

モダンな吉祥文様が華やか

吉祥文様の松竹梅にふくら雀のかわいい着物は、季節を問わず幅広く着られます。欧風の帯でエレガントに。

着物・帯／青山みとも　帯揚げ・帯締め／加藤萬

春夏秋冬、花尽くし

四季の花々が描かれた華やかな小紋は、地紋入りの白の名古屋帯ですっきり着こなしましょう。帯締めの赤が華を添えます。

着物・帯／青山みとも　帯揚げ・帯締め／加藤萬

●無地

無地なら季節を問わずに着られます。色に関しては決まりはないので、淡い色合いの暖色や黄色、黄緑色なら、春、秋、冬のどの季節にも合わせやすいでしょう。

幾何文様は帯で楽しむ

幾何文様の着物は、合わせる帯を選びません。名物裂の太子間道の帯はおしゃれな街着に合います。

着物・帯／青山みとも　帯揚げ・帯締め／加藤萬

兎の飛び柄でかわいらしく

月や薄と一緒なら秋、雪兎なら冬になる兎柄も、兎だけなら季節を問いません。エジプト由来のコプト文様の帯で個性的に。

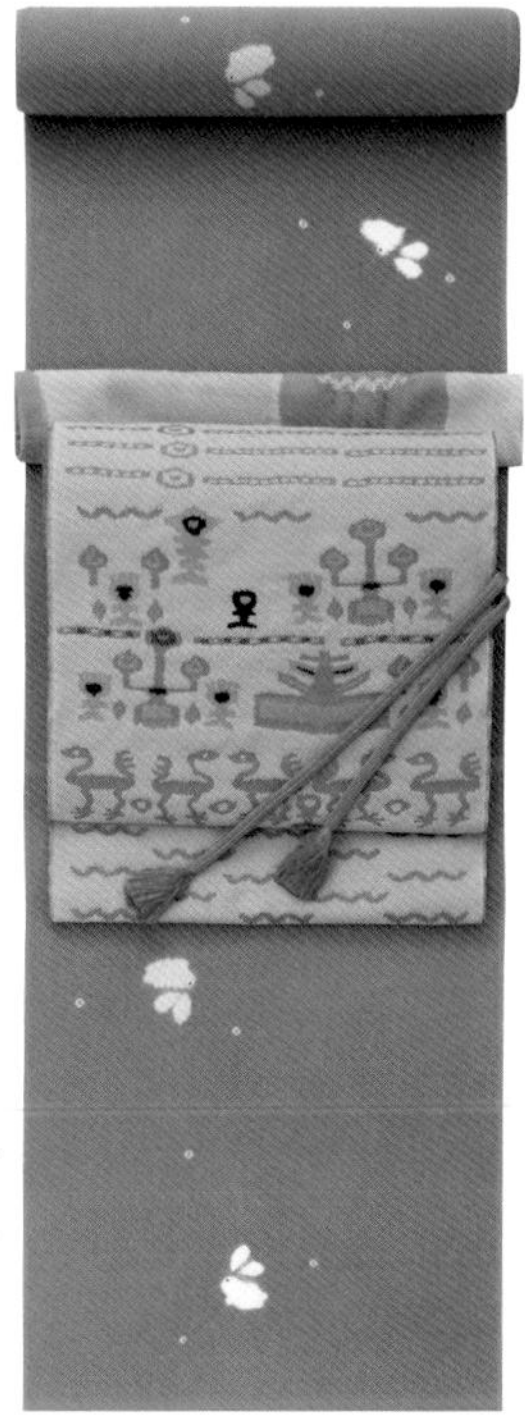

着物・帯／青山みとも　帯揚げ・帯締め／加藤萬

●季節を問わないモチーフ
吉祥文様としてパターン化した柄は季節を問いません。実際に存在しない唐花や唐草なども季節感のない柄といえます。ほかに、源氏香やかんざしなどの道具類、兎や雀などの動物、海外から入ったオリエンタル文様やコプト文様、更紗文様などがあります。

●四季のモチーフ
四季の草花が描かれている場合は、季節を問いません。

●幾何文様
縞、格子、市松、七宝繋ぎ、青海波、籠目などの幾何文様は万能です（→263頁）。ただし、色を抑えたものを選びましょう。

教えて信子さん！

季節の着分けの疑問解消

着物編

夏の結婚式では薄物にしなくては失礼ですか？

A 袷の着物で対応できます

夏用のフォーマルな着物を持っている人は稀ですから、夏の結婚式や披露宴では袷の着物を着てもよいとされています。夏用の白無垢を着ている花嫁さんもほとんどいませんし、親御さんや仲人さんも袷の黒留袖を着ているほうが多いと思います。家から袷の着物を着て行くと汗をかいてしまうので、会場に着替えられる場所があるか確認しましょう。季節を問わずに着られる柄の袷の礼装をお持ちになると便利です。

沖縄で披露宴があります。単衣の着物を着てもよいですか？

A 単衣の着物がよいでしょう

一年中暖かい沖縄では、袷の着物を無理に着る必要はありません。沖縄は独自の着物文化が発達して、和装に対して琉装という言葉もあるほど文化も違ってきます。また、沖縄の披露宴は、招待客も多く、カジュアルな場合が多いといいます。単衣の着物に素敵な染め帯や半幅帯を合わせるなど、南国の雰囲気に合わせた装いをするとよいでしょう。

それとは逆に、北海道や東北は単衣の季節でも肌寒いことがあります。長襦袢を袷用にするなど、臨機応変に着こなして。日本は東西南北に長く、地方によって気温や湿度が違うので、衣更えはひとつの目安と考え、暑い寒いを我慢することなく、その地方の気候に合わせて着物を楽しみましょう。

夏着物と浴衣の違いとは何ですか？

A 基本的には綿は浴衣、絹なら夏着物です

今は、綿紅梅や奥州紬などの高級浴衣であれば、足袋を履いて名古屋帯を締めて、夏着物風に着ることもできます。基本的には、素材が綿なら浴衣、絹であれば夏着物といえますが、例外的に木綿の夏着物や絹紅梅の浴衣もあります。

仲間内での食事でよそゆき浴衣を夏着物風に着るのは問題ありませんが、パーティで夏大島や夏結城などお出かけ用の夏着物を着ている方々の中にいると浮いてしまいます。

また、浴衣は半衿はつけず、足袋は履いても履かなくてもよいですが、夏着物には必ず足袋を履き、半衿はつけてもつけなくてもかまいません。判断がつかない場合は、お店の方に尋ねましょう。

Q 枝や茎のついた植物柄は季節を限定しますか？

図案化された桜

写実的な菊

A 写実的か抽象的かの違いです

枝や茎が描かれた写実的な柄は季節を合わせ、花だけが図案化された柄は季節に関係なく装えます。雪の結晶を図案化した雪輪も季節を問わず、夏に着ると涼しく見えて洒落ています。

入門者には図案化されたものや、数種類の四季の草花が描かれた柄が、季節を問わずに着られておすすめです。

Q 季節を先取りして柄を身につけてもよいですか？

A 季節を先取りするものです

着物は半月くらい季節を先取りするものです。花ならつぼみの頃からでしょうか。「早く春が来ないかしら」と待ちわびながら桜の着物を着るのは風流なものです。もちろん、季節どおりでも素敵な装いになります。お花見に桜の柄の着物や帯を身につければ、場も華やかになるでしょう。時期限定の柄だからこそ、存分に楽しんでみてはいかがでしょう。

Q 季節から遅れた柄を身につけてはいけませんか？

A 融通の利く柄もあります

サンタクロースやひな人形など日にちが決まっている具体的なモチーフの場合は、遅れて身につけると違和感があります。一方、お正月のイメージの羽子板柄は、2月には違和感がありますが、1月の間であれば新年のおめでたい気分が演出できます。日本人の感覚に沿った装いをすることが大切です。

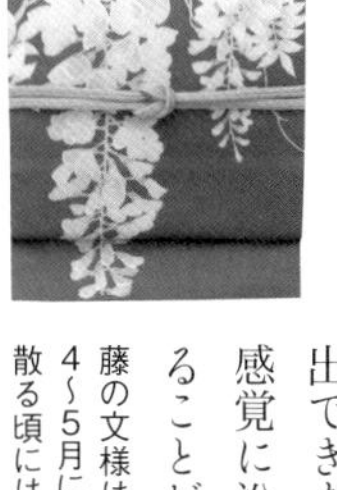

藤の文様は、4～5月にかけて。散る頃には避ける。

Q 桜の季節以外に桜を着てもよいですか？

A 自分が桜になったつもりで着こなしましょう

桜は日本を代表する花ですから一年中着てもよいという考えもあり、外国の方が多くいらっしゃる社交場なら、桜の季節でなくても桜柄を身につけるのも気が利いています。花のモチーフは、自分がその花になったつもりで装いましょう。

Q 季節によって、避けたほうがよい色はありますか？

A 気にしなくても大丈夫です

色には季節の決まりはないので、好きな色を着ましょう。春には桃や桜のピンク、夏には涼しげな水色、秋には落ち葉の茶色、冬は暖かさを感じさせるベージュなどが合うと思います。

Q 手袋やマフラーなどを使ってもよいでしょうか？

A 洋装用で対応できます

洋装と同じものを使っても問題ありません。着物に合った、控えめなデザインがよいでしょう。着物は袖が広く開いていますから、ひじまであるような長い手袋もおすすめです。袖から風が入っても、素肌にあたらないので暖かに過ごせます。マフラーはカジュアルになりますが、カシミヤなどの上等な無地のストールなら礼装に羽織っても素敵です。

Q 足袋だけでは寒いのですが、何か防寒法はありますか？

A 足袋ソックスやレギンスを取り入れて

着物の場合、お腹周りが冷えるということはあまりないので、首元、袖口、足元を防寒すれば暖かく過ごせます。足袋の下に、薄い足袋ソックスを履くのもひとつの手です。シルクや綿など通気性のよいものを選ぶとよいでしょう。また、薄手のレギンスを利用する方も多くいらっしゃいますが、くれぐれも見えないように気をつけて。

Q 道行（みちゆき）、道中着（どうちゅうぎ）、コートで何か違いがあるのでしょうか？

A 形が違うだけで今は着分けされていません

以前は道行はフォーマル向き、道中着は本来旅装束のことでカジュアル向きといわれていましたが、今はあまり着分けされていません。洋装と同じようにコートと総称しています。素材や柄により、フォーマルとカジュアルを着分ければよいでしょう。

道行は衿元が四角いもの、道中着は着物のように衿を合わせ、衿元がV字になっているものを指します（↓141頁）。

Q 洋装のコートを着てもよいですか？

A ケープがおすすめです

衿がゆったり開き、袖がないケープなら、着物にも合わせやすくおすすめです。衿がつまっていると、衣紋（えもん）にかかってしまうので気をつけましょう。反対に、着物用に売られているケープは洋服に合わせられます。

ケープ／畑龍

洋服にも合わせられる着物用のウールのケープ。

Q 羽織を着る時期は？

A 紅葉が赤くなったら着用し桜が咲く頃に脱ぎます

羽織は「紅葉が赤くなったら着る、桜が咲く頃に脱ぐ」と覚えておくと、日本全国で対応できます。単衣の季節なら、単衣仕立ての夏羽織を着用できます。

絽、紗など通気性のよい素材を用いる夏羽織。着物が透けて見え、涼しげ。

Q 防寒用コートでおすすめはありますか？

A 黒のベルベットのコートがおすすめです

ベルベットのコートは洋装にも和装にも合い、暖かくておすすめです。色は断然黒が便利です。高級感もあり、どなたでも素敵に見せてくれます。フラノやカシミヤのコートもよいでしょう。

高級感のあるベルベットのコート。

暑さ対策編

Q 暑がりなので春でも着物を着ると汗をかきます

A 肌襦袢を着ずに、夏用の襦袢を着用しましょう

暑い場合は下着で調整します。化繊の襦袢は通気性が悪いので避けましょう。袷の季節でも、襦袢だけ麻や絽の夏素材に替えると涼しく着られます。汗かきの方には、自宅で洗える麻をおすすめします。それでも暑ければ、肌襦袢を着ずに長襦袢をじかに着ましょう。ただし、半衿は着物にそろえます。伊達締めや腰紐など、小物も天然繊維のものを用いるのも涼しく装うコツです。また、なるべく補整を減らすことも大切です。よほど細い方でない限り、着付けで補整することができます（↓166・167頁）。

また、胴裏をつけない胴抜き仕立ての袷の着物を作るのもおすすめです。

信子さんのこぼれ噺　利休さんの七則

一、茶は服のよきように
二、炭は湯の沸くように
三、夏は涼しく、冬は暖かに
四、花は野にあるように
五、刻限は早めに
六、降らずとも雨の用意
七、相客に心せよ

お茶の祖・利休さんの茶の湯の極意ですが、今日でも通用するようなすばらしい言葉です。着物を着たときにも、これだけの心がけがあれば十分です。

どうして雨の日に草履を履いてはいけないのでしょう?

A 雨の日に素敵なハイヒールを履くのと同じことです

草履は底も含めて、コルクなどの芯を革で覆って作られていますから、水分がしみ込むと革がはがれます。雨の日なら、合皮やビニールコーティングされている草履がよいでしょう。雨が降りそうな日や雨上がりには、舟形下駄(草履下駄)もおすすめです。

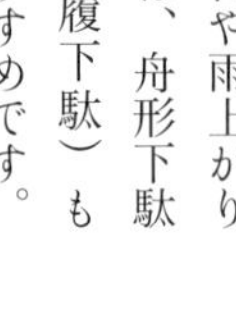

底がゴム張りで側面が塗り木の舟形下駄なら、少し濡れたくらいでは傷まない。

雨ゴートを持っていません。雨の日におすすめの着物は?

A 化繊の着物や大島紬はいかがでしょう

化繊は泥はねがついても、自宅ですぐに洗えるので雨の日におすすめです。また、大島紬は水に濡れても風合いが変化せず、強く打ち込まれた密な生地なので多少の水ははじきます。綿や麻も水に強く、お手入れがしやすい素材です。

撚(よ)りをかけた糸で織られる御召(おめし)や縮緬(ちりめん)は水に弱いので、雨の日は避けたほうがよいでしょう。

雨の日は、着物の裾が汚れないか心配です

A 着物の裾を帯に挟みます

雨ゴートを着用するなら、着物の裾をまくり、帯に引っ掛けてしまいましょう。着物はひざ下まで折り上げ、ひざ下は長襦袢(ながじゅばん)だけの姿になりますが、雨ゴートを着用すれば誰にもわかりません。目的地に到着したら、気づかれないようにこっそり元に戻しましょう。

雨の日は、着物に必ず泥がはねてしまいます

A 歩き方が大切です

泥はねは歩き方次第で防げます。つま先を内側に向けて、ハの字に歩くように心がけましょう。かかとが外側を向くので、泥が外側にはねて、着物につきません(↓248頁)。泥はねがついてしまったら、乾いてから汚れを取るようにしましょう(↓233頁ほこり・汚れ)。

着物に防水スプレーをかけても大丈夫ですか?

A 生地が傷むので避けましょう

防水スプレーは絹が傷む危険があるので避けてください。仕立てるときや洗いに出したときに、呉服店や悉皆屋(しっかいや)さんで防汚(ぼうお)・撥水(はっすい)加工をしてもらうことをおすすめします。

六章

着付けのルール

昔、谷崎潤一郎さんが書かれた文章の中で、女性の姿を描写するときに「お茶の筒を二つ並べた様な、女の身体」ということを書いておられました。
平らな身体よりも若干厚みのある身体のほうが、
着物姿が美しく見えるものです。
女性らしい「茶筒型」に近づく着付けのワザをご紹介します。

着付けに必要なもの

着物を美しく着るために必要なものを紹介します。さまざまな便利グッズも売られていますが、基本の小物があれば十分です。

❶肌襦袢（はだじゅばん）

❷裾（すそ）よけ

❸和装（わそう）ブラジャー

❹衿芯（えりしん）

縫いつけ式
（バイアス衿芯、三河芯（みかわしん））

差し込み式
（やわらかいもの）

❺腰紐（こしひも）

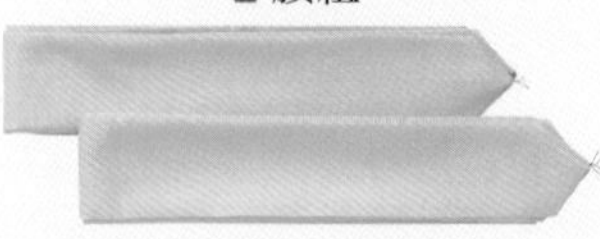

❻伊達締め（だてじめ）

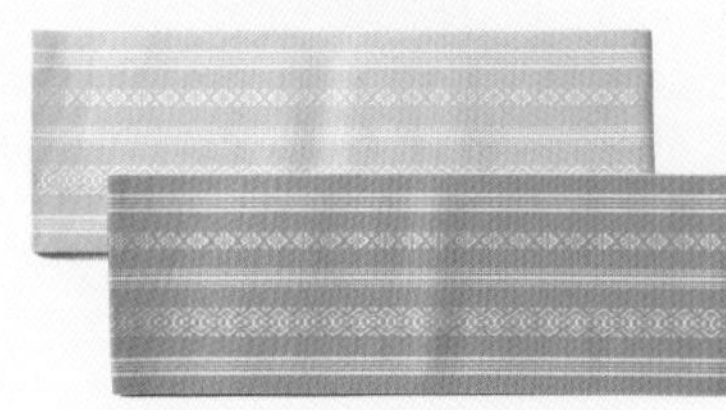

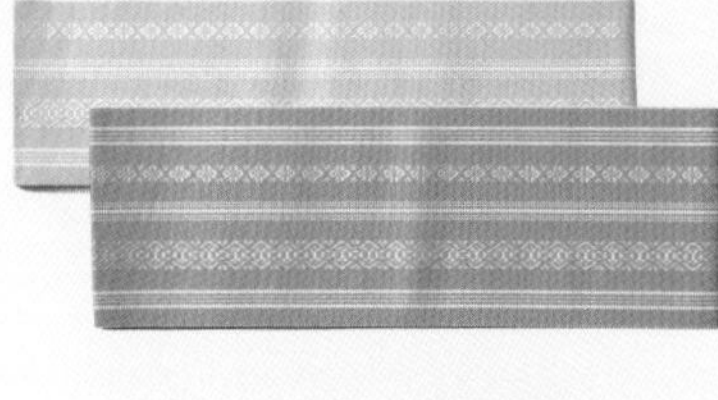

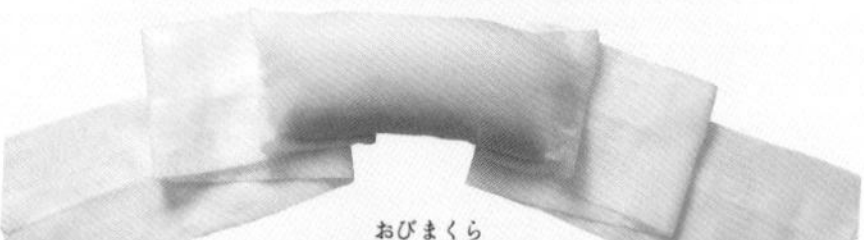

❼帯枕（おびまくら）

❽帯板（おびいた）

夏用

その他に、長襦袢、半衿、足袋が必要です。
・長襦袢に半衿をつける→162・163頁
・補整する→166・167頁

❶～❽／ゑりの高砂屋

❶肌襦袢

長襦袢の下に着用する上半身の肌着には、肌襦袢をおすすめします。左右の身頃でバストを押さえて補整できます。肌になじむ晒木綿製なら着心地よく着られます。

❷裾よけ

下半身につける裾よけには、裾さばきをよくし、長襦袢の汚れを予防する役目があります。裾よけで、お腹とお尻の肉が持ち上がり、補整を兼ねて腰周りがすっきりして見えます。また、着物の腰紐がずれにくくなるという利点もあります。上部は晒木綿、下部は足さばきがよいキュプラなどがおすすめです。

❸和装ブラジャー

バストのふくらみをなだらかにするようにデザインされた着物用のブラジャーです。スポーツブラでも代用できます。何もつけなくてもかまいませんが、バストが豊かな方は、肌襦袢を着る前に身につけるとすっきりした着姿に。

❹衿芯

衿元と衣紋をきれいに見せるため、半衿の内側に芯を入れます。半衿に縫いつけるタイプのバイアス衿芯や三河芯、差し込み式のプラスチック芯などがあります。差し込み式の場合、衿芯が硬すぎると反発力で首から半衿が離れ、衿元が開く原因に。メッシュタイプなど、できるだけやわらかいものを選びましょう。三河芯は衿になじみ、美しい衿元を作ります。

❺腰紐

腰用と胸用にそれぞれ必要になります。ポリエステル製は滑りやすくしっかり締まらないので、特に腰紐は正絹やモスリンなどの天然繊維をおすすめします。

❻伊達締め

一般的には長襦袢と着物に各1本ずつ用意します。正絹の博多織は襦袢や着物がくずれず、通気性もあっておすすめです。

❼帯枕

帯の結び目が、下がったりくずれたりするのを防ぎます。さまざまな形や大きさがあり、年齢や装いに合わせて使い分けます。礼装にはふっくらした大ぶりのものを、街着にはやや小ぶりなものが合います。紐がついていない帯枕は、細長いガーゼにくるんで使うとよいでしょう。年齢に合わせた使い分けは、下段のこぼれ噺を。

❽帯板

帯の前姿を美しく見せるものです。体に沿うやわらかいものを選びましょう。使い込むとさらにやわらかくなり、帯がよく締まるようになります。一般的に礼装には広い幅、街着には狭い幅が適しています。帯板の長さは、両脇の幅に合わせます。長すぎると太って見えます。夏向けにメッシュ素材もあります。

信子さんのこぼれ噺

美しい後ろ姿になるコツ

お太鼓は、若いときは丸みを帯びたふっくらとした形、年を重ねると四角く平たい形が似合うようになります。帯枕も合わせて買い替えましょう。

20〜40代

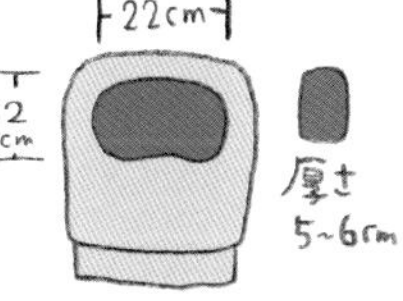

背筋が伸びた20〜40代は、お太鼓の位置を高めに大きく作ります。帯枕は厚めで横幅がないものにしましょう。

50〜60代

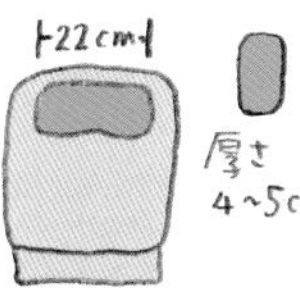

50〜60代になると、お尻の位置に伴って、お太鼓の位置も自然に下がります。帯枕も薄く、縦幅のないものを選びましょう。

70代〜

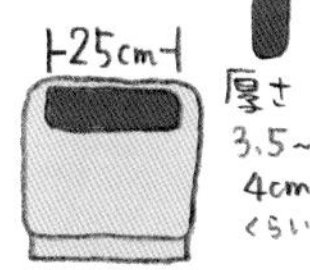

背中が丸くなる70代以降は、ごく薄い帯枕でお太鼓を平たく整えましょう。背中の丸みが目立ちません。

着る前日にしておくこと

いざ着物を着ようとしたら、「あれがない、これがない」と焦ったことがありませんか？　約束の時間に間に合わないということがないように、前日までに次の項目を確認しておきましょう。

☑ 着物や帯は和装ハンガーにつるしておく

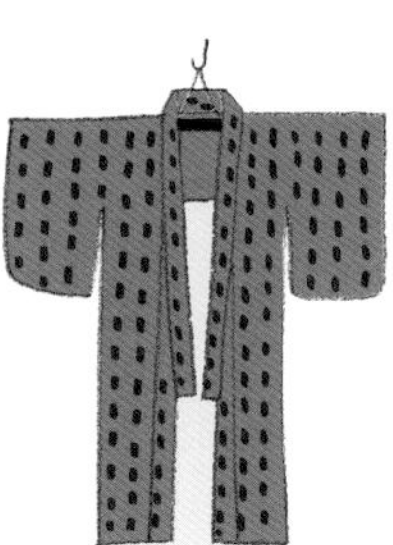

畳みジワを伸ばし、着物は和装用ハンガーに掛けて、つるしておきましょう。シワがあるときは、あて布をしてアイロンをかけます（↓233頁）。

☑ 半衿をつけておく

長襦袢（ながじゅばん）に半衿をつけましょう（↓162・163頁）。基本的に半衿はその都度つけ替えるのが好ましいのですが、汚れがない場合はそのまま使用してもよいでしょう。

☑ しつけ糸は取る

おろしたての着物にはしつけ糸がついています。いっぺんに引っ張らず、袖や裾、衿など、要所要所にはさみを入れて、少しずつ抜き取ります。下前など見えない部分は、取らなくてもかまいません。

☑小物もすべて用意する

いざ着物を着るときに「腰紐が足りない！」「帯枕がない！」ということにならないように、必要なものをすぐに取り出せる状態にしておきましょう。

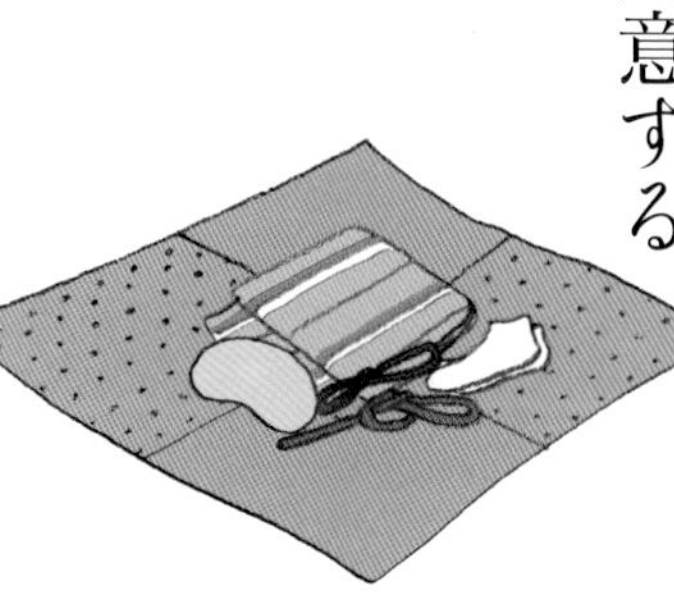

☑履物やバッグも準備する

着物を着てから慌てて探すことがないよう、汚れやカビがついていないか確認しておきましょう。風呂敷をバッグの中に入れておくと、荷物が増えたときなどに便利です。

当日はここを注意！

☑手と首を洗う

ヘアメイクを終え、着付けを始める前に、着物や帯を汚さないよう、必ず手と首を洗いましょう。ひじから手の先までしっかり洗って、汗や汚れを落とします。また、首元の皮脂も衿元につきやすいため、濡れタオルなどで首筋を拭き、清潔にしておきます。

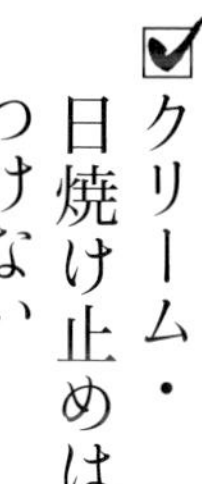

☑クリーム・日焼け止めはつけない

ハンドクリームや日焼け止めクリームには油分が含まれているので、着物や帯につくとシミになる可能性があります。お気に入りの着物や帯を長く着たいなら、手や首には使わないこと。首にベビーパウダーをはたいておくと、汗を吸ってくれます。日焼けが気になる方は、日傘を差したり、なるべく日陰を歩きましょう。

半衿をつける

細かく縫う必要はありません

半衿のつけ方には2種類あります。「差し込み式」は手軽で衿がきれいに立ち上がり、「縫いつけ式」は衿のなじみがよく、自然で美しい衿元に。好みで選びましょう。

差し込み式衿芯(はめ込み芯)の場合

半衿をつけたあと、ナイロンやプラスチック製の衿芯を差し込んで使います。

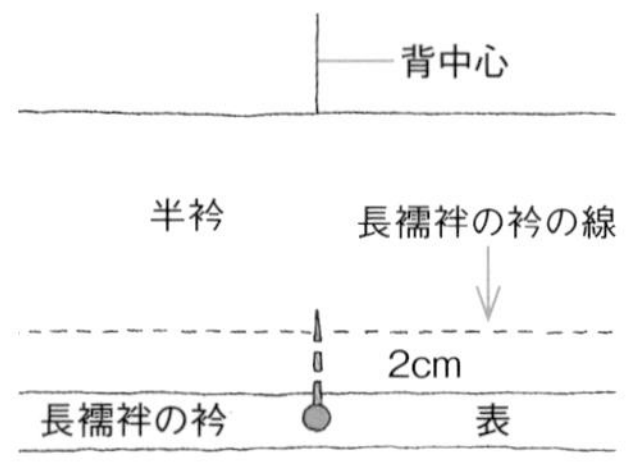

1 長襦袢の衿の表側に半衿を2 cm重ね、背中心を待ち針で留める。

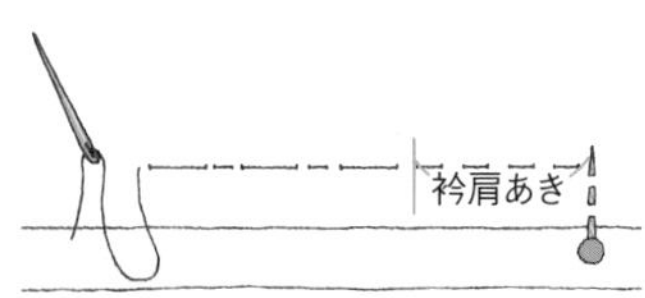

2 背中心から片方の衿肩あき(肩山)まで7 ～ 8mm間隔になみ縫いする。長襦袢の衿をすくうようにすること。衿肩あきから半衿の端までは、長い針目を2 ～ 3cm、短い針目を5mmで縫う「二目落とし」で縫う。逆側も同様にして縫う。

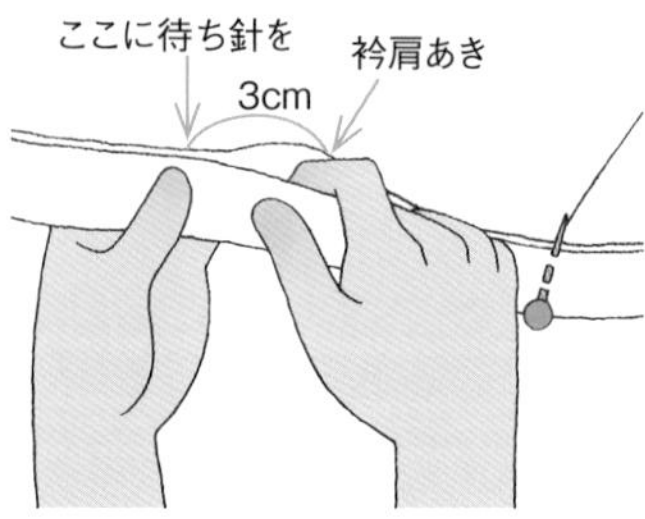

3 半衿で長襦袢の衿をくるみ、長襦袢の衿幅に合わせて端を内側に折る。長襦袢の中心と半衿の中心を合わせて待ち針で留め、背中心から衿肩あきの3cm外側までの間を指1本分たわませ、待ち針で留める。

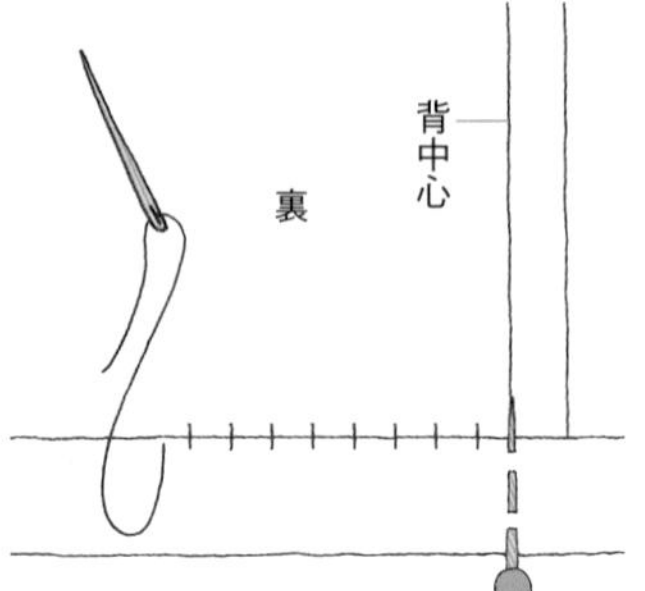

4 背中心から待ち針のところまで、「まつりぐけ」で縫う。

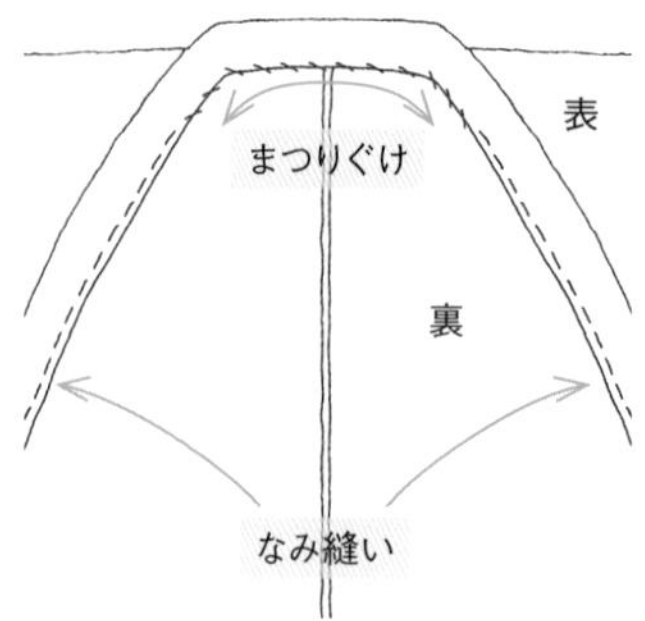

5 その先は端までざっくりとなみ縫いで縫う。逆側も同じように縫う。

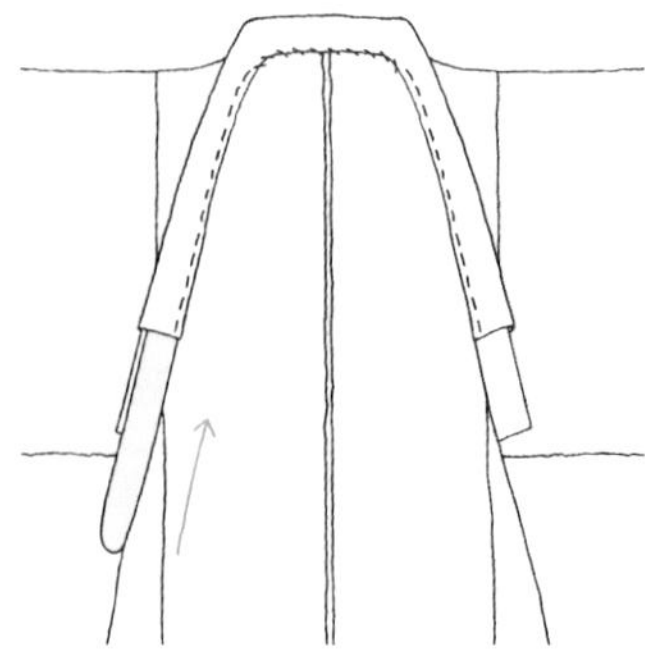

6 半衿をつけたら、内側に衿芯を差し込んで完成。外側に差し込むと、衿芯の形が外に響くので注意する。

縫いつけ式（バイアス衿芯）の場合

やわらかい素材で長襦袢の衿や半衿にぴったり合います。長襦袢に縫いつけます。

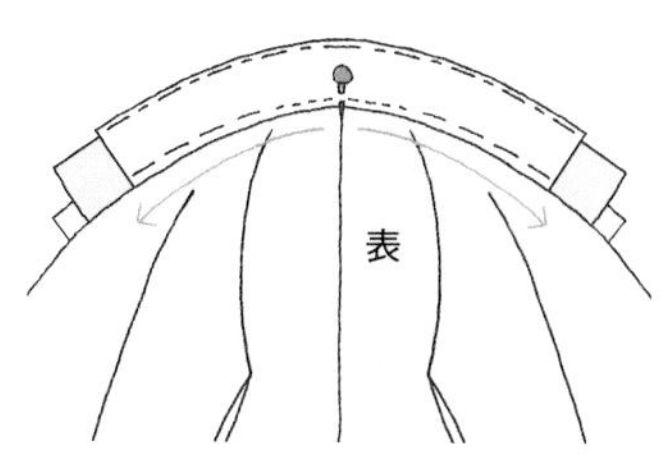

1 半衿とバイアス衿芯の中心を合わせ、半衿で衿芯をくるみ、片側を粗く縫っておく。

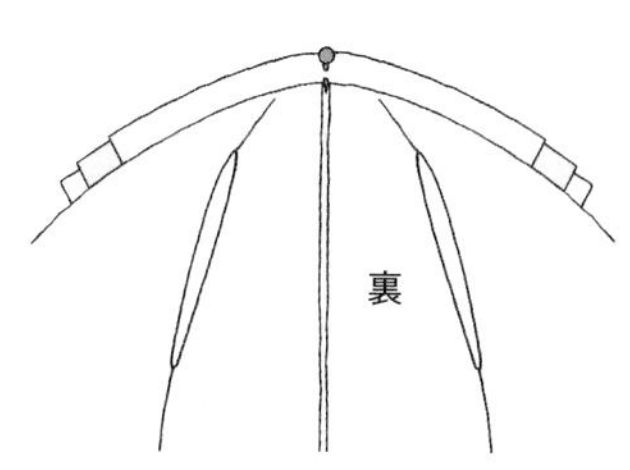

2 縫っていないほうを長襦袢の表側の衿に合わせ、背中心から待ち針で留める。背中心から片方の衿肩あきまで細かく、衿肩あきから半衿の端まで粗く縫う。逆側も同様に縫う。

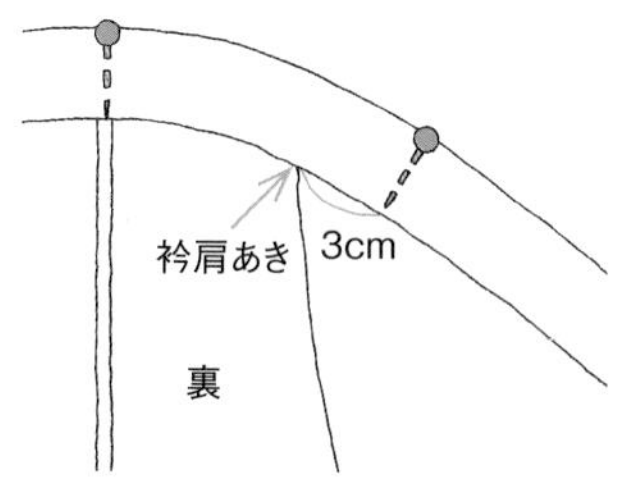

3 長襦袢を裏返し、半衿で長襦袢の衿をくるんで、中心を合わせて待ち針で留める。

4 長襦袢を指1本分たわませて、衿肩あきの先から3 cmに待ち針を留める。

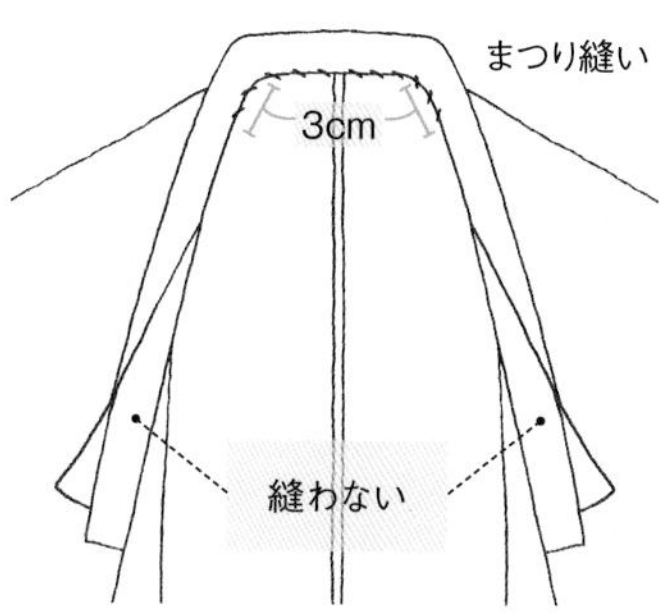

5 背中心から衿肩あきの先3 cmまでをまつり縫いで縫ったら、衿幅を調節できるように、その先は縫わないでおく。逆も同様に縫う。

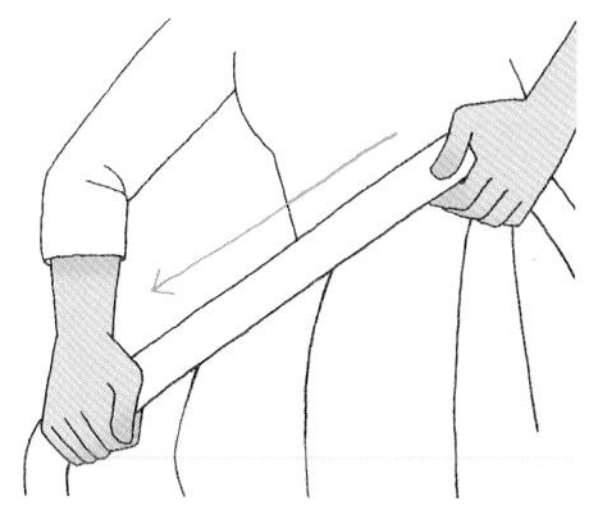

6 内側の半衿を長襦袢の衿に沿って自然に折り、手でよくしごく。軽くアイロンをあてると、布地が落ち着く。

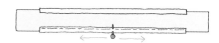

半衿つけの針と糸

半衿つけで縫いやすい針は、長めで丈夫な大針です。ざっくり縫うだけでかまいません。針は「紬（つむぎ）えりじめ」「木綿えりじめ」という名称で市販されています。糸は白木綿のしつけ糸（白木（しろも））で。

無駄な補正はいっさいなし！

足袋、裾よけ、肌襦袢を着る

◉用意するもの／足袋、裾よけ、肌襦袢

着物を着るときは、まず足袋からはきます。足袋カバーをはく場合は、その上に重ねてはきましょう。次に、裾よけと肌襦袢をつけます。裾よけには足さばきのよいキュプラ、肌襦袢は肌なじみのよい晒木綿（一年中）がおすすめです。

【足袋をはく】

1 中央まで折り返しておき、つま先からはく。

2 ひざから下を床と垂直にして、かかとまで入れる。

3 こはぜを下から順に留める。

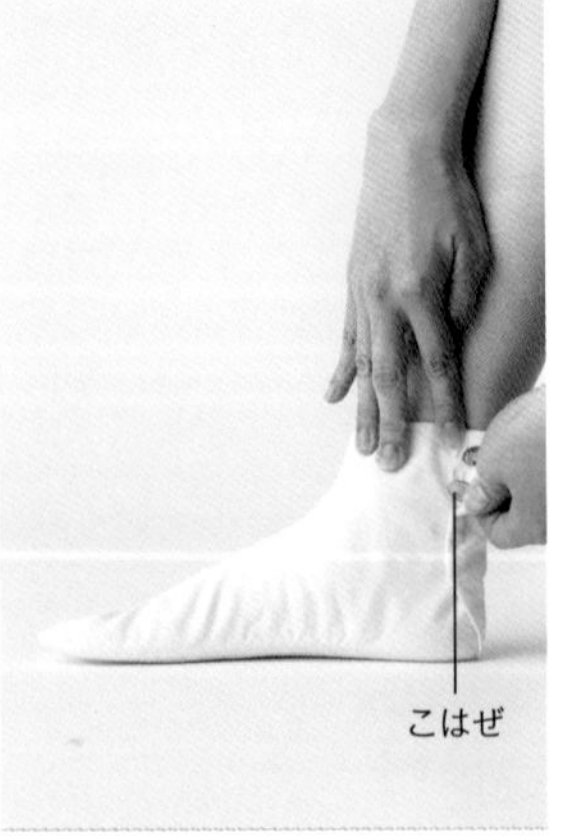

【裾よけをつける】

1 腰にしっかりあてる。

裾丈は足袋の上線くらい

※撮影のためにTシャツを着ています。

2 下前、上前の順にあて、斜めに引き上げる。

下前

上前

裾つぼまりにする

3 引き上げた部分を折り返す。

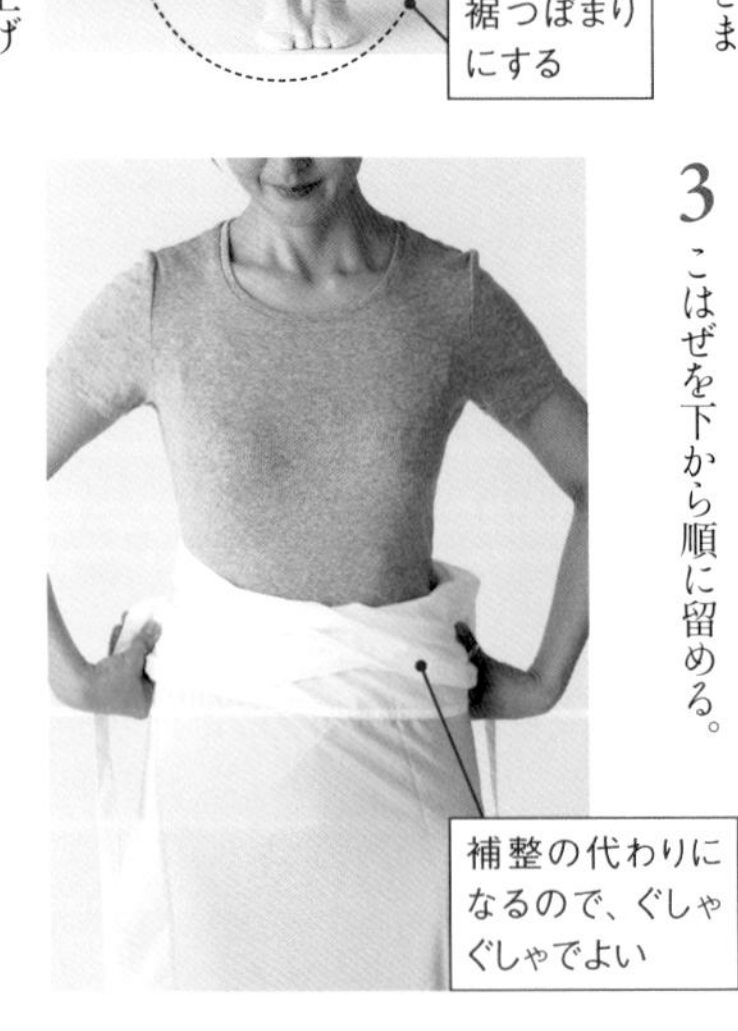

補整の代わりになるので、ぐしゃぐしゃでよい

【肌襦袢を着る】

1
下前、上前の順にバストを包む。

4
紐を後ろで交差し、前に引く。

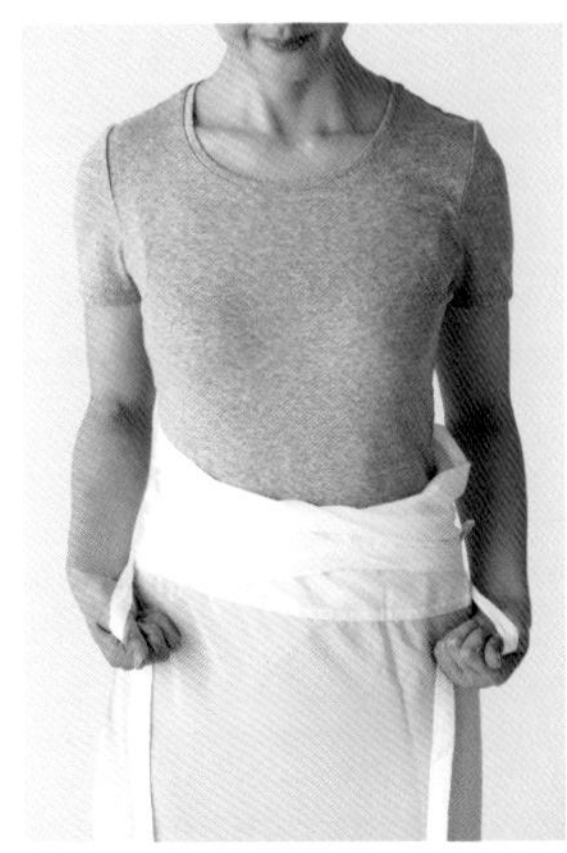

5
紐を前でからげる（↓170頁）。

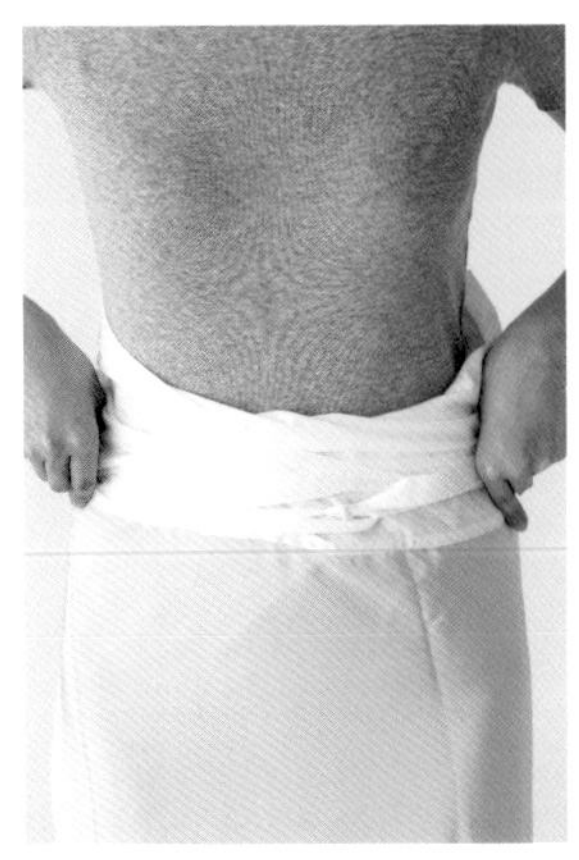

肌襦袢まで
着たところ

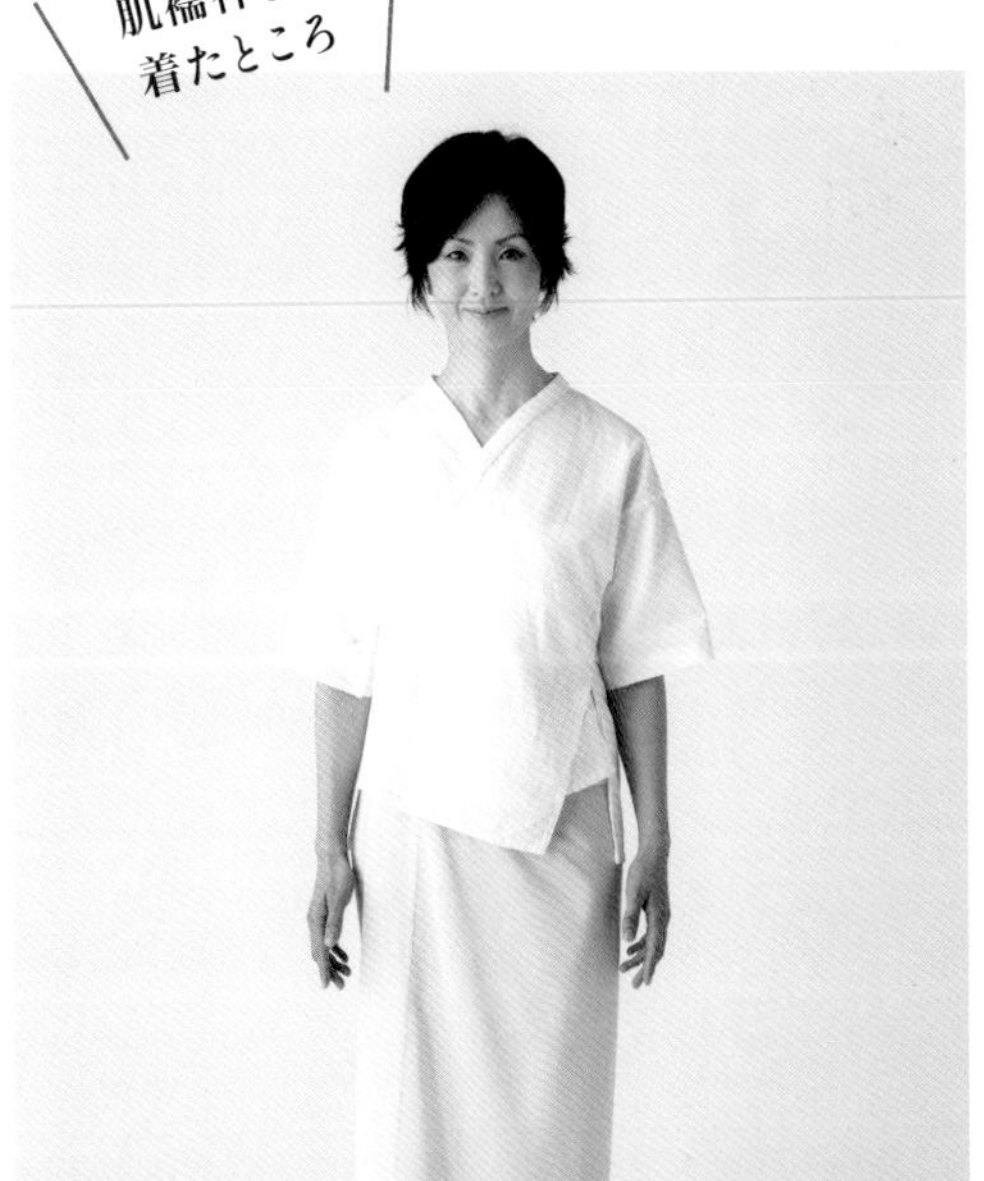

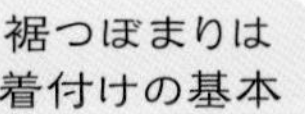

裾つぼまりは
着付けの基本

お尻から下のラインが裾に向けて緩やかに狭くなる「裾つぼまり」を心がけると、美しい着姿に仕上がります。

信子さんの 五・七・五で補整術

身近にあるタオルや手ぬぐいを利用したり、紐の正しい使い方をマスターすれば、補整のために小物を購入する必要はありません。基本を押さえて、美しい着物姿を身につけましょう。

【其の一】

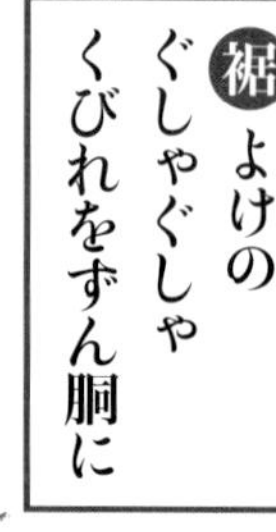

裾よけの ぐしゃぐしゃくびれを ずん胴に

裾よけを斜め方向に引き上げて折り返した部分は、特にきれいに整えなくても大丈夫です。もたつきがかえって、ウエストの補整になります。補整しすぎると、かえって太って見えることもあるので、ぐしゃぐしゃを賢く利用しましょう。

【其の二】

茶筒型 腰のくぼみに タオル足す

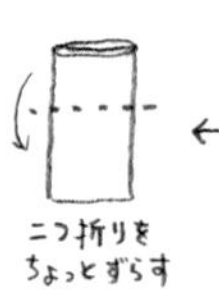

腰がくびれて段差ができる場合は、タオルをあてて、あえてずん胴にします。タオルを四つ折りにしたあと、少しずらして二つ折りに畳みます。厚みのないほうを下に、厚みのあるほうを腰にあて、裾よけの紐に挟みます。お尻に厚みのあるほうをあてると、出っ尻になるので注意しましょう。

【其の三】

なだらかに 胸にハンカチ おさつ大

着物の理想的な体型はハト胸です。胸の上部に厚みが足りないことが多いので、胸の補整をします。綿製のハンカチや手ぬぐいをお札大（縦8センチ×横16センチ）に折り畳み、肌襦袢のデコルテ部分にテープで貼ります。和装ブラジャーやスポーツブラに挟んでもよいでしょう。タオルは太って見えるので、ハンカチや手ぬぐいがおすすめです。

【其の四】

ふくらみを すっぽり包む 肌襦袢（はだじゅばん）

肌襦袢は単なる肌着ではなく、バストをしっかり包み、胸元の補整をする役割があります。バストのトップが上前、下前で隠れるようにきちんと合わせます。長襦袢を着たときに隠れる位置まで衿を抜きます。よりしっかり包むには、167頁を参照してください。

無駄がない 補整もいらない 信子流

信子さんのこぼれ噺

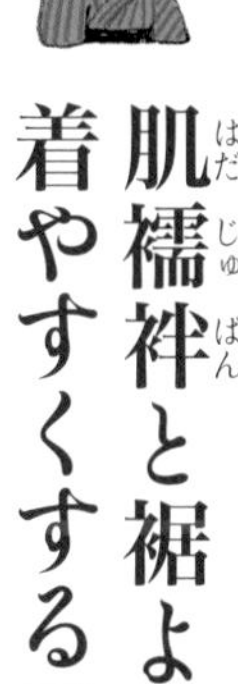

肌襦袢と裾よけをもっと着やすくするワザ、教えます

肌襦袢が小さくて、胸がきゅうくつ！

「脇を開きます」

市販の肌襦袢は、馬のり（脇縫いの裾にあるスリット）が少ないので、脇をほどきます。バストをしっかり包んで合わせることができるので、胸元の補整と着くずれ防止にもなります。

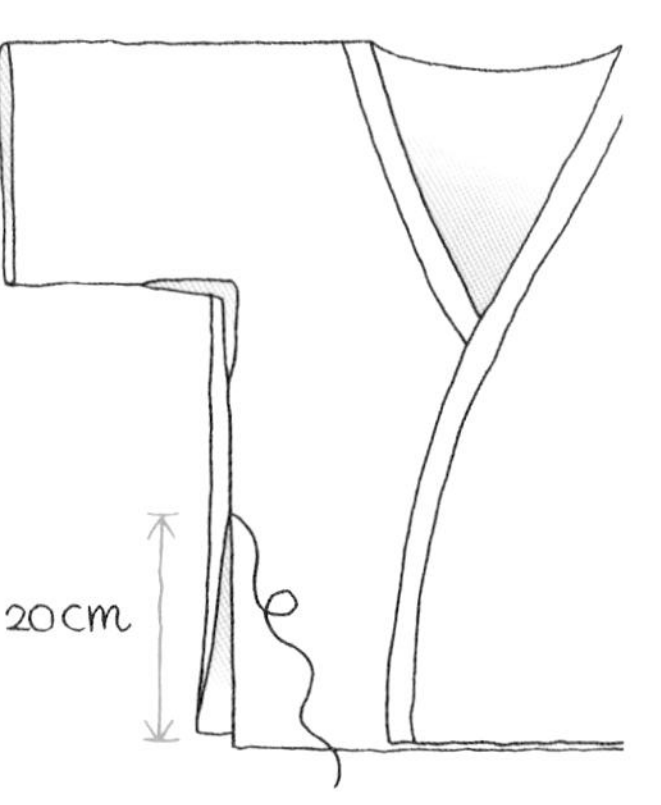

❶裾から手幅ひとつ分（約20cm）まで、スリットの縫い代の糸をほどく。
❷開き止まりをほどいた糸で小さく留めて切る。端は縫わなくてもよい。

裾よけでお腹が締まらない！

「改良して、補整力アップ」

市販の裾よけではお腹やお尻の引き締め効果が足りない場合は、少し手を加えて、補整効果を高めましょう。

裾よけ上部の木綿布を取り替える手間がありますが、補整効果がぐんと高くなるので重宝します。紐の位置を3〜4センチ下げるだけでも引き締め効果が高まります。

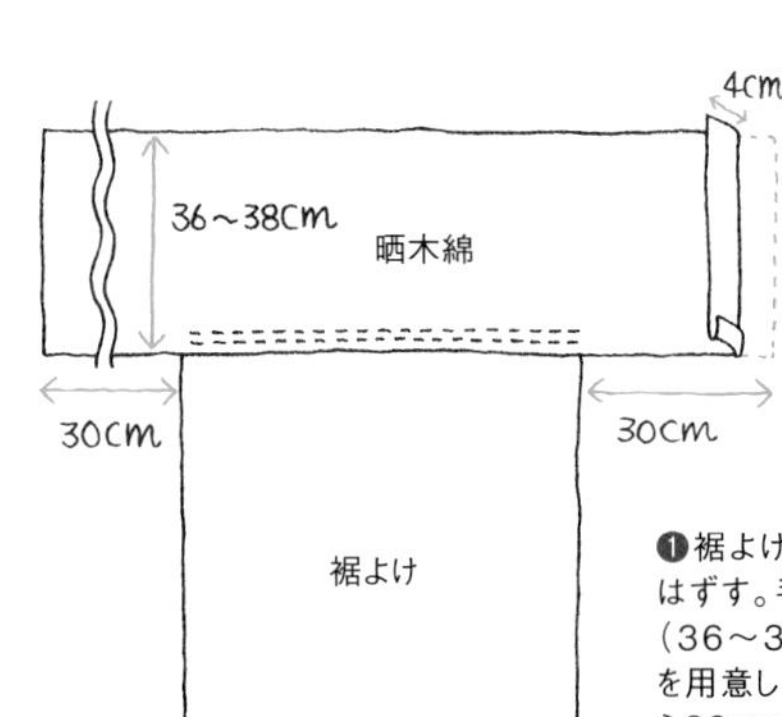

❶裾よけ上部の木綿布をはずす。手ぬぐいほどの幅（36〜38cm）の晒木綿を用意し、両端が裾よけから30cmほど出る長さに切る。下を1cm折り返して、ミシンで縫い付ける。

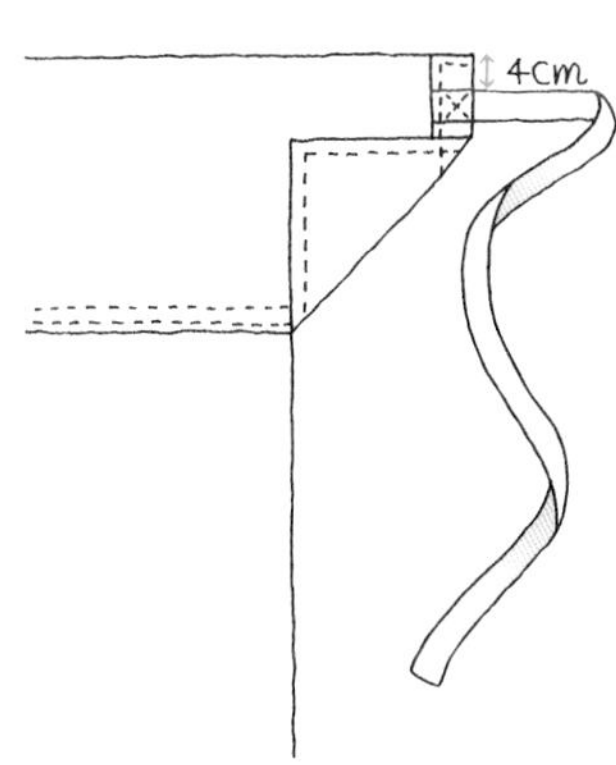

❷両端4cm分を内側に折り、さらに裾よけからはみ出している部分を三角形に折り上げる。イラストのようにミシンをかけ、紐を上から4cmの位置につける。

一日中くずれない衿元作り

長襦袢を着る

◉用意するもの／半衿をつけた長襦袢（↓162頁）、伊達締め

着物から長襦袢が出ないように、裄や袖丈を着物の寸法に合わせることを心がけてください。生地は綸子や一越縮緬などの正絹、ポリエステルなどがあり、留袖や喪服には白、セミフォーマルでは淡い色の無地やぼかしを選びます。街着には趣味性の高い色柄も楽しめます。

【長襦袢を羽織る】

1

左右の半衿を両肩幅の間隔で持つ。

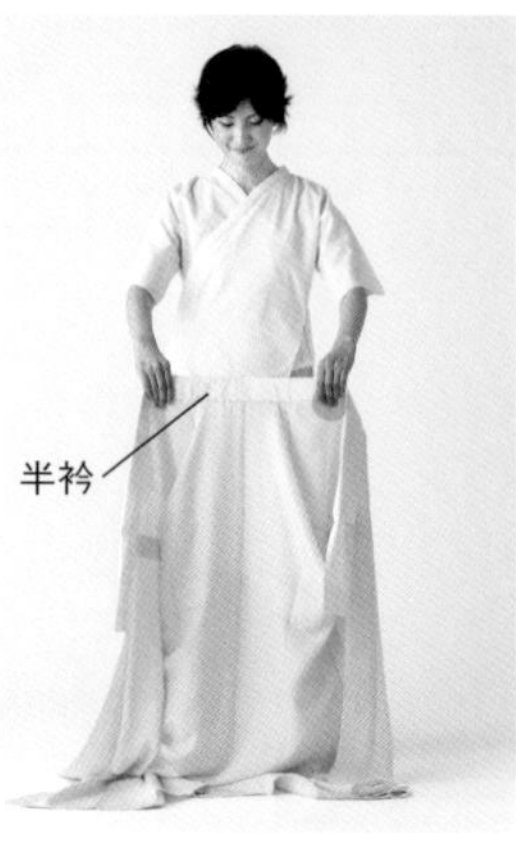

2

●を右手に渡して、後ろにまわす。

3

●を左手に戻して、広げる。

4

片方ずつ肩に掛ける。

【袖に腕を通す】

5

片方の半衿を持ち、ひじから袖に通す。もう片方も同様に袖を通す。

袖口を持ち、「奴さんポーズ」をして、背縫いがまっすぐ背中の中心（背中心）になるようにする。

【衣紋を抜く】

6 両方の半衿の先を持ち、背縫いを下に引く。

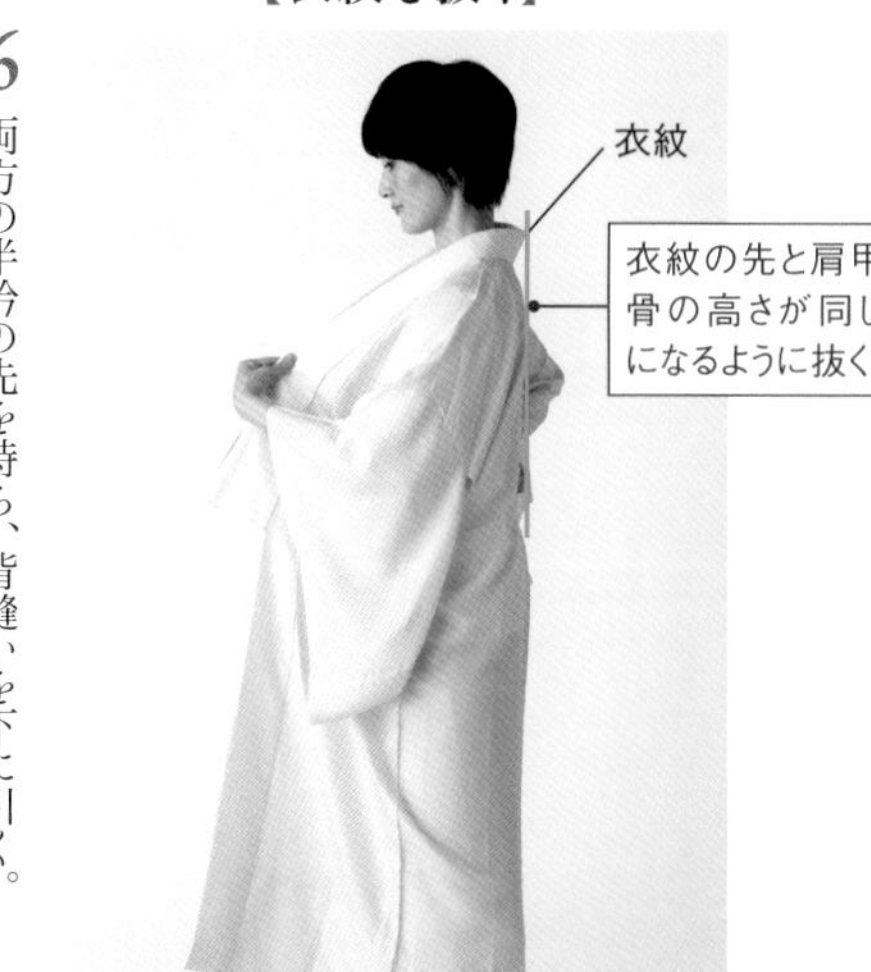

【衿を合わせる】

7 下前、上前の順に、バストの下で左右対称になるように交差させる。

衿の合わせ目は、のどのくぼみあたり

衣紋の抜き加減は、肩甲骨の高さで決める

衣紋を抜くときは、鏡を見ながら肩甲骨の高さに合わせるとよいでしょう。首が長く見え、姿勢の悪さもカバーできます。

【伊達締めを締める】

8 伊達締めをバストの下にあてる。

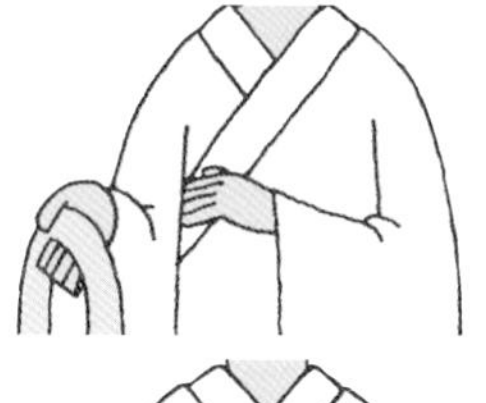

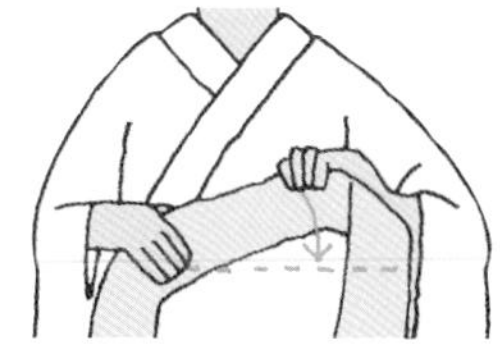

伊達締めの中心を持って、上前の半衿の先にあて、すべらせるように脇まで持ってくると、合わせた衿が乱れません。

9 背中心で交差させ、前に持ってくる。

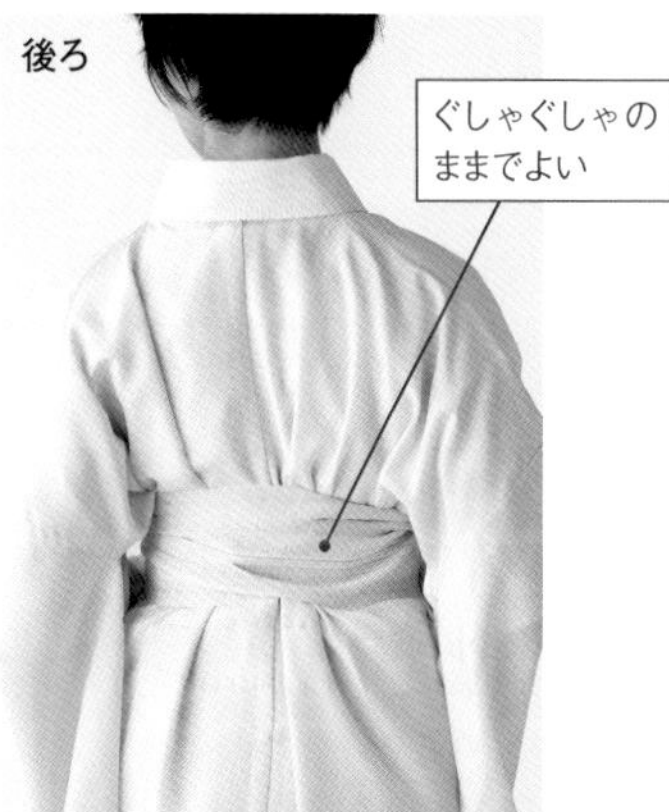

後ろ
ぐしゃぐしゃのままでよい

10 前でからげる。

【背中のシワ、たるみを取る】

11 後ろの身八つ口をつまんで、背中心から脇までシワを伸ばす。

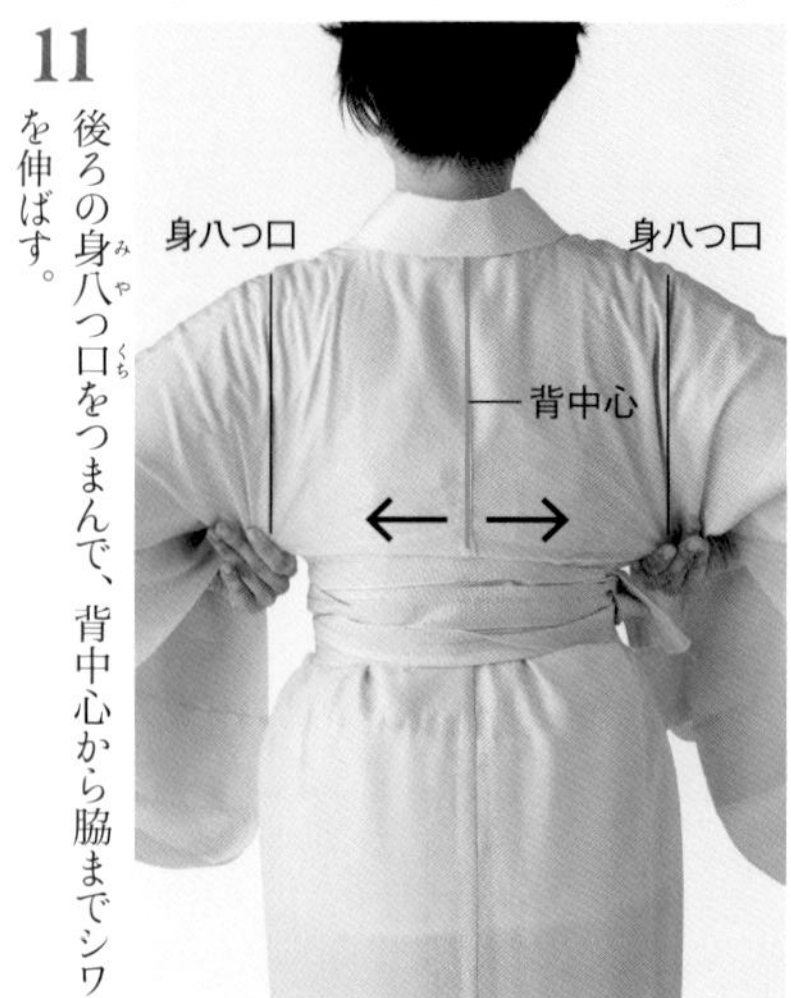

12 伊達締めの下の衿肩あき下を両手で真下に引いて、たるみを取る。

紐のからげ方

体に近い紐は結ばずに、からげて始末すると、あとで食い込んで苦しくならずにすみます。

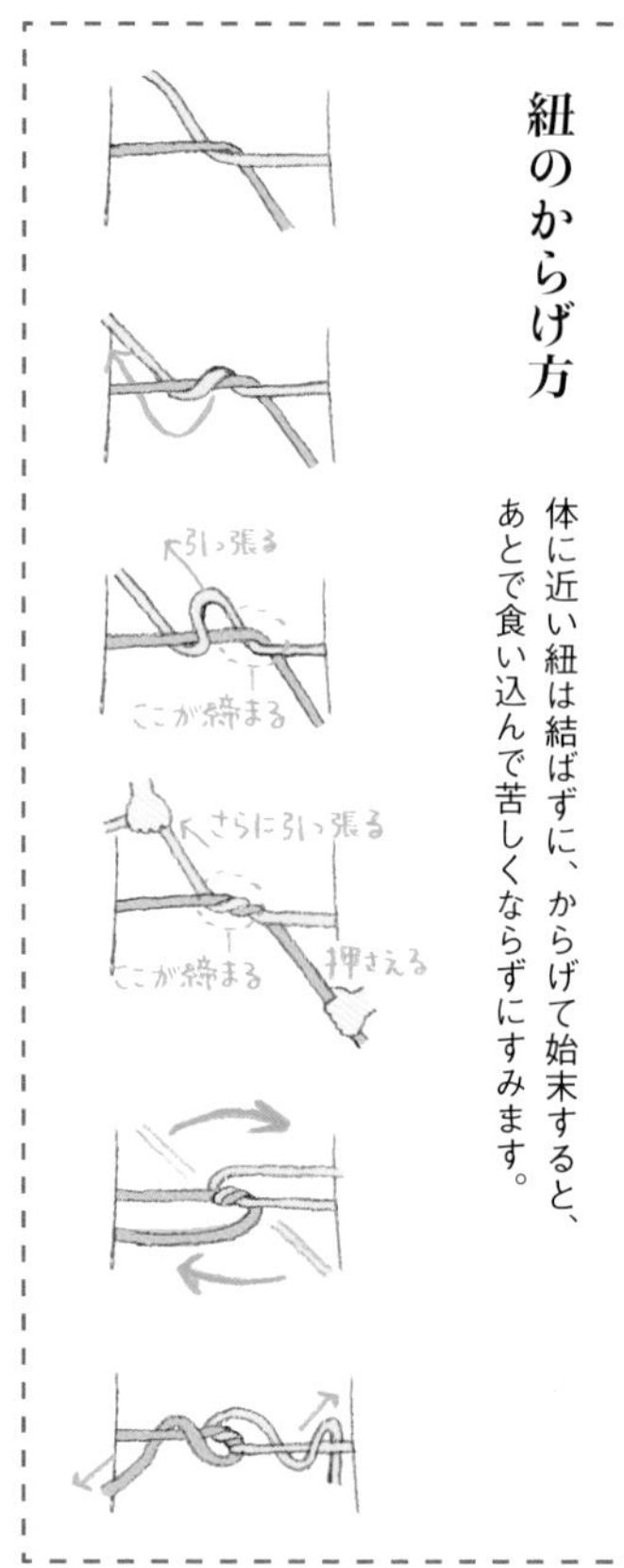

信子さんのこぼれ噺

長襦袢を楽しむ

上より下に美しいものを着る。徳川時代、木綿の着物に絹の裏をつけた町人の奢侈禁止令に対する反抗からかもしれませんが、見えないところに手を抜かない日本人のいい素質が育まれたのではないでしょうか。

着物は、年をとっていくにつれて派手から地味に変わっていきますが、長襦袢には着物を映えさせる大事な要素がありまます。袖口からこぼれる色や柄、これも大切なおしゃれです。

長襦袢を着たところ

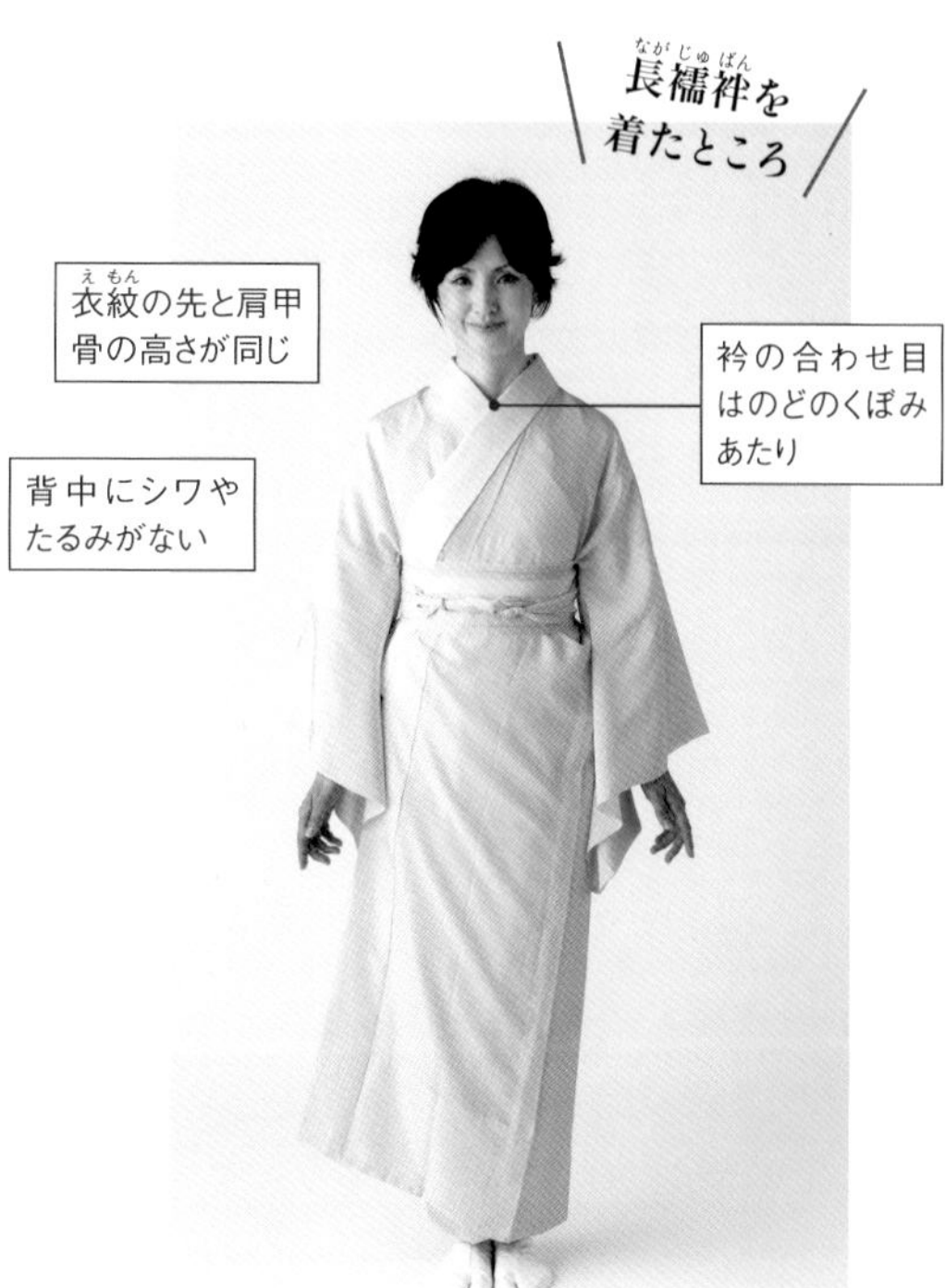

衣紋の先と肩甲骨の高さが同じ
衿の合わせ目はのどのくぼみあたり
背中にシワやたるみがない

長襦袢を着ているように見える「うそつき襦袢」

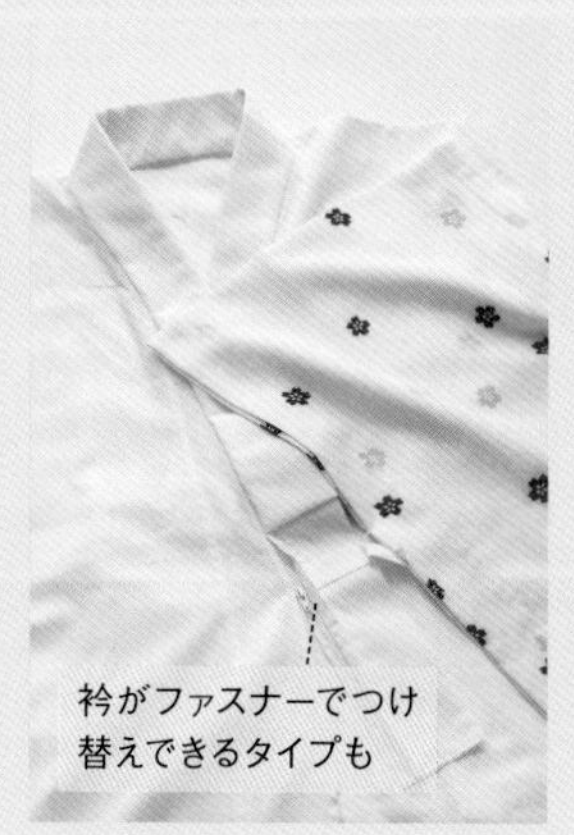

衿がファスナーでつけ替えできるタイプも

半襦袢と裾よけの二部式になった襦袢です。フォーマルなおでかけには長襦袢、街着には二部式をおすすめします。着方は164～165頁の裾よけ、肌襦袢と同じ。胴の部分が木綿なので、肌襦袢を省略することもできます。その分、着付けの手間が少なくすみます。袖が取りはずせるタイプもあり、1枚の襦袢で違う色柄の袖につけ替えて楽しめます。袖が洗える素材なら、汗をかくたびに自宅の洗濯機で洗えるのも魅力です。

うそつき襦袢／ゑり正

上はゆったり、下は裾つぼまりに

着物を着る

◉用意するもの／着物、腰紐、胸紐、ピンチ、伊達締め

やわらかもの（→12頁）も織りの着物（→22頁）も着付け方は同じです。ここでは織りの着物で説明します。張りのある織りの着物は、折り紙を折るように着ていきます。

着物／新装大橋

1 着物の羽織り方は、168頁の長襦袢の羽織り方1〜4と同じ。着物の掛け衿の先を持って、片側ずつ肩に掛ける。

着物の衿は、半衿に沿わせる。

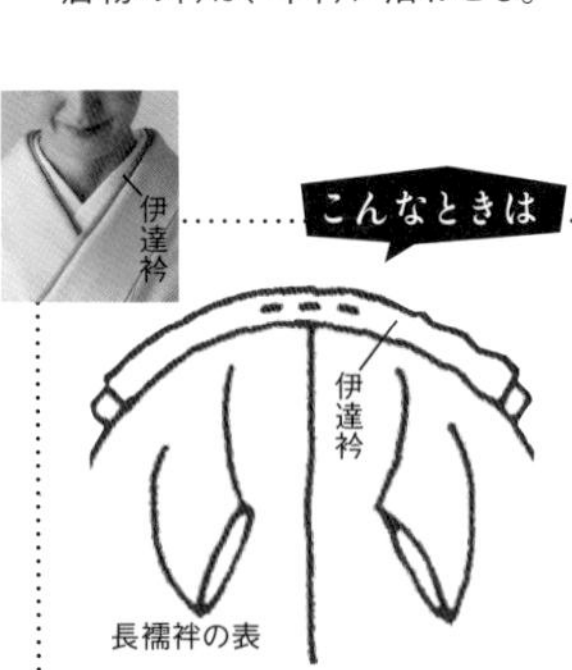

伊達衿のつけ方

訪問着、色無地、江戸小紋、付け下げに伊達衿（→61頁）をつけるときは、伊達衿のわを上にして、長襦袢の衿肩あきの部分に大きな針目で縫いつけます。着物を着るときに着物の衿に沿わせ、耳下からは5㎜出るように着付けます。

【袖に腕を通す】

2 下前、上前の順に長襦袢の袂を持って、ひじから袖に通す。

掛け衿先

3 長襦袢と着物の袖口を合わせ持ち、「奴さん」のように手を広げて、長襦袢に着物を沿わせる。

前

後ろ

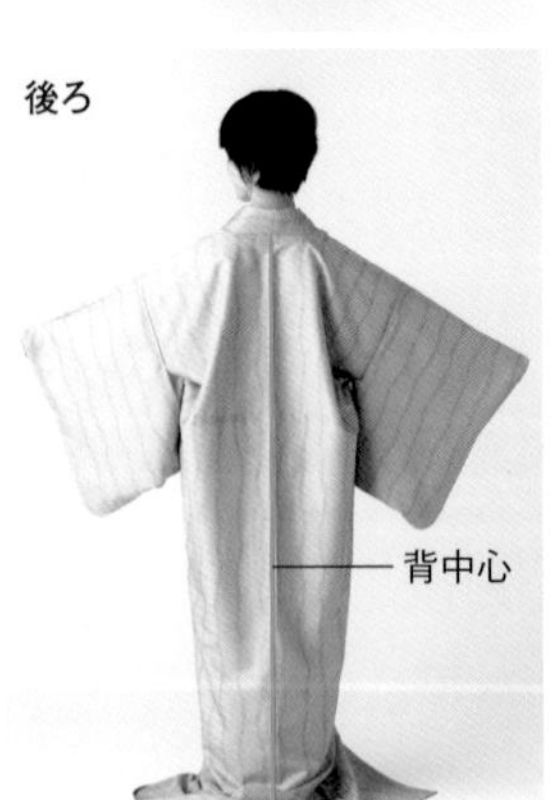

4 長襦袢と着物の袂をそろえる。

【裾丈を決める】

5 両方の衿先から手幅ひとつ分のところを持ち、左手で背中心を押さえる。

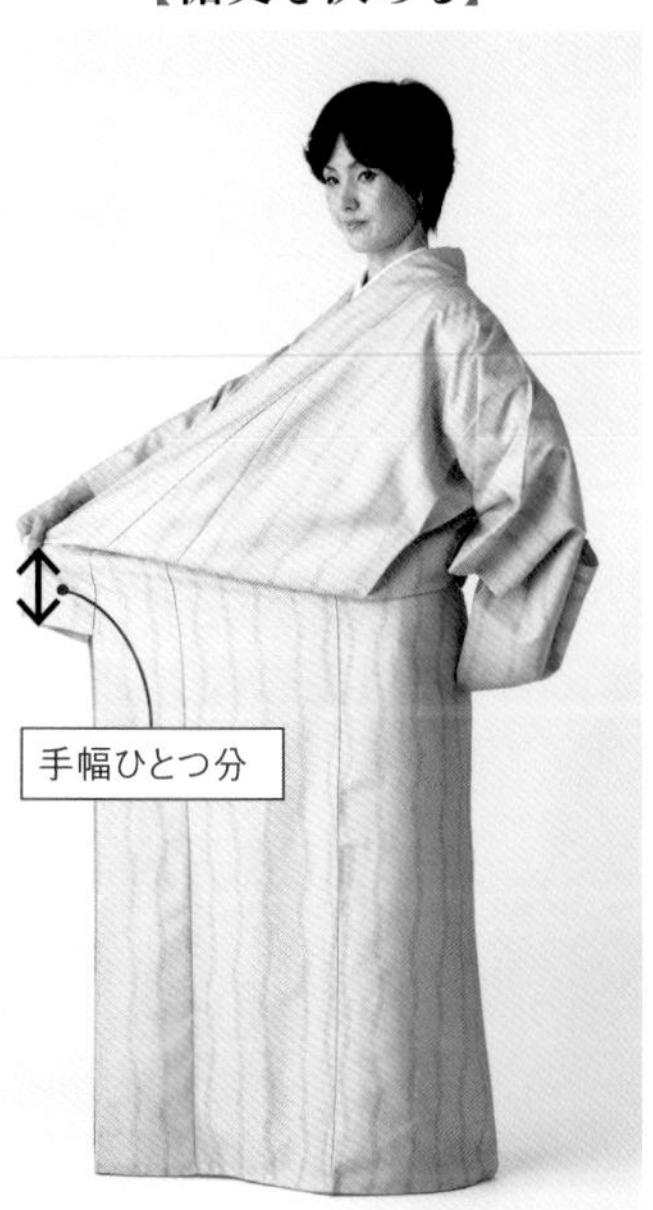
手幅ひとつ分

6 裾を床と平行にぐっと持ち上げる。

まずは一回持ち上げる

一度、床と平行にぐっと持ち上げることで、着物の布目が通り、腰から着物が吸いつくようにきれいに着られます。

7 床すれすれに下ろして、裾丈を決める。

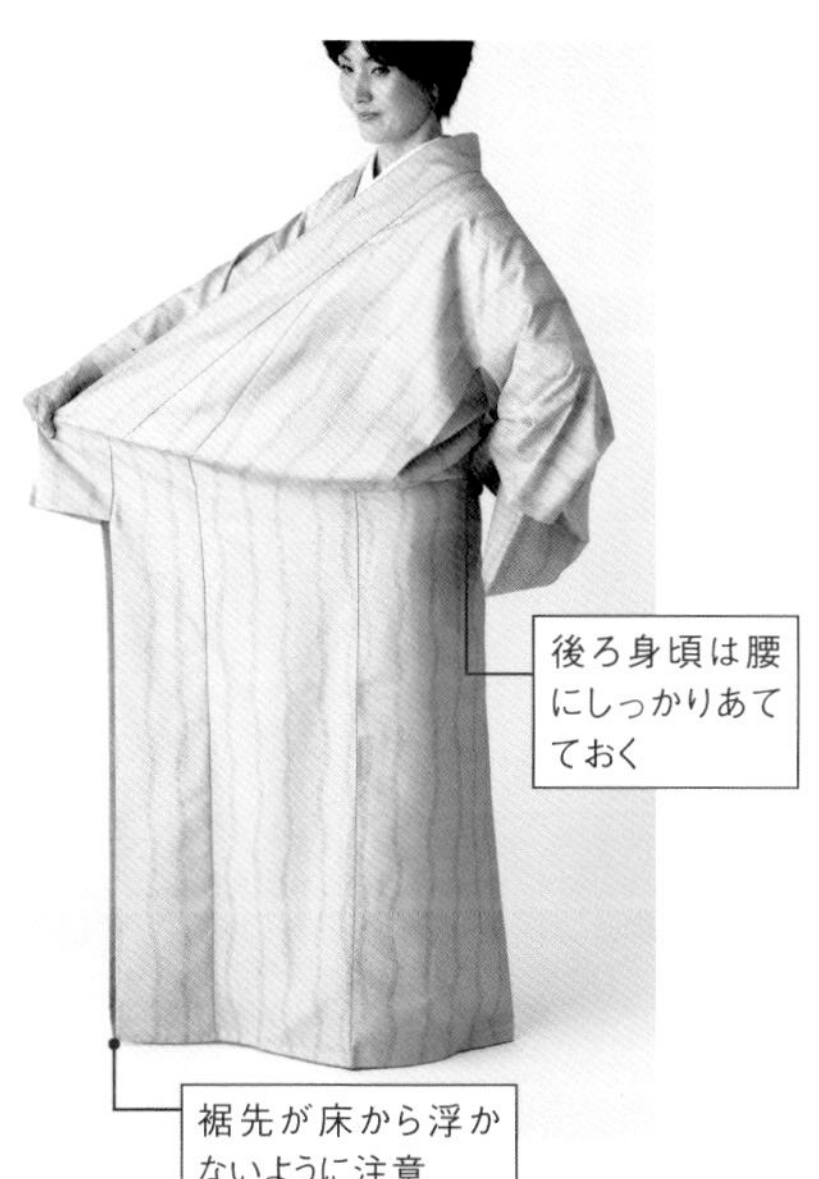
後ろ身頃は腰にしっかりあてておく
裾先が床から浮かないように注意

【上前を決める】

8

左手で上前の衿を持って静かに開き、床をなでるように右脇へ持っていく。

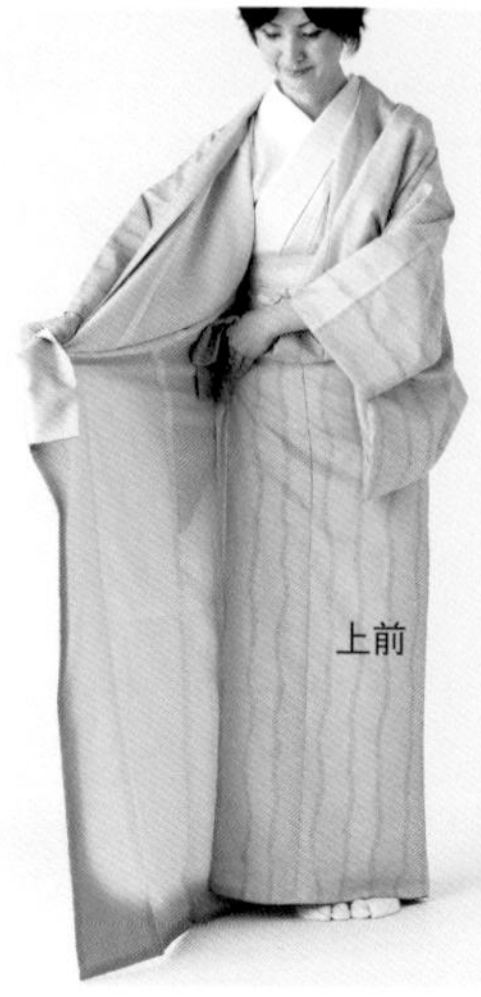

後ろ身頃は7であてたまま、腰から離れないようにする

9

衽（おくみ）線が右足の小指の位置にくるように、右手で下前を引いて調整する。

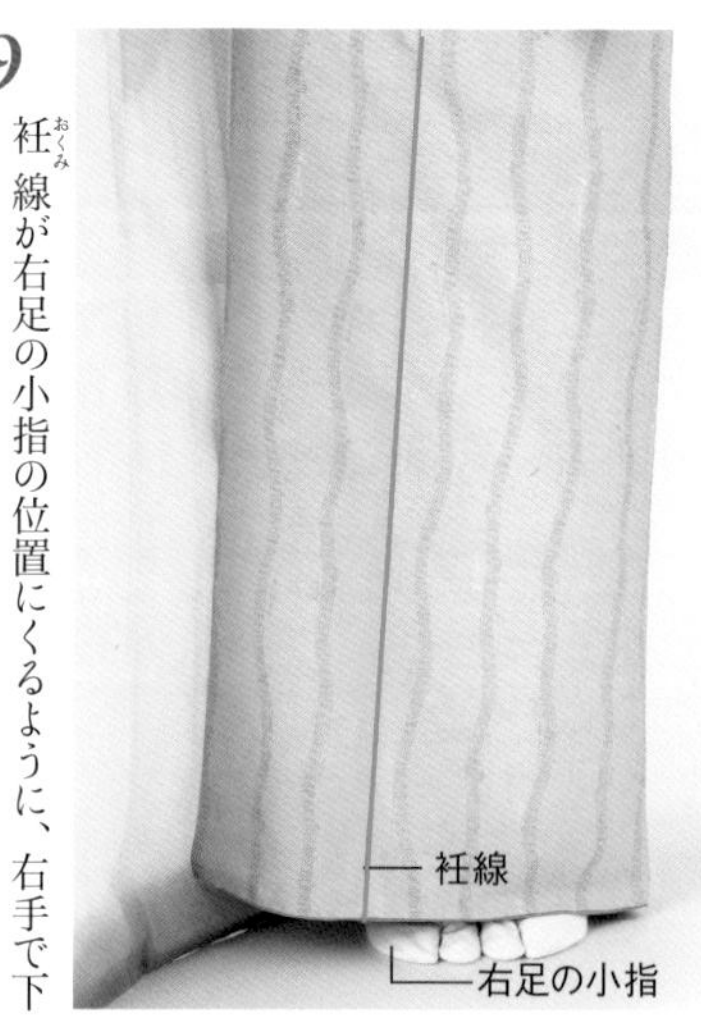

【下前を決める】

10

静かに上前を開き、下前が床をなでるように左脇へ持っていく。裾先を7～8cmほど引き上げる。

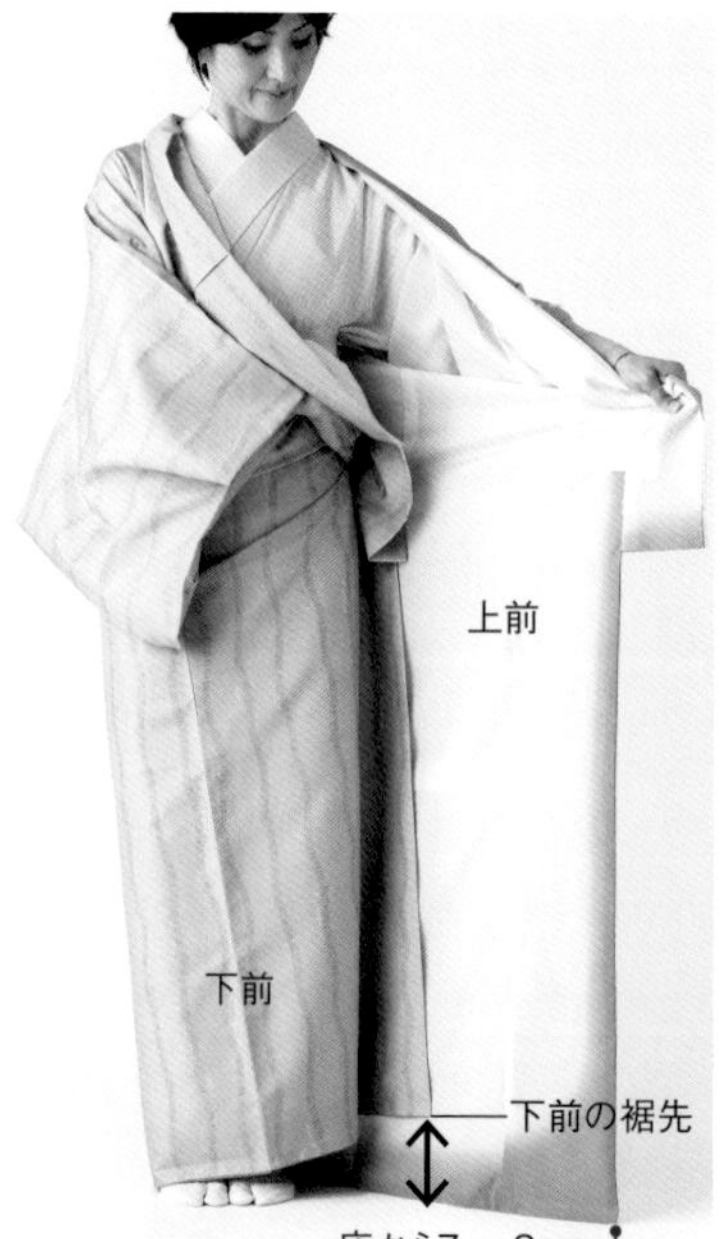

上前の裾先が床から浮かないように注意

指先でなで上げるように引き上げる

一気に持ち上げない

一気に斜めに持ち上げると、せっかく決めた裾丈が上がってしまい、裾がつぼまらなくなってしまいます。裾が床をなでるようにして、衿先が腰についてから初めて裾先を持ち上げるようにしましょう。

【上前を重ねる】

11

上前を床をなでるように右脇へ持っていき、裾先を床から4～5cmほど引き上げる。

指先でなで上げるように引き上げる

【腰紐を結ぶ】

12

右手で腰紐の中心を持ち、押さえている左手のところにあてる。左手で腰紐を左腰骨へ持っていき、後ろで交差させ、脇で引いて締める。

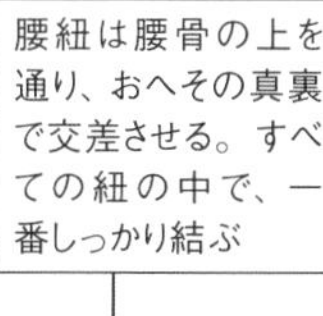

腰紐は腰骨の上を通り、おへその真裏で交差させる。すべての紐の中で、一番しっかり結ぶ

①

②

13

脇で蝶結び（または片蝶結び）にする。結び目を内側に返す。

【おはしょりを整える】

14 身八つ口から後ろ身頃に両手を入れて、手刀を通す。前身頃も同じように整える。

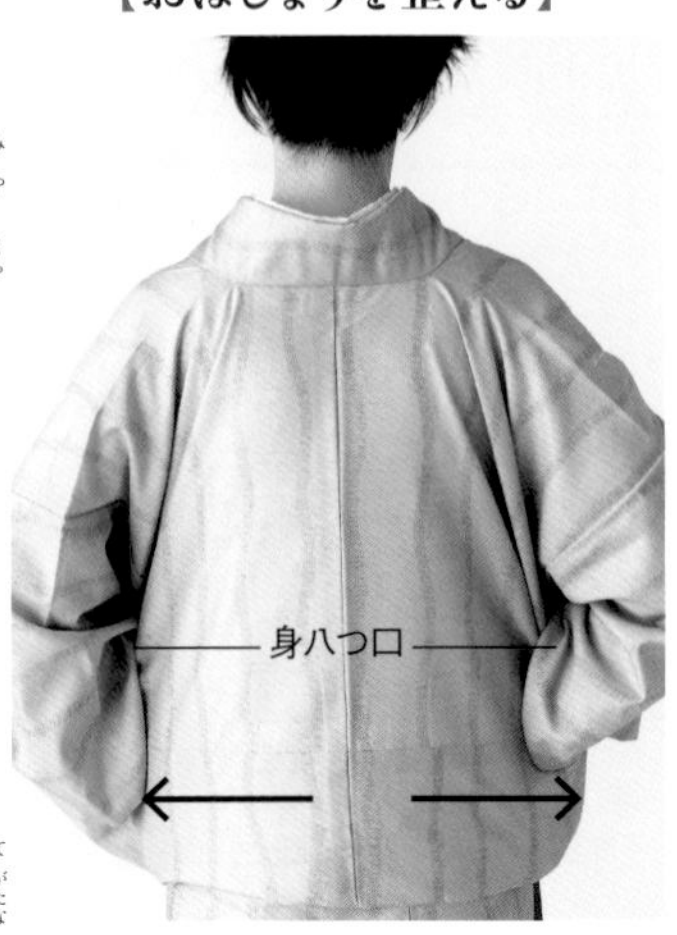

手刀…指をそろえて、手を刀のようにして使うこと

おはしょりに手刀を通すのは前も同じ。前身頃も同様に、身八つ口から手を入れて手刀を通す。

【衿を合わせる】

15 両掛け衿の先を合わせて、右手で持ち、左手で背中心を確認する。半衿が飛び出していないか、耳の下あたりで確認する。

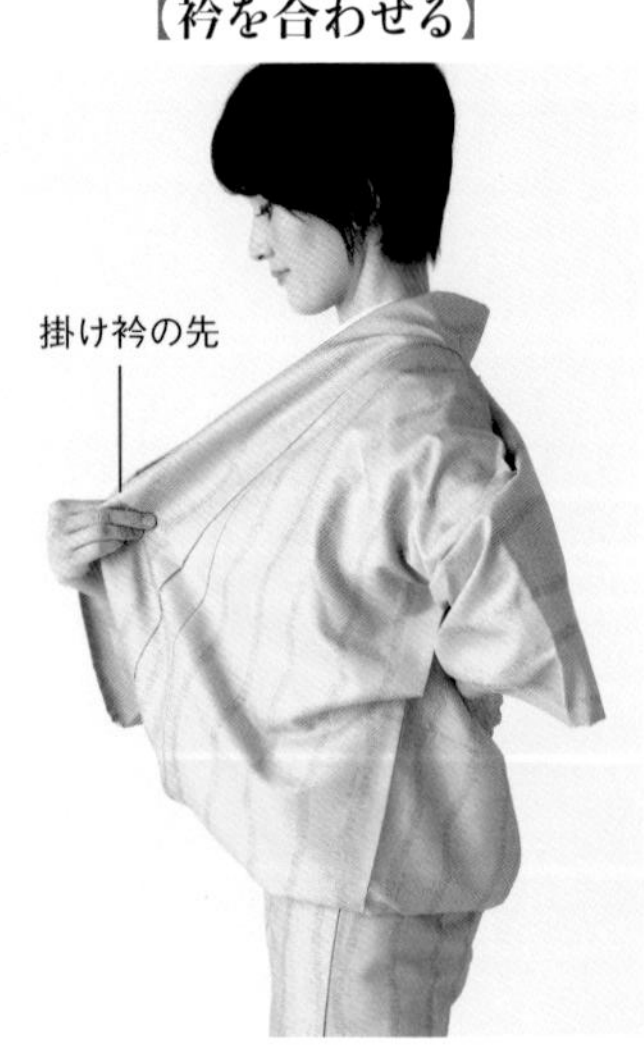

16 下前の掛け衿が人差し指1本分の幅となるように整える。

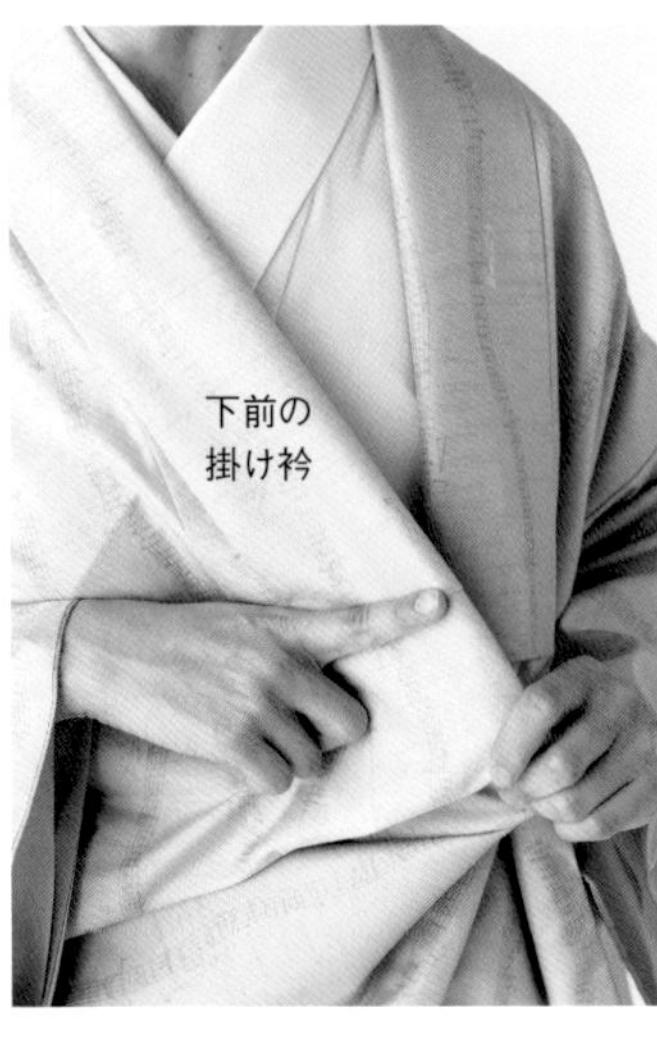

17 下前のおはしょりを三角に折り上げる（↓216頁）。

※下前の状態
説明のために上前を脱いでいます
折り上げたところが胸紐にかかるようにする

18
右手で、上前の掛け衿が人差し指1本分の幅になるように整える。

衿の交差している部分が、指の関節ひとつ分出ているかが目安です。また、半衿が左右同じ分量出ているかは、胸下で半衿の幅が左右同じか、指で触って確認しましょう。

【胸紐を締める】

19
左手で上前の衿を押さえて、右手で胸紐を持ち、バストの下にあてる。

20
背中心で交差させ、脇で一度下に引くようにして締める。

21
前で蝶結び（または片蝶結び）にする。結び目を内側に返す。

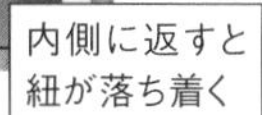

【シワ、たるみを取る】

22

左右の身八つ口を胸紐の上で持ち、前に引く。

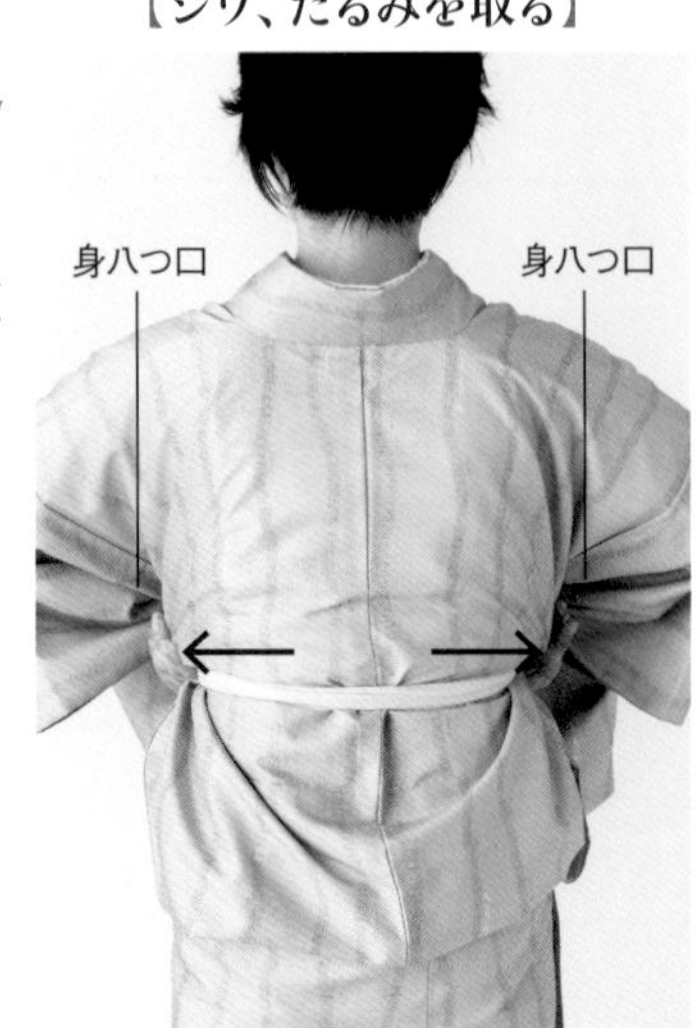

23

胸紐の下の衿肩あき下を両手で軽く下に引き、緩みを取る。

強く引くと衿元がくずれるので注意

【おはしょりを整える】

24

おはしょりの衽線と、前身頃の衽線を合わせる。

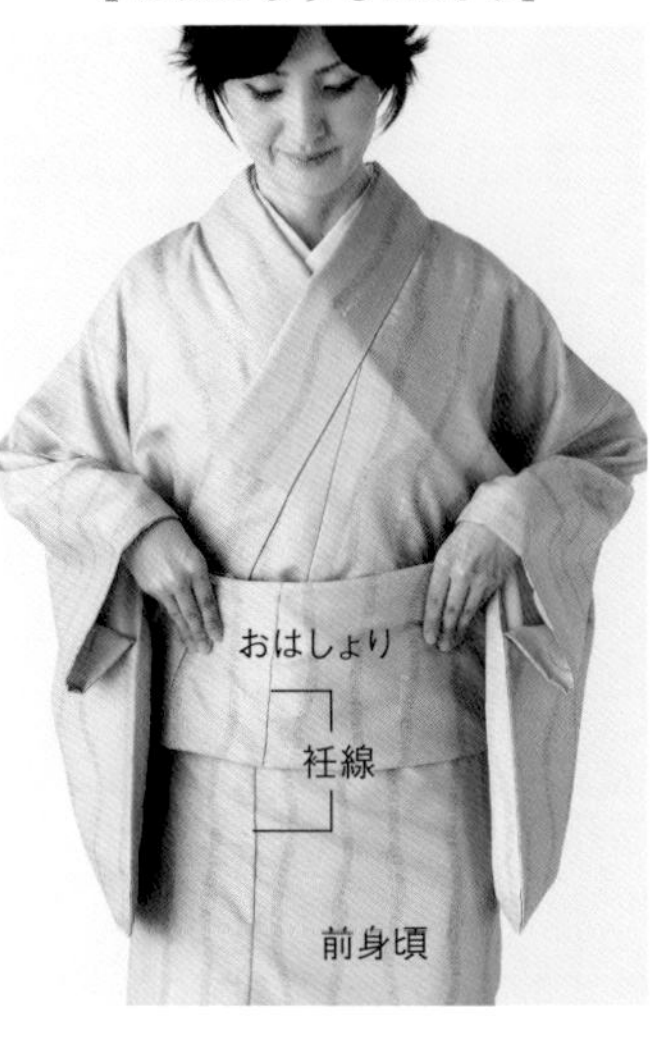

25

おはしょりのだぶつきは、上前のおはしょりの中へ送り込む。

おはしょりは、手刀を入れて長さが決まったら、だぶつきを左脇から背中を通り、右脇、上前の衿先の中に送り込むと、すっきりします。

着物を着たところ

前

後ろ

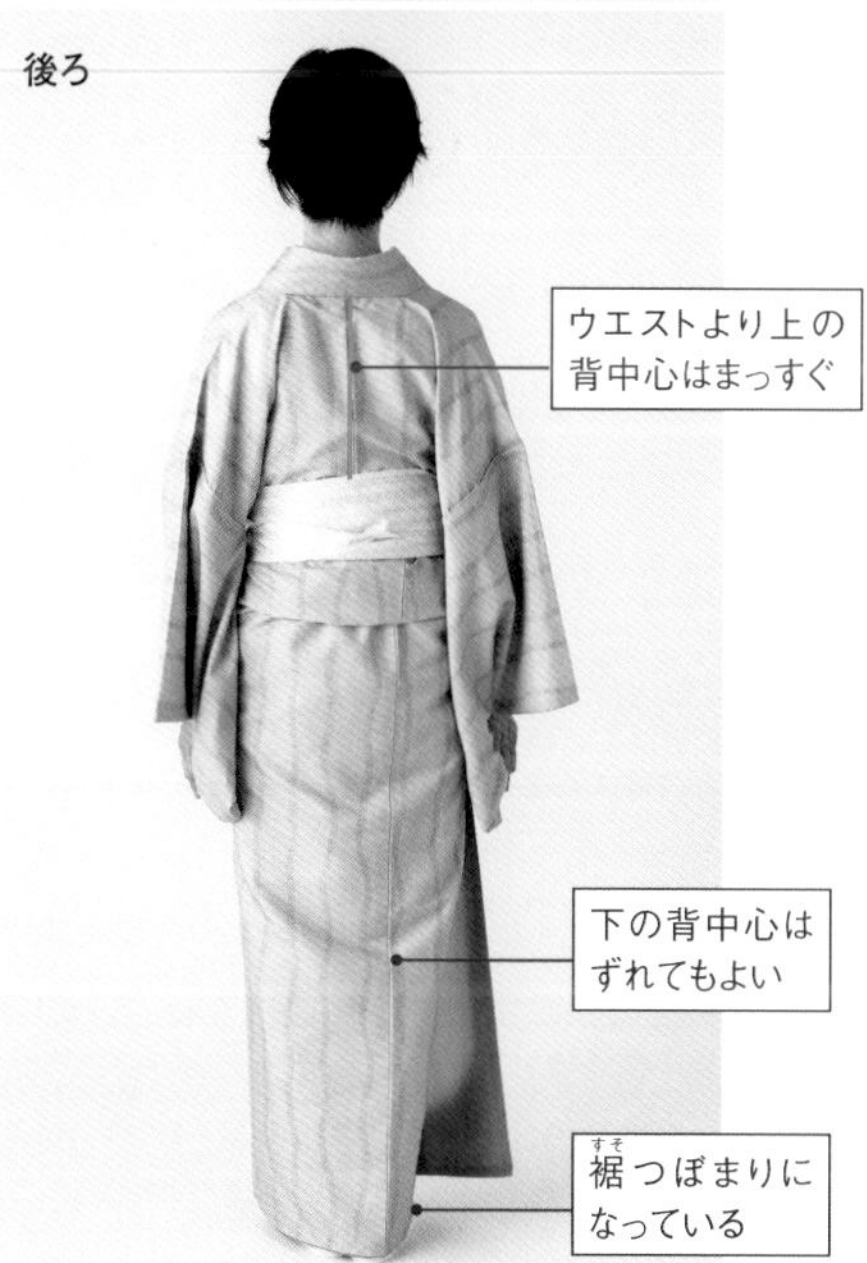

ウエストより上の背中心はまっすぐ
下の背中心はずれてもよい
裾つぼまりになっている

26 上前と後ろ身頃のおはしょりのラインを一直線にして、いったんピンチで留める。

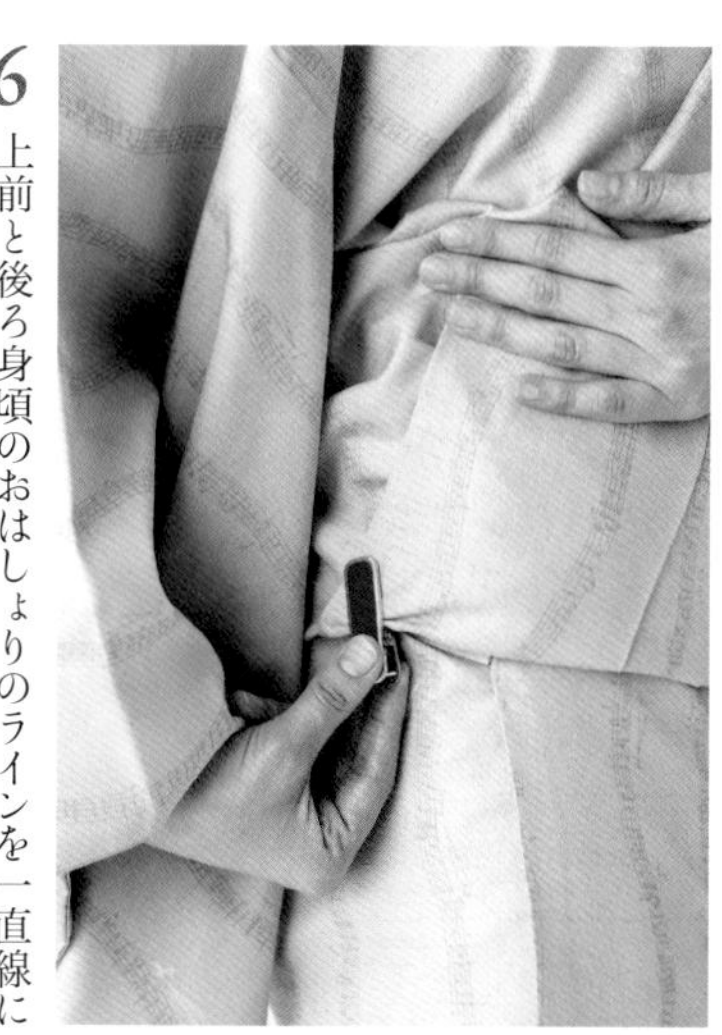

【伊達締めを締める】

27 伊達締めをあて、背中心で交差させる。脇で引いて締め、前でからげる（↓170頁）。

おはしょりの長さは、伊達締めから人差し指1本分くらい。

使い道が広い基本結び

名古屋帯でお太鼓を結ぶ

◉用意するもの／名古屋帯、ピンチ、帯板、仮紐、帯枕、帯揚げ（帯枕を包んでおく）、帯締め

素材や柄によって、セミフォーマルからカジュアルまで活用範囲の広い名古屋帯には、織り名古屋帯と染め名古屋帯があり、一重太鼓に結びます。ての仕立て方には、名古屋仕立て、松葉仕立て、開き仕立てがありますが、どの仕立てでも帯の結び方は同じです。

帯／新装大橋

【帯を巻く】

1 帯のて先を持って、わが首に向くように肩に掛ける。て先の中心をみぞおちあたりに合わせて、ピンチで伊達締めに留める。

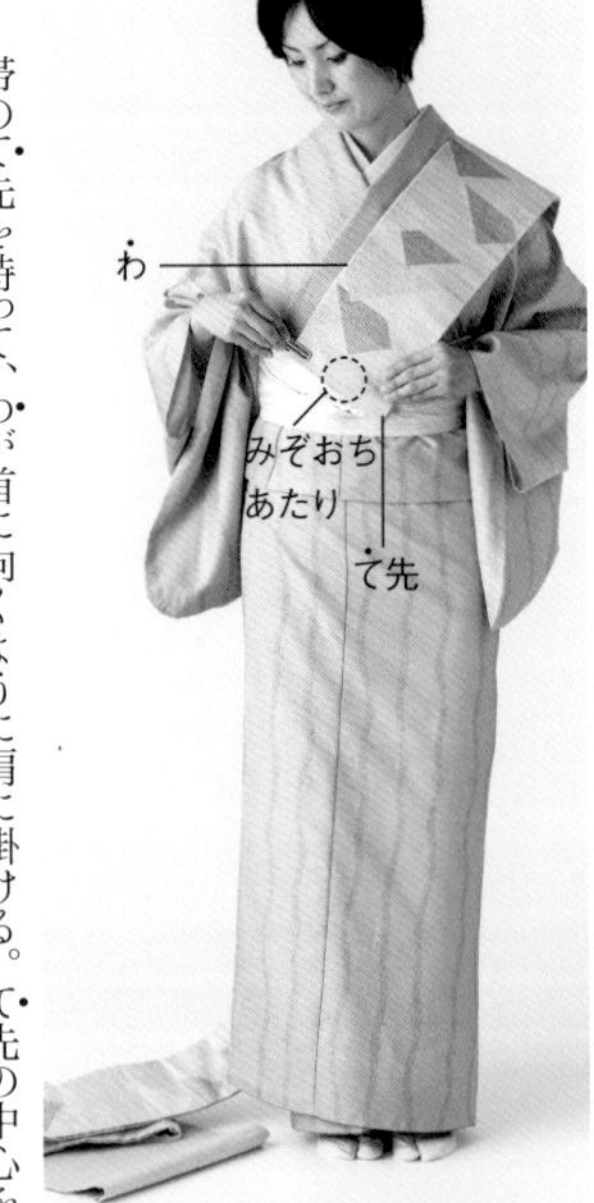

帯の置き方
帯は巻きやすいように屏風畳みにし、て先を一番上にしておきます。

て先

2 左手を腰にあて、親指でてを押さえ、親指を軸に帯を折り上げる。

て

拡大写真

4本の指で帯をしっかり持ちます。

3 ひと巻きして、右脇で帯のわを下に引き、ぐっと締める。

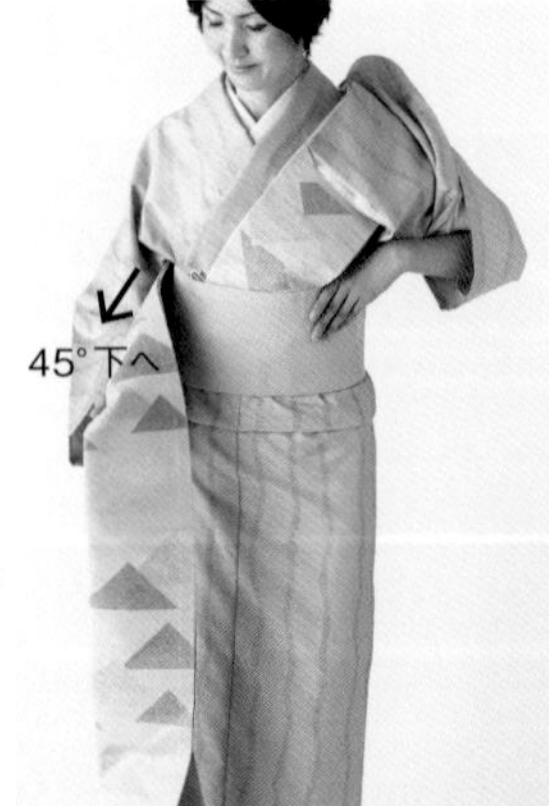

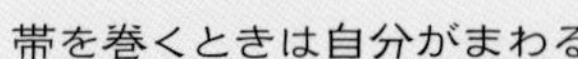

帯を巻くときは自分がまわる

帯を巻くときは、帯をまわすのではなく、帯を巻く向きと逆方向に自分がまわりましょう。無駄な力を入れずにすみ、帯も傷みません。これは帯をほどくときも同じです。

4 帯板を挟んで、もうひと巻きする。

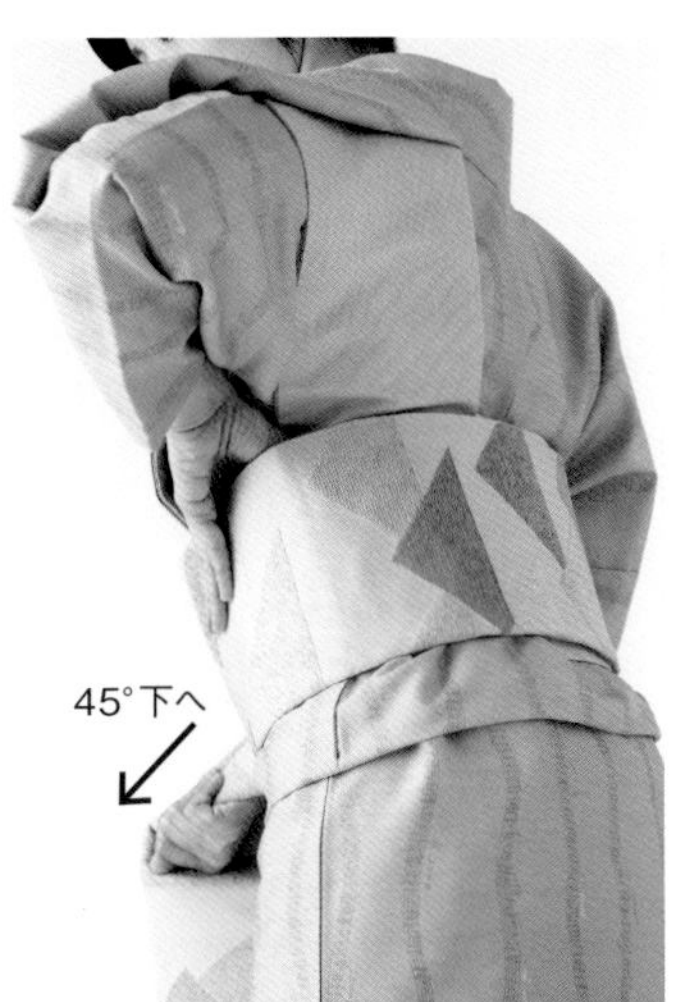

5 右脇で帯のわを下に引き、ぐっと締める。

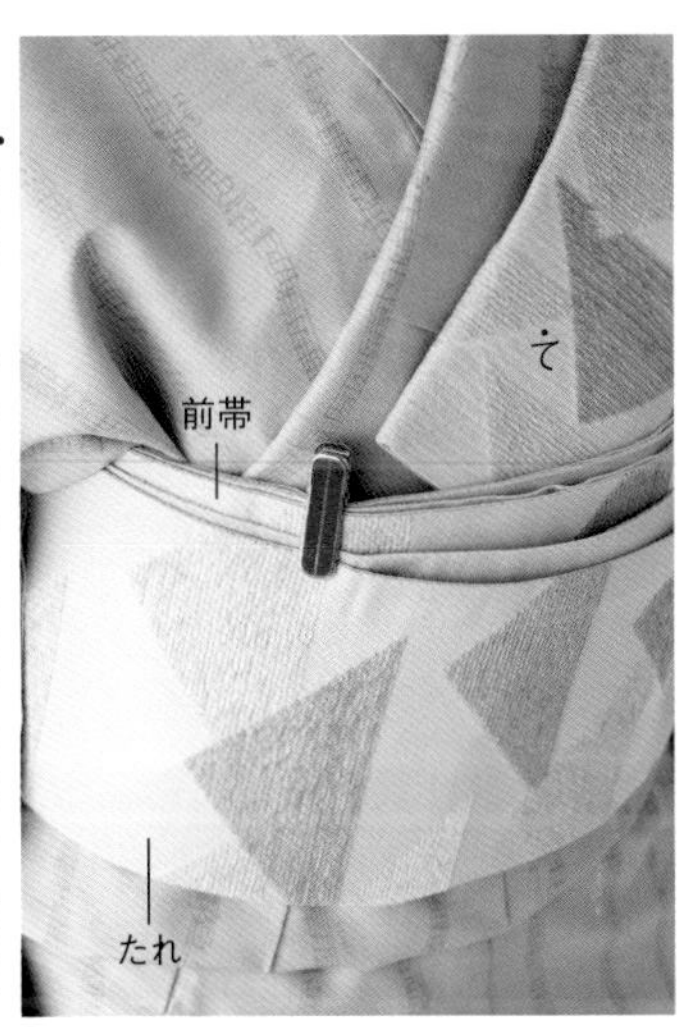

6 て先を押さえていたピンチをはずし、たれと前帯を留める。

帯を締めるときは、胸とお尻を突き出す格好で

帯のてを脇で引いて締めるときは、5のように胸とお尻を突き出す格好で締めましょう。帯が前下がり、後ろ上がりになって、形よく締まります。

7

てを肩から下ろす。

てを下ろしたところ

8

てを持って右脇まで引く。

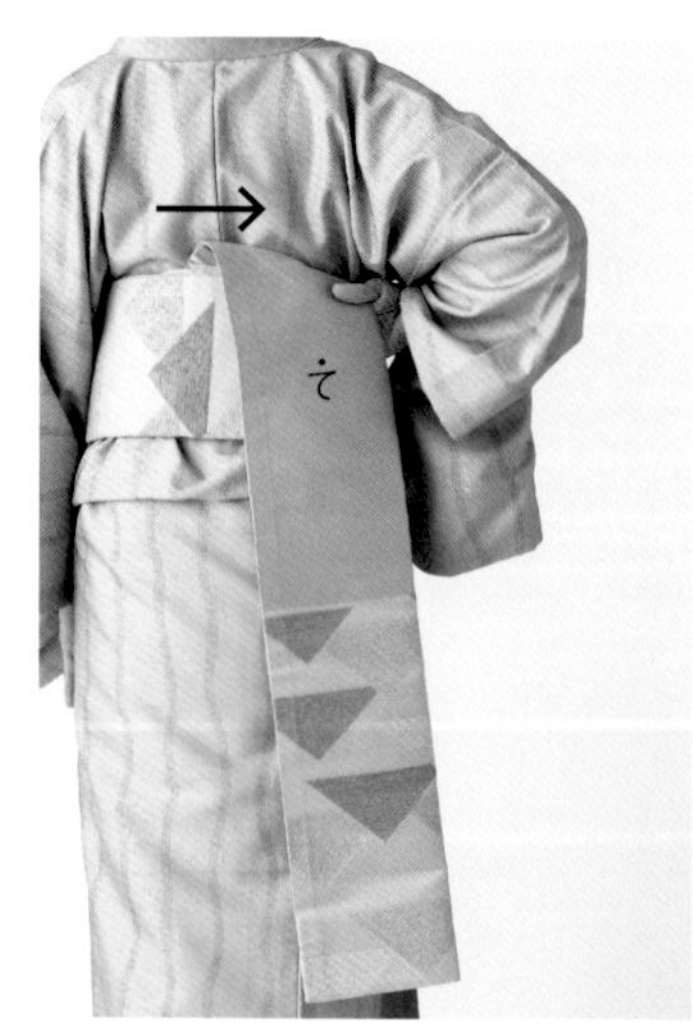

9

左手で、てを斜めに引き、てのわを左肩甲骨下の帯の下線に合わせ、てと帯をピンチで留める。

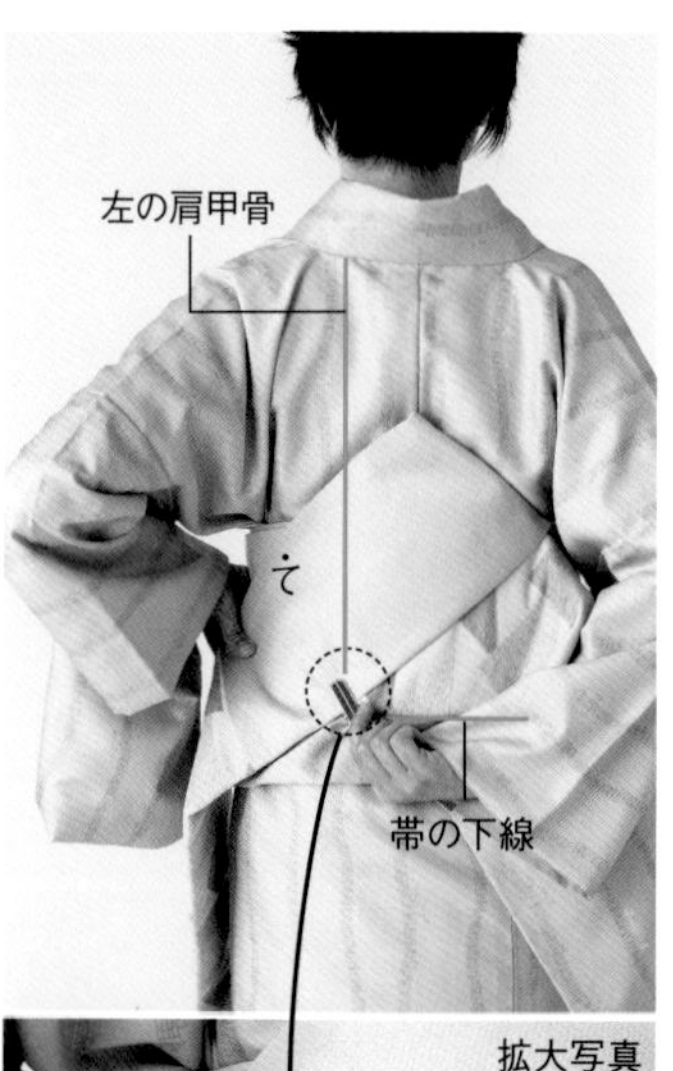

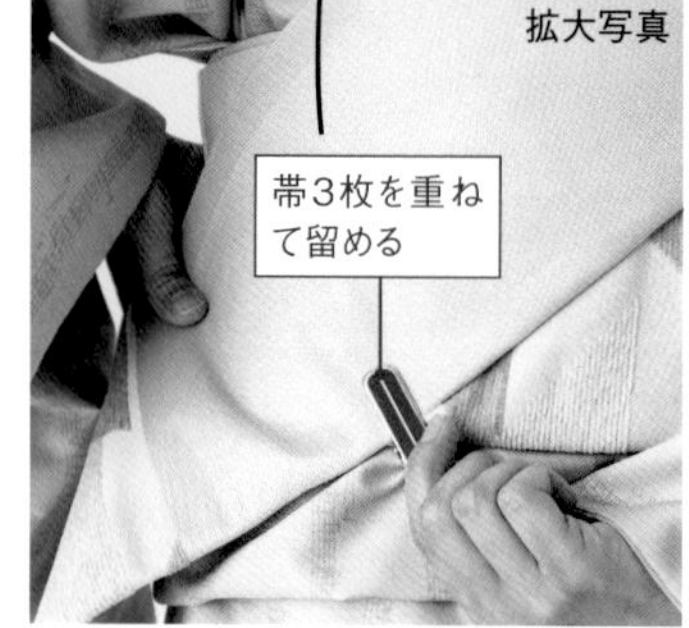

簡単・きれい、ピンチづかいに技あり

ピンチで留めて帯の上線の三角を帯の中に入れ込めば、ここが帯枕の土台になり、お太鼓の下地になります。帯を結んだり、ねじったりしないで簡単に結べます。

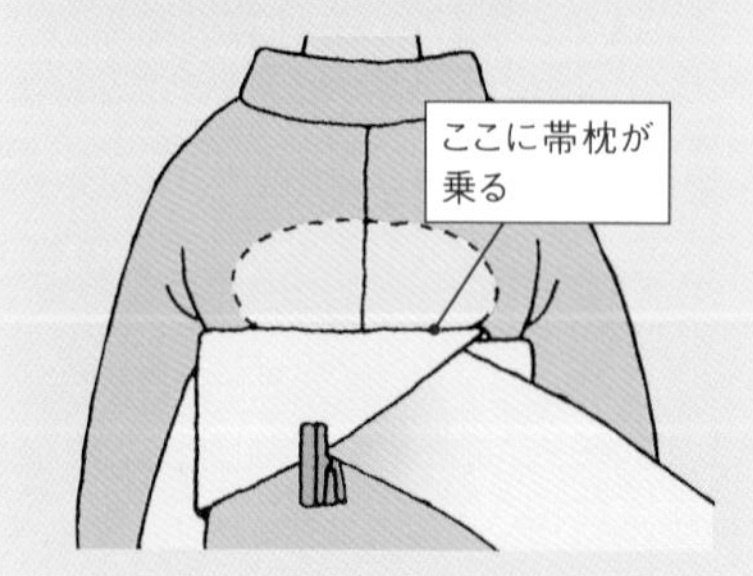

10

両手の親指を帯の上線あたりにあてる。

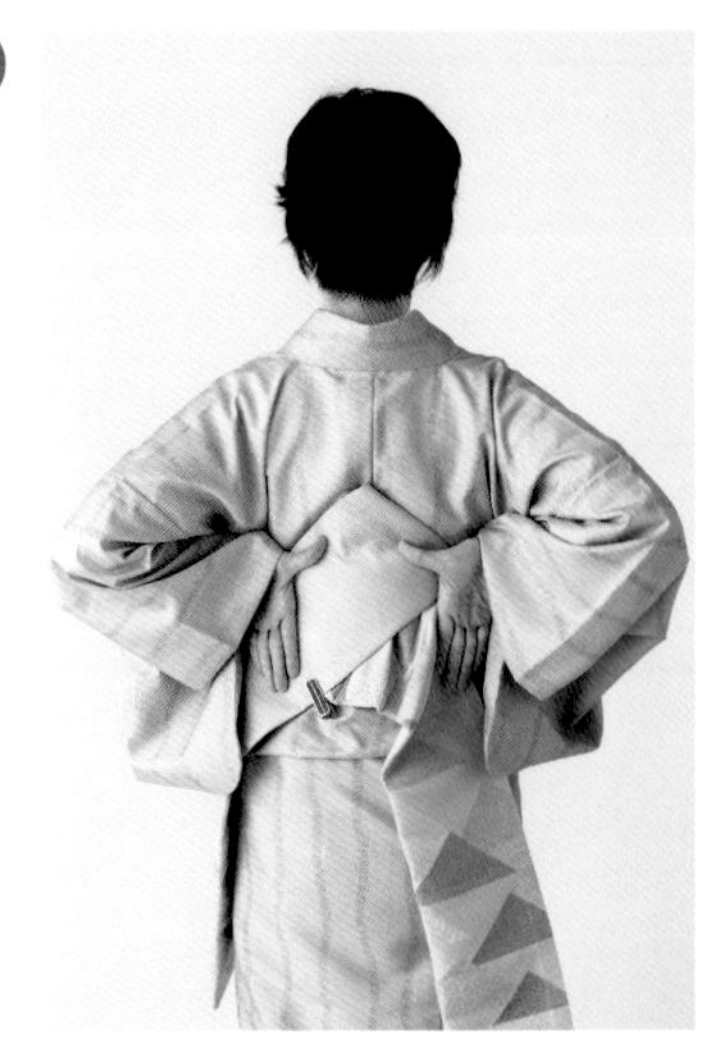

11

帯の上にできた三角を、両手の親指でぐっと帯の中に入れ込む。

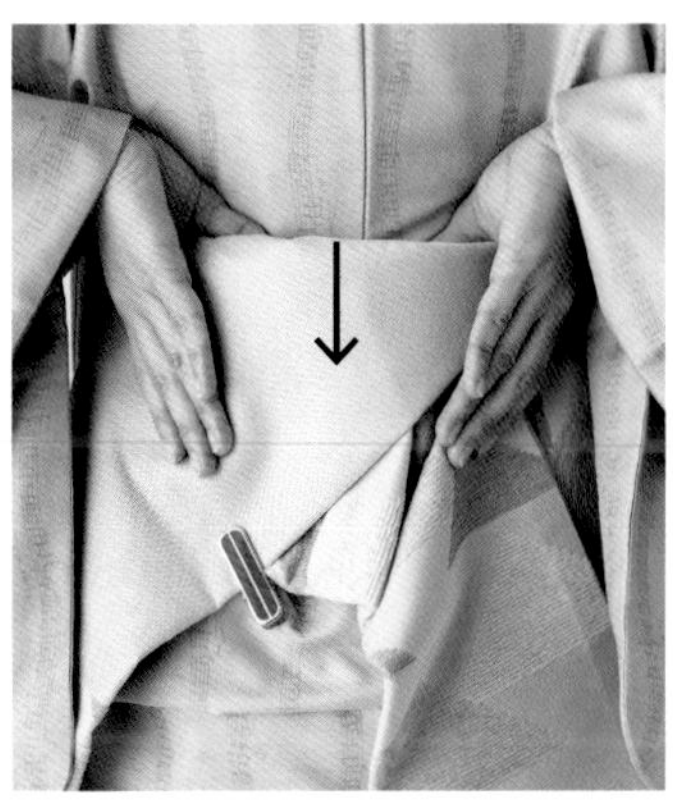

12

たれの表が外側を向くように開く。

【帯枕をのせる】

13

帯枕の平らなほうを親指、山側を4本の指で持つ。

14

たれの内側に帯枕の平らなほうをあて、帯の左右が同じ間隔になるようにして、たれごとしっかり持つ。

15

たれを帯枕ごと帯の上線にのせる。

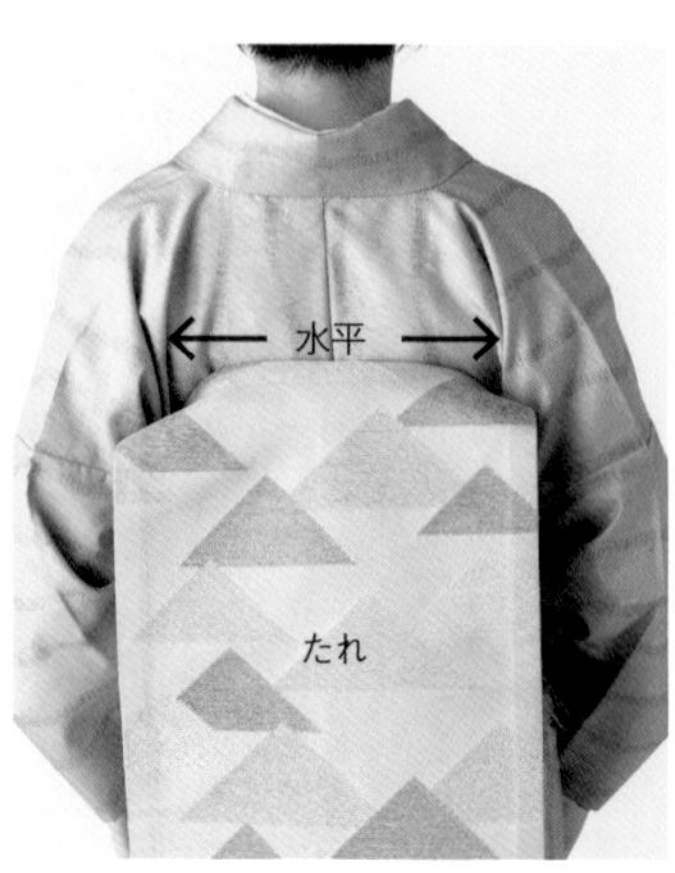

16

帯枕の紐を下に引き、背中にしっかりあてる。

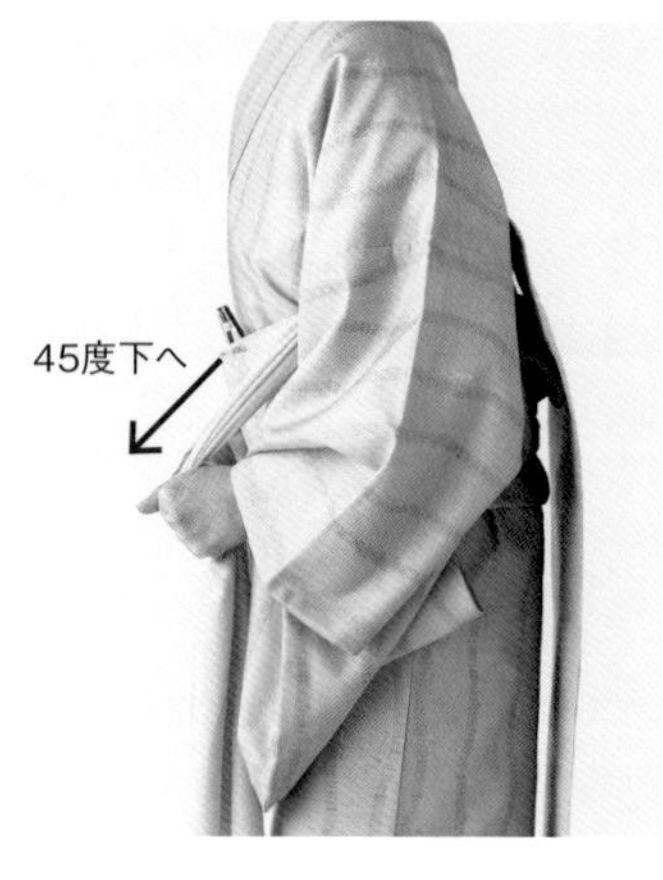

17

前で帯枕の紐を蝶結び（または片蝶結び）にする。帯揚げは仮結びしておく。

18

帯枕の下を平らに整える。

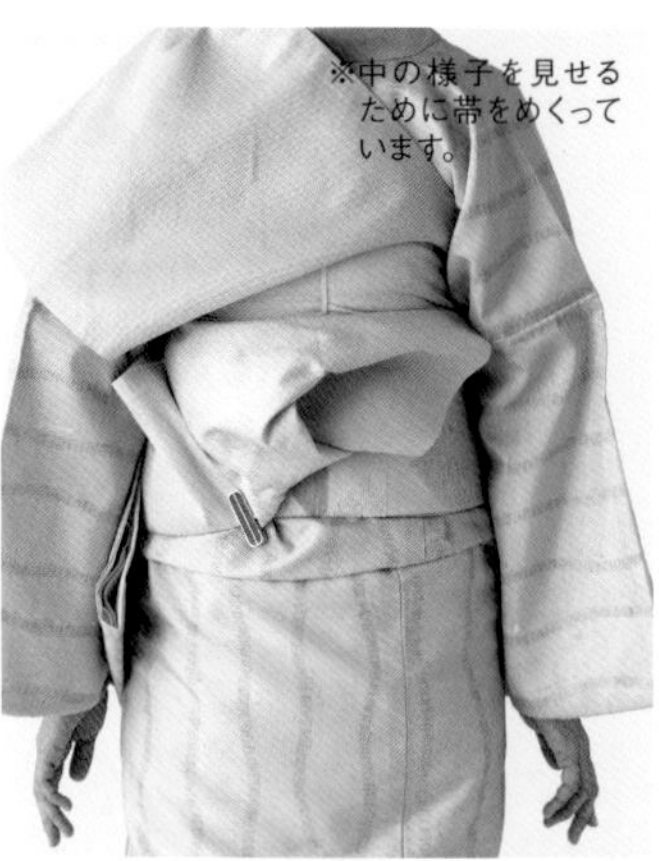

※中の様子を見せるために帯をめくっています。

信子さんのこぼれ噺（ばなし）

帯枕の形は年齢や体型で変わっていきます

帯枕の山は上向きにして帯をのせます。30代では、やや厚めの帯枕を使い、ふっくらとしたお太鼓を作るときれいです。年を重ねるに従い、平べったいお太鼓がふさわしく、帯枕も替えていきましょう（→159頁）。ふくよかな方は、薄く横長の帯枕のほうが体型をカバーできます。

【お太鼓を作る】

19

おはしょりの下線の位置で仮紐をあてる。

20

19の仮紐の位置でたれを持ち、人差し指を伸ばす。

21

人差し指で帯を内側に折り、お太鼓の下線を作る。

22

左手でお太鼓の下線をしっかり持つ。

23

右手でたれをたくし上げる。

24

お太鼓とたれの端を持ち、たれの長さが人差し指1本分になるように調整する。

25 仮紐を前帯の下線の位置で結び、て先を左手で持つ。

26 お太鼓の内側にてを入れ、仮紐づたいに反対側へ通す。

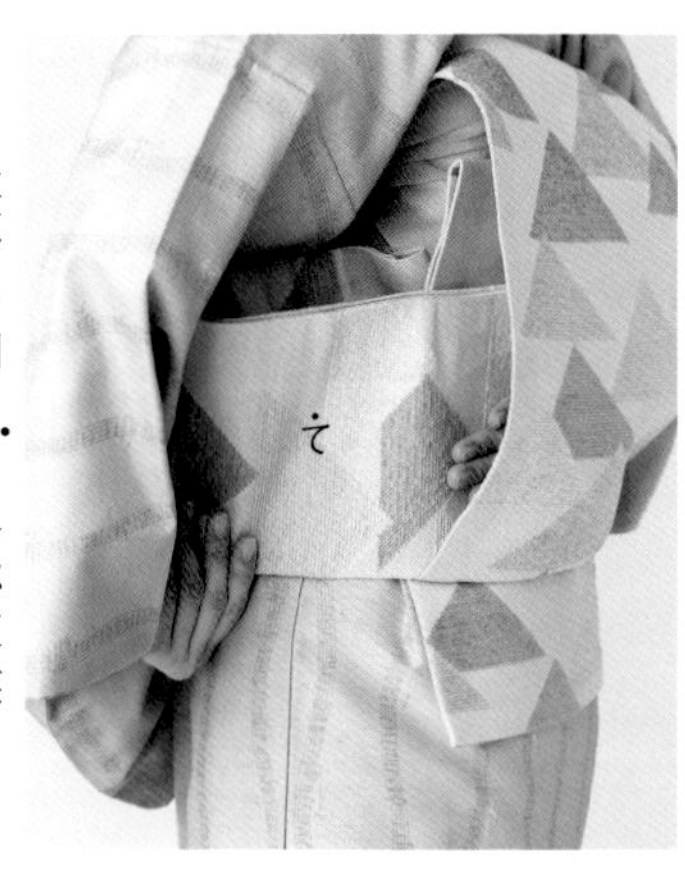

27 て先をお太鼓の右脇から2〜3cm出す。

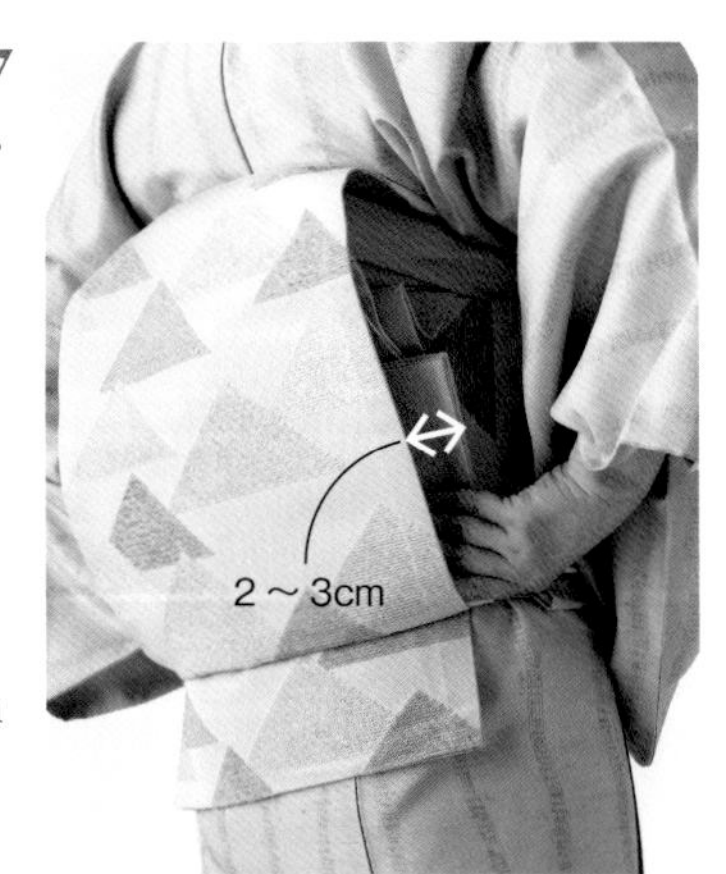

【帯締めを締める】

28 帯締めを中心で二つに折り、右手でお太鼓の中に入れ、背中心あたりでわを左手に渡す。

29 帯締めのわが背中心からずれないようにしながら、左右の手で1本ずつ持ち、両脇でぐっと引く。

30 左が上になるように交差させ、かぶせた左を下からくぐらせ、ひと結びする。

31
交点をしっかり押さえながら、結び目の上に出たほうをわにする。

32
結び目の下から出たほうでくるむようにして、わに通す。

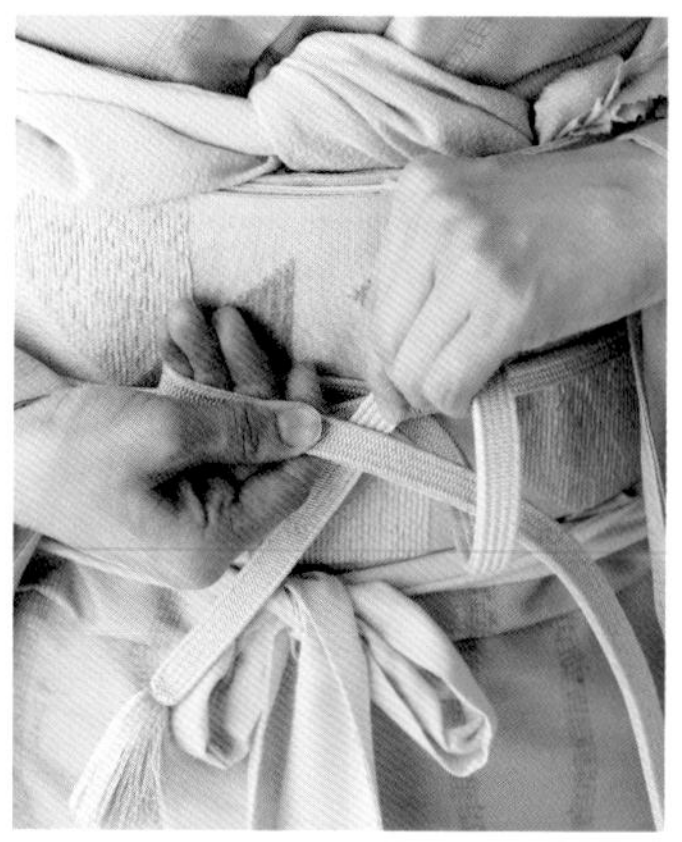

33
交点を押さえたまま、左右を引いて、ぎゅっと締める。

帯締めが1本の線になるように整える

34
房は上に向け、脇に挟む。仮紐をはずす。

房を上に向けて挟むと、何時間たっても緩まない

帯締めの表と裏の見分け方

帯締めにも表と裏がありますから、締めるときに気をつけましょう。帯締めを買うと、品質表示の紙が巻きついています。その表示が読めるほうが表です。紙をはずして分からなくなっても、表のほうにはふくらみがあるので、触って確かめてください。

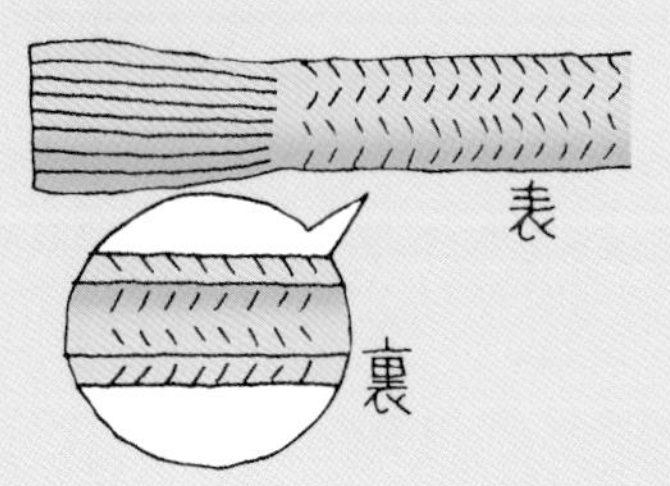

【帯揚げを締める】

35

仮結びしてあった帯揚げをほどき、帯枕の紐を帯と伊達(だて)締め(じ)の間、みぞおちのあたりまで入れる。

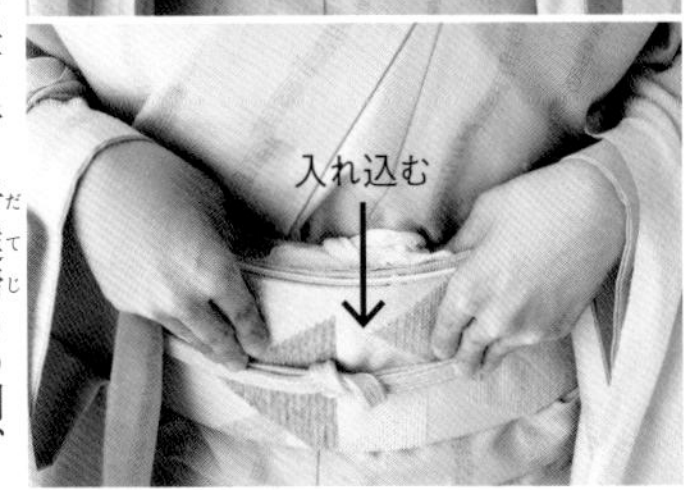

36

帯揚げを脇から二つ折りにする。

37

さらに半分に折って、四つ折りにする。4本の指を内側に入れてすべらせると、きれいに折れる。

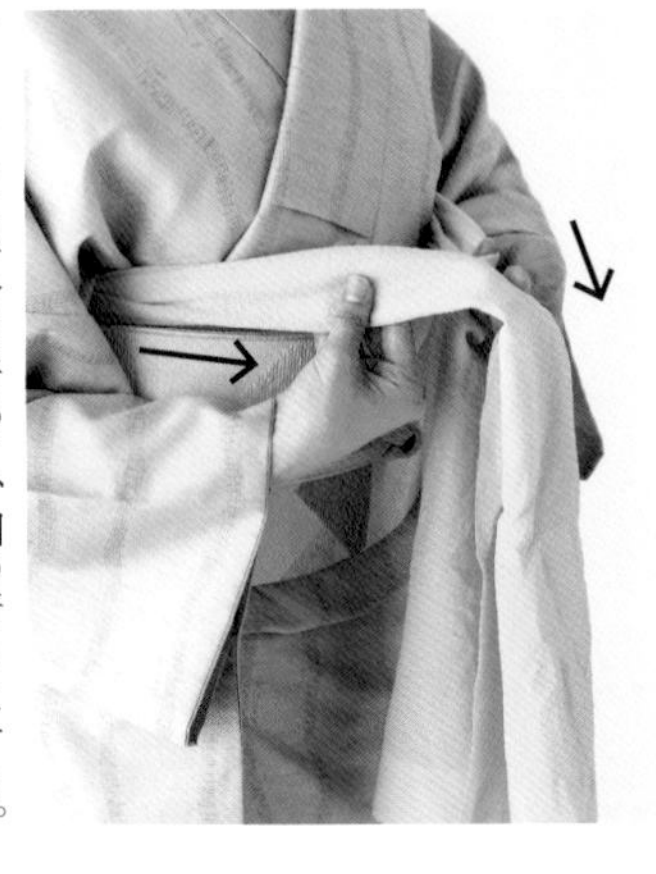

38

帯揚げの左を上、右を下にして重ねる。

39

蝶結びか片蝶結びにする。ぎゅっと結ばず、ふんわり結ぶのがコツ。

40 結び目をきれいに整えて、帯と伊達締めの間に入れ込む。

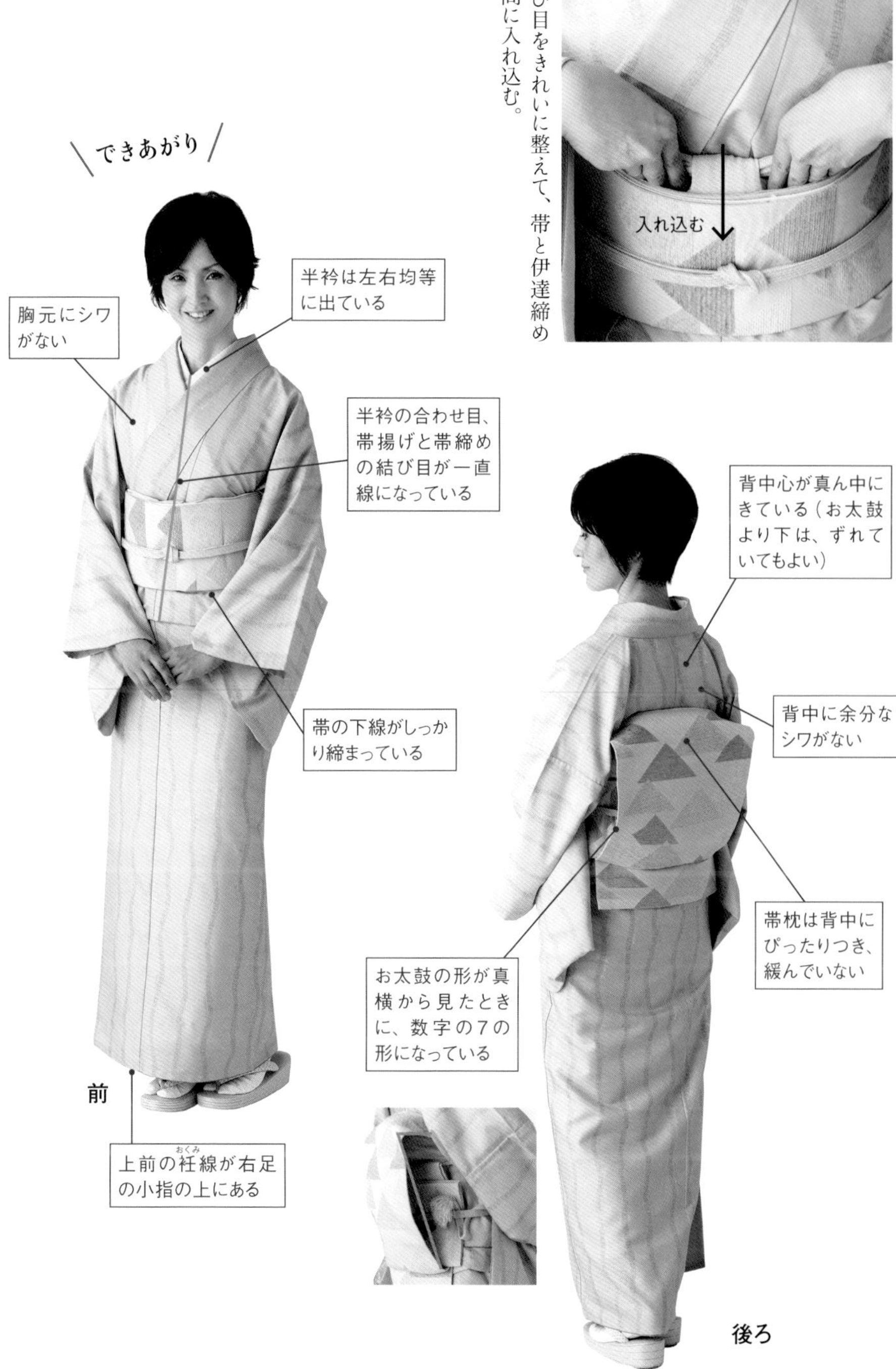
入れ込む
できあがり
胸元にシワがない
半衿は左右均等に出ている
半衿の合わせ目、帯揚げと帯締めの結び目が一直線になっている
帯の下線がしっかり締まっている
前
上前の衽(おくみ)線が右足の小指の上にある
背中心が真ん中にきている(お太鼓より下は、ずれていてもよい)
背中に余分なシワがない
帯枕は背中にぴったりつき、緩んでいない
お太鼓の形が真横から見たときに、数字の7の形になっている
後ろ

どんな柄づけの帯でも、これで安心

お太鼓柄の帯を結ぶ

◉用意するもの／お太鼓柄の名古屋帯、ピンチ、帯板、仮紐、帯枕、帯揚げ（帯枕を包んでおく）、帯締め

帯の柄づけには総柄とお太鼓柄があり、お太鼓柄はお太鼓と前帯だけに柄（模様）があります。前に柄を出すには、先に前帯の柄の位置を決めること。次に帯枕を置くときに柄の出方を調整することです。そのほかは、普通の名古屋帯と同じです。

帯／新装大橋

【前帯の柄の位置を決める】

1 胴に前帯の柄をあてて、てとたれを背中心で合わせる。

柄が好みの位置にくるように調節する

2 持った位置を動かさずに前に出す。

胴ひと巻き分

て

たれ

3 て先に向かって、胴ひと巻き分の倍の長さを測る。

たれ

て

前帯の柄の位置をずらすときは

中心から1～2cmずらすだけで十分印象が変わります。ふっくらさんは前柄も広い範囲に描かれているほうが体に合います。

4

たれ側を離す。右手は帯を持ったまま背中にまわし、背中心にあてる。

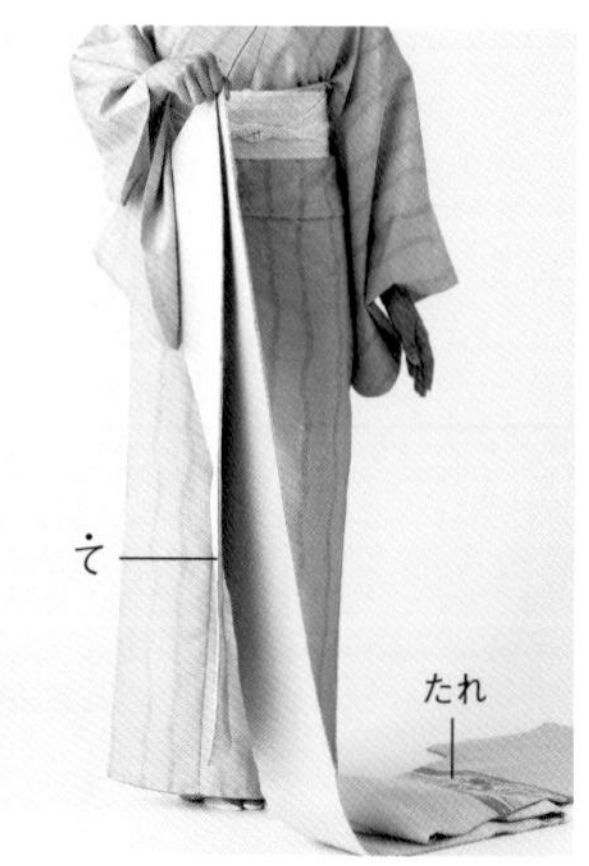

目印に糸印をつけておいても

次回結ぶとき、4での背中心にあてるところから始められるように、玉留めくらいの糸印をつけておいてもよいでしょう。

5

て先を左肩に掛け、ピンチで衿に留める。180頁の2～183頁の14と同様に帯を巻き、帯枕をあてる。

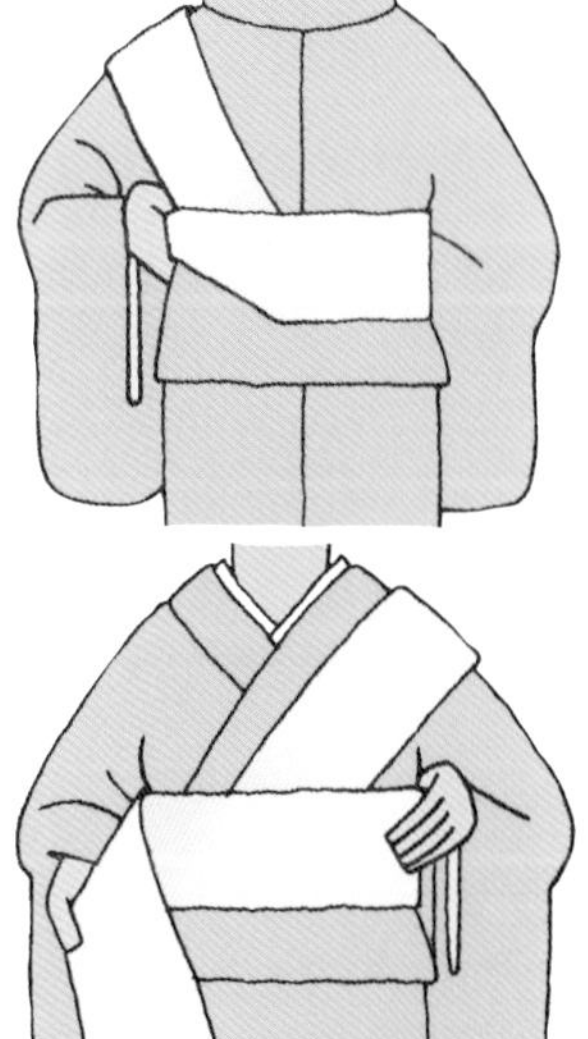

【お太鼓の柄の位置を決める】

6

鏡で確認しながら、お太鼓柄の位置を調整する。あとは184頁の15～189頁の40と同様にする。

お太鼓の柄の位置が決まったあとは、鏡を見ない

＼できあがり／

名古屋帯と基本は同じ

袋帯で二重太鼓を結ぶ

◉用意するもの／袋帯、帯板、ピンチ、帯枕、帯揚げ（帯枕を包んでおく）、仮紐、帯締め

袋帯は、留袖や訪問着、色無地、付け下げなどフォーマル着物に合わせます。唐織、佐賀錦、綴織、刺繍、螺鈿箔など、さまざまな技法で伝統の文様が華麗に織り込まれ、豪華に格調高く装えます。ここでは、初心者でも簡単に、美しく仕上がる結び方を紹介します。

着物・帯／新装大橋

1 180頁の1～183頁の12と同様にして帯を巻き、たれの表が外側を向くように開く。

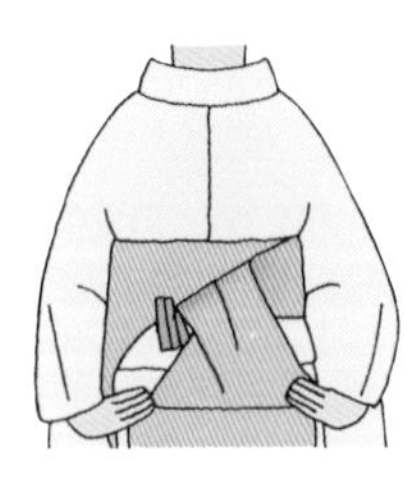

【仮紐を結ぶ】

2 二つ折りにした仮紐のわを持つ。

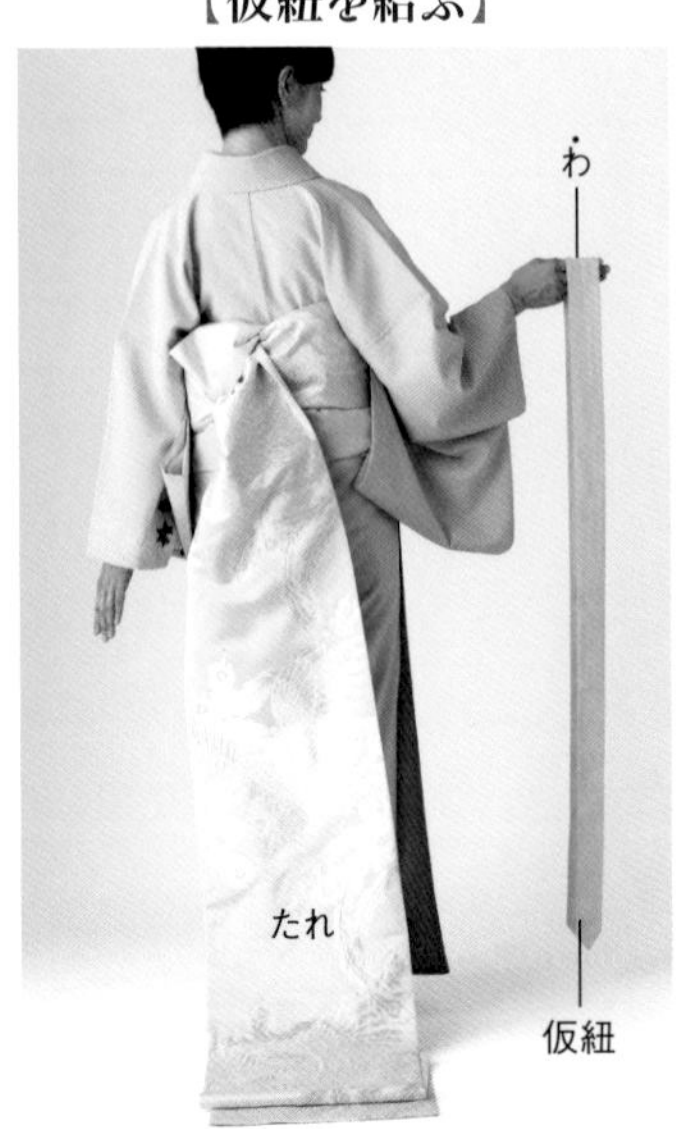

3 たれの内側に仮紐をあて、仮紐と帯を一緒に持つ。

仮紐の位置がお太鼓の山です

仮紐の位置は、柄の出る具合を見て調整しましょう。ここがお太鼓の山より下になります。

4 たれを帯の上線まで引き上げて、仮紐を前で結ぶ。

5 仮紐の下を平らに整える。

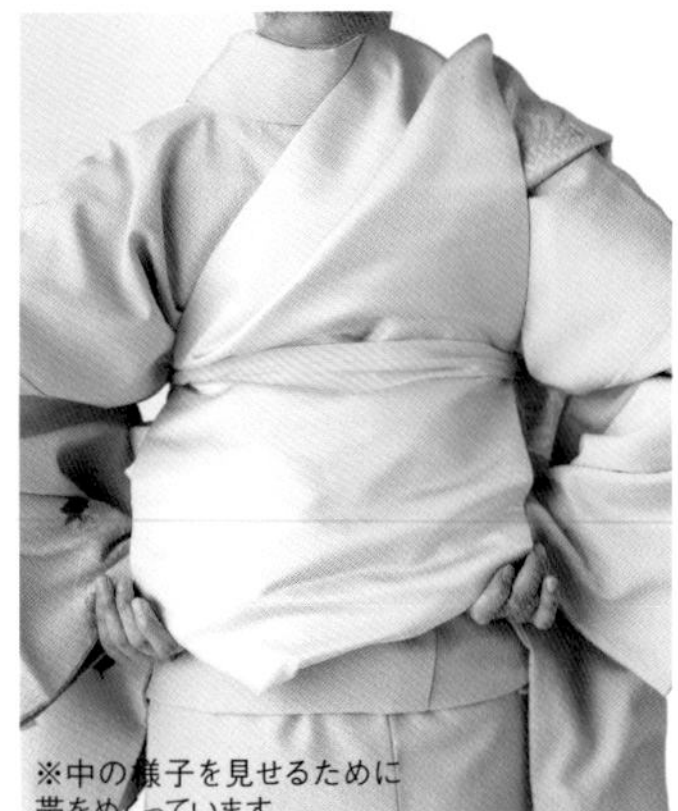

※中の様子を見せるために
帯をめくっています

【帯枕の位置を決める】

6 ひざの上でたれを三角形に折る。

7 帯枕の山が上を向くようにして、たれ先にあて、帯ごと右手で持つ。

三角形が形のよいお太鼓の基本

二重太鼓は帯枕の位置を決めた時点で、お太鼓の大きさとたれの長さが決まります。7で、6のたれを折ってできた三角形の上線に帯枕を置くと、バランスよく仕上がります。

【帯枕をのせる】

8 右手を後ろにまわし、両手で帯枕の紐と帯を一緒に持つ。

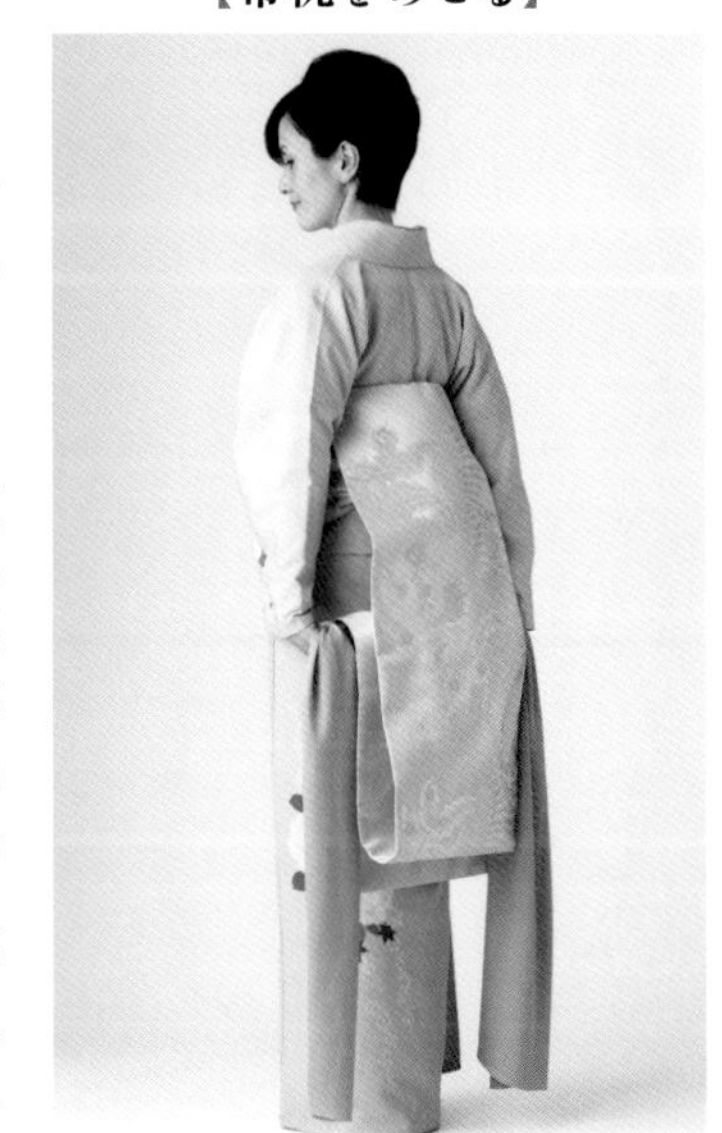

9

帯枕を帯の上線にのせる。帯枕の紐を両脇で下に引く。

帯枕は背中にしっかりあてる

45°下へ引く

※帯枕の状態
説明のためにピンチで留めています

10

前で帯枕の紐を蝶結びか片蝶結びにする。帯揚げは仮結びして、仮紐をはずす。

【二重太鼓を作る】

11

185頁の19～24と同様にして、お太鼓を作る。仮紐は前帯の下線の位置で結ぶ。

お太鼓の下線
たれは人差し指1本分くらいの長さ

お太鼓のて先が長かったら

て先はお太鼓の右脇から2～3cmくらい出るのが程よく、長いときは左脇で、たれの返しをくるむように折り込んで調整します。

12

てをお太鼓に通す。て先はお太鼓から2～3cm出す。

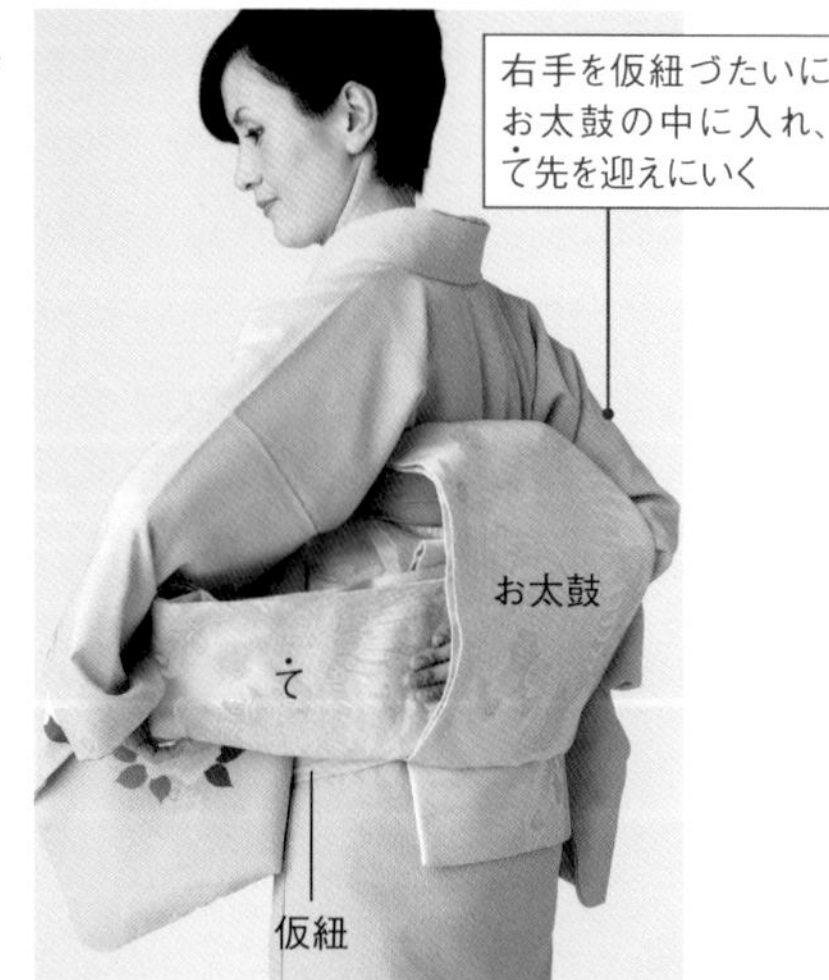

右手を仮紐づたいにお太鼓の中に入れ、て先を迎えにいく
お太鼓
て
仮紐

【帯締めを締める】

13 帯締めを二つ折りにし、右手でお太鼓の中に入れる。背中心のあたりでわを左手に渡し、わが背中心からずれないようにしながら、両脇まで持っていく。

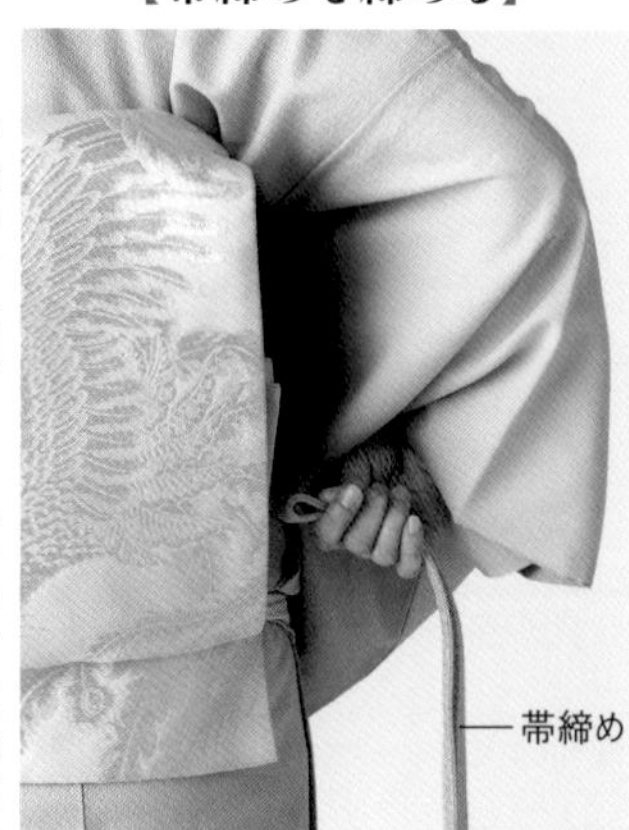

14 左が上になるように交差させてひと結びし、187頁の31〜34と同様に締める。仮紐をはずす。

15 帯枕の紐を帯と伊達締めの間、みぞおちあたりまで入れ込む。

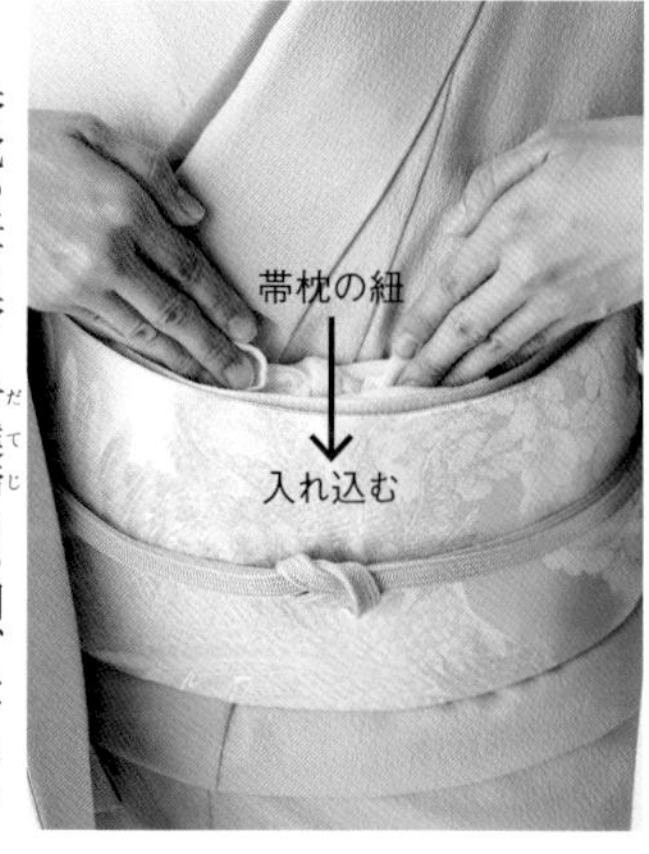

【帯揚げを締める】

16 仮結びしてあった帯揚げをほどき、188頁の36〜39と同様に結ぶ。

17 結び目をきれいに整えて、帯と伊達締めの間に入れ込む。

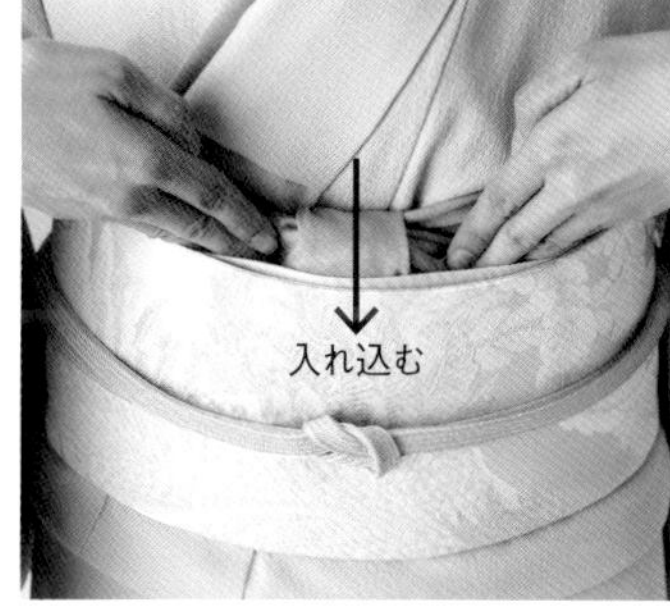

できあがり

前

帯の下線がしっかり締まっている

帯枕は背中にぴったりつき、緩んでいない

後ろ

二重に重ねた帯が、ずれたりゆがんでいない

お太鼓の形が真横から見たときに、数字の7の形になっている

てはお太鼓の2枚目の内側を通っている

体型別、着付けのコツ

着物には、体型の悩みをカバーしてくれるさまざまな知恵がつまっています。ふくよかでもやせていても、ほんの少しの工夫で美しい着姿になります。

胸が大きくて帯にのっかります

「アンダーバストに手ぬぐいで段差のないなだらかな胸に」

理想の和服姿は、茶筒のような姿です。バストの大きい方は和装ブラジャーをつけて、胸をなだらかにしましょう。それでも段差ができてしまう方は、手ぬぐいやハンカチを長方形に畳み、アンダーバストに挟み、段差をなくします。

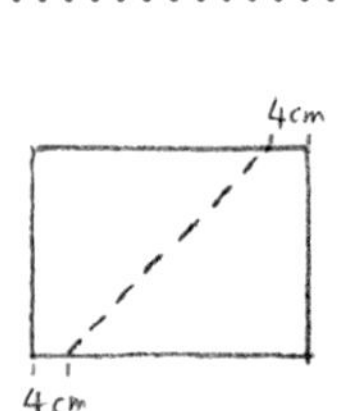

いかり肩なので着物が似合いません

「長襦袢(ながじゅばん)の衿に硬い衿芯を入れていませんか?」

半衿に硬い衿芯が入っていると、よけいにいかり肩に見えてしまいます。差し込み芯を使っているなら、一度衿芯を取ってごらんなさい。不安な方は首周りがやさしく見えます。首周りがやさしく見えるところだけ、A4サイズのコピー用紙を図のように衿幅より狭く畳んで、半衿の内側に入れます。

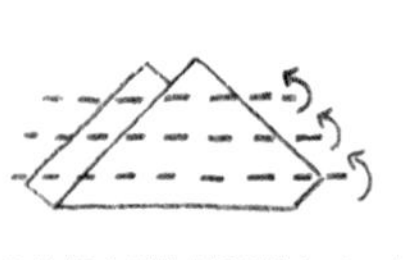

❶A4のコピー用紙を対角線上に折る。

❷衿幅より狭く折り畳んでいく。

背が高いので全体のバランスが悪くなります

「背の高さによって帯幅を変えましょう」

背の高さで帯幅は変わります。背の高い方が高い位置に帯を締めてしまうと、子どもっぽい印象になるので、帯幅を広げるか、名古屋仕立てなら帯を少しずらして巻きましょう。頭頂部から床の長さの4対6の位置で帯締めが締められていると、着姿が安定します。

お尻が大きいのが気になります

「お太鼓を大きめに、て先を多めに出します」

お尻が大きい場合は、帯結びでカバーします。て先を通常よりも少し多めに出すとお尻の大きさが目立たなくなります。また、お太鼓を大きめに作り、たれ先をお尻の一番高い部分に合わせましょう。

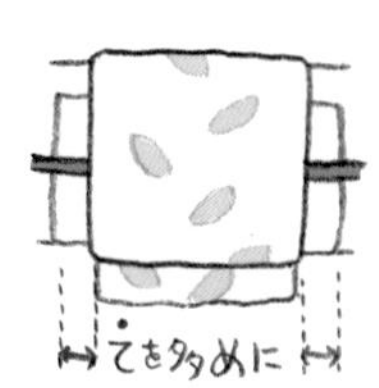

通常はて先を2〜3cm出しますが、お尻が気になる場合は3〜4cm出してお尻をカバーします。

下腹が出ているのが目立ってしまいます

「少し帯幅を広げてカバーします」

下腹が気になるからといって帯位置を下げると、老けた印象になります。帯幅を調整できる開き仕立ての帯を使い、幅を広くして帯の下線が腰骨を通るようにするとお腹のふくらみが目立ちません。

帯幅は体型に合わせて1〜2cm広げても大丈夫。帯の上線はそのままで、下線を下げます。

首が短いのですっきり見えません

「広衿を少し多めに折りましょう」

衣紋を抜きすぎると短さが強調されるので、衿を寝かせて、喉元をつめましょう。また、着物の広衿を半分に折るときに少し内側に折り込むと、後ろの衿が低くなる分、首が出て長く見えます。

広衿のスナップの位置をずらすか、糸で小さく留めて、広衿を2〜3mm内側に多めに折り込むようにします。

やせすぎていて帯がずれます

「ふっくら見せるようタオルで補整を」

帯がずれるほどやせている場合は、胴周りをタオルで補整しましょう。私はタオルに紐をつけた補整グッズを作り、やせているモデルさんに使っています。

<作り方>

❶タオルを縦半分に折る。

❷両端を図のように三角に折り、縫い合わせる。

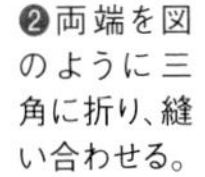

上は縫い合わせない。

補整が足りなければ、ハンカチなどを入れる。

❸紐を縫いつける。

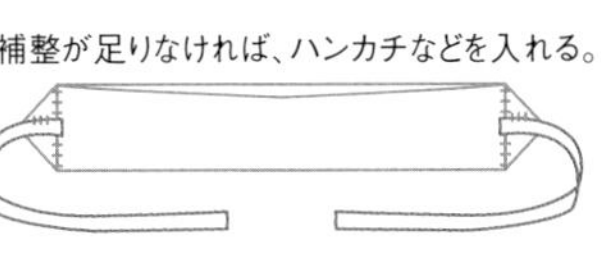

涼しく着るのが基本

浴衣（ゆかた）の肌着と裾よけをつける

◉用意するもの／スポーツブラ、裾よけ

浴衣の肌着は、スポーツブラと裾よけだけでかまいません。浴衣は体のラインが少し分かるくらいでよく、素肌にまとっているかのように見せるほうが涼しげです。

肌着の選び方

浴衣の肌着にはスポーツブラが重宝します。衣紋（えもん）から見えないように、背中の開いたタイプで、色はベージュや白を。濃い色や柄入りは、浴衣の色柄によっては透けてしまいます。胸がふくよかな人は、和装ブラジャーで押さえてもよいでしょう。また、ショーツも色はベージュで縫い目のないものなど、浴衣に下着のラインが出ないものを選びます。

和装ブラジャー

【裾よけをつける】

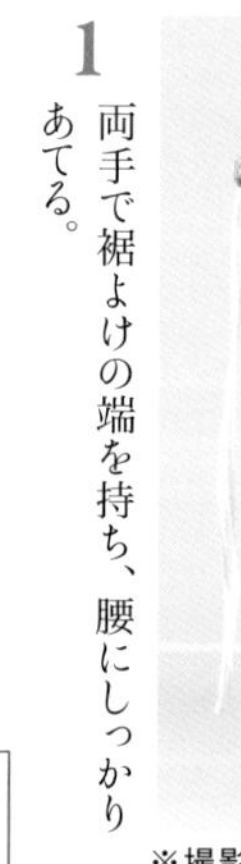

1 両手で裾よけの端を持ち、腰にしっかりあてる。

※撮影のためにタンクトップとスパッツを着ています

2 下前、上前の順にあて、斜めに引き上げる。

下前

上前

裾つぼまりにする

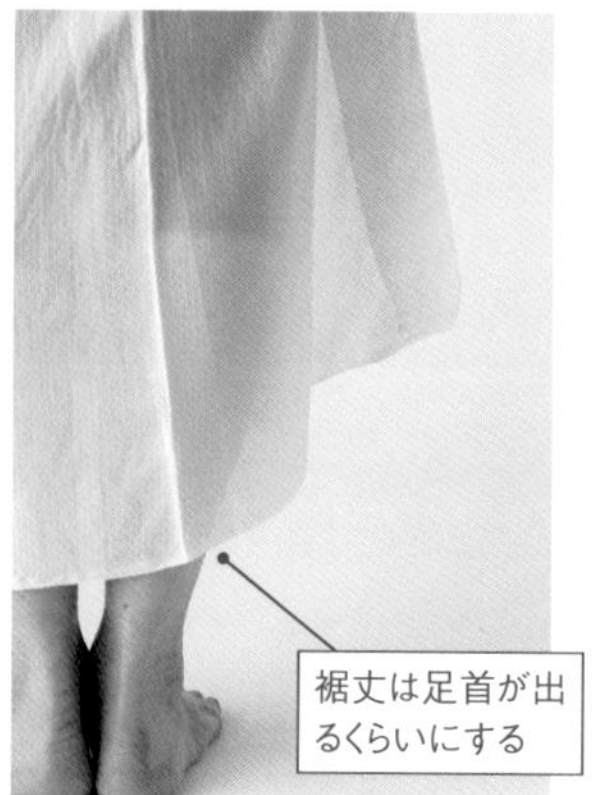

3 引き上げた部分を折り返す。

補整の代わりになるので、ぐしゃぐしゃでよい

4

紐を後ろで交差させ、脇で引く。

5

紐を前でからげる（↓170頁）。

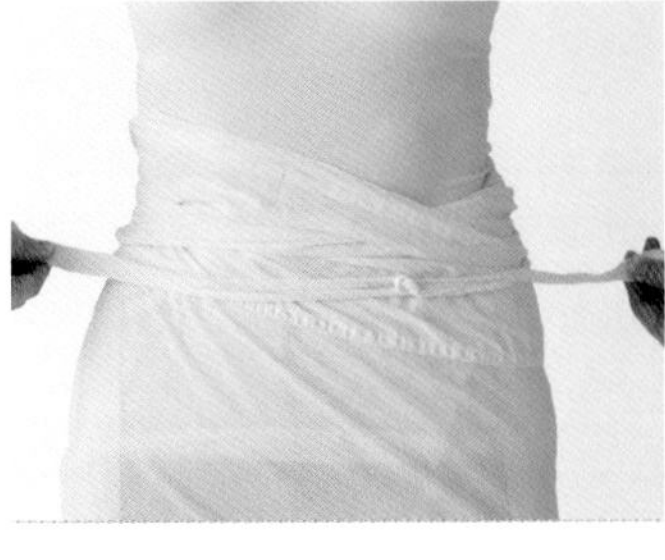

結ばないで「からげる」

肌に近いので、結ばずにからげるほうが、長時間着ていても快適に過ごせます。

こんなときは

腰が細い場合は、補整をする

腰が細い方、ウエストのくびれが大きい方は、5で裾よけをつけたあとに補整を。半分に折った薄手の浴用タオルを、少しずらした状態で裾よけの紐の間に挟みます。タオルはストッパーの役目もするので、腰紐と帯が安定します。

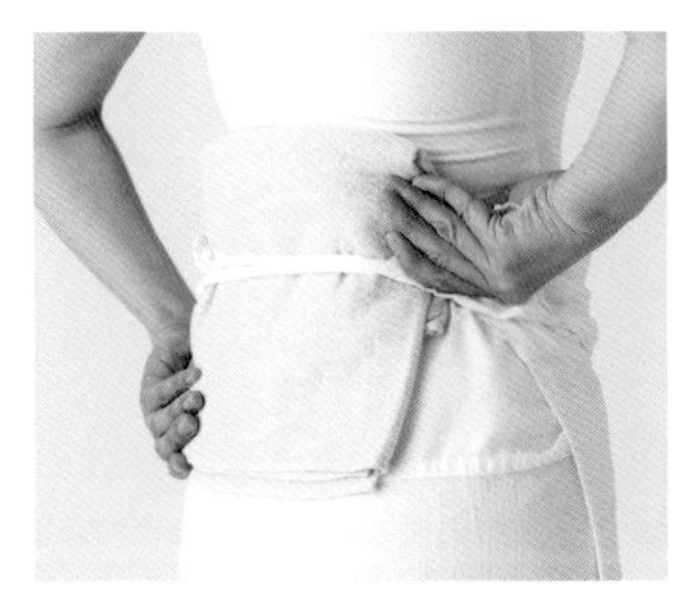

信子さんのこぼれ噺

夏着物感覚で浴衣を着るなら

◆綿紅梅や綿絽など、上質な生地のよそゆき浴衣を着るときは、白足袋をはくことで夏着物風になります。裾よけの裾丈は、足袋の上線に合わせて着付けましょう。スポーツブラや和装ブラの上には肌襦袢か、または筒袖レースの半襦袢を。

◆帯は麻や木綿の名古屋帯か、博多献上帯などで。和のお稽古、ホテルでの会食、観劇など、幅広く出かけることができます。浴衣なので、履物は下駄がおしゃれです。

胸紐と腰紐だけでOK

浴衣を着る

◉用意するもの／浴衣、衿芯（できるだけ薄いもの。メッシュでもよい）、腰紐

暑いので、伊達締めを使わずにすむ着方を紹介します。浴衣は生地が薄いため、ポイントを押さえれば紐2本で着られるのです。

浴衣／新装大橋

【袖に腕を通す】

1 168頁の1〜3と同様にして、片方ずつ肩に掛ける。

2 片方の掛け衿先を持って、ひじから袖に通す。もう片方も同様に袖を通す。

掛け衿先

【背中心を合わせる】

3 左右の袖口を持ち、「奴さんポーズ」をして、背縫いがまっすぐ背中心にくるように合わせる。

前

後ろ

背中心

信子さんのこぼれ噺

お出かけ浴衣のときには衿芯を入れます

浴衣の衿は、汗を吸うとヨレヨレになってしまいがちです。衿に差し込み式の衿芯を入れて防止するのも、きれいな着こなしのコツです。

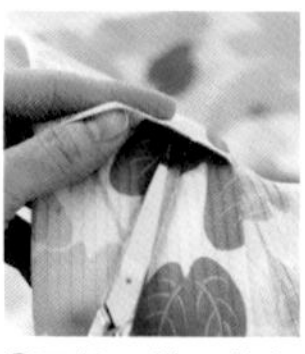

①下前の掛け衿先の縫い目を1か所切り、指で押し広げる。

②衿芯を端まで入れる。

【裾丈を決める】

4 右手で背中心を押さえ、左手で両衿先を持つ。裾を床と平行にぐっと持ち上げて、床すれすれに下ろす。

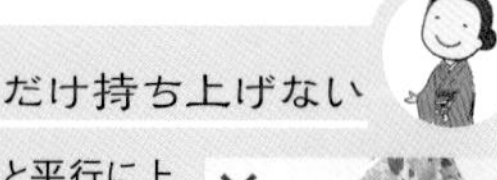

衿先だけ持ち上げない

裾を床と平行に上げ下げすることで、布目が通り、きれいに着られます。右の写真のように、衿先だけ持ち上げるのはNGです。

【上前を決める】

5 左手で上前の衿先を持って、静かに開き、床をなでるように右脇へ持っていき、前幅を決める。

【下前を決める】

6 静かに上前を開き、下前が床をなでるように左脇へ持っていく。裾先を床から7～8cm引き上げる。

裾つぼまりにするコツ

衿先が腰についてから裾先を持ち上げるようにすると、裾がきれいにつぼまります。

【上前を重ねる】

7 上前を、床をなでるように右脇へ持っていく。上前が右脇まできたら、右手を抜く。

【腰紐を結ぶ】

8 上前の裾先は下前と同じくらい上げる。右手で腰紐の真ん中を持ち、上前を押さえている左手あたりにあてる。

上前

腰紐

6～7cm

9 左手で腰紐を両腰骨のあたりにすべらせ、後ろで交差させて両脇で引く。

腰骨のあたり
で締めれば
苦しくない

10 脇で蝶結び（または片蝶結び）にする。でこぼこをなくすように、結び目を内側に返す。

【おはしょりを整える】

11 身八つ口（みやつくち）から後ろ身頃に両手を入れて、手刀（てがたな）を通す。前身頃も同様に整える。

12 下前のおはしょりを三角に折り上げる（↓216頁）。

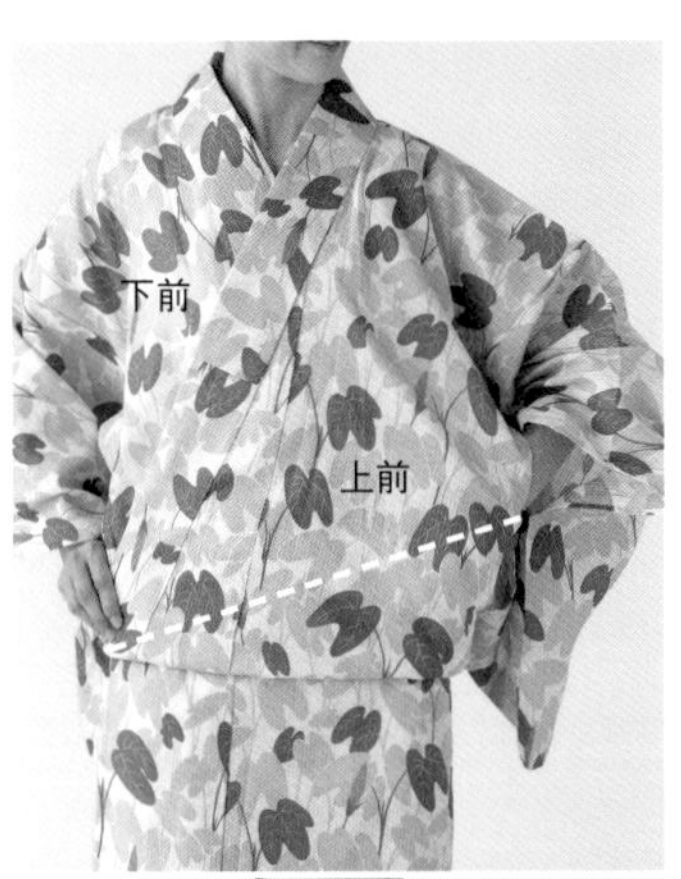

※下前の状態
説明のために、上前を脱いでいます

下前

【衣紋を抜く】

13 衣紋の先と肩甲骨の高さが同じになるように調整する。

14 右手で上前の衿先を、左手で下前の衿先を持ち、左右に引く。

下前
上前
バストをしっかりおおうようにする

【胸紐を結ぶ】

15 胸紐をバストの下にあて、背中心で交差させ、両脇で一度下に引くようにして締める。

16 前で蝶結び（または片蝶結び）にして、結び目を内側に返す。

胸下の間なので、ここで結んでも苦しくない

17 背中心をずれないように押さえ、人差し指をすべらせてシワを取る。

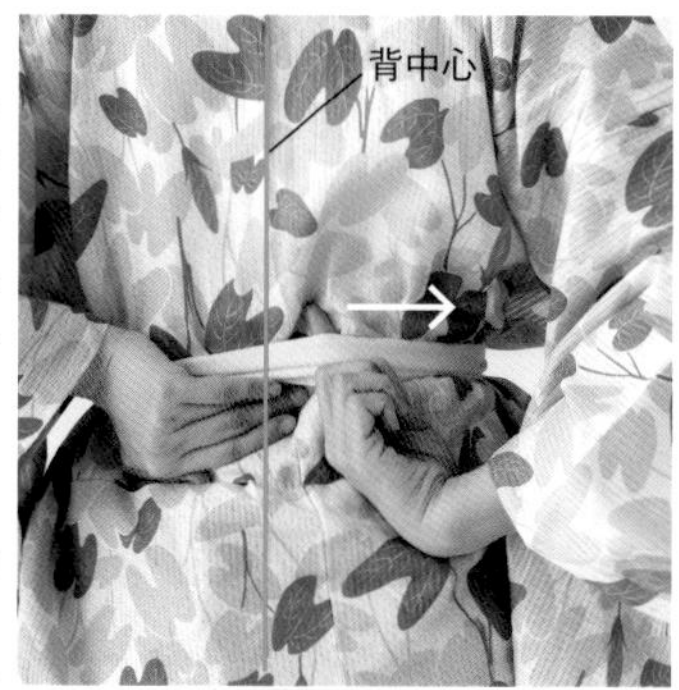

浴衣を着たところ

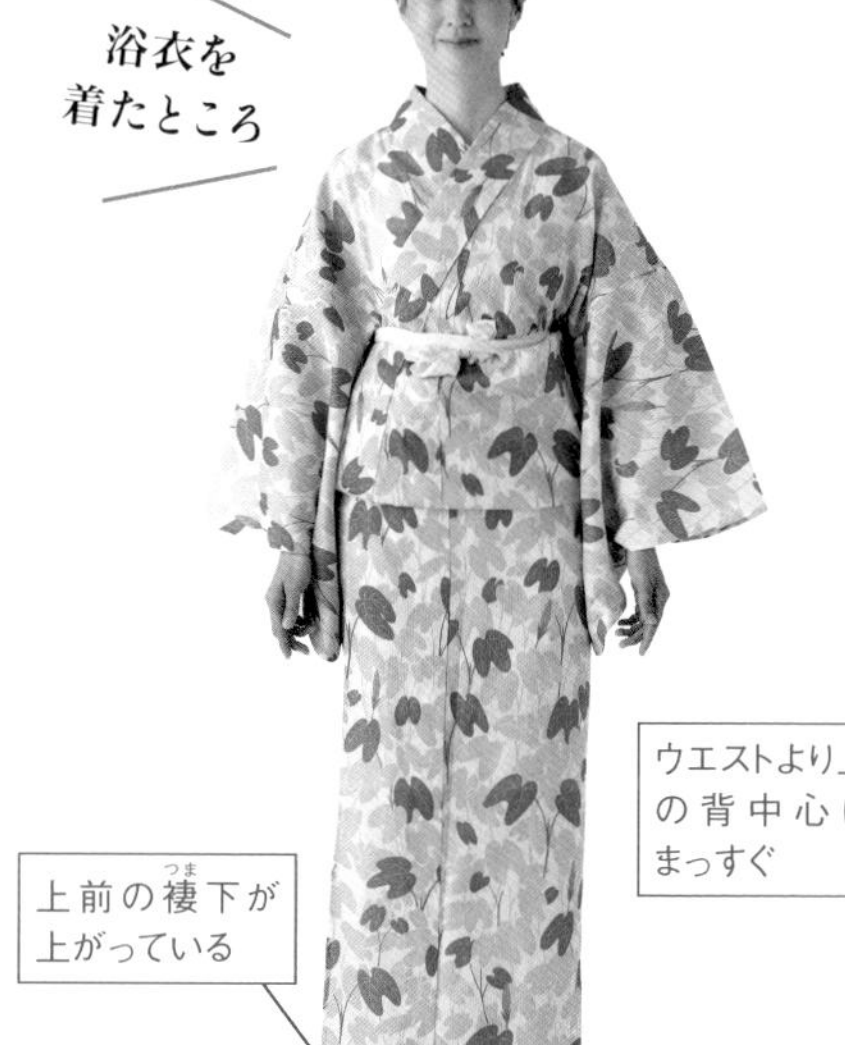

ウエストより上の背中心はまっすぐ
上前の褄下が上がっている

大人かわいい、文庫のアレンジ結び

半幅帯で片流し

◉用意するもの／半幅帯、帯板

お太鼓用の帯の幅は8寸2分（約31㎝）で、この幅を半分にしたのが半幅帯です。「文庫」とは半幅帯の定番結びのことですが、わずかなアレンジで雰囲気が変わります。腰下でたれが揺れ、大人の女性をかわいらしく見せてくれます。

帯／新装大橋

【帯を巻く】

1 ての幅を半分に折る。て幅の3倍くらいの長さを測り、帯幅を半分に折って左手に持つ。体の前中心にあてる。

2 てを上にして、たれ側を胴に2回巻く。

3 てを左脇まで引き、右脇でたれの下線を持って下へ引き、しっかり締める。

て

たれ

4 右脇から、たれを斜めに折り上げる。

5 てをたれの上に重ね、たれの下をくぐらせる。

6 帯の上線でしっかり結ぶ。

【羽根を作る】

7 結び目を中心に、たれを折り畳んで羽根を作る。

バランスのよい羽根の比率

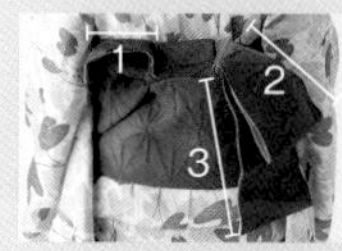

右の羽根1:左の羽根2:たれ3の長さが目安です。

8 羽根をつまんで折りひだを作り、羽根の真ん中を左手で持つ。

9 てを肩から下ろし、羽根をくるむ。

10

てを左上に引き出し、締める。

11

てを羽根の下に持ってきて、て先から結び目まで巻いていく。

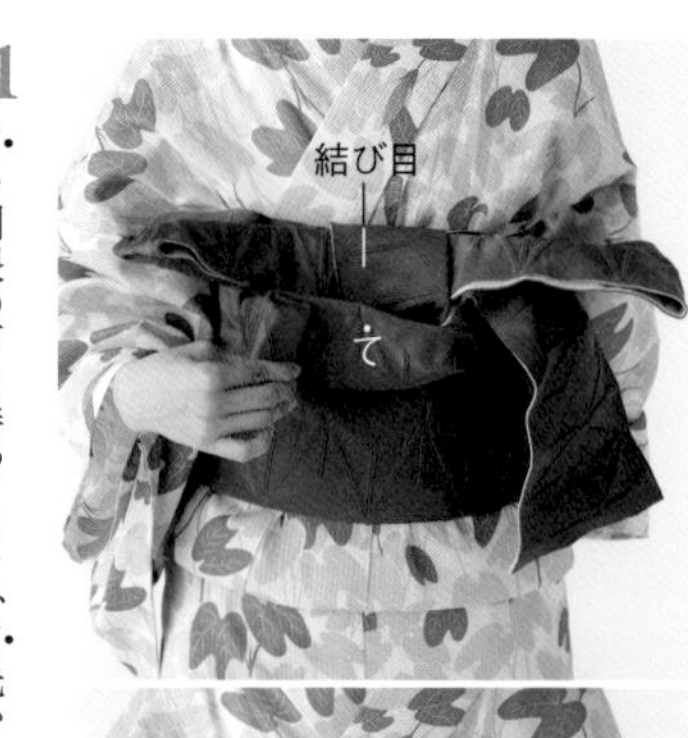

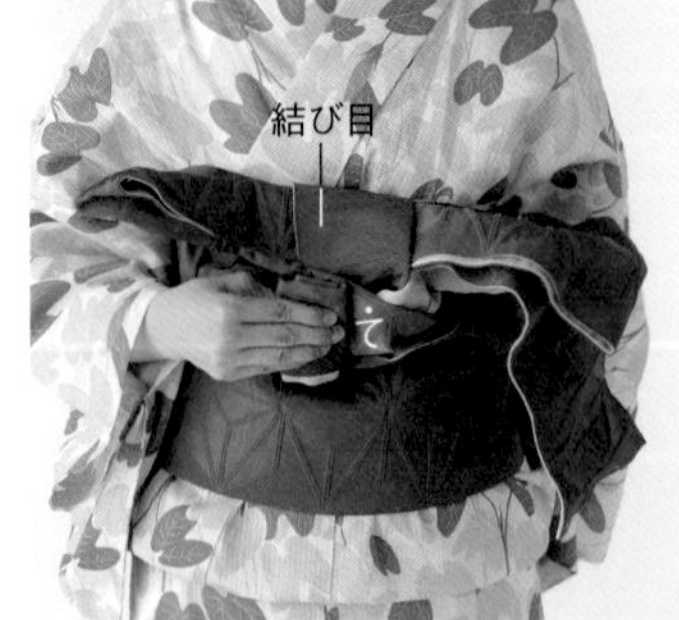

12

前帯の1枚目と2枚目の間に、巻いたてを入れる。

【羽根を整える】

13

羽根の先を伸ばして、形を整える。

14 右手で前帯の上線と羽根の結び目、左手で後ろ帯の下線を持ち、時計回りにまわす。

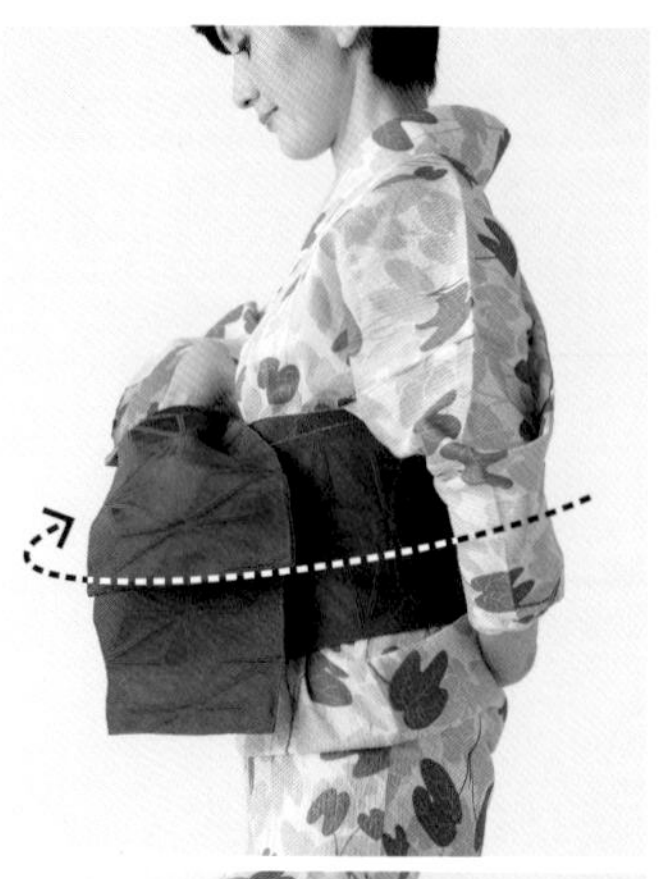

※まわしたところ

【帯板を入れる】

15 帯板を前帯の1枚目と2枚目の間に、上から下へ差し込む。

帯板

＼できあがり／

背中に余分なシワがない
羽根がきれいに広がっている
おはしょりの長さは帯の下線から人差し指1本分
帯の下線がしっかり締まっている
後ろ
前

こんなときは

おはしょりが長い場合は

おはしょりの長さの目安は、帯の下線から人差し指１本分です。長いときは前帯に入れ込みます。

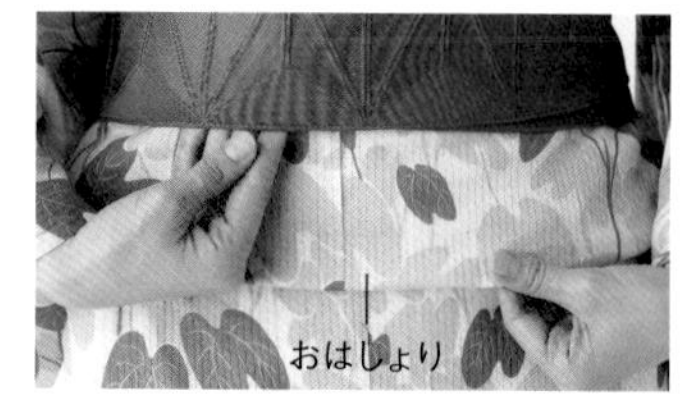
おはしょり

きりりと小粋な印象に

半幅帯で矢の字結び

◉用意するもの／半幅帯、帯板

平仮名の「や」の字に似ていることから、「矢の字結び」というようです。浴衣（ゆかた）はもちろん、紬（つむぎ）や木綿の着物にも適した結び方です。この結び方には、博多献上帯がよく合います。

浴衣・帯／新装大橋

【帯を巻く】

て
たれ

1 204頁の1〜2と同様に、ての幅を半分に折る。て幅は2.5倍くらいの長さを測り、たれ側を胴に2回巻く。

て＋帯幅分の長さ
て
たれ
内側に折り返す

2 てを左脇まで引き、右脇でたれの下線を持ってしっかり締める。たれがて＋帯幅分の長さになるように、内側に折り返す。

たれ
て

3 てに折り返したたれを重ねて、交点を右手の親指で持つ。

4 交点を持ったまま、たれをくぐらせる。

5

てとたれ元を持って、ぎゅっと結ぶ。

【羽根を作る】

6

たれを左肩にあずけ、てを折り上げて左手で持つ。

7

たれをての上からくぐらせる。

8

たれとてを引き、羽根やたれの形を整える。207頁の14と同様に、帯を時計回りにまわす。

バランスのよい羽根の比率は

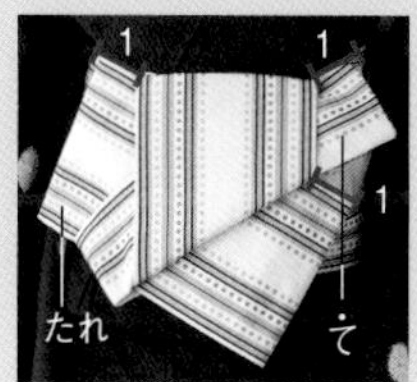

羽根とたれ、3か所の長さが1：1：1になると、きれいに仕上がります。

＼できあがり／

大正ロマン風の装い

兵児帯（へこおび）でりぼん結び

◉用意するもの／兵児帯

最近は大人用の兵児帯も、色柄・素材ともに種類豊富です。この結び方は、張りのある素材の兵児帯を使ってください。

浴衣・帯／新装大橋

【帯を巻く】

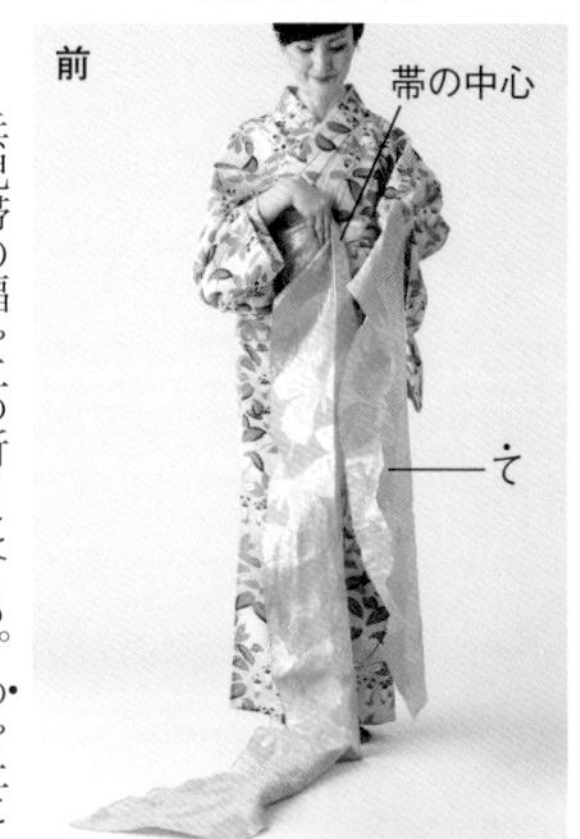

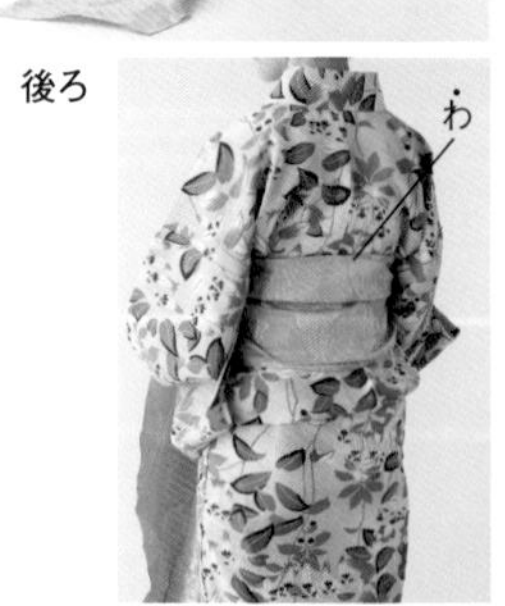

1 兵児帯の幅を二つ折りにする。わを上にして中心を持ち、みぞおちにあてる。左手でてを持つ。

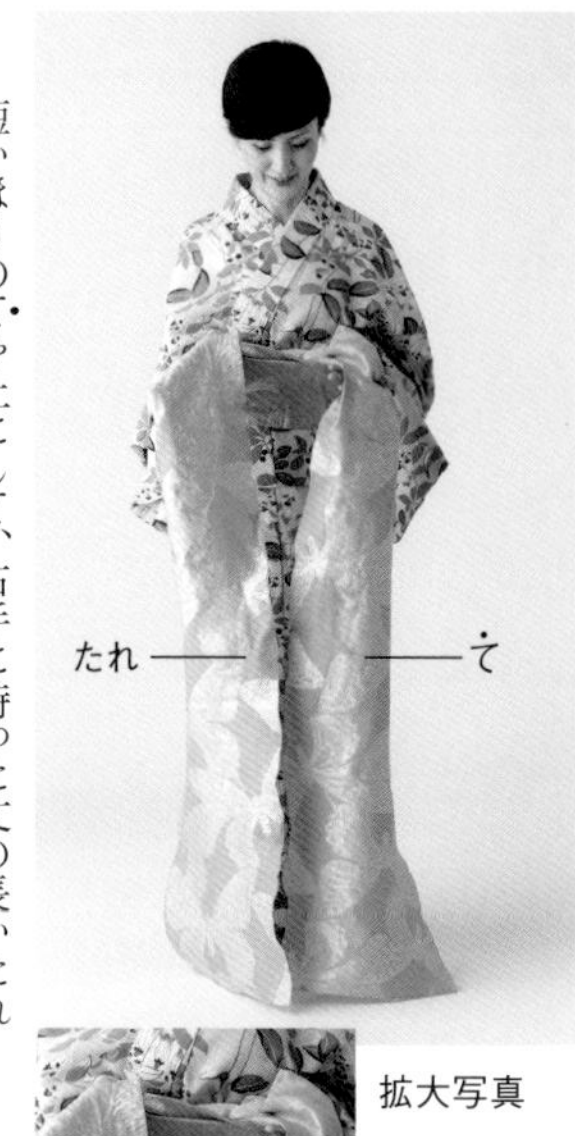

拡大写真

2 短いほうのてを上にして、右手に持った丈の長いたれを、反時計回りに胴に巻く。

3 てをたれの上に重ね、帯の上線でひと結びする。

【りぼんを作る】

4
てを右肩にあずけ、たれを左手で持ち、体の中心から左右対称になるようにして、りぼんの大きさを決める。

5
りぼんの中心を持ち、てを上からかけて、くぐらせる。帯の上線あたりで引いて締める。

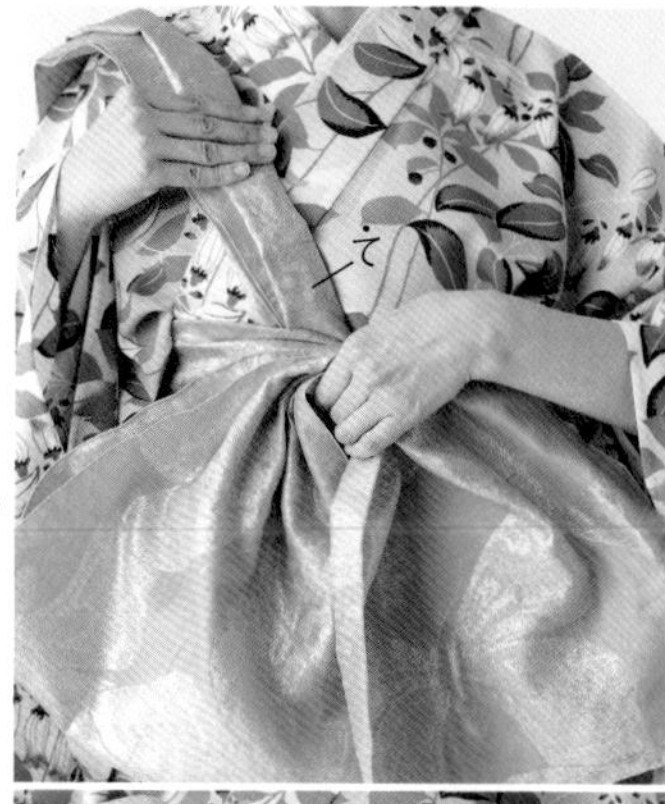

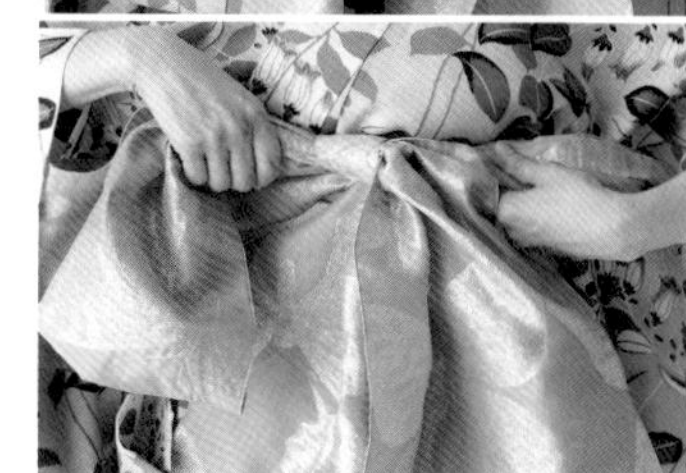

6
りぼんの形を整えて、207頁の14と同様に、帯を時計回りにまわす。

りぼん結びに適したふわふわ素材がおすすめ

ポリエステルなど、やわらかくても張りのある結びやすい素材で、大人かわいいおしゃれが演出できます。

着くずれしない着付けのコツ

着くずれしてしまうと、華やいだ気分も台なしになります。着くずれの原因は土台になる長襦袢にあることも多いので、まずは着付けを見直してみましょう。また、着くずれた際の対処法も紹介します。

一 衿が乱れる

「半衿を合わせるときに、バストポイントを隠しましょう」

衿がつまったり開いたりする原因は、主に長襦袢の着付けにあります。衿を合わせるとき、首元ばかり気にしがちですが、衿先まで意識することが大切です。バストトップをしっかり越えた位置に衿がくるようにすると、衿が安定し、つまったり、開いたりしにくくなります。若い方は脇の際まで衿を持ってくると美しい着姿になります。姿勢が悪いと衿が開いてくるので、姿勢に気をつけることも、着くずれを防ぐポイントです。

衿先

喉元の衿が交差したところだけを気にせず、衿先までを意識して合わせるとよい。衿先を持っている左右の手の位置が、バストの下で、左右対称の位置になっているかを確認する。鏡を見ずに、手の感覚だけで左右をとり、その位置で伊達締めを締める。

●緩まない伊達締めの締め方

背中のシワやたるみは、動いていると衿が緩む原因となる。できるだけ両脇に集めること。両脇に集まった緩みは、腕の可動範囲を広げてくれるので多少緩んでいてよい。

伊達締めは背中で交差させてキュッと締め、さらに脇でいったん下に引くと、しっかり締まる。前は2回からげて左右反転し、結び目は作らない。先端を脇に挟んで始末すると緩まない（→170頁）。

二 衿が開く・衣紋がつまる

「衿肩あきの下を両手で引っ張りましょう」

人は体の前で行う動作が多いので、伊達締めの上にたるみがあると衿が開いてしまいます。長襦袢を着たときに、伊達締めの下の衿肩あきのラインを両手で下に引っ張りましょう。同時に、胸元の緩みもすっきりします。衣紋がつまったときも、同様に処理しましょう。

また、外出中に衿が開いたり衣紋がつまったら、化粧室で着物の裾をまくり、同じ要領で直します。長襦袢を着るときに衿と衣紋の位置をきちんと決めれば、衿も衣紋も緩みません。

悪い

×

片手はだめ!

片手で背縫いを引っ張ると、衣紋が鋭角に抜けるうえ、胸元の緩みもきれいにならない。面倒がらずに両手でしっかり長襦袢を引っ張る。

よい

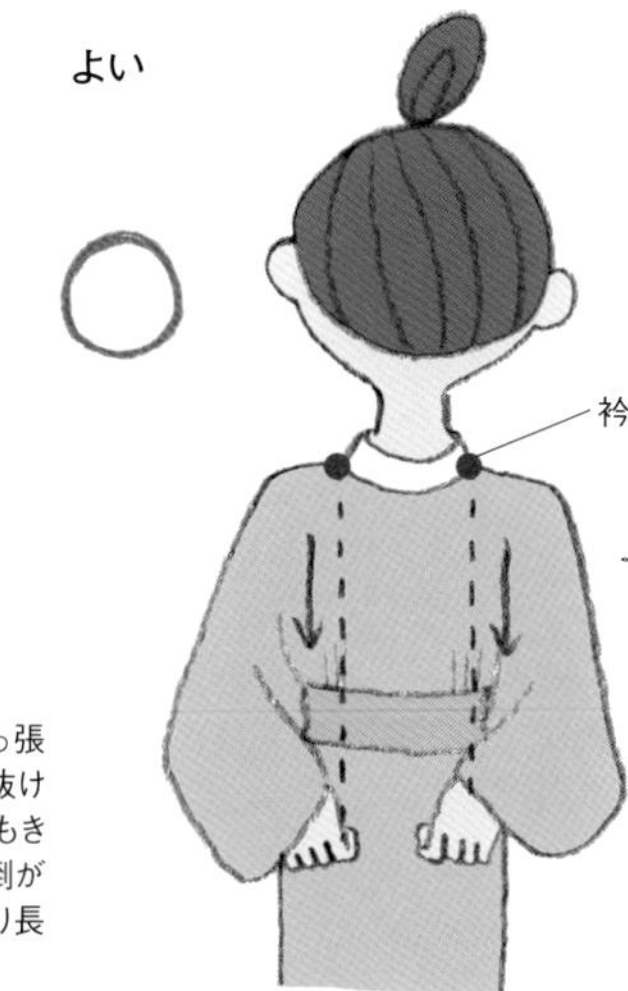

○

必ず両手で

伊達締めの下で衿肩あきのラインを両手でつかみ、グッと下に引っ張る。衣紋がきれいに抜けて、胸元の緩みもすっきりする。

衣紋の抜き加減は肩甲骨の出っぱり

衣紋を抜く目安は、肩甲骨の出っぱりに合わせるのがおすすめです。背筋を伸ばして背中の一番出ている部分より抜かないようにしましょう。

高齢で背が曲がった場合、衣紋が曲がった背をカバーしてくれる。若い人やふっくらとした人よりも、自然に抜き気味になる。

ふっくらとした体型でも肩甲骨の出っぱりに合わせて抜くと、肉づきのよさがカバーされ、首が長く見える。猫背の人は猫背が目立たなくなる。

若い人は衣紋を抜きすぎないほうが若々しい着姿に。衣紋を多く抜くと色気が増すので注意が必要。

三 紐が体に食い込んで痛い

「長襦袢には手持ちの中で一番幅広の紐を使います」

着くずれないようにと紐をきつく結びがちですが、肌に近い長襦袢の中で一番幅の広い紐を使うと、体に食い込まずにしっかり締められます。特に博多織の伊達締めなら締めたあとに緩みにくく、着くずれの心配もありません。

長襦袢が上手に着られたから今日は着心地がいい！

らくちん

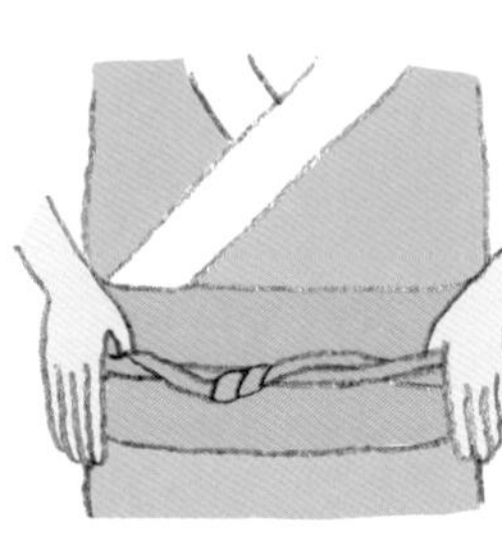

せっかく伊達締めで締めても、結び目を作ってしまうと、体に当たって痛い思いをすることに。2回からげて左右を交差させ、先端を脇に挟んで始末する。

四 上前にシワが出る

「下前の衿先が腰骨についたら裾を上げます」

上前の前に、下前がシワなくきれいに合わさっていることが大切です。下前をきれいに合わせるには、上前幅を決めてから下前を合わせるとき、裾を一気に斜めに持ち上げないことがポイントです。裾を床に沿わせるようにして、衿先が腰骨に来てから腰をなでるように引き上げます。

長襦袢を足で挟み、歩幅分の緩みを確保する。上前の幅を決めてから、上前を戻して下前を合わせる。上前の幅は、衽線が右足小指にくる位置で合わせる。

裾すぼまりを意識しすぎて、裾を一気に斜めに引き上げると、裾丈が上がってかえって裾がしまらない。

五 裾が広がる

「やわらかものと硬い着物で裾の上げ方が違います」

着物は「やわらかもの」と呼ばれる縮緬（ちりめん）などのやわらかい着物（染めの着物）と、紬などの硬い着物（織りの着物）に分けられます。やわらかい着物の場合は、下前の褄を床から15センチほど、上前の褄（つま）は10センチほど上げます。硬い着物は滑りがよくないため、褄を上げすぎると歩きづらくなります。下前の褄は床から7～8センチほど、上前の褄は4～5センチほど上げれば十分でしょう。もしも広がってしまったら、下前は腰紐の中に入れ込み、上前は腰紐の中に入れて修正します。

硬い着物 　やわらかい着物

六 裾が長くなる

「腰紐が緩いのではないでしょうか」

腰紐はしっかり締めるものです。大事なのは、腰紐を締める位置です。ウエストで締めてしまう方がいますが、腰紐はウエスト紐ではありません。おへそから腰骨の上を通り、おへその真裏で交差させます。交差部分でしっかり締め、前に回すときに脇で紐を下方向に向けて締めれば、あとは力はいりません。腰紐は強く締めても苦しくない位置があるので、着物を何度も着て自分にとって苦しくない位置を研究しましょう。

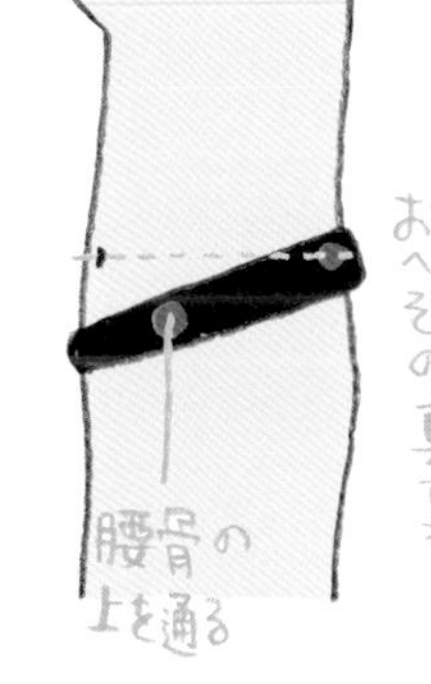

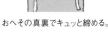

おへその真裏でキュッと締める。

七 おはしょりがぐちゃぐちゃになる

「下前のおはしょりは内側に折り、上前のだぶつきは衿先の中へ送る」

下前と上前それぞれをきちんと処理すると、おはしょりはきれいに決まります。腰紐を締めたら、身八つ口から手を入れて後ろ身頃、前身頃の順に手刀を通しておはしょりをすべて落とします。次に下前を三角形に折り上げ、左右の衿を合わせ（→217頁・八）、胸紐を締めます。

おはしょりの長さを決めたら、だぶつきを左脇から背中を通り、右脇、上前の衿先の中に送り込むと、おはしょりがすっきりします。胸紐を締めるときは、胸紐から上の背縫いが曲がらないようにします。

※イラストは中の動きがわかるように、上前をはだけています。

❶着物に腰紐を結んだら、身八つ口から両手を入れ、後ろ身頃の中央から脇へ手刀を通す。前身頃も同様に、中央から脇に手刀を通す。（※手刀：指をそろえて手を刀のように使うこと。）

❷左脇の身八つ口から左手を入れて、下前のおはしょりをバスト下まで内側に折り上げる。右手を使い、下前のおはしょりを三角形に整える。

左手で右脇へ布を送り込む
右手で衿先を押さえておく

❸胸紐を締めたら、背縫いの位置がずれないように気をつけながら、おはしょりのだぶつきを左脇から上前のおはしょりに向かって送り込む。

❹上前の衿先に、おはしょりのだぶつきを入れ込む。前身頃と後ろ身頃のおはしょりのラインを整え、おはしょりの衽線と前身頃の衽線を合わせる。

八 半衿が見えなくなる

「衿元だけではなく、胸元を指先で確認します」

半衿が見えなくなるのも問題ですが、半衿の出方が左右で違うのもみっともないものです。衿元だけでなく、着物で隠れた部分にも気を配りましょう。半衿が左右同じ分量出ているかを確認するには、胸下で半衿の幅が左右同じになっているかを指先で確認することです。衿元だけ見ていると、衿がずれがちです。

この幅が大事

胸下で衿幅を決める

胸下で左右の衿幅が均等になっているか、指先で確認すること。鏡で左右の衿が交差する衿元だけを見ていると、衿がずれやすい。

九 脇のシワが気になる

「体の中心のシワ以外は気にしません」

脇のシワは動けば必ず出るので気にしません。むしろ、脇の下は緩みを持たせることで、動きやすくなります。ただし、背中のシワは老けて見えるので、長襦袢(ながじゅばん)も着物も背中のシワは徹底的に脇に寄せます。前身頃の場合、バストトップの間にシワがなければ大丈夫です。

胸紐を結ぶとき、上から下へ滑らせて緩みを取ってから結ぶ。着て動けば、脇にシワが生じるのは自然なことなので気にしない。

ここにシワがなければOK!

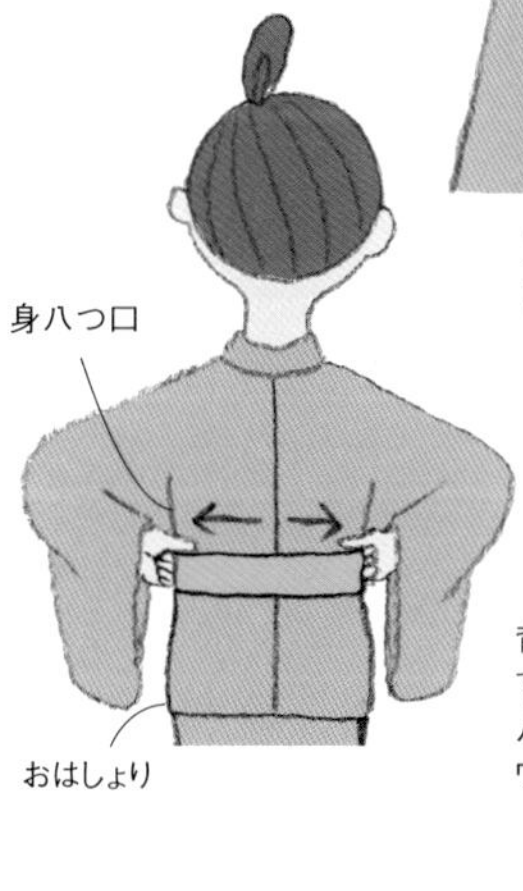

身八つ口

おはしょり

背中にシワがあると、老けて見える。後ろ身頃の身八つ口(みやつくち)を左右に引いてシワを取る。

十 前帯の位置が決まらない

「最初に前帯の柄の位置を確認します」

最初に前帯の柄の位置を決めて、胴の長さを計算してから帯を巻き始めると確実に締める位置を決定することができます。巻き始めの位置がわかったら、小さな糸印をつけておくと次回以降便利です。

❶右手でて、左手でたれを持ち、前帯の柄の位置を決め、てとたれを背中心で合わせて胴周りを測る。

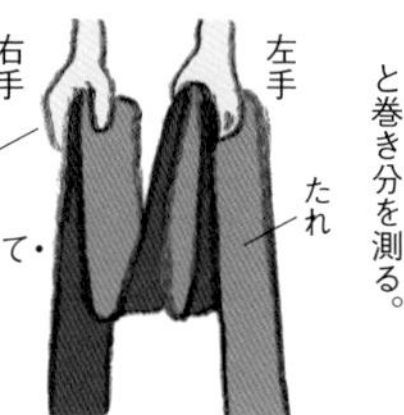

❷そのまま帯を体の前に出し、ひと巻き分を左手で持ち、ての先に向かって、もうひと巻き分を測る。

❸右手に持っているふた巻き分の端を右手で持ち背中心に当てる。

❹左手でて先を左肩にかけ、ピンチや洗濯ばさみで胸紐に留めてて先が落ちないようにする。

❺左手の親指を腰にあてて、右手を使って帯を折り上げ、腰にふた巻き締めていく。

十一 お太鼓が傾く

「帯枕は鏡を見ないで帯の上線にのせます」

帯枕を帯の上線にのせるときに鏡を見ると、体をひねって帯山が傾きがちです。顔は前に向けて、指先と体の感覚だけでのせましょう。お太鼓柄の帯の場合は、鏡を見ながら柄の位置を確認し、位置が決まったら鏡を見ずに手と体の感覚を頼りに帯枕を帯の上線にのせます。

鏡を見ずに指と体の感覚で帯枕を帯の上線にのせ、帯山は水平を保つ。体の感覚と指の感覚を頼りに、帯枕を帯の上線に一気にのせる。

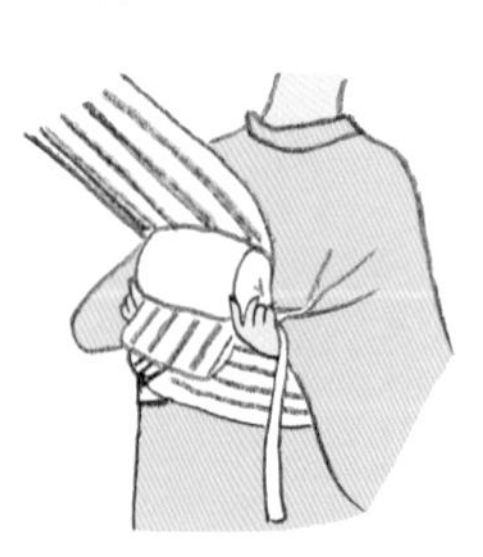

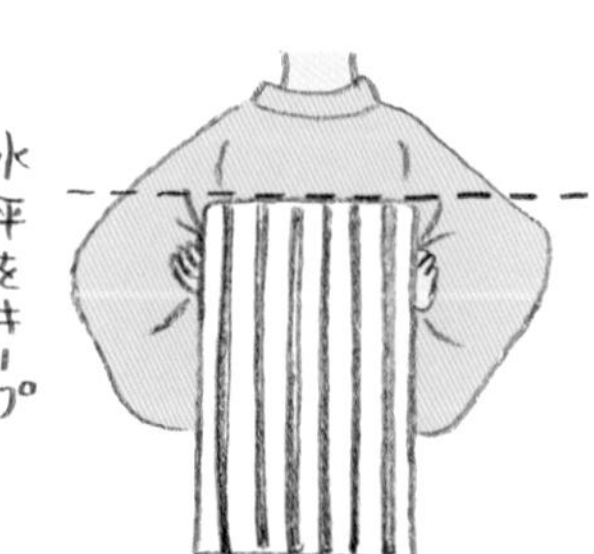

十二 お太鼓の山が落ちる

「帯枕の紐は45度下に引いてしっかり結びます」

お太鼓の山が落ちてしまう原因は、帯枕がしっかり体についていないことです。自分ではしっかり上げたつもりでも帯枕が帯の上線にのっていないことが考えられます。帯枕の紐を45度下に引いて、前帯の上で結ぶと背中にぴたっと合います。

お太鼓の山

背筋をピンと伸ばし、少し前傾して帯枕を持ち上げると、帯の上線にのせやすい。帯枕をさらに背中につけるため、そのままの姿勢をキープして帯枕の紐を45度下に引く。

十三 帯揚げが飛び出る

「帯枕の紐をしっかりみぞおちまで下げましょう」

帯揚げが帯から飛び出してしまうのは、帯揚げをする前段階で帯枕の処理がしっかりできていなかったことが原因だと考えられます。帯枕の前の結び目を帯の中にしっかり入れ込み、帯枕を体に密着させておけば、帯揚げが緩むこともなく、しっかり帯の間に収まります。

帯枕の位置が決まったら、帯枕の紐を両脇でいったん下に引いて、前でしっかり結ぶ。両脇から中心に向かって、親指で紐を帯の中に入れ込んでいく。

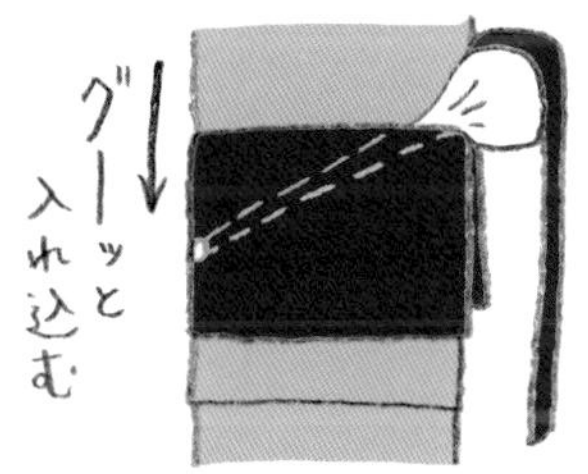

真ん中の結び目はみぞおちの下までグッと入れ込む。帯枕がより背中に密着し、帯揚げが飛び出すこともなくなる。

十四 お太鼓がくずれた!

「お太鼓の返しを引っぱりましょう」

お太鼓がくずれる原因のひとつに、帯締めの締め方が緩いことが考えられます。帯締めは、後ろはての中心、前は帯の中心を通るようにして脇で一度ギュッと締めます。お太鼓を何かにぶつけてくずれてしまったら、鏡で確認してお太鼓の下線を押さえながら、お太鼓の左右の返しの部分を交互に引っ張って調節します。

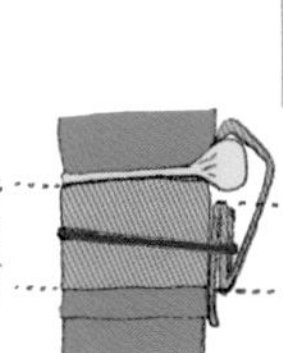

帯の中心に
ての真ん中に

ふくらんだとき

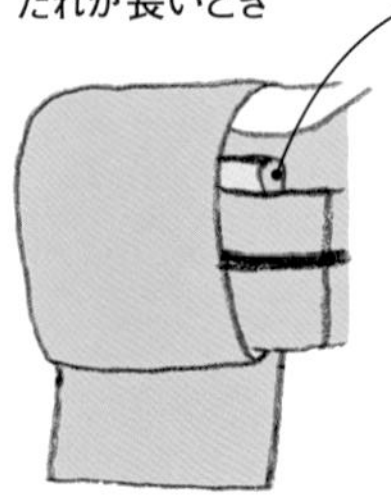

お太鼓の返しのお太鼓側を引き上げる

お太鼓側の返しを左右交互に少しずつ上に引き上げると、お太鼓のふくらみが徐々に小さくなる。鏡をよく見て、形を整えること。

たれが長いとき

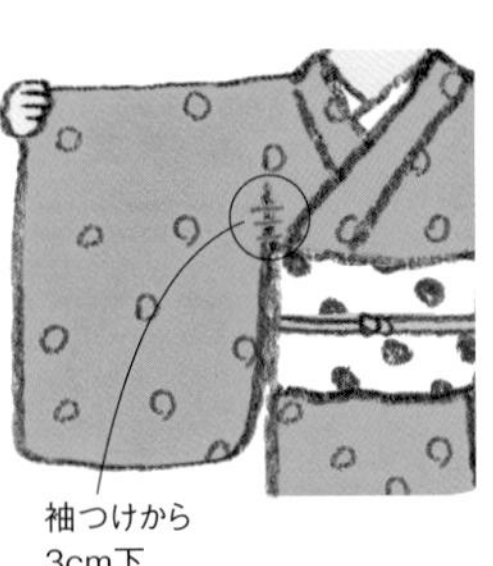

お太鼓の返しの体に近いほうを引き上げる

体に近いほうの返しを上に引っ張ると、たれが徐々に短くなる。鏡を見ながら、たれがちょうどよい長さになるまで、左右交互に引き上げる。たれが短い場合は、両手でたれを引き下げる。

十五 長襦袢が飛び出る

「飛び出る部分を糸やピンで仮留めしておきます」

身八つ口から飛び出る場合

昔の着物は高い位置で帯を締めていたので、袖つけが短く、帯を低い位置で締めてしまうと身八つ口から長襦袢が飛び出したり、二の腕が見えたりすることがあります。袖つけから3センチ下の位置をしつけ糸で縫い留めておきましょう。

袖つけから3cm下

振りから飛び出る場合

長襦袢の袖丈が着物の袖丈よりも短いと、振りから長襦袢の袖が飛び出る心配があります。長襦袢の袖が出てこない位置を確認し、着物の振りの1センチ内側を安全ピンで留めておけば安心です。

振りの1cm内側を安全ピンで留める

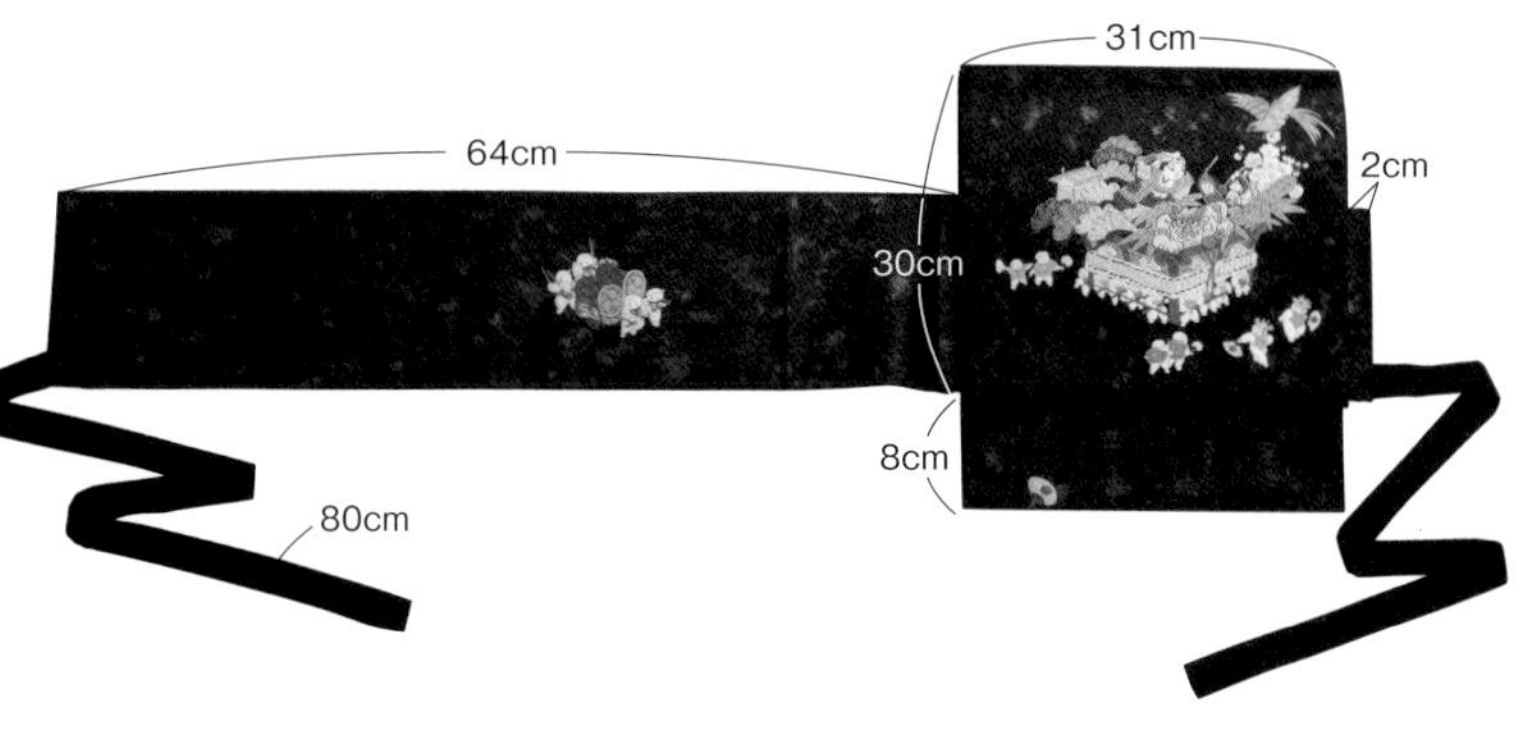

信子さんのこぼれ噺

作り帯のワザ、教えます

帯を結ぶのが苦手です。何かよい方法は？

「切らずに縫うだけで作り帯が作れます」

始めから結んだ形になっている帯のことを作り帯といいます。商品としても販売されていますが、手持ちの名古屋帯で作ることもできます。お太鼓部分と胴に巻く部分を別にして作り帯にする方法は、帯にはさみを入れることになるので抵抗を感じる人も多いでしょう。そこで、縫いつけて留めるだけの作り帯の作り方を紹介します。

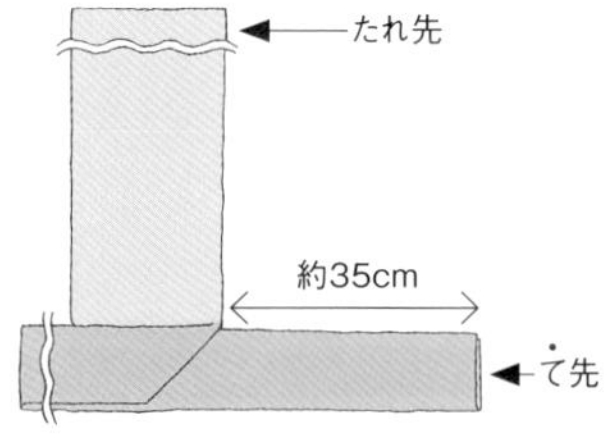

❶て先から約35cmのところにお太鼓の部分がくるように、二つに折る。太鼓になる部分の位置を確認する。

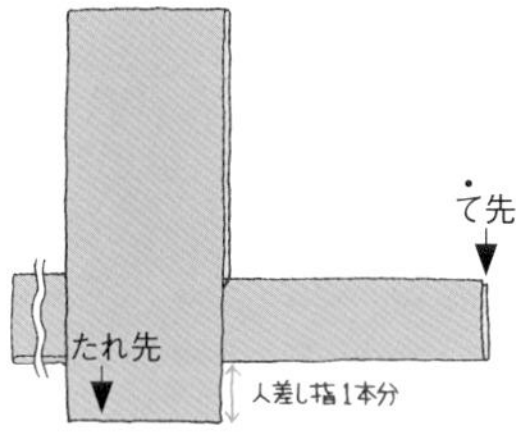

❷たれを折り返して自分のサイズに合わせてたれ先を作る。たれ先は人差し指1本分が目安。

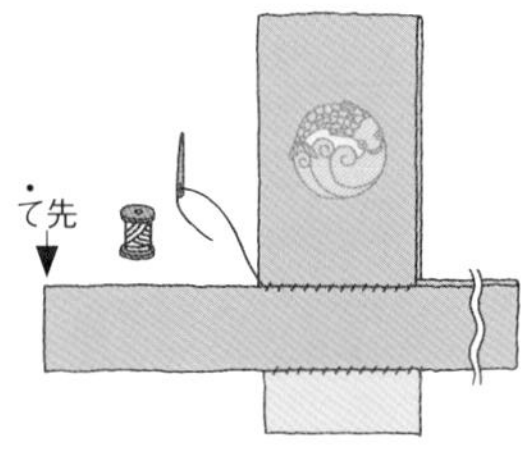

❸そのまま表裏を返し、太めの縫い針で、お太鼓に糸を通さないように縫いつける。

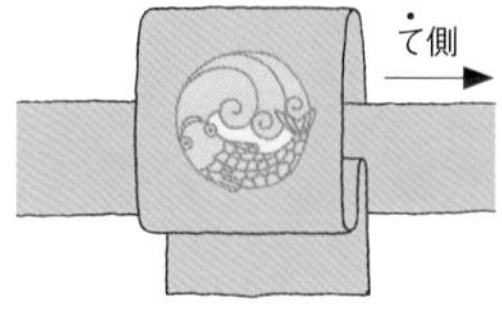

❹表裏を返し、帯枕の厚みをとって、上下の幅が30～32cmのお太鼓を作る。大きさは好みや身長に合わせて決めてよい。

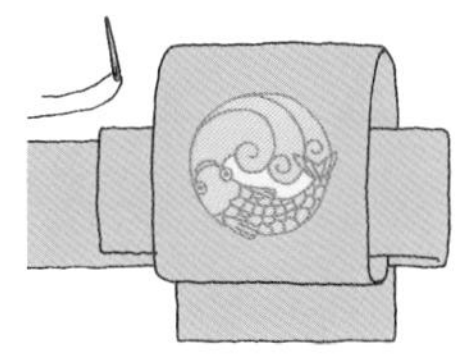

❺て先を差し込み、お太鼓の左右から約2cmずつ均等に出るように調節する。お太鼓が動かないように、お太鼓の端からそれぞれ5cm入り込んだところを、内側から針目が表にひびかないように縫いつける。

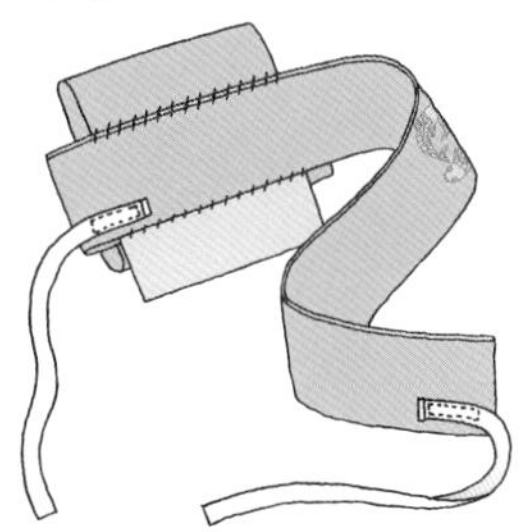

❻お太鼓の下端と胴帯の下端に胴体に巻きつけるための紐を縫いつける。紐は80cmずつあれば十分足りる。

教えて信子さん！

コート、履物の疑問解消

Q 羽織の美しい着方を教えてください。

A 羽織は肩で着ます。文字通り「羽織る」のです。

着物と同じで、片方ずつ肩に掛けてから、袖を通します。もともと折り返されている部分が羽織の衿ですが、肩から後ろだけは半分に折ります。

羽織の衿は、肩から後ろだけ折る。

羽織は着ると後ろ下がりになる。

Q 羽織紐がきれいに結べません。

A 羽織紐のわは、乳(ち)の手前から入れます。結び方は帯締めと同じです。

羽織紐のわは乳に正しい向きで通っていますか？　羽織紐のわは乳の手前から通します。結び方は帯締めと同じです。

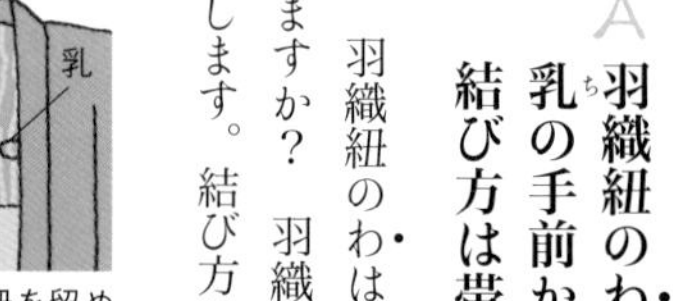

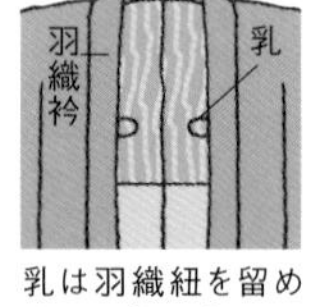

乳は羽織紐を留めるループのこと。

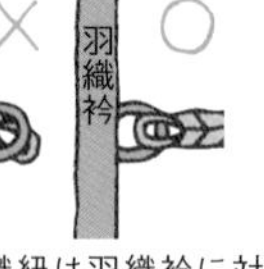

羽織紐は羽織衿に対して、図のように通します。横からは通しません。

Q 履物が履きづらいです。

A 鼻緒のすげ方が足に合わないからです。履物屋さんで鼻緒をすげてもらうと、歩く姿も美しく、歩きやすくなるでしょう。

※鼻緒をすげる…台に鼻緒を取りつけること

Q 外出先でのコートの美しい脱ぎ方を教えてください。

A 肩から脱ぐときれいです。

羽織は室内で着ていてもよいのですが、防寒用のコートや道中着などは、玄関先で脱ぐのがマナーです。脱ぎ方は両袖口を持って肩からずらし、後ろで左右の手を合わせ、左手で両袖口を持ち、肩から脱ぐときれいに見えます。脱いだコートは軽く袖畳みにし、コンパクトに三つ折りにしておきましょう。

①左手で両袖口を持って肩から脱ぐ。

②後ろの衿つけ部分と両袖口を持ってそろえる。

③両袖を身頃に合わせる。

④腕にかけるときは、三つ折りに畳む。

七章

買い方・しまい方

着物を着る機会をたくさん持つこと。
汚さないように大切に着ること。
こうして着物をかわいがるのが、一番のお手入れでしょう。
もちろん、脱いでからのお手入れもたしなみのひとつです。
なかなか着ることのない礼装などは、
乾燥した冬場に年に一度虫干ししましょう。

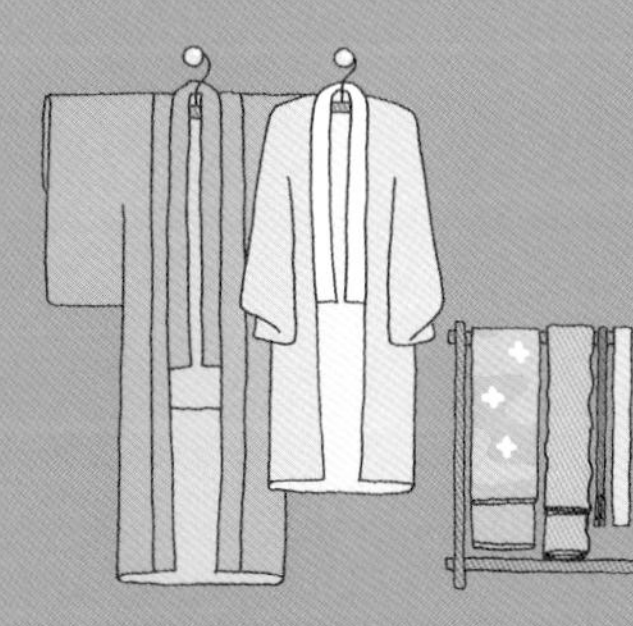

買い方のコツ、教えます

デパート

「種類が多く、目を肥やすのに便利です」

着物のほか帯、草履など一式そろえたい初心者や、欲しいものが決まっていない方は、まず品数が多いデパートに行ってみましょう。商品すべてに値段と品質が表示されているので、品物を比較したり、下見を兼ねながら勉強したりすることができます。また、プレタ着物から高級品まで幅広い商品がそろっているため、たくさん見ることで好みの商品がわかってきます。

デパートは、老舗メーカーや問屋などと取引が多く、取引先の社員が対応していることもあります。その名の看板に恥じぬよう、信頼のおける商品を取り扱っているので、安心して購入できます。

メリット

・開放的で入りやすい
・手にとって見せてもらいやすい
・値札と品質表示がある
・着物、帯から小物まで一式そろう
・信頼のおける品ぞろえ

買い物のコツ

・着物に詳しい店員さんを探す
・わからないことはどんどん質問する

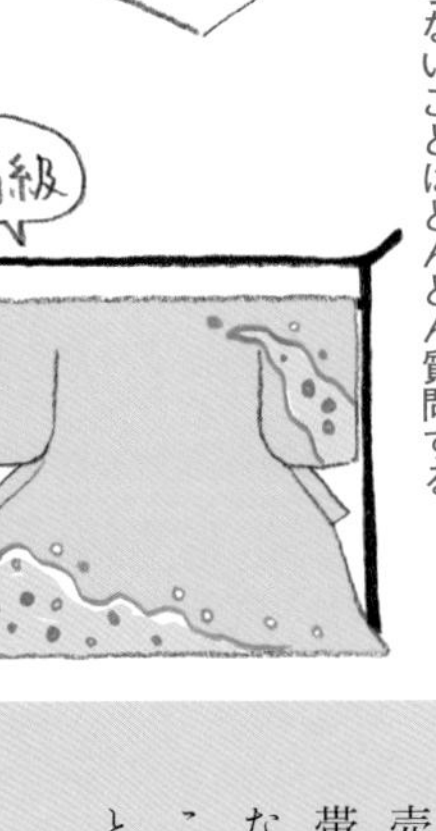

目的に合わせて購入先を選びましょう

デパートをはじめ、呉服店、リサイクルショップ、インターネット販売など、さまざまなところで着物や帯、小物を買うことができるようになりました。選択肢が増えた分、どこで買えばいいのか迷ってしまうこともあります。

それぞれにメリットやデメリットがあるので、目的に合わせてどこで買うかを決めましょう。着物をひと通りそろえたいという初心者の方は、まずデパートの呉服売り場をのぞいてみるとよいと思います。

その際、反物（たんもの）の値段には、布目を整える湯（ゆ）のし代や仕立て代などが含まれるかを確認しておくと安心です。

呉服店

「自分の好みに合ったお店を見つけましょう」

洋服でいうセレクトショップにあたるのが呉服店です。個人経営の店舗が多いため、取引先から仕入れた店主好みの商品が店に並びます。

自分のセンスに合うお店を見つけたり、気の合う店員さんを見つけて相談しながら選んだりするのも楽しいものです。オリジナルの着物や帯、小物を企画して販売する呉服店もあるので、個性的な着こなしを求めている方にはぴったりです。

メリット

- こだわりのある品ぞろえ
- オリジナルの着物や小物を販売するところも

買い物のコツ

- どういうものが欲しいかを明確にしておく
- 「今日は見るだけ」と先に断っておくとスムーズ

リサイクルショップ

「サイズが合うのは稀(まれ)です。一度袖を通してみましょう」

仕立て上がりを安く気軽に買えるので、着付けの練習用に活用できます。汚れや傷みがないか、よく注意して見てから購入したいものです。

古い着物は小さめのものが多く、裄(ゆき)や丈が短いことも。必ず試着したうえで、お店で直してもらえるのか確認しましょう。

メリット

- 新品に比べ、値段がかなり安い
- お試し気分で購入できる
- 個性的な色や柄ものがある
- サイズが合えば、すぐに着られる

買い物のコツ

- 合うサイズを見つけるのに時間をかける
- 必ず試着をしてみる
- 汚れや傷み、つれ、切れがないか、すべて開いて裏側まで見ること
- 裄や丈が短い場合は、お直しを

ネットショップ

「色や柄が写真と違うこともあるのを考慮しましょう」

近くにデパートや呉服店がない場合や、忙しくてゆっくり買い物する時間がない場合に重宝するのがネットショップです。小売店のネットショップなら、メールや電話で相談にのってもらうことができます。

現物を見ることができないので、購入してみると思っていた色や素材と違うこともあります。初心者にはあまりおすすめしません。

メリット

- 外出せずに買い物ができる

買い物のコツ

- 色や素材、着心地が確認できないのでお店に相談する
- 新古品が新品として出回ることもあるので、お店に確認する

着物をあつらえるポイント

1 まずは相談

どちらもすてきで

「パーティにも着られる小紋」「紬でお出かけしたい」など、用途や着たい着物の種類、予算をお店の人に伝える。さらに好きな色や柄を伝えると、目的や条件にできるだけ見合った反物(たんもの)をお店の人が選んで見せてくれる。

2 今回は帯もお見立て

おしゃれ着だったら、
こんな帯も合いますよ

今回は帯も合わせて見立ててもらった。また、値段には仕立て代が含まれているかも、忘れず確認を。

こんな格好で行きましょう!

スカートでもパンツでもOK

どんなものを探しているか遠慮なく相談しましょう

自分好みの柄や素材がわかってくると、自分のサイズにぴったりの着物をあつらえたくなるものです。呉服店にもそれぞれ特徴があり、得意とする分野があります。まず、雑誌やインターネットで、自分の好みに合った呉服店を探しましょう。

不慣れな専門用語に気後れしたり、不安を感じることがあるかもしれません。初めて呉服店に行くときは、着物に詳しい人に同行をお願いするのもひとつの方法です。また、わからないことがあればお店の人に質問し、しっかりと希望を伝えましょう。

銀座もとじ 和染　和織
東京都中央区銀座4-8-12
Tel.03-3535-3888(和染)
Tel.03-3538-7878(和織)
営業時間　11:00〜19:00

3 試着する（仮着付け）

わぁ。本当に着てるみたい！

気に入ったものがあれば「仮着付け」をお願いする。仮衿をつけ、反物を体にあてて、実際に着物になったときのイメージを確認できる。3分ほどで仮着付けが完成。

4 帯を買う場合は、帯を合わせる

パーティに行けそう

帯を買う場合は、帯も仮着付けが可能。イメージがわきやすい。帯締めも合わせて選ぶこともできる。

5 寸法を測る

私、下半身が太いんです…

前幅を広めに取れば大丈夫ですよ

バスト、ヒップ、首のつけ根から手首のくるぶしまでの長さ（裄(ゆき)）を測ってもらう。体型で気になるところを仕立てでカバーできる場合があるので、伝えたほうがよい。

着物の寸法を割り出すには、身長、バスト、ヒップ、裄の4つのサイズが必要。おはしょり分が必要なので、身長がそのまま身丈になる。バストサイズから抱き幅を、ヒップサイズから身幅を割り出す。裄は手を斜め45度にした状態で測るが、いかり肩の人は手を下げた状態でも採寸して微調整する。

6 八掛(はっかけ)を選ぶ

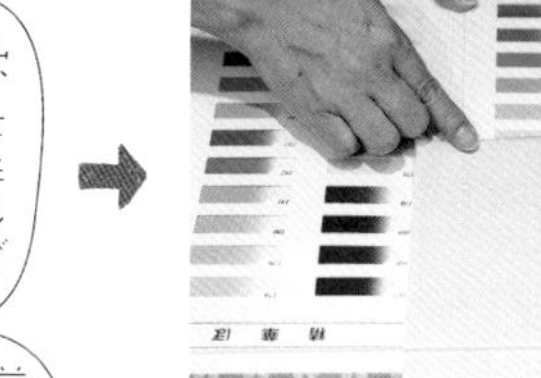

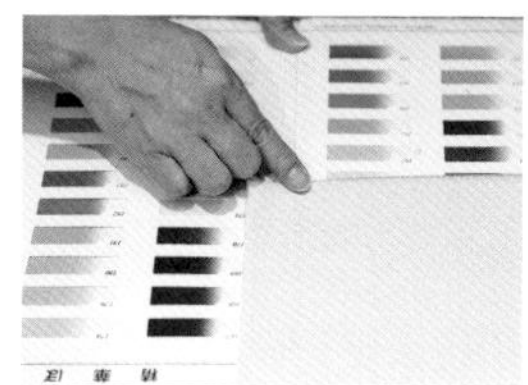

八掛の色を見本帳の中から選ぶ。色が薄い着物の場合は、八掛の色が濃いと透けて見えてしまうのでぼかしの八掛を合わせる。

7 受け取り

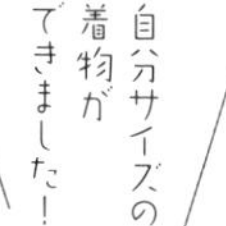

通常なら約1か月で完成。行事の多い時期や、セール時は仕立てが混み合うことがある。予定が決まっている人は、余裕を持って仕立てるようにする。

仕立てで知っておくとよいこと

ヒントが多いほどより理想的な仕上がりに

仕立ては、プロフェッショナルである専門店にすべてお任せしてももちろんよいのですが、基本的なポイントを押さえれば、最も自分を美しく見せる、理想の着物を仕立てることができます。

「下半身が太い」「やせている」など体型で気になるところや、「袖丈は長めが好き」などの好みがあれば、あらかじめ伝えておきましょう。お店の人にとっても、着る人が気にしている点や着る目的など、ヒントが多いほうが仕立てやすくなります。

また、着心地がよくても悪くても、既に持っている着物を一枚持参するのも、仕立てる際の参考になるのでおすすめです。

仕立てで押さえる採寸箇所

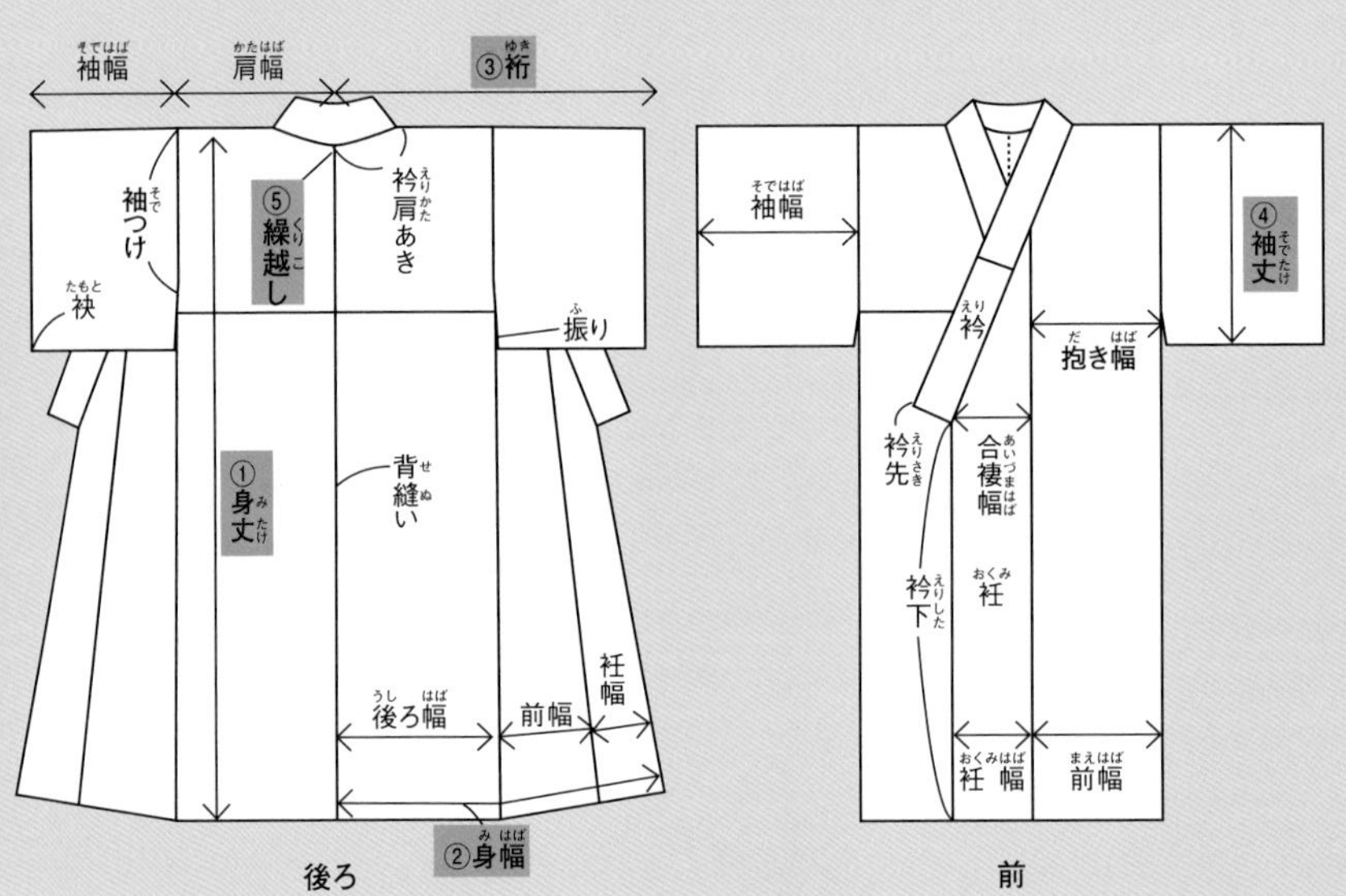

鯨尺	
1分	約0.378cm
1寸	約3.78cm
1尺	約37.8cm
1丈	約3.78m

着物の寸法の単位「尺貫法」

着物の世界では、長さの単位に昔ながらの尺貫法が用いられ、着物には鯨尺が使われます。覚えておくべき単位は分、寸、尺、丈の4つです。寸法を測るときに分、寸、尺が、反物の長さを示すときに丈が出てくるでしょう。着物の寸法を尺貫法単位で覚えておけば、着物がより身近に感じられます。

①【身丈】みたけ

身長とほぼ同じ長さです。

身丈とは、着物の身頃の長さのことで、だいたい身長と同じくらいと思って間違いありません。お気に入りの着物はできるだけ長く着たいものなので、自分の体型が変化することを考慮して、後で仕立て直すことができるように、身丈を少し長めに取るとよいでしょう。

＼プロの仕立てのコツ／

衿下(えりした)

衿下は身長の約半分が標準とされます。衿下が長いと腰紐が引っ掛からず、上前がはだけて着くずれの原因に。短すぎると衿先が出すぎて、見苦しくなります。背の高い方でも、標準のプラス1寸ほどに留めます。

②【身幅】みはば

狭いよりは広く取るのがおすすめです。

身幅は前幅(まえはば)と衽幅(おくみはば)と後ろ幅(うしろはば)を合わせた幅です。お茶席で着物を着る場合、身幅が狭いと正座したときにきつく感じるうえ、立ったり座ったりを繰り返すうちに前がはだけてしまうこともあります。あらかじめお茶席に使うことを伝えれば、身幅を広く仕立ててもらえます。

＼プロの仕立てのコツ／

袖つけ

袖つけは6寸が標準寸法ですが、体型や身長によって変わります。振袖など帯の位置を高くして締める場合は、袖つけが帯に引っ掛からないよう短くすることがあります。年配になると逆に帯位置が下がり、袖つけを少し長めにします。

③【裄】ゆき

手首のくるぶしが、見え隠れする丈に。

裄は、肩幅と袖幅を合わせた長さです。腕の長さだけでなく、なで肩、いかり肩などの体型も関係してきます。昔の着物は毎日の生活に根差した普段着だったため、掃除や炊事がしやすいよう、裄は短めでした。今の着物は主におしゃれ着ですから、裄はやや長めに仕立てるのが主流になっています。

腕を45度に下げた状態で、手首のくるぶしが
・見えると軽快
・隠れるとエレガント
・見え隠れする丈なら、色気のある手元に

④【袖丈】そでたけ

手持ちの着物または長襦袢に合わせるのが一番です。

袖丈は小紋や色無地などのやわらかものは長めに、紬などの織りの着物は短めにといわれますが、すべて同じにしたほうが長襦袢(ながじゅばん)が一枚で済むので便利です。紬や木綿などカジュアルな着物の場合は、袖丈を変えなくても、袖の下端に丸みを多く持たせるだけで軽快な印象になります。通常は、手を下げたときに袂(たもと)の丸みが握れる長さにします。手が長い方、背が高い方は、長めにするとよいでしょう。

⑤【繰越し】くりこし

衣紋(えもん)をしっかり抜くかで決めます。

繰越しは衣紋を抜くために必要で、衿肩あきより後ろ身頃にずらすこと、またはその寸法を指します。通常5分取りますが、衣紋をしっかり抜いて着る方、ふくよかな方、肩が厚い方、首が太くて短い方は、衿がつまって息苦しい印象にならないよう多めにとりましょう。

自分の体型の
特徴を伝えて着心地よく
仕立ててもらいましょう

着物のおあつらえ、ここがわからない!

Q 合わせたい帯があるときは?

A 合わせたい帯がある場合は、全体的な色と柄が確認できるよう、なるべく帯を持参するとコーディネートもしやすくなります。柄の配置が変則的な生地の場合、はぎれだと全体の図案がわかりません。また、長襦袢(ながじゅばん)を持っている場合は、長襦袢の裄(ゆき)、袖丈、袖幅に合わせるため持参するようにしましょう。

Q 手縫いとミシン縫いの違いはありますか?

A 着物の仕立てには、手縫いとミシン縫いがあります。仕立てて販売されている着物や浴衣には、ミシン縫いが多いようです。しかし、せっかく自分の着物をあつらえるのなら、ぜひ手縫いを選びましょう。糸に適度な緩みが出るため、着やすさが違います。また浴衣を仕立てる場合は、縦縫いをミシンで、表から響く部分を手縫いでお願いして、リーズナブルに着やすい浴衣に仕立てる方法もあります。

【帯幅】おびはば

名古屋帯はあなたのオートクチュールです。

名古屋帯は自分の好みで寸法が変えられ、たった5ミリの差で帯の美しさが変わるといわれます。背が高い方、ふくよかな方、若い方は帯幅を広めにしたほうが若々しくなります。また、自分の好きな帯幅が決まっている場合は、て先から胴ふた周り分を半幅に折り仕立てる「名古屋仕立て」にするとよいでしょう。帯幅は4寸2~3分くらいまで出すことができます。慣れてきたら、て先を開いたまま裏地をつけて仕立てる「開き仕立て」にすると、好みの帯幅で締められます。て先だけ半分に折って仕上げる「松葉仕立て」は、「開き仕立て」よりも扱いやすく前幅も自分で決められます。

名古屋仕立て

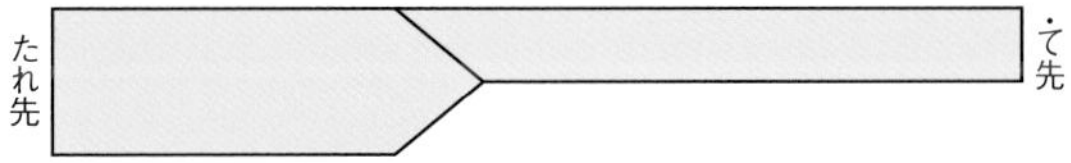

たれ先　て先

帯幅が固定され締めやすい。

開き仕立て

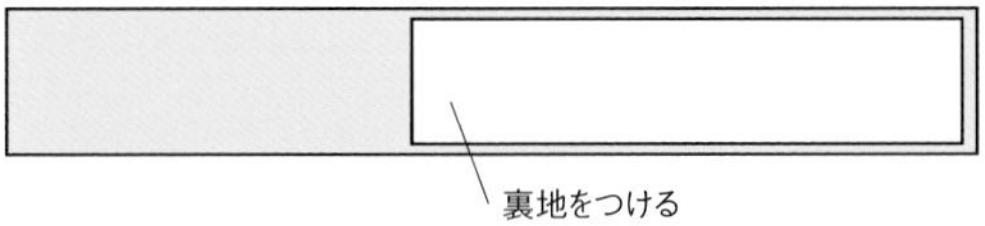

裏地をつける

開いたまま裏地をつけて仕立てる。鏡仕立て、額縁仕立て、お染め仕立てともいう。

松葉仕立て

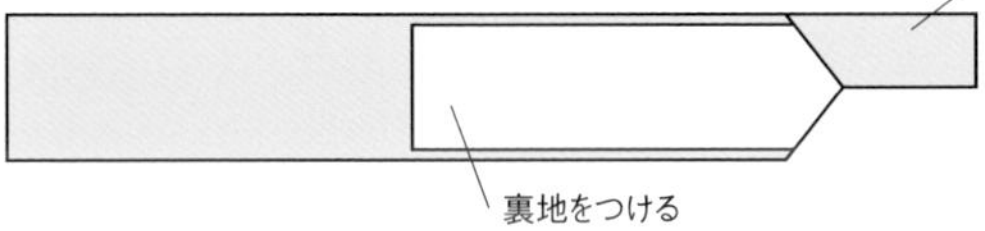

好みによっては1尺(37.8cm)ぐらい

裏地をつける

て先だけ半幅に折って仕立てる。袋名古屋帯に適している。

Q 長襦袢（ながじゅばん）、コート、羽織を仕立てるときの注意点は？

A 長襦袢もコートや羽織も着物を基準に仕立てるので、着物を持参しましょう。長襦袢の袖丈は着物より少し短めに仕立てましょう。コートや羽織の裄は着物より広く取りますが、袖丈は振りから着物が飛び出さないよう、短く取ります。

●着物に対して

（例）裄

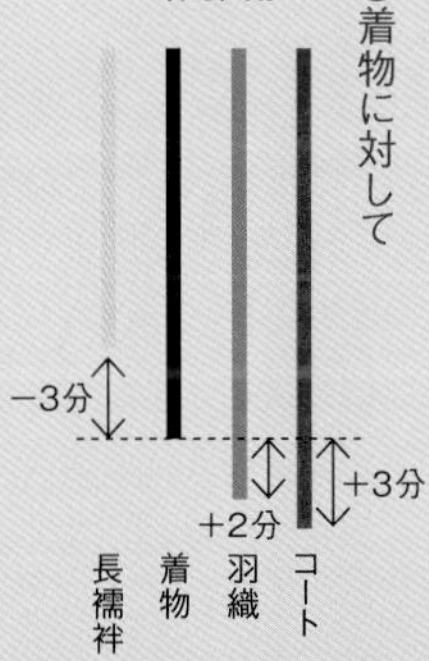

コート +3分
羽織 +2分
着物
長襦袢 −3分

Q コーディネートを一式購入したほうがよいですか？

A 初心者の場合は、専門店の方に選んでもらったほうが安全です。一式よいセットを持っていればいつでも安心です。その着物を着ているうちに目が肥えてきて、自分で選ぶ目も養われます。予算がない場合は、「次回に…」といってもかまいません。

長持ちするお手入れの仕方

頻繁には洗わない着物や小物だからこそ、着たあとにきちんとしたお手入れが必要になります。着物を脱いだらそのままにしまうのではなく、ひと手間かけていつまでも大切に着ましょう。

しまう前にここをチェック

着物、長襦袢（ながじゅばん）の中で特に汚れやすいのが、衿元、袖口、裾の三か所です。食べこぼしなどの汚れやシミがないか念入りに確認し、素材や汚れの程度に合わせたお手入れをしましょう。

衿元

汗など皮脂がつきやすい。

袖口

皮脂がつきやすい。

裾

雨のはね上がりや泥はね、床のほこりがつきやすい。

脱いだら、一日陰干しする

着物を脱ぐ前に、まず手を洗いましょう。着終えた着物はすぐに片づけるのではなく、着物や帯はもちろん、長襦袢、紐類まで、ハンガーや椅子にかけて、風通しのよい場所に一日ほど陰干ししておきます。湿気を帯びたままにしまうと、カビの原因になり、落とすのが大変難しくなります。また、着物を和装ハンガーにかけっぱなしにしておくと、型くずれの原因になるので二、三日以内に片付けましょう。脱いだらすぐに干すだけで、ほとんどのシワが取れます。

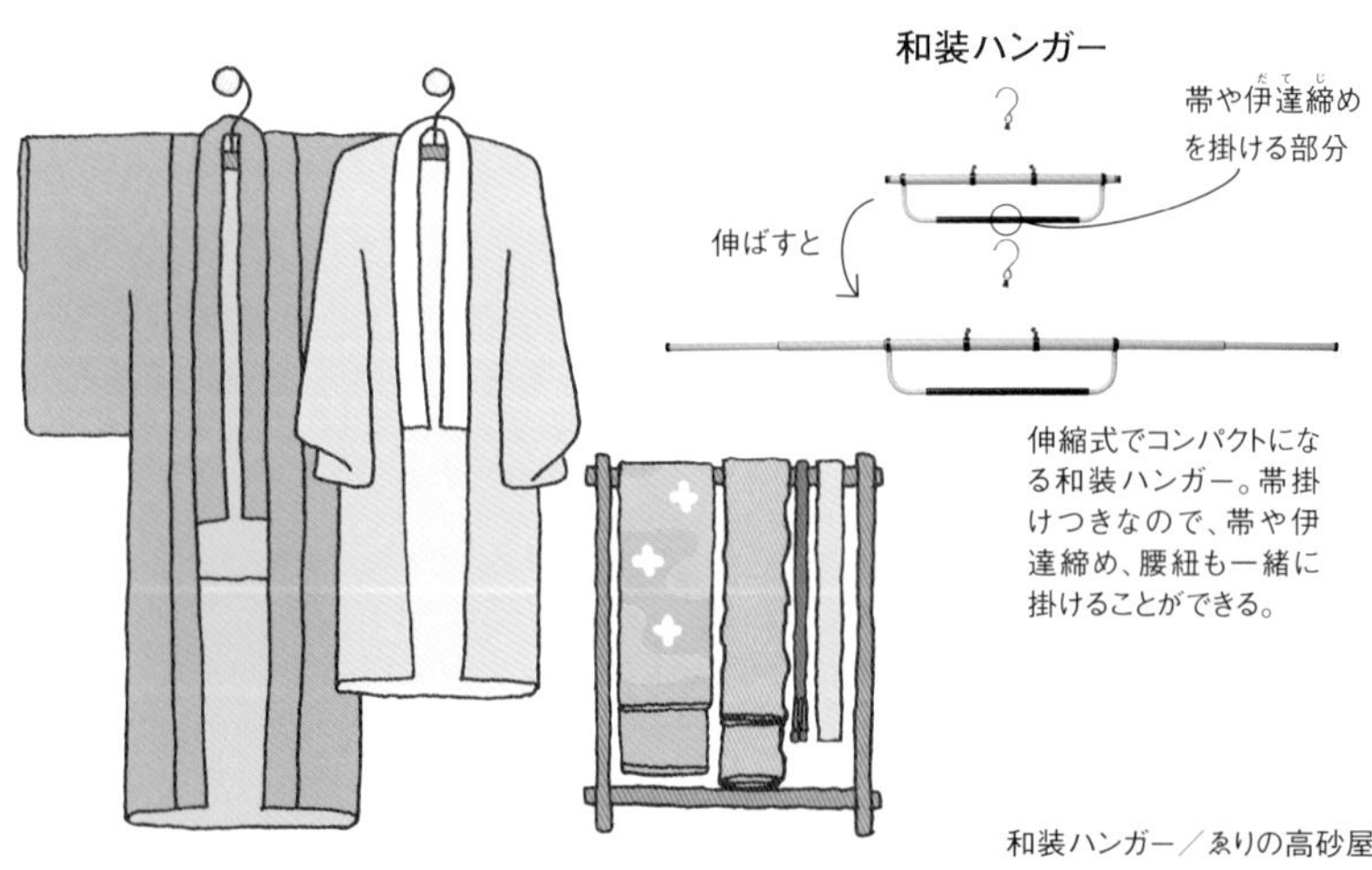

伸縮式でコンパクトになる和装ハンガー。帯掛けつきなので、帯や伊達締め、腰紐も一緒に掛けることができる。

和装ハンガー／ゑりの高砂屋

着物

汗をたくさんかいたり、泥はねや食べこぼしがついた場合は、なるべく早く悉皆屋さんなどに持って行くのが一番です。ただし、毎回頼むには費用がかかります。着終わったら自分でこまめにお手入れすることで、ある程度きれいに保つことができます。

日常的なお手入れとして、別珍の小布団（↓234頁）でこまめに衿元、袖口、裾をなでることをおすすめします。シミができた場合、水溶性の汚れと油・脂性の汚れでは汚れの落とし方が違うので、何の汚れかを把握して対処します。

アイロンはかけないほうがよいので、シワにならない収納を心がけましょう。

シワ

どうしても気になるシワができたら、必ずあて布をしてアイロンをかける。まず裏側からかけ、それでも取れない場合は、表からさっとかける。
蒸気が必要な場合はアイロンのスチーム機能は使わず、あて布を霧吹きでほんの少し湿らせる。金糸・銀糸が入ったものや、ラメは溶けるのでかけないこと。

ほこり・汚れ

着物を着たら毎回行ってほしいのが、別珍（綿製ビロード）の小布団でほこりを取ること。やさしくなでるだけで、たいていの汚れは落とすことができる。特に汚れがつきやすい衿元、袖口、裾はしっかりと。
泥はねは、完全に乾いてから小布団で軽くこする（小布団の作り方→234頁）。

シミ

外出先でつけたシミは、シミが広がらないように応急処置をする。慌ててこすったり、たたいたりすると生地が傷んでしまうので注意して。シミは主に水溶性と油・脂溶性の2種類に分けられ、それぞれに応じて対処が必要。赤ワインやお茶など、色素のあるものは悉皆屋さんにお任せして（→244頁）。

自宅に戻って

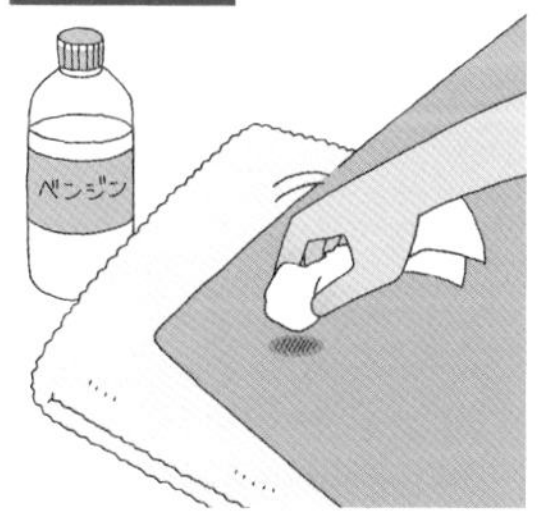

裏にタオルをあて、布にリグロインまたはベンジンを含ませて、シミの周りからぽんぽんとたたき落とす。

> シミは自分で応急処置をしたあとに、シミの原因を伝え、悉皆屋さんに出すようにしましょう。

応急処置

●油・脂性の場合

ファンデーションは布で拭き取るか、別珍の小布団でなでる。ドレッシングやミートソースなどをこぼした場合、汚れが広がらないようにティッシュでつまみ取る。たたくと汚れが繊維に入ってしまうので注意して。汁もの、ソースものは飛ばさないように。

●水溶性の場合

ジュース、しょうゆ、コーヒーなど水溶性のものをこぼしてしまったら、水分をティッシュで吸い取ったあと、乾いたティッシュやタオルを着物の裏にあて、濡らした布で着物を押さえる。シミが裏にあてたティッシュやタオルに移る。

帯 帯締め

帯や帯締めは、それほど汚れるものではありません。ほこりがつきやすい折り目には、別珍（べっちん）の小布団を使いましょう。手アカなどちょっと気になるような汚れは、プラスチック製の消しゴムのきれいな面で優しくこすると汚れが薄くなります。消しゴムをかけたあとは、カスをしっかり払うこともお忘れなく。ただし、染めの帯や金、銀、箔には不向きです。

帯締めはリグロインやベンジンできれいにすることもできます。（→235頁下段）

消しゴムはきれいな面を使うようにする。鉛筆の汚れがついていると、逆に帯を汚してしまう。

長襦袢（ながじゅばん）

肌に近い長襦袢には、汗がつきやすいものです。

最近は、綿シルクなど自宅で洗える天然繊維の襦袢もありますが、絹などの天然繊維の場合は、毎回のお手入れが大切です。脱いだらハンガーに掛けて、汗がシミにならないうちに霧吹きで水をかけ、陰干ししておきます。乾いたら汚れやすい衿元、袖口、裾をチェックし、別珍の小布団でほこりを取ります。

皮脂がつきやすい半衿と袖口は、タオルを敷いて、あて布の上からリグロインやベンジンを含ませたブラシでたたくようにするときれいになります。換気をし、火気の近くを避けましょう。

化繊なら気軽に洗濯でき便利です。汚れたらサイズの合った洗濯ネットに入れて丸洗いします。脱水を短めにして、手でシワを伸ばしてからハンガーに掛けて乾燥させます。

●汗ジミ予防は霧吹きで

汗をたくさんかいた場合は、そのまま放っておくと汗ジミになってしまう。汗は水でしか落ちないが、絹は水で洗うと縮むので長襦袢といえども心配。そこで、長襦袢をハンガーに掛け、50cmほど離れた距離から霧吹きで水をかける。特に脇から背中は汗ジミになりやすい。その後、しっかり乾かす。

持っておきたいお助けアイテム

リグロインやベンジンを使用する際は、色落ちしないか目立たないところで試してから。換気がよく火気のない場所で使用しましょう。

リグロイン

家庭でのシミ抜きに用いられるリグロインまたはベンジン。布に含ませて、ポンポンとたたいて使う。シミ抜き後は、風を通して乾かせば臭いも残らない。

別珍（べっちん）の小布団作り方

15cm角に切った別珍を縫い合わせ、中に綿を適量つめる。

半衿 帯揚げ

半衿は首周りに触れるため、汚れやすいものです。白く保っておくためにも、汚れたら襦袢（じゅばん）からはずして洗いましょう。洗濯機で洗うとシワになり取れないので、おしゃれ着用洗剤で軽く手洗いします。脱水機も使いません。

帯揚げは、ほとんど洗わなくても大丈夫ですが、汚れたらおしゃれ着用洗剤で手洗いを。シワになったら裏からアイロンをかけましょう。

半衿も帯揚げも刺繍や絞りなどがほどこされている場合は手洗いを避け、リグロインまたはベンジンを使って汚れを落としましょう。

●洗い方

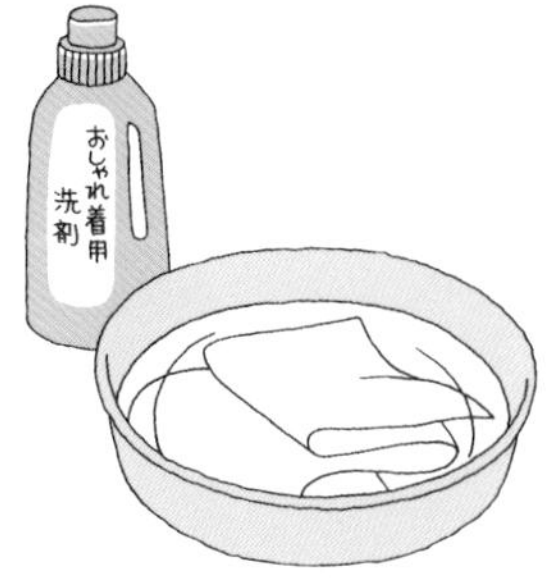

❶洗面器に水を張り、おしゃれ着用洗剤を溶かし、半衿もしくは帯揚げをひと晩浸けておく。

❷流水でよく振り洗いしながらすすぎ、軽く絞って水気を取る。汚れはブラシでこすっても。

●干し方

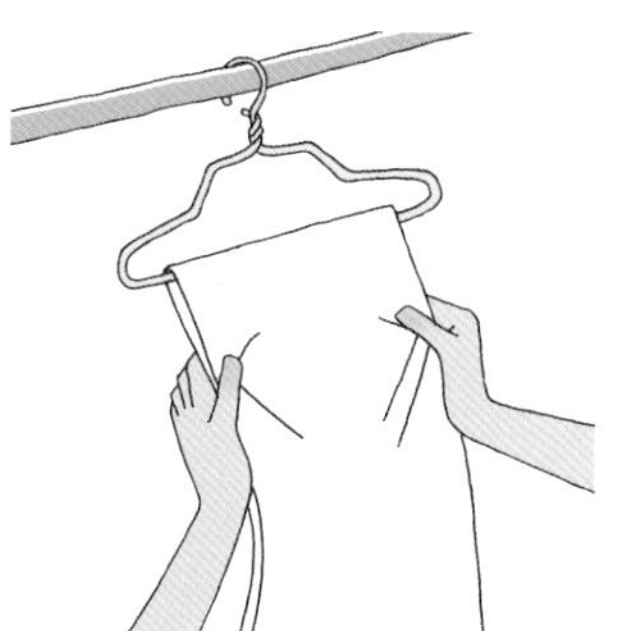

脱水機はシワになるので使わない。軽く絞ってからハンガーにかけ、シワをしっかり伸ばしてから陰干しする。生乾きのうちにアイロンをかける。

●リグロインでドライクリーニング

半衿や帯揚げに刺繍や絞りなどがほどこされている場合、手洗いは避け、リグロインまたはベンジンと瓶を使って洗うことができます。

❶口の広い瓶に半衿もしくは帯揚げを入れて、瓶の半分までベンジンまたはリグロインを注ぐ。

❷蓋をして1分ほど瓶を振り、軽く絞ってから取り出す。

❸タオルで湿り気を取り、シワを伸ばす。

❹乾いたらアイロンをスチームモードにし、刺繍や絞りが傷まないように浮かせてかける。

足袋

足袋はほこりや床に落ちたさまざまな塵（ちり）、皮脂などの汚れが最もつきやすく、また目立ちやすいアイテムです。綿なので洗濯機で洗えますが、白く保つには、脱いだらすぐに洗濯用石けんを溶かした水に浸しておくとよいでしょう。どうしても汚れが残るようなら、一年に一度くらい漂白剤に浸けてもよいでしょう。また、日常使いなら干し方でアイロンをかける手間を省略できます。

●洗い方

脱いだらすぐに石けん水に

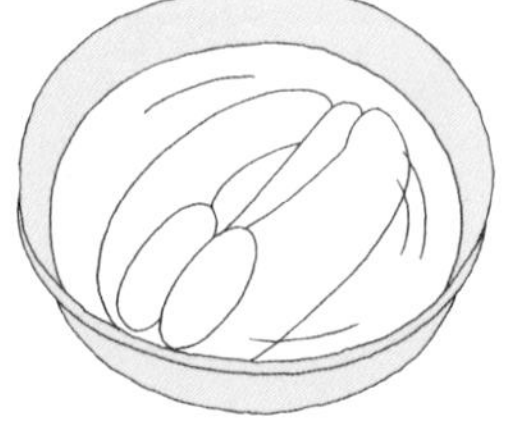

❶脱いだらすぐに石けん水にひと晩浸ける。

❷汚れがひどければ石けんをつけ、布目に沿ってブラシでこすって汚れを落とし、洗濯機で洗う。

●干し方

縫い目をそろえてアイロン要らず

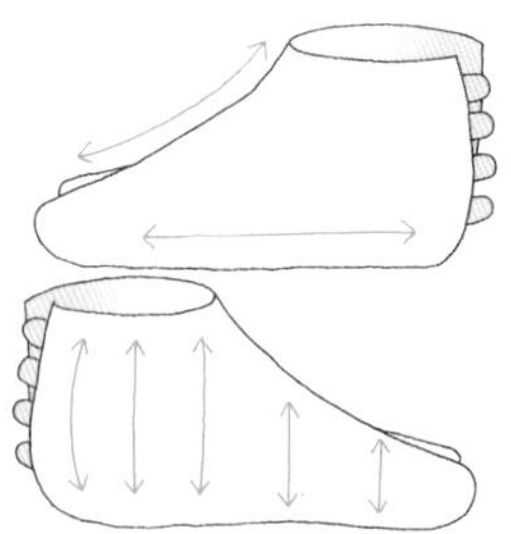

❶シワを防ぐため、しっかり伸ばしてから干すのがポイント。足袋の底のつま先とかかとを引っ張り、甲にある縫い目や周囲も布目に沿って伸ばす。

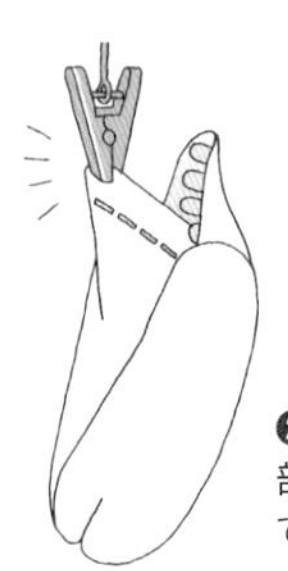

❷こはぜで隠れる部分を洗濯ばさみでつまんで干す。

履物

履物も着物と同様に、脱いですぐに箱にしまわないようにしましょう。履き終えた草履は湿気をたっぷり含んでいるので、そのまましまうとカビの原因になります。ウェットティッシュでほこりを拭き取り、陰干ししたら、乾いたやわらかい布で軽く拭いて収納しましょう。

●拭き方

乾いた布で拭く

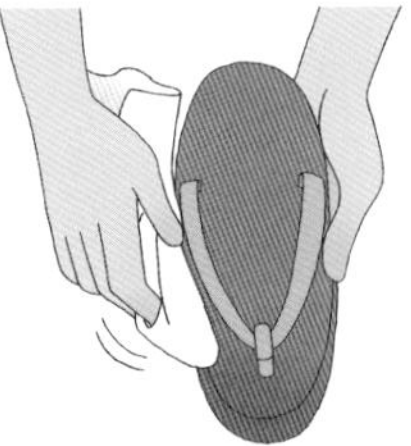

革やエナメルの草履は、乾いた布で台を拭く。布や天然素材でできた草履の場合はブラシでほこりを払う。気になる汚れは固く絞った布で拭き取る。エナメルなら中性洗剤を使ってもよい。

●乾かし方

風通しのよいところに干す

直射日光を避け、湿気がこもりにくいところで保管しても、革がやけて変色したり、カビが生えたりすることもあるので、年に数回は陰干しすること。新聞紙の上で履物を裏返すか、横にして干す。

大切に長く着る収納のコツ

着物にとってよくない環境で収納すると、生地が硬くなったり、虫がついたり、カビが生えたりして着物を傷めてしまいます。一番気をつけることは湿気です。昔は虫干しといって、着物に風を通したのもそのためです。

●たとう紙

着物を包むたとう紙は和紙でできていて、通気性がよく着物を湿気から守ってくれる。ただし、たとう紙に包んだまま長期間収納していると紙が着物の水分を吸ってしまう恐れがあるので、長期保管するときは途中で紙を取り替える。
白い布でくるむのもおすすめ。

●場所

着物にとって一番理想的なのは、桐箱や桐だんすに保管すること。桐材は湿度に応じて膨張したり、収縮したりして引き出し内の湿度を調整し、常に低い状態にしてくれるうえ、防虫効果もある。
価格やサイズに幅があるので、信頼のおけるお店の人と相談して、質のよい、適切なサイズのたんすを購入する。

●防虫剤

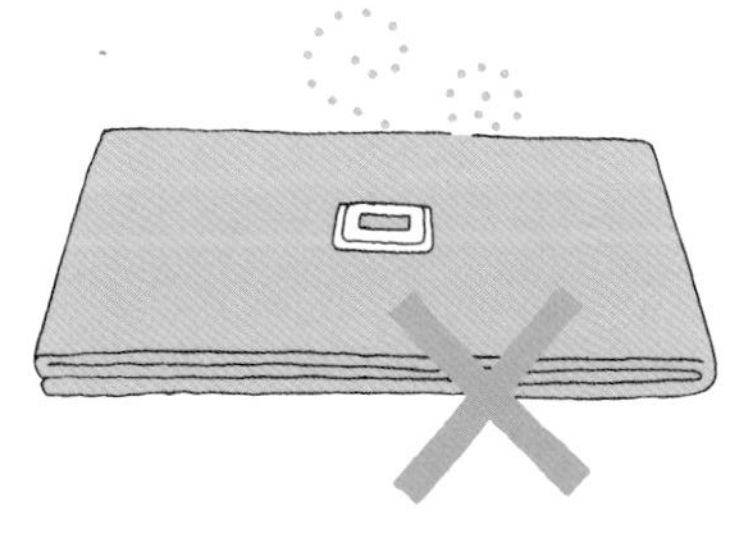

着物専用の防虫剤でも、一般的な防虫剤でもよいが、数種類の防虫剤を一度に使ったり、着物に直に触れるように防虫剤を置いたりすると、化学変化を起こし着物が変色してしまうこともあるので注意が必要。一種類をたんすの隅に置いて使用する。防虫効果のある匂い袋もおすすめ。

●たんすがない場合は

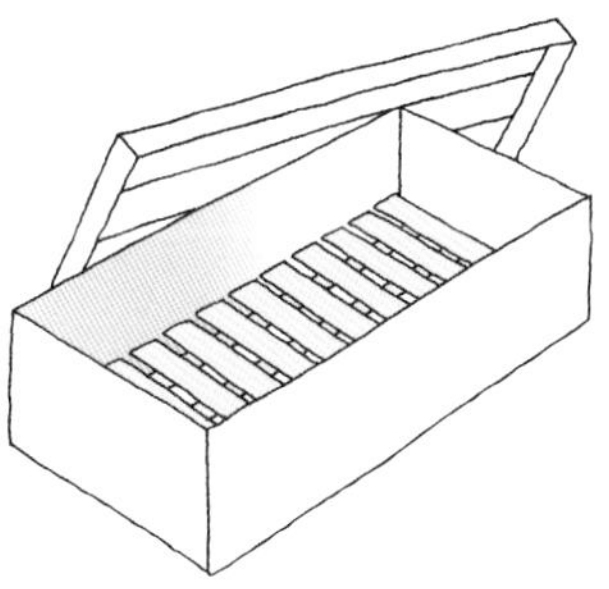

桐だんすを置く場所がない場合は、プラスチック製の衣装ケースで対応できる。ただし、ケースの底にすのこを敷いて通気性をしっかり確保し、こまめに空気の入れ替えをする必要がある。また、着物は型くずれしないよう、5枚以上は重ねない。底の浅いケースを選ぶとよい。

知っておきたい、着物の畳み方

お手入れ後は、よけいなシワが寄らないよう、種類に応じて畳み分けます。畳む前に、必ず手を洗い、清潔なシーツや紙を敷いて、着物を汚さないようにしましょう。

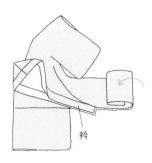

着物（本畳み）

着物の基本的な畳み方です。豪華な装飾が施された留袖や振袖以外なら、浴衣も含めてこの方法で畳みます。

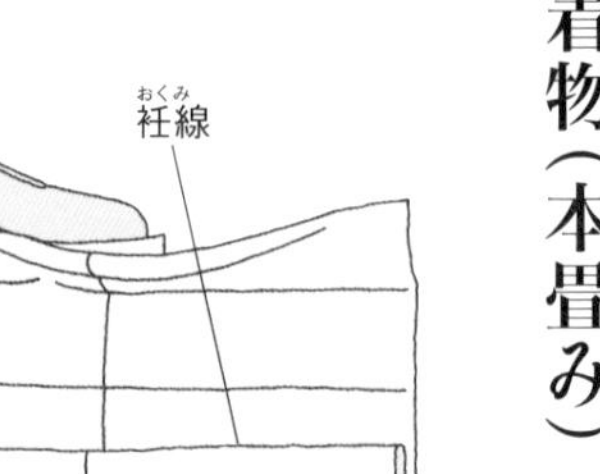

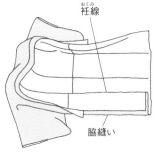

❶衿を左にし、下半身をきれいに整えながら着物を広げる。下前の脇縫いに沿って内側に折り、衽線に沿って手前に折り返す。

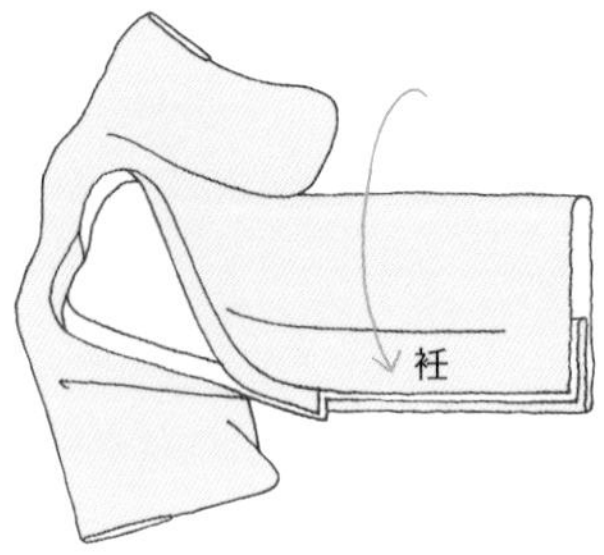

❷下前の衽の上に上前の衽を重ね合わせる。

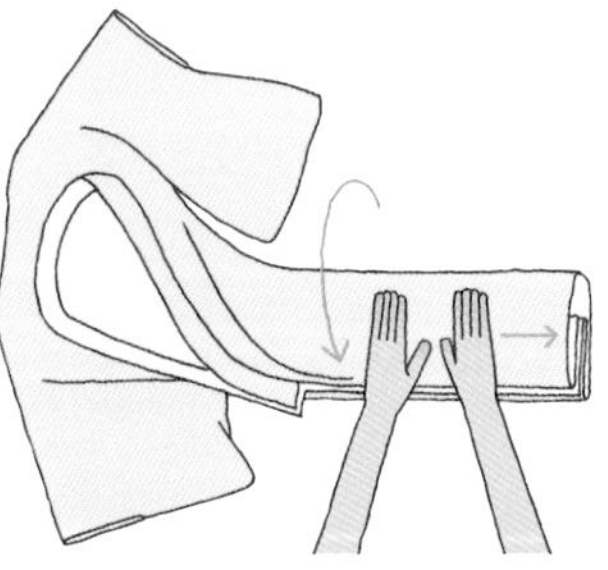

❸背縫いを手前に折って上前と下前の脇縫いを重ねる。手のひらを着物の上から下に動かし、重ねた部分の空気を出してシワを予防する。

❹畳んだ部分を裾から2～3回巻いておく。首の後ろをつまんで衿が三角になるよう割り、上前と下前の衿を重ねる。

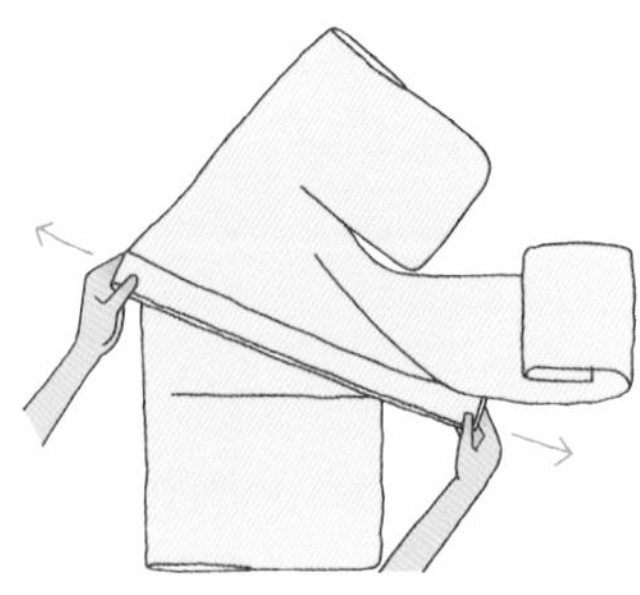

❺重ねた衿の両端を、左右に引っ張るようにして整える。

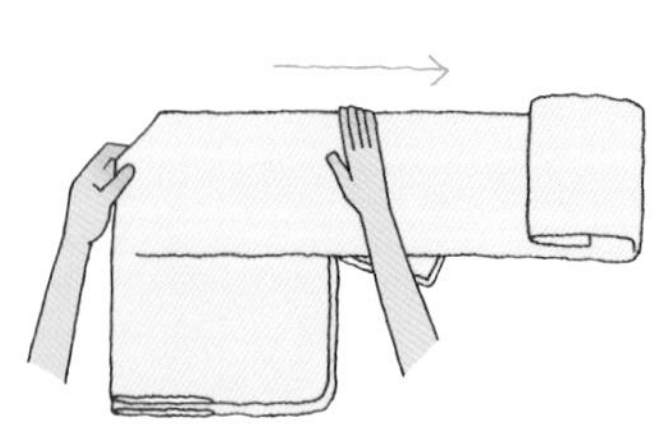

❻両袖を重ね合わせる。先と同じように手のひらを動かし、空気を抜く。

留袖・振袖（夜着（よぎ）畳み）

箔や刺繍などの飾りがある着物を、柄に折り目をつけずに畳む方法です。装飾部分には和紙または薄紙を挟み、柄が折れないようにしましょう。

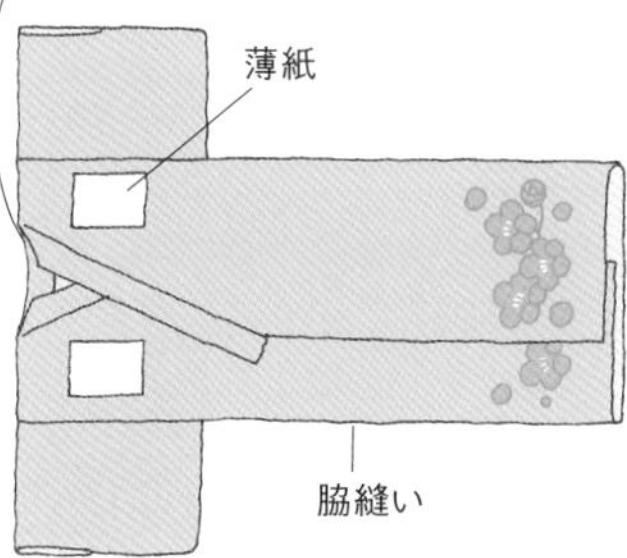

❶衿を左にして着物を広げ、下前の脇縫いに沿って内側に折る。上前も同様に内側に折り重ねる。次に、衿肩あきの縫い目を内側に折る。柄や紋が傷まないように薄紙をあてる。

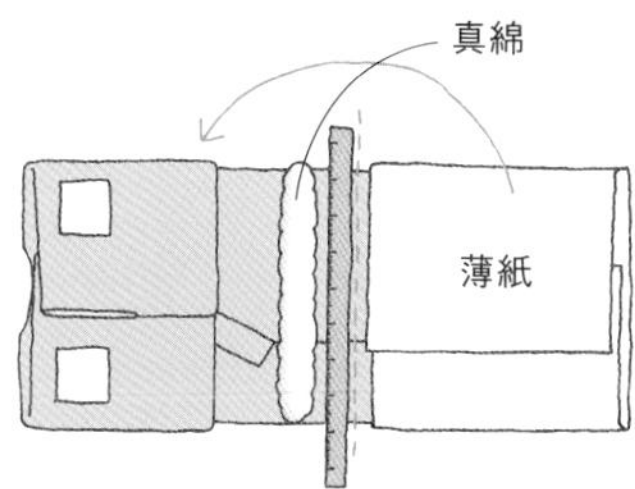

❷下前の袖を折り、上前の袖をその上に重ねる。真綿を薄紙で包んだ芯を間に挟み、丈を二つ折りにする。定規を使うと、折りやすい。

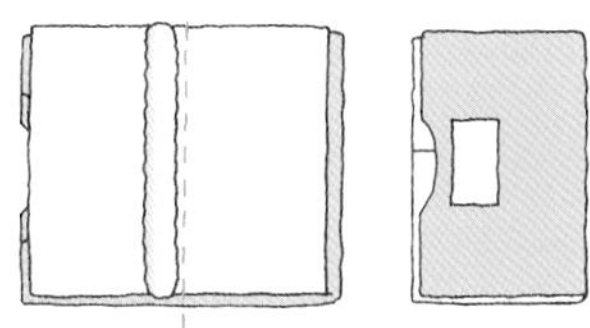

❸折り目がつかないように、真綿を薄紙で包んだ芯を間に挟み、さらに二つ折りにする。紋が傷まないように、薄紙をあてる。

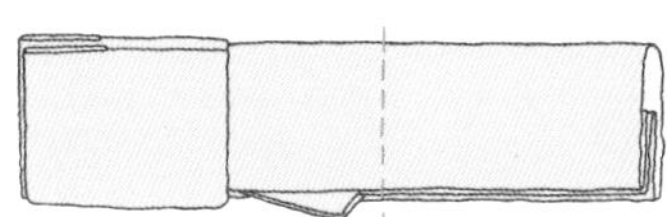

❼上の袖を上に折り、下の袖を下側に折り、身頃に重ねる。

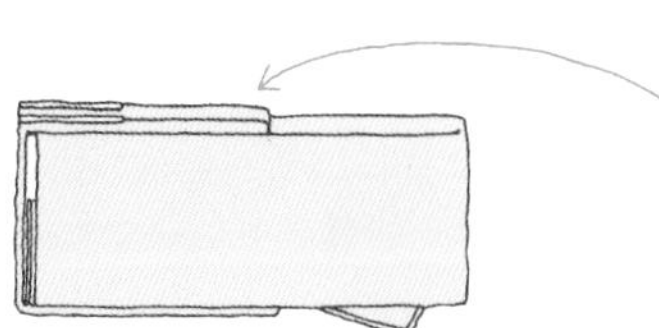

❽巻いていた下半身を元に戻して、衿先から二つ折りにして完成。

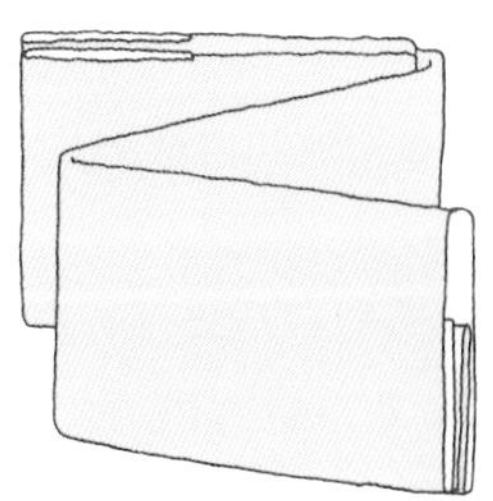

❾三つ折りにしたいときは、袖の長さで屏風（びょうぶ）畳みにする。

袋帯

袋帯は帯を重ねて3回折ります。折り返しに真綿や和紙の棒を挟むと、シワを予防することができます。金糸・銀糸、箔、刺繍の部分は和紙をあてて保護しましょう。

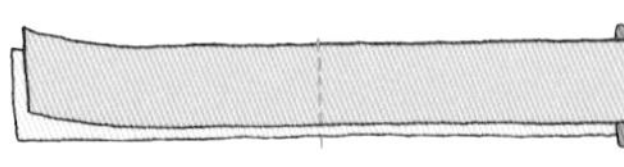

❶帯を裏にして広げ、柄が表を向くように二つ折りにする。折り返しに真綿や和紙を棒にして挟むとシワ予防になる。

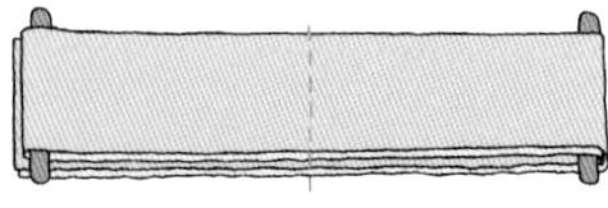

❷さらに、二つ折りにする。このときも折り返しに棒状にした真綿や和紙を挟むとよい。

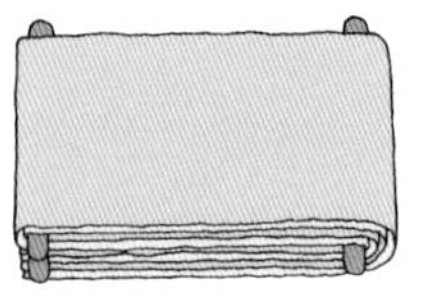

❸最後にもう一度二つ折りにする。

名古屋帯の開き仕立てや半帯も、同様に畳みましょう。

●お太鼓柄の場合

て先が左になるように裏を上にして広げ、て先を20cmほど内側に折ると、お太鼓に折り目がこない。

名古屋帯（名古屋仕立て）

名古屋帯の仕立てで最も一般的な名古屋仕立ての帯の畳み方を紹介します。名古屋仕立てとは、て先から胴ふた巻き分を半幅に仕立てたものです。

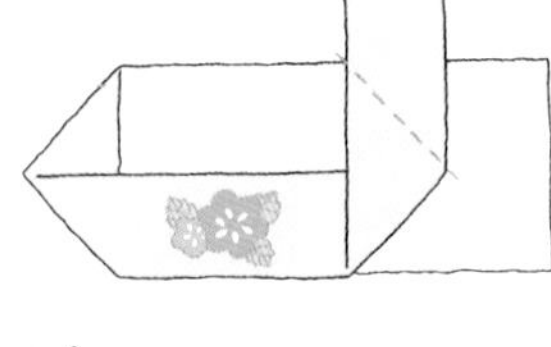

❶たれを右にして置き、お太鼓の縫い止まりを三角形に折る。

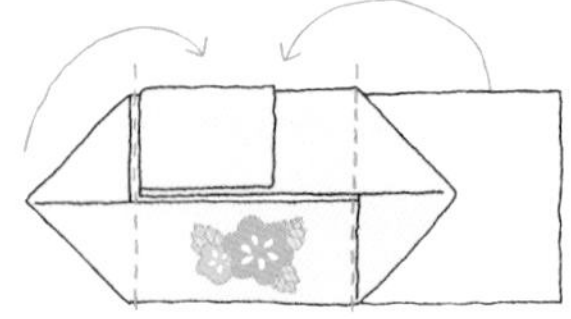

❷て先を右に折り、柄を折らないように気をつけながら、上に折り、さらに左側に折り返して三角形を作る。

❸左端からはみ出したて先は右側に折り返し、両方の三角形を内側に折りたたむ。

❹たれをかぶせて完成。お太鼓になる部分が折れるようなら、折り返しを変えるなどして調整する。

名古屋帯（松葉仕立て）

て先の15～20センチだけを半分に折って仕立てられた松葉仕立ては、て先を内側に折って畳みましょう。

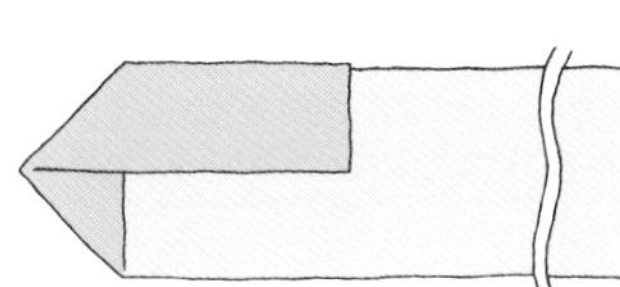
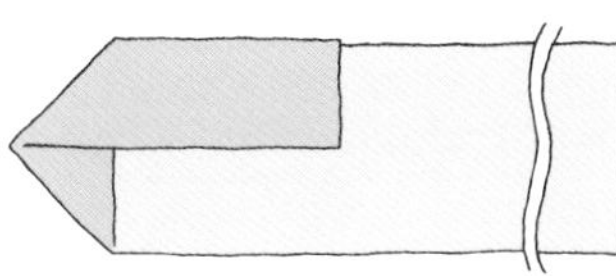

❶縫い止まりが左にくるように裏を向けて広げ、て先を縫い止まりの三角から内側に折り返す。

❷帯のたれ先をて先に持って来て、内側に二つ折りにする。

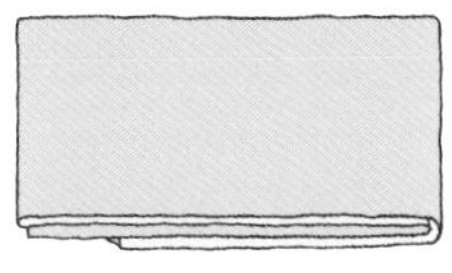

❸さらに二つ折りにする。たんすに収まらない場合は、三つ折りにする。

て先が長い場合

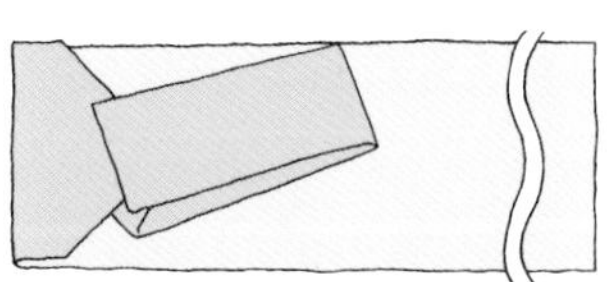

前帯の位置に気をつけててて先を畳む。縫い止まり側を少し内側に折るとお太鼓に折り目がつかない。

旅行のときは

普段使いのカジュアルな名古屋帯や、旅行に着物を持って行くときに便利なコンパクトな畳み方です。洋だんすにも収納しやすいサイズになります。

❶帯幅に合わせててを屏風畳みにする。前帯の柄に折り目がこないように注意して。

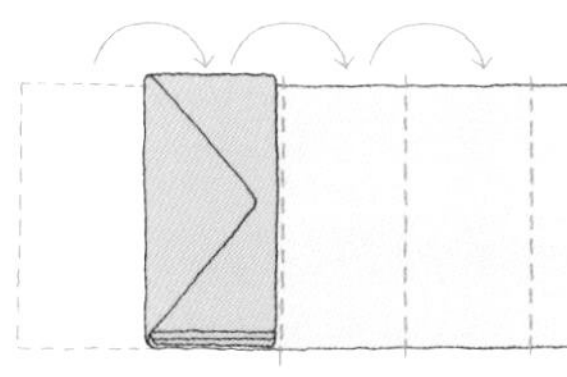

❷て先まで畳んだら、折り畳んだてを芯にして、たれ先まで巻く。

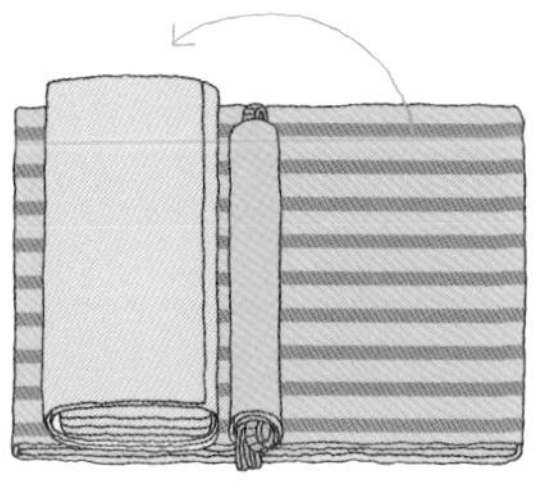

旅行に持って行くときは、❷の帯、帯揚げ、帯締めのセットを三つ折りにした着物でくるみ、風呂敷に包むとコンパクト。

袋名古屋帯の場合

袋名古屋帯の場合は、仕立て方によって畳み方を変えます。て先をかがるだけのかがり仕立てなら袋帯と同様に畳みます。松葉仕立てなら名古屋帯の松葉仕立ての畳み方と同様に畳みます。

長襦袢（ながじゅばん）・和装コート

長襦袢は着物の畳み方とは違います。半衿はつけたままでかまいませんが、差し込み芯ははずしましょう。長襦袢のほかに、和装コートや羽織もこの方法で畳むことがあります。

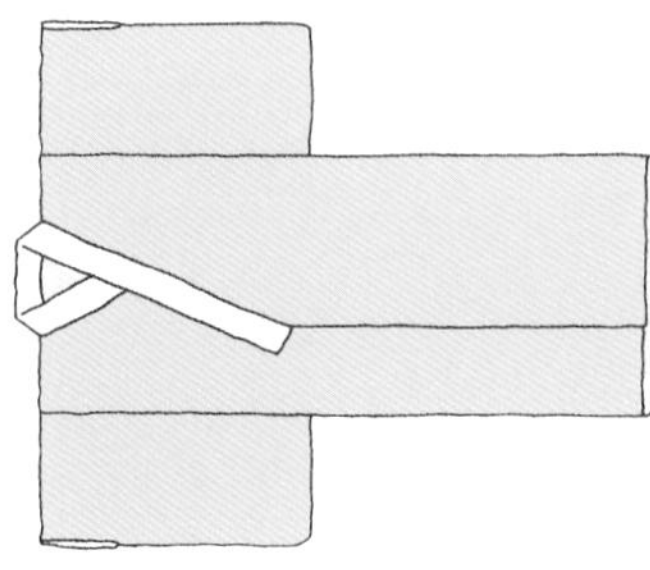

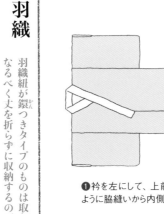

❶衿を左にして、上前が上になるように脇縫いから内側に折る。

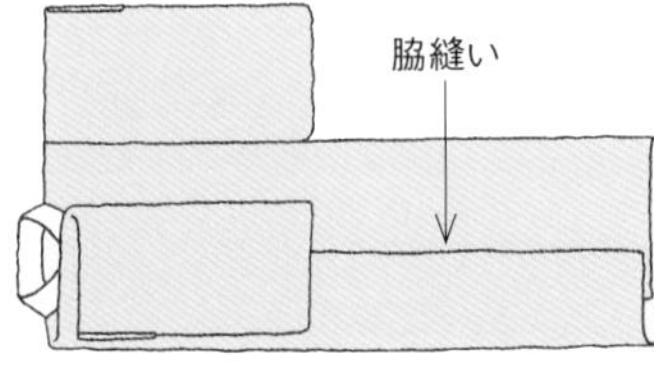

❷下前の脇縫いを背中心に向かって内側に折り、袖は手前に折り返して重ねる。

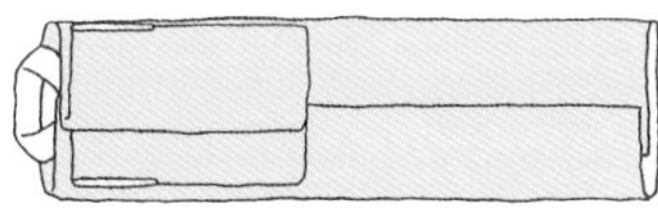

❸同じく上前の脇縫いを背中心に向かって内側に折り、袖を内側に折り返して重ね合わせる。

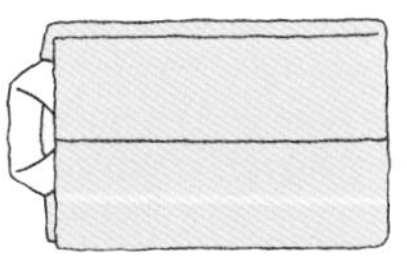
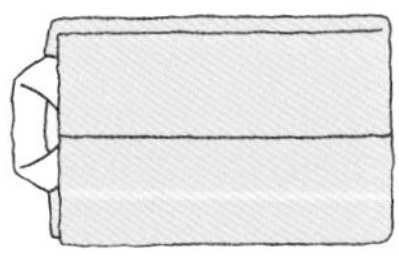

❹袖を折り曲げないように気をつけて、丈を二つ折りにする。

羽織

羽織紐が鐶（かん）つきタイプのものは取りはずせる場合は、はずしておきます。なるべく丈を折らずに収納するのが理想ですが、丈が長い長羽織は二つ折りにしましょう。

❶衿を左にして広げる。下前の衿を折り目に沿って手前に（外側）に折り、紐を上にする。

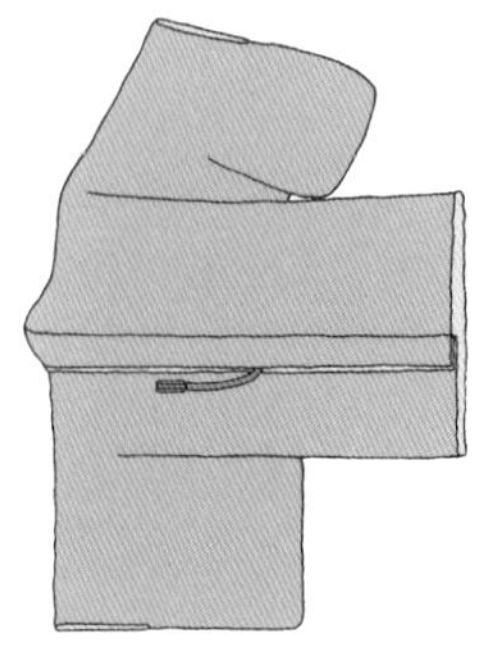

❷下前の脇を縫い目の少し外側で、自然に折る。衿肩あきを折り目通りに内側に折り、上前の衿を下前の衿に重ねる。紐は上に向ける。

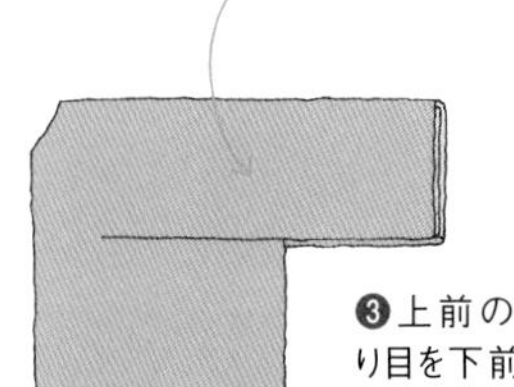

❸上前の脇の折り目を下前の脇に重ねる。

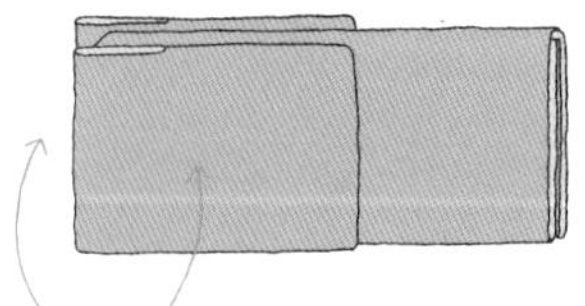

❹左袖を上に折り身頃に重ね、右袖は下に折り返して身頃に重ねる。丈が長い場合は、袖を折る前に二つ折りにする。

帯締め

帯締めは基本的に洗濯しなくてもよいものです。手アカで汚れた場合は、汚れていないプラスチック製の消しゴムでこすりましょう。

また、房が広がらないように収納するのも大切です。

房が広がってしまった場合

❶房が広がってしまったら、やかんに湯を沸かして蒸気をあてる。

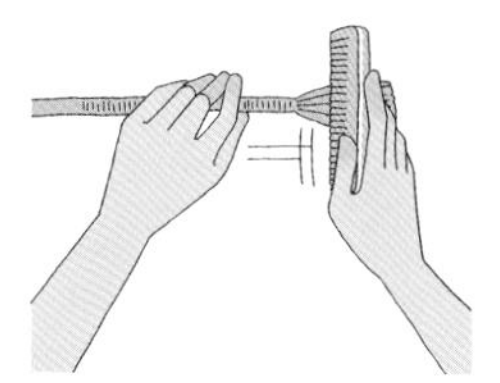

❷櫛をそっと入れ、房を整える。はみ出た部分は、はさみで長さを揃える。

収納するときの結び方

❶両房をそろえて半分に折り、約30cmくらいのところで折り返す。輪を作りながら帯締めを束ねるように巻きつける。

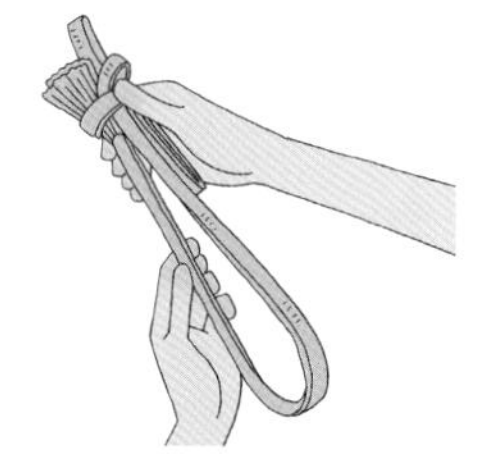

❷先を輪の中に下から通し、しっかり引っぱる。房が結び目の中に入るよう整える。結び目で房を守る結び方。

腰紐

紐類も基本的に洗わず、椅子やハンガーに掛けて風を通し、湿気を取っておきます。
特に、博多織の伊達締め（だてじめ）は、洗うと張りがなくなるので注意しましょう。
腰紐は五角形に折り畳むとシワが伸び、場所も取りません。

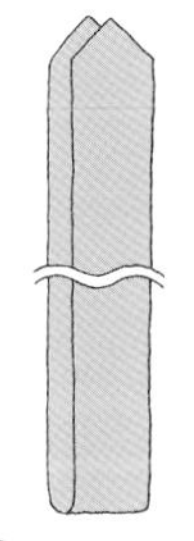

❶シワを伸ばしながら半分に折る。

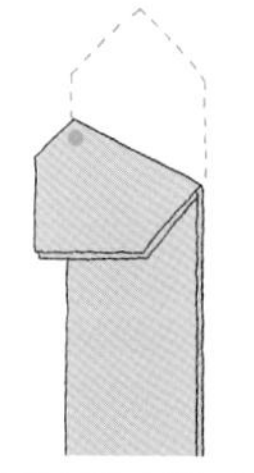

❷輪と逆の端から折り畳む。先端（頂点）を斜め手前に折る。

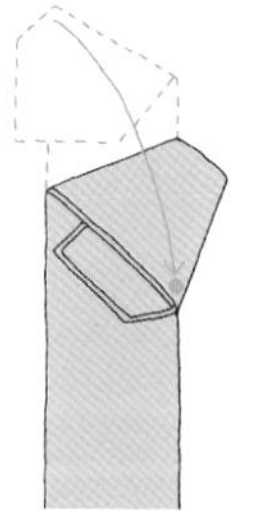

❸新しくできた頂点を紐の幅ほどとって、斜めに折り畳む。

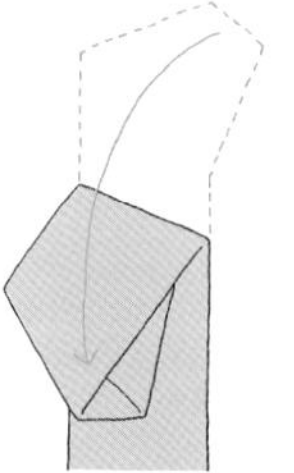

❹頂点を紐の一辺に重ねるように折るとちょうどよい。

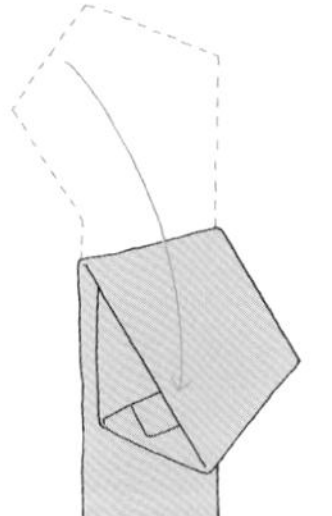

❺どんどん五角形を作るように折り畳む。

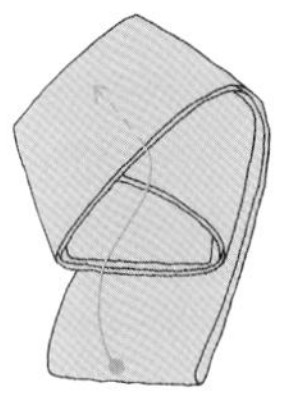

❻最後に端を折り込む。

着物のお手入れやお直しなら〝悉皆(しっかい)〟屋(や)さん

クリーニング店、呉服店、悉皆屋さんを賢く使い分ける

着物が普段着だった時代、ほとんどの家庭では自宅でお手入れやお直しをしながら、一枚の着物を長く着る工夫をしてきました。江戸時代になると、着物に関することならなんでも相談できる、着物をあつらえるプロデューサー的な役割を担う「悉皆屋さん」が登場し、活用されるようになりました。現在では悉皆屋さんのほか、呉服店や和服を扱うクリーニング店などでもお手入れやお直しを頼めるようになっています。どこに出すかは、汚れ具合やシミがついてからの時間経過などから使い分けるとよいでしょう。その際、必ず見積もりを出してもらい、予算内でできるかどうかも確認しておくようにすると安心です。

部分洗い（ふき洗い・シミ抜き）…　呉服店　悉皆屋さん

【こんなときに】

＊袖口・衿・裾が汚れてきた
＊上前などの目立つ部分が汚れた
＊帯が汚れた

着た回数が少なく、部分的に汚れた場合は、部分洗いをお願いします。油性のシミ・汚れは揮発性溶剤(きはつせいようざい)で、汗の汚れは水洗いで落とします。シミ・汚れが数か所ならコストがあまりかからず、生地を傷めることがありません。汚れの種類がわかっている場合は伝えておくと、悉皆屋さんの仕事がしやすくなります。

帯はそれほど汚れないため、洗うことは滅多になく、特に織りの帯の場合は洗うと糊が取れクタクタになります。また、帯芯が入っているので、部分洗いに留めましょう。

丸洗い（京洗(きょうあら)い・生洗(いきあら)い）…　悉皆屋さん

【こんなときに】

＊汗ジミがついた
＊何度か着た
＊夏の着物をしまう前に
＊大切な浴衣や長襦袢(ながじゅばん)

揮発性溶剤を使用するドライクリーニングです。主に油性の汚れを落とすため、汗などの水性のシミはあまり落ちません。溶剤を入れた洗濯ドラムで一気に洗い、残ったシミがあれば職人さんが手作業でシミ抜きし、ていねいにアイロンをかけて仕上げます。3回ほど丸洗いすると生地が傷んでくるので、洗い張りに出しましょう。

悉皆屋(しっかいや)さん

購入先がわからない場合や購入先が遠方の場合など、どんな着物でも対応してくれるのが悉皆屋さんです。「悉皆」とは「ことごとく、すべて」という意味で、洗い張り、紋付け、仕立てなどあらゆる専門職人を抱え、着物に関する仲介業の役割を果たしています。すべて自分の店で行うところもあります。職人さんとの繋がりがあるので、まずはどうしたいのか相談してみましょう。インターネットなどで探す、着物に詳しい方に紹介してもらい、信頼できるお店を探すと安心です。

呉服店

呉服店で、シミ抜き、丸洗い、洗い張りなどをお願いできます。着物を購入したお店や懇意にしているお店に聞いてみましょう。シミや汚れをつけたら季節をまたがず、すぐにお店に行ってどのようなお手入れをすればよいか、相談するようにしましょう。

クリーニング店

基本的に洋服専門なので、高価なものは避けましょう。工場で一括してクリーニングを行う大型店よりは、店舗内で作業している店のほうがより安心です。まず、着物のクリーニングに知識・経験があるかをあらかじめ確認することを忘れずに。

洗い張り…

悉皆屋さん

【こんなときに】
＊3回ほど丸洗いした
＊寸法が合わなくなった
＊汚れがひどい
＊色が褪(あ)せた
＊色を替えたい

共衿　本衿　衽　衽

着物をほどき、反物の状態に戻してから洗う。

着物を一度全部ほどいて端を縫い合わせ（端縫(はぬ)い）、反(たん)物(もの)の状態に戻してから板の上に載せて、水と洗剤で洗う方法です。糊(のり)づけして乾燥させ、湯のし（蒸気をあててシワを伸ばすこと）で仕上げ、仕立て直します。水洗いすることで汚れやほこりが流されて生地の風合いがよみがえるので、洗い張りに出したあとは着心地がよくなります。

また仕立てが必要なため、裾がすり切れた、全体的に色褪せてきた、体型が変わったなど、寸法直し、仕立て直し、染め替えなど、汚れ落とし以外の工程が必要になったときにもおすすめです。洗い張りは、生地が傷んで着られなくなるまで、何度もすることができます。

長襦袢(ながじゅばん)と浴衣の場合は…

クリーニング屋　呉服店　悉皆屋さん

長襦袢や浴衣の汚れやシミが取れない場合、クリーニング店を利用してもよいでしょう。ただし、色落ちなどの危険があるので、長襦袢や浴衣のクリーニング経験があるかを必ず確認します。高価なよそゆき浴衣や母親から譲られた大切な長襦袢など、大切なものは購入した呉服店や悉皆屋さんに相談し、部分洗いや丸洗いを利用しましょう。

もっと知りたい、悉皆屋さんのこと

洗い張りや染め替え、仕立て直しなど、着物ならではのお手入れをもっと細かく知りましょう。

洗い張りの工程

1. 解き

着物をほどくこと。袷の場合、表地、八掛、胴裏に分け、それぞれ迷子にならないように名札をつけておきます。

2. 端縫い

身頃、衿、袖などパーツごとに分かれた生地を、ロックミシンなどではぎ合わせ、反物の状態に戻します。

3. 水洗い

反物になった生地を中性洗剤や石けんを使い、ブラシや手でこすって洗います。着物に洗剤が残らないようにしっかりすすぎます。

4. 張り

洗った生地を伸子張りし（竹の弾力を利用して生地を左右に伸ばす）、糊づけします。

5. 湯のし

蒸気でシワを伸ばし、生地幅を整えます。

寸法直し

洗い張りのあとに着物を仕立て直す際、汚れた部分や傷んだ部分と目立たない部分を入れ替えることができます。例えば、上前と下前や生地の上下を入れ替えたり、紬など柄や生地に裏表がない場合は裏表を逆にしたりできます。これを「繰り回し」や「やり繰り」といいます。

寸法が合っていない場合、身丈、裄丈、裄、身幅など元の寸法の折り目を消して直すことができるので、洗い張りの際に相談しましょう。袖や裄は部分的な作業で直すことができます。

身丈が足りない場合、おはしょりや帯で隠れる箇所に足し布をする。

色かけ・染め替え

色が褪せたり、色を替えたい場合、洗い張りのあとに全体に色をかけて染め直すことができます。生地の状態がよければ、色抜きをして白生地に戻してから、新しい色、柄を染め直すこともできます。染め替えは悉皆屋さんのセンスが重要です。

柄や刺繍に糊を置いて（糊伏せ）地色だけを染める、柄色を変える、柄や刺繍を足すなど、さまざまな方法で着物をよみがえらせることができます。

仕立て直し（リフォーム）

寸法直しで対処できない場合は、洗い張りのあと、着物を羽織やコート、帯など別のものに仕立て直せることもあります。

八章

和のふるまい

着物を着た女性の仕草を表現するのに、
「しながある」「しながない」と表現します。
「しな」とは「優雅なさま、情趣が備わり好ましい様子」を指す言葉です。
日本女性の美しい着物姿に対する究極の表現だと思います。
「しながある」大和撫子（やまとなでしこ）のふるまいと、
着姿をより美しく見せる髪のまとめ方をご紹介します。

外出

大和撫子（やまとなでしこ）の美しい和の立ち居ふるまい

小さい歩幅で、足はやや内股に出しましょう。

優雅な身のこなしと無駄のない凛とした姿。美しい所作は、相手に礼儀を尽くす心の表れでもあります。またていねいな立ち居ふるまいは、着物姿を美しく見せるだけでなく、着くずれを防ぐ意味もあります。

歩く

足を開いて外股で歩くと、美しい着物姿も台なしになってしまいます。洋装のときと歩き方が同じにならないように意識しましょう。

両足のひざ頭をつけて歩幅は小さめに、履物一足分を目安にして、草履をパタパタさせないように気をつけます。やや内股で歩くようにしましょう。

また、ゆっくりと歩いても時間に間に合うように、普段より早く家を出るようにしましょう。

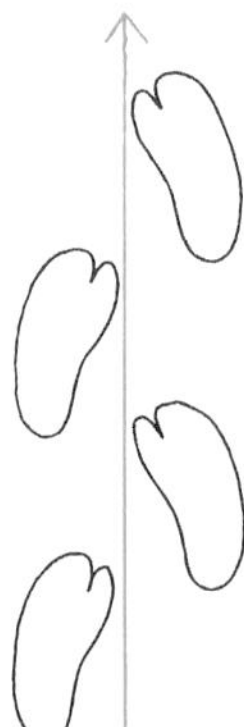

1本の直線をはさみながら歩く感覚で、やや足を内側に向けて歩くのが美しい歩き方。裾がバサバサとひるがえることがないので、着くずれしにくくなります。

荷物はまとめて持つようにしましょう。

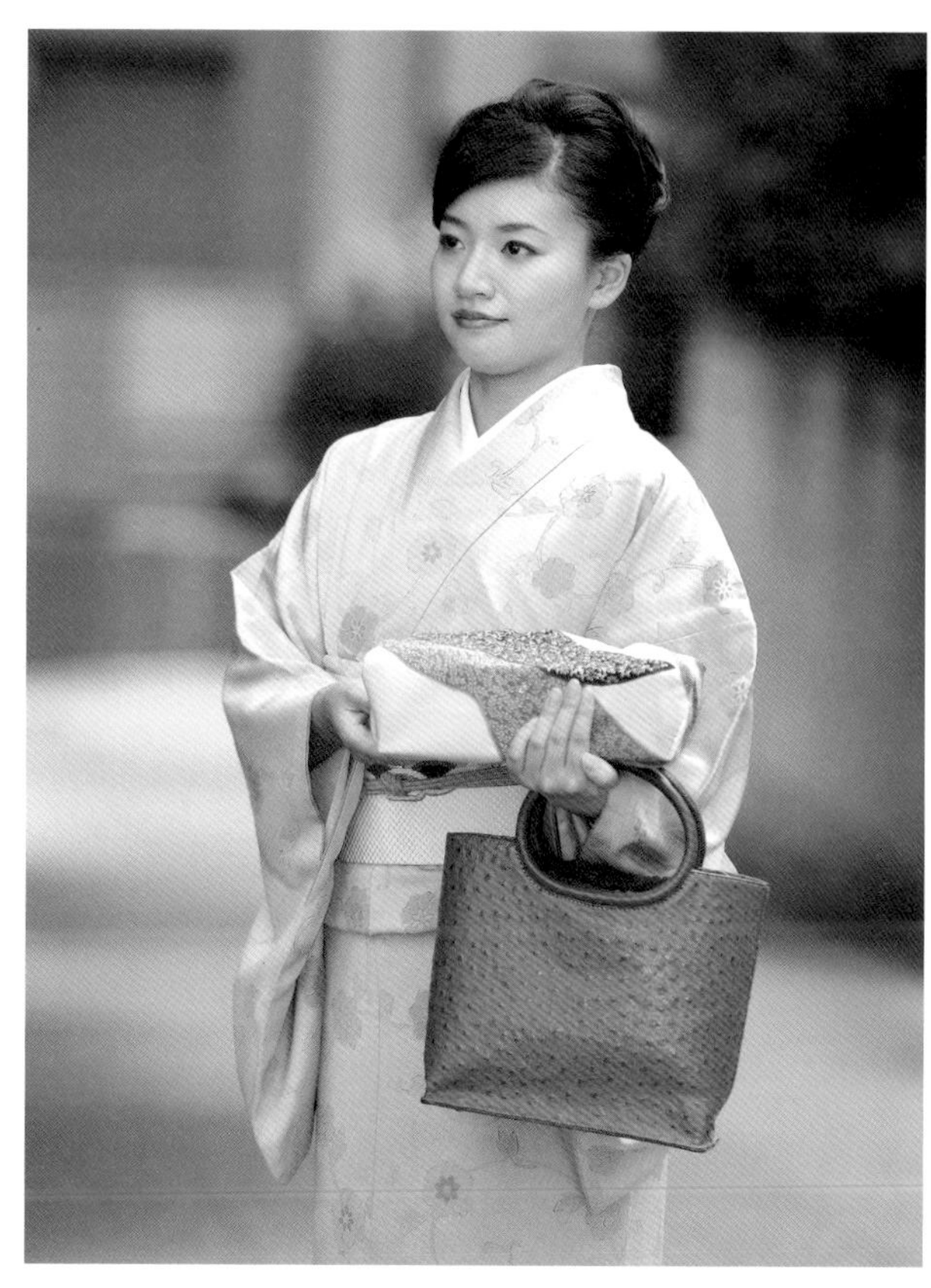

風呂敷包みとバッグを持つ

風呂敷包みは左手にのせて、右手を軽く添えると上品に見えます。バッグを持っているときは、左腕にハンドバッグをかけて左手で風呂敷包みを持ち、右手は自由に使える状態にしておくと、階段を上り下りするときや、かがむときに、上前を押さえることができます。

荷物はなるべく自分の体からはみ出さないようにすると、周りに迷惑をかけず、美しい佇(たたず)まいを保つことができます。

＊手みやげの渡し方

手みやげは、室内に入り、あいさつが済んでから、座布団や椅子に座る前に渡します。風呂敷から出したら、風呂敷は畳んで脇に置き、正面を相手に向けて両手で差し出します。

玄関先

履物を脱ぐ

❶片方の足のつま先を浮かせて、鼻緒の先の前つぼからそっと足をはずします。

❷もう片方の足も同様にして、足をはずします。

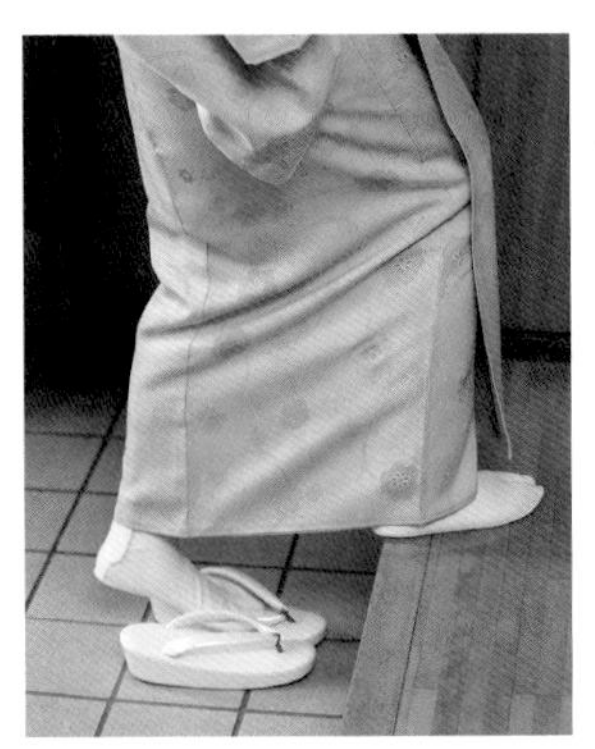

❸右手で上前を持ち、式台の中央を避けて上がりましょう。体を少し斜めに向けると楽に上がれます。最初の足を式台にかけると同時に、もう片方の足のかかとを上げると、足首やふくらはぎを見せずに上がれるので上品です。

相手にお尻を向けるのは失礼になります。上がってから向き直り、履物をそろえましょう。

履物をそろえる

履物に向き直ってひざまずき、左手で右の袂(たもと)を押さえながら、右手で履物の向きを変えてそろえます。中央には置かず、隅に置くようにします。

足袋カバーはここで脱ぐ

汚れた足袋で上がるのは失礼になるので、替え足袋を持ち歩くか、足袋カバーを履くようにしましょう。式台の隅で足袋を履き替えるか足袋カバーを脱ぎ、きれいな足袋で上がります。

右手で上前を持ち、階段に対して体を斜めにすると、肌が見えず綺麗です。

履物を履く

右手で上前を少し持ち上げて、片足ずつ前つぼに滑り込ませて履きます。履きづらいときは、片方の草履に押しつけるとよいでしょう。

✕ トントン履いてはいけません。

前つぼにしっかり足を入れたいからといって、履物を地面に打ちつけて履くのはよくありません。見た目も悪いうえ、履物も傷めてしまいます。ゆっくりと慌てずに履きましょう。

階段を上る

右手で上前を持ち、階段に対して体を斜めにして上ります。着物の褄先を引きずったり、足で踏みつけたりしないよう気をつけましょう。足を階段の手前のほうにのせると、ふくらはぎが見えず、品よく見えます。

階段を下りる

右手で上前を少し引き上げ、階段に対して体を右斜めにして左足、右足の順に一段ずつ下りると、自然な印象を与えます。つま先が外向きにならないように、静かに足を下ろします。

和室

おじぎは心を込めて、ゆっくりと。相手に気持ちを伝えることが大切です。

おじぎをする

利き足を半歩下げて片ひざをつけ、両ひざをそろえて正座をします。手は畳のへりの手前で「ハ」の字に置き、頭から腰までを一直線に保ちながら前に傾けます。上体を傾ける角度は、軽いあいさつの場合は15度、一般的なあいさつは30度、丁寧なあいさつは45度。それ以上傾ければ、より丁寧になります。

畳のへりは踏まないこと。

室内を歩くときは畳のへりを、また室内に出入りするときはふすまや障子の敷居を踏まないよう注意が必要です。ただし、縁や敷居を避けようとして、大股にならないように気をつけましょう。

座布団の上を滑るように少しずつ前に進みます。

座布団に座る

❶右手で上前の脇を横に軽く引っぱり、左手を上前に軽く添え、利き足をわずかに出して、座布団の前で両ひざをそろえます。次に、片ひざずつ座布団にのせます。
❷両ひざをそろえて正座し、両手を軽く握って両ひざの脇に置きます。
❸手を2回ほど前に進めて、両手に体重をのせて前に滑るように進みます。
❹座布団の縁の手前で止まり、両手をももの上で重ねて、背筋をしっかり伸ばします。

座布団から立つ

座布団を踏まないで立ち上がりましょう。

座るときと逆の順序で手をついて体を後ろに移動させ、足が座布団から出たらつま先を立てて、左手は上前のももの上に、右手は座布団に置きます。右手で体を支え、スッと一気に立ち上がります。

洋室

立っておじぎをする

お尻を突き出さないように、ゆっくり体を曲げます。

和室でおじぎをするのと同様、背筋、首筋をまっすぐにして、両足をきちんとそろえて立ちます。手を体の前で合わせ、お尻が突き出ないようにお腹に力を入れながら、おじぎします。バッグがある場合は両手で体の前で持ち、体から離さないようにします。

椅子に腰かける

1
2

❶右手で上前を持ち、左手でその上を押さえてゆっくりと座ります。
❷浅めに腰かけ、お腹に力を入れて背筋を伸ばします。見た目も美しく、帯が背もたれに当たってお太鼓の形がくずれる心配もありません。

背もたれに寄りかかると、帯がつぶれてしまいます。

お茶

お茶碗の底に片手を添えましょう。指をそろえるときれいです。

お茶をいただく

煎茶をいただくときは、茶碗を両手で胸の高さまで持ち上げた後、右手で茶碗を持ち、左手を底に添えてゆっくりと飲みます。「おいしいお茶ですね」と素直に感想を伝えて、もてなして下さった方に感謝の気持ちを表しましょう。

❶左手は茶托（ちゃたく）に添え、右手でふたのつまみを持ちます。
❷ふたをゆっくり開け、ふたの裏についたしずくを茶碗の中に落とします。
❸両手でふたを裏返し、持ち替えて茶碗の脇に置きます。
❹飲み終えたら、音を立てないよう気をつけてふたを戻します。

懐には懐紙（かいし）を

懐紙は小ぶりな和紙を二つ折りにしたもので、食事会やお茶会に携帯すると大変便利です。受け皿の代わりにしたり、魚の骨を取るときに懐紙をあてて魚を押さえたり、骨や種を出すときに口元を隠すときにも用います。そのほかにも、食べきれない茶菓子を包んだり、湯飲みの飲み口を拭いたりさまざまに利用できます。

受け皿の代わりに

食事の際、懐から懐紙を取り出し、左手に懐紙を持ち、食べ物の下に添える。懐紙は手前を輪にして持つ。

胸元に挟んで

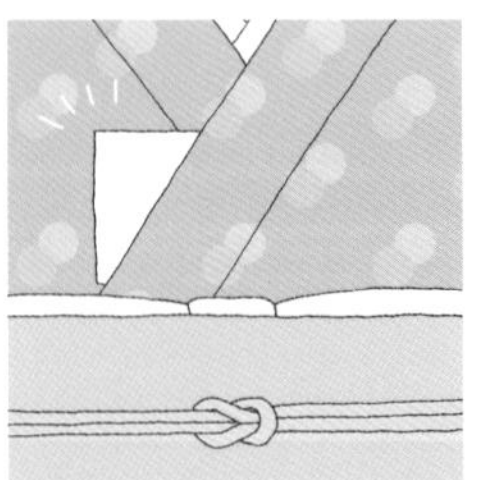

懐紙は汚れないように懐紙入れに挟む。席についたら懐紙入れから出して胸元に挟み、必要に応じて取り出す。

コーヒーをいただく

コーヒーや紅茶を飲むときは、片手でカップを持っていただきます。基本的にはソーサーはテーブルの上に置いたまま、カップだけを持ち上げて飲みます。テーブルが遠い場合は、ソーサーごと両手で取り、カップを片手に持って飲んでもよいでしょう。

ハンカチをかける

食事の際は着物が汚れないよう、大判のハンカチをひざの上に置くとよいでしょう。ハンカチの一角を帯の間に挟むと、帯からひざまでをカバーすることができて、さらに安心です。

ものを取る

ミルクや砂糖などを取るときは、利き手とは反対の手で、利き手側の袂を押さえるようにしましょう。腕がむき出しにならず、美しい所作となります。手を伸ばしても届きそうもない場合には無理をせず、同伴者にお願いして受け渡してもらいましょう。

何かを取ったり、手渡したりするときは、いつも袂（たもと）を押さえます。

乗り物

車に乗る

車に乗るときは、
足をそろえて腰から先に。

❶体は外に出したまま、腰をシートにのせ、右手で助手席のヘッドレストを持ちます。
❷左手で上前を軽く持ち上げて裾が乱れないように気をつけ、両足をそろえて座席に浅く腰かけます。
❸両足を持ち上げて体を90度回転させたら、右手をヘッドレストから離し、着物が乱れた場合は整えます。

電車やバスに乗る

つり革は腕が出やすいのでなるべく使わず、手すりにつかまるようにします。つり革につかまる場合、二の腕が見えないように反対の手で袖口を押さえましょう。

つり革につかまるときは
二の腕が見えないように
袖口を押さえましょう。

美しい写真の撮られ方

カメラに近いほうの手や足の位置に気を配れば、おしとやかな女性らしい印象になります。

ポイント1
カメラの真正面ではなく、体をやや斜め前にして立つと、ほっそり洗練されたイメージに。正面を向いて立つと、幅が広く太って見えがち。

ポイント2
首筋が一直線になるよう、スッと伸ばすと美しい立ち姿に。

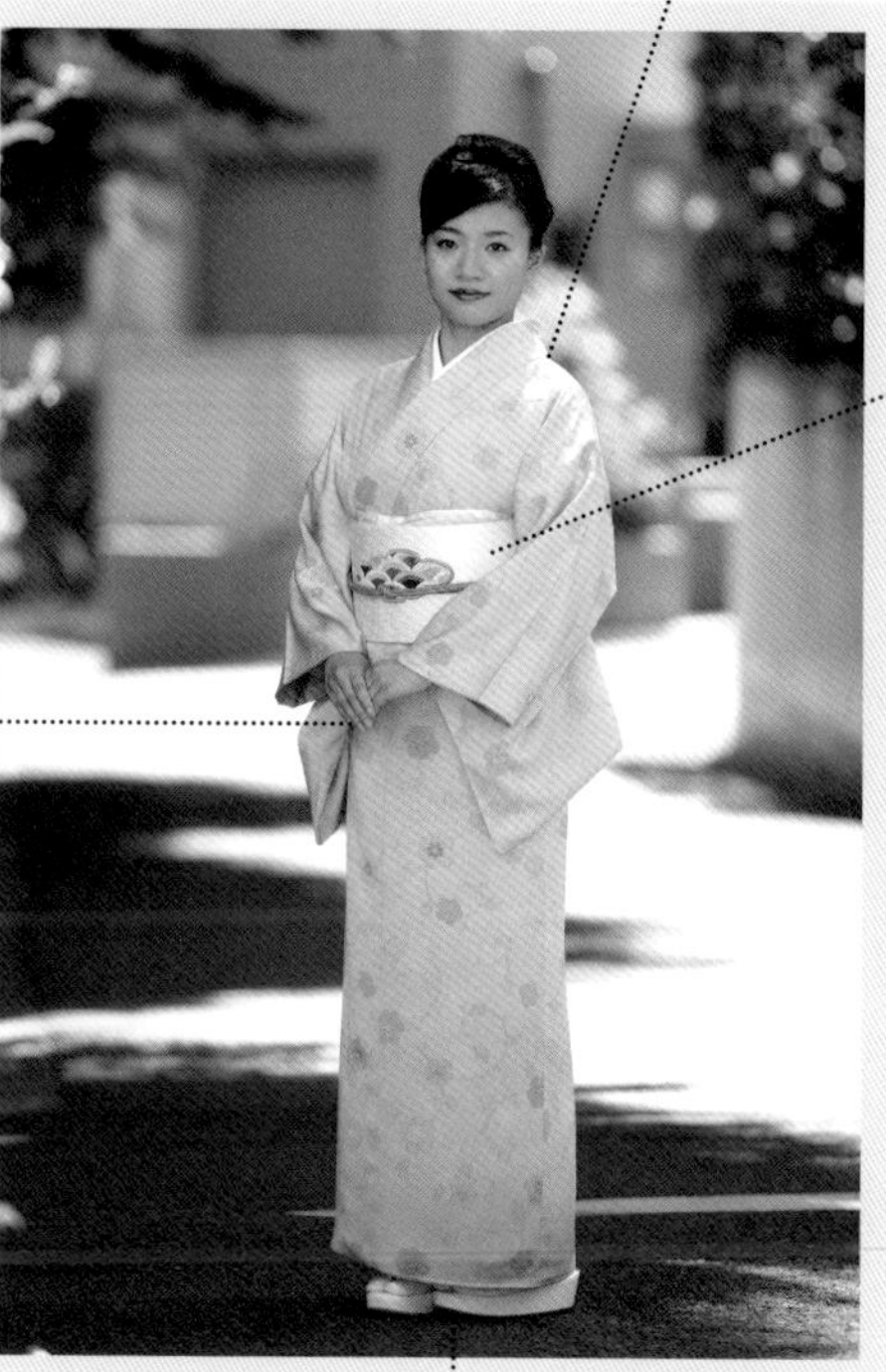

ポイント3
お腹に力を入れて後ろに少し引くようにすると、自然と背筋が伸びる。

ポイント4
カメラに近いほうの手が下になるように、軽く握る。

ポイント5
内股で立ち、カメラに近いほうの足を親指1本分後ろに置く。

ポイント6
着くずれ、髪の乱れ、化粧くずれをもう一度チェック。衿や帯の位置、襦袢が飛び出していないかなどを再確認。

素敵に装った着姿を、写真に残すのは思い出に残るもの。美しく撮られるポイントを確認しましょう。多くの方は左側から見た顔が美しく見えるので、上前側をカメラ側に向けましょう。着物の柄も引き立ちます。

プロに聞く、撮影のコツ

直射日光を避けましょう

直射日光のもとでは、着物や顔に影が出たり、まぶしくて目を細めたりしがちです。建物や木の陰に立つとよいでしょう。陰がない場合は、太陽を背に立つと、顔に陰影ができず、肌が美しく見えます。

逆光の場合、レンズに光が当たると、真っ暗になってしまうので、ストロボを強制発光させて撮ってもらいましょう。もしくは、撮る側が陰に入るなどレンズに光を当てないようにしてもらいます。

ぶきっちょさんでもできる

和のまとめ髪

すっきりとした衿足は着物姿を美しく引き立てます。かんざしやコームを使った夜会巻きや、編み込みのアップヘアなどを紹介します。

かんざしで夜会巻き

かんざしを使うのは難しそうですが、髪がしっかり留まるポイントを見つければ緩むことはありません。初心者は滑りにくい木製のかんざしがおすすめです。

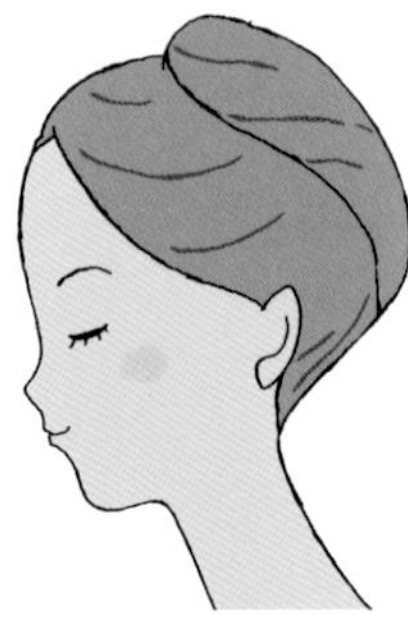

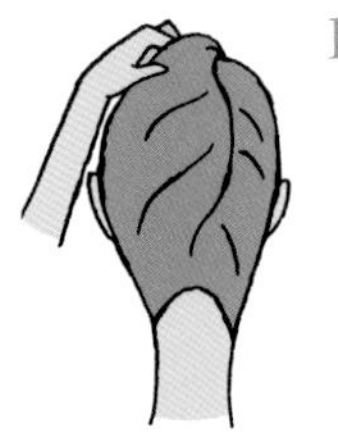

1 髪を適当な高さでひとつに束ね、時計回りと逆にねじり上げる。長くて外に飛び出る分は巻いた部分の中に折り込む。

2 かんざしを左下から右上の★に向かって挿す。

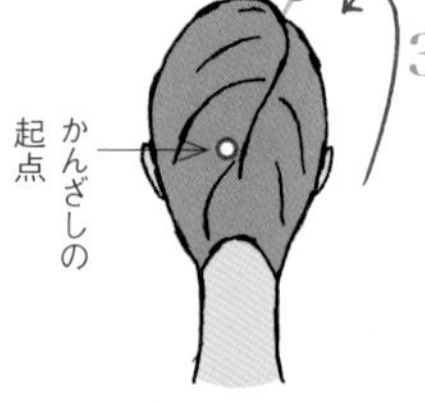

3 かんざしの頭を左下から右上に向かって持ち上げる。かんざしの先が頭皮をなぞり、巻いた髪が一度緩む。

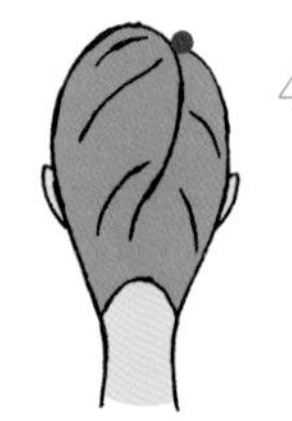

4 そのまま左下、もしくは下に向かって挿す。自分で緩まない位置を探す。

コームで夜会巻き

コームを使えば、かんざしよりさらに簡単に夜会巻きができます。サイドにもコームをいくつか使えば華やかに仕上がります。

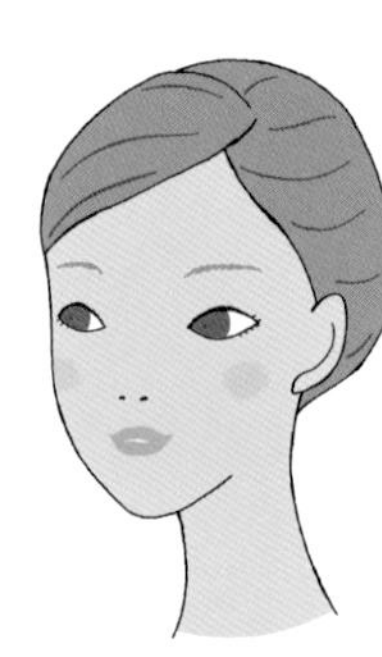

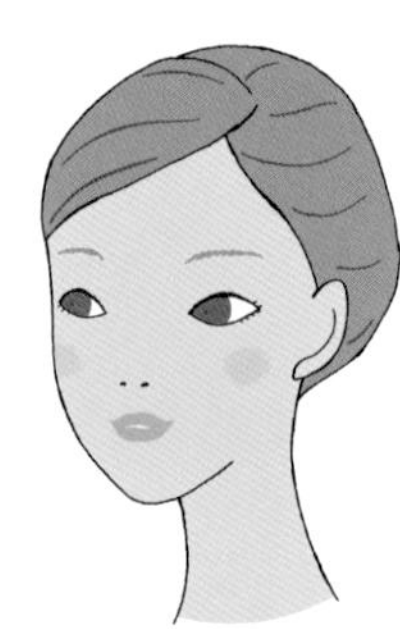

1 髪を適当な高さでひとつに束ね、ねじり上げる。

2 左手で上部を押さえながら、右手で巻きあげた髪を内側に折り込む。髪が長い場合、折り返して内側に折り込む。

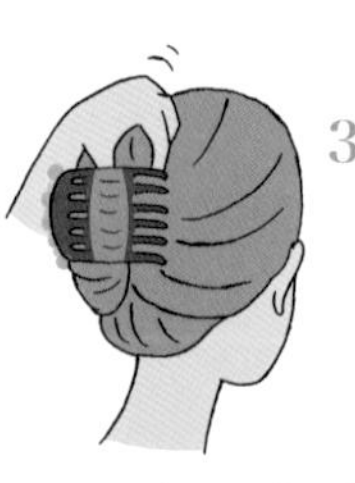

3 コームを裏返し、巻き上げた髪の際に左から右に挿す。

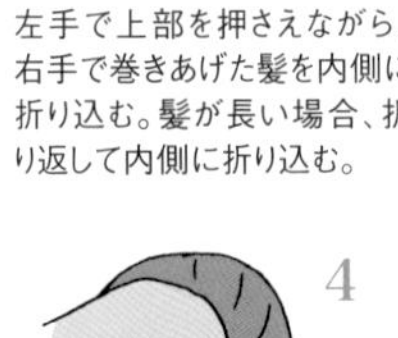

4 コームを反転させて、右から左に挿し入れる。

巻末資料

着物は知れば知るほど奥が深いものです。
和の色とかさねの色目、和の文様、
各地方の特色ある染めと織りを知ると、
もっと着物が楽しくなります。

和の色と歴史

日本の伝統色は、時代により異なり、飛鳥〜室町時代までの古代色と、江戸時代を中心に生まれた近世色に分けることができます。

唐に影響を受けた飛鳥・奈良時代は朱や縹(はなだ)など華麗な色彩が多く用いられましたが、平安時代になると一転、国風文化が隆盛を極め、中間色が好まれるようになりました。貴族は十二単(じゅうにひとえ)に見られるように、地紋と色のかさねだけで装いの美を表現しました。武家社会の鎌倉・室町時代には深みのある色調が主流となり、時代を象徴する色はさまざまな変化を遂げてきました。しかし色を使うことは、まだごく一部の人々に

※色名の後ろの「赤みのうすい赤紫」などはJIS一般色名です。

古代色

【ピンク系】

一斤染(いっこんぞめ)…赤みのうすい赤紫
紅花大一斤で絹一疋(ぴき)を染めた色。平安時代、紅の濃染(こきぞめ)は高価なため禁色だったが、これより淡い色をゆるし色とした。

紅梅色(こうばいいろ)…赤みのうすい赤紫
紅梅に似た紫がかった淡い紅色。王朝の詩歌や物語に多く見られ、早春の着物の色として愛好された。

【赤系】

臙脂色(えんじいろ)…紫みのふかい赤
紅色の濃く深い色。植物性の正臙脂(しょうえんじ)と、カイガラムシなどからとれる紫みの深い動物性の生臙脂(しょうえんじ)がある。

銀朱(ぎんしゅ)…黄みのふかい赤
一般に朱色といわれる鮮やかな赤。「銀」の名は、銀朱の顔料が天然の朱砂に水銀と硫黄を混ぜて作られたため。

【橙系】

洗朱(あらいしゅ)…黄みのうすい赤
朱色を洗って薄くしたような淡い赤橙色。「洗」という字には、色味が落ちて薄くなったという意味がある。

黄丹(おうたん)…黄みのさえた赤
曙の太陽の色を模した鮮やかな赤橙。古代、皇太子の礼服の色として用いられ、臣下の使用は禁じられた。

【茶系】

紅柄色(べにがらいろ)…黄みのふかい赤
インド東部のベンガル地方から伝えられた顔料の名にちなむ、赤みの濃い褐色。「辨柄色(べんがらいろ)」ともいう。

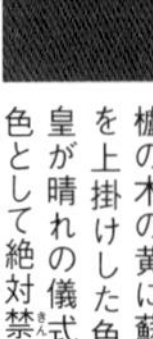

黄櫨染(こうろぜん)…赤みの暗い灰黄赤
櫨(はぜ)の木の黄に蘇芳または紫紺を上掛けした色。平安朝に天皇が晴れの儀式に着る上衣の色として絶対禁色とされた。

江戸の色

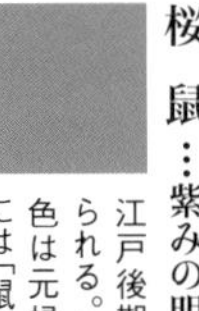

桜鼠(さくらねずみ)…紫みの明るい灰赤
江戸後期の染見本帳によく見られる。花の色に鼠をつけた染色は元禄以降に登場し、末期には「鼠」が「茶」を凌いだ。

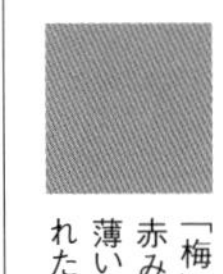

梅鼠(うめねずみ)…灰赤
「梅」は梅屋渋(うめやしぶ)で染めたような赤みの形容語で、赤みがかった薄い鼠色のこと。江戸後期に現れたとされる。

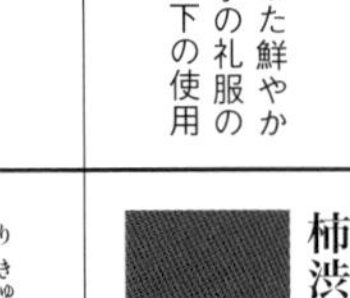

柿渋色(かきしぶいろ)…黄みの灰赤
柿渋、紅柄(べにがら)で染めた鈍い赤茶色で、市川家の狂言によく用いられたことから、俗に「団十郎茶」とも呼ばれる。

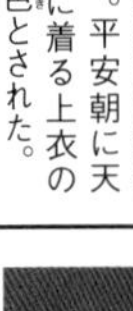
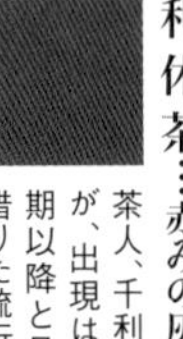

利休茶(りきゅうちゃ)…赤みの灰黄
茶人、千利休の名を冠しているが、出現は利休没後の江戸中期以降と見られ、利休の名を借りた流行色名と思われる。

しか許されない贅沢とされ、庶民には無縁のものでした。

江戸時代に入ると、町人が経済的な力を持ち、庶民が色や模様のある着物を楽しむようになります。いく度奢侈（しゃし）禁止令が出され、華美な衣服が規制されても、人々はさまざまな工夫を凝らしておしゃれを楽しみました。江戸末期には藍、茶、鼠（ねずみ）色のゆるし色を工夫して、「四十八茶百鼠（しじゅうはっちゃひゃくねず）」といわれるほど多彩な色相が生まれました。庶民に許された色を微妙な変化で最大限に楽しむ知恵であり、派手な色にも茶や鼠の名をつけ、取り締まりの網をくぐり抜ける方便にしたのです。こうした時代を経て、伝統色の数々は、今も私たちの生活を彩っています。

【黄色系】

山吹色（やまぶきいろ）…赤みのさえた黄

春に咲く山吹の花のような赤みのある黄色。黄金の色に似ていることから、江戸時代には「黄金色（こがねいろ）」とも。

鬱金色（うこんいろ）…赤みのあざやかな黄

鬱金（ターメリック）の根で染めた黄色。鬱金染めには殺菌・防虫効果があるとされ、肌着や虫除けに用いた。

【緑系】

萌黄（もえぎ）…緑みのさえた黄緑

春に萌え出る若葉のような黄緑色。平安時代から続く若さを象徴する色であり「萌木」「萌葱」とも書く。

青磁色（せいじいろ）…うすい青緑

磁器の青磁の肌色のような色。淡い青色と淡い青緑の2種があり、濃淡もあるが、一般的には見本のような色をいう。

【青系】

浅葱色（あさぎいろ）…緑みのうすい青

薄い黄色の「浅黄色」と混同しやすいが、浅葱は明るい青緑。名は若い葱の葉にちなみ、葱より青みが濃い。

縹（はなだ）（花田）…ふかい青

藍だけで染めた純正の青色。縹は中国の青の古名で、花田の花は、かつてその汁で摺（す）り染めをした露草のこと。

【紫系】

藤色（ふじいろ）…紫みのうすい青紫

藤の花のような薄い青紫。平安時代は藤原氏にちなみ、高貴な色として古くから日本人に愛されてきた。「若紫」とも。

杜若（かきつばた）…赤みのふかい紫

杜若の花の色からつけられた色名。「江戸紫」とも呼ばれるが、その名の由来や色あいには今も諸説がある。

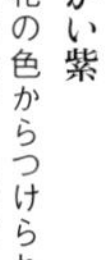

【無彩色系】

白練（しろねり）…白

精練した絹糸の白を指す色。もっとも古い和の色名のひとつで、古代では神聖かつ権威を象徴する色とされた。

墨色（すみいろ）…暗い灰色

黒ではなく、かすかに明るみのある灰黒色。「墨の五彩」といわれる墨の濃淡では最も濃い「焦（こげ）」にあたる。

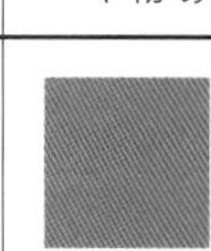
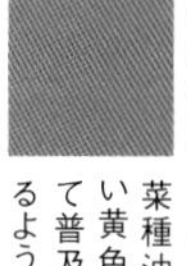

菜種油色（なたねゆいろ）…緑みのふかい黄

菜種油のような緑みのある深い黄色。菜種の油が灯油として普及した江戸時代から称するようになった。

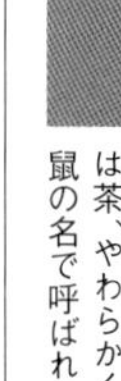

柳鼠（やなぎねずみ）…黄みの明るい灰緑

俗に「豆がら茶」ともいう。一般的には、渋みや暖かみのある色は茶、やわらかくクールな色は鼠の名で呼ばれる。

御召茶（おめしちゃ）…青みのにぶい青緑

色名には「茶」とつくが、藍で下染めするので青みの鈍い緑青。11代将軍家斉（いえなり）が好んだという御召縮緬（おめしちりめん）の色に由来する。

葡萄鼠（ぶどうねずみ）…赤みの灰紫

古代の葡萄染（えびぞめ）の色を鼠色がからせた鈍い赤紫。「えびねずみ」ともいう。浮世絵美人の着物の地色に見られる。

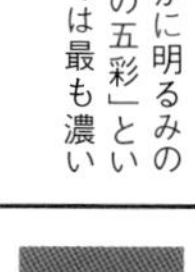

銀鼠（ぎんねずみ）…青みの明るい灰色

銀のような鼠色という意味の、白に近い灰色。錫（すず）の色に似ていることから「錫色」とも。「銀灰色」も同じ。

和の文様

吉祥文様

吉祥とは「よい兆、めでたい印」の意味で、それを表現した文様を総称して吉祥文様といいます。多くは中国の思想や信仰に基づいたものですが、なかには語呂合わせや、扇のように日本固有のものも。格調高く縁起のよい文様として礼装用に多く用いられます。

有職文様とは

平安時代以降、公家の装束や調度品に用いられた織物についた文様の総称で、「立涌」などの吉祥文様も多く含まれます。当時は十二単のように文様よりも色のかさねを重視したため、織り文様が発達し、「丸」「菱」「襷」のように、整然と繰り返される幾何文様が多いのが特徴です。

四君子【しくんし】

蘭、竹、菊、梅の四種を組み合わせた季節を問わない吉祥文様。いずれも気高い姿と植物としての特性が、君子の持つべき徳と似ていることから「四君子」と呼ばれる。

松竹梅【しょうちくばい】

古来中国では、冬の寒い時期にも変わらぬ緑を保つ松と竹、花を咲かせる梅を『論語』の「歳寒三友」にたとえて清廉な文人の象徴とした。これが日本に伝わり慶賀に用いられる。

青海波【せいがいは】

同心円を互い違いに重ねて波を表した文様。平穏な暮らしが静かな波のようにいつまでも続くという意味が込められている。名は同名の雅楽を舞う装束に用いられたことに由来。

瑞雲【ずいうん】

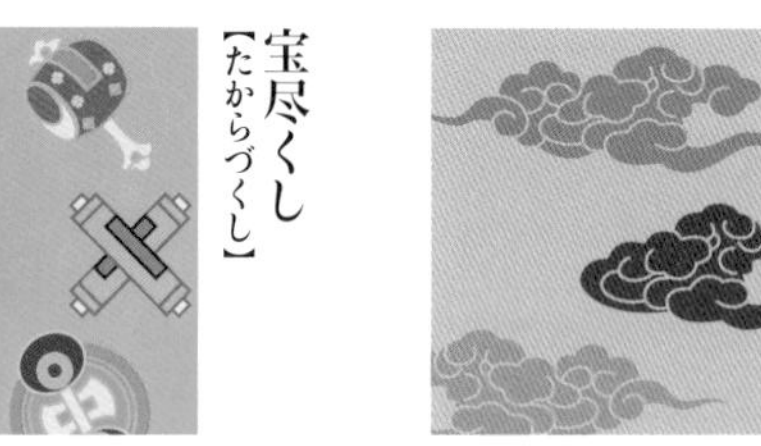

瑞雲とは、おめでたいことがある前兆として現れる雲のこと。なかでも中国で不死の象徴とされている霊芝（万年茸）の形をかたどったものは「霊芝雲文」とも呼ばれる。

宝尽くし【たからづくし】

縁起のよいとされる宝物をいくつか散らした文様。もとは中国の吉祥思想のひとつ「八宝」からきており、描かれる宝は打ち出の小槌や宝珠など、時代や地域によって異なる。

亀甲【きっこう】 有職

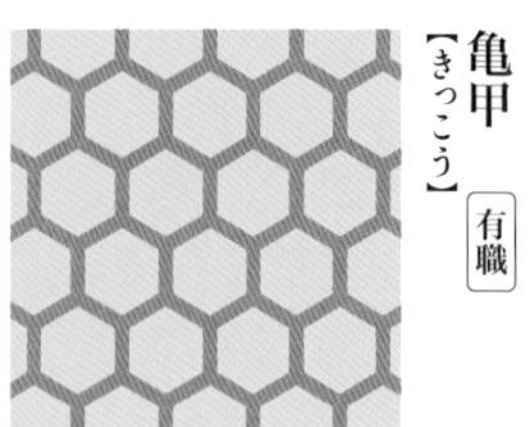

正六角形の形が亀の甲羅に似ていることからこの名がある、長寿吉兆を祝う文様のひとつ。亀甲を入れ子にした「子持ち亀甲」や山形に三つ組み合わせた「毘沙門亀甲」などがある。

唐草【からくさ】

蔓草が絡み合う様子を曲線的に表す。古代エジプトで生まれ、シルクロードを経て奈良時代に日本に渡ってきた文様。蔓草の強い生命力にあやかって長寿や子孫繁栄を表す。

七宝【しっぽう】 有職

ひとつの円に同じ大きさの円の円周が4分の1ずつ重なった文様で、「七宝繋ぎ」「輪違い」とも呼ばれる。中心に花菱を置いた「七宝花菱文」も有名。

立涌【たてわく・たてわき】 有職

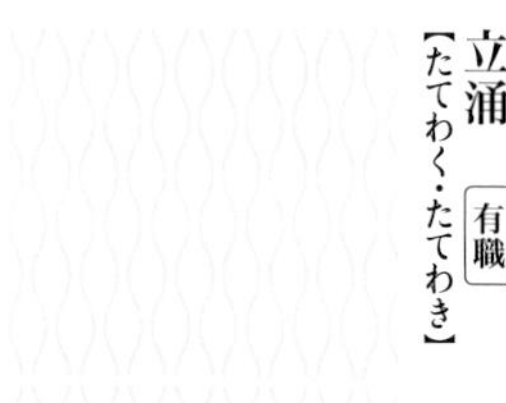

波状の曲線を向かい合わせに並べて繰り返す連続文様。吉兆である立ち上る蒸気を文様化したものといわれ、ふくらんだ部分に雲や桐を入れたものは、雲立涌、桐立涌と呼ぶ。

幾何文様

ひとつの文様を規則的に繰り返して配置した抽象的な文様を総称します。無機質な線や三角形、菱形、正方形、円による連続模様を、「麻の葉」「石畳」「網代」「鱗」「籠目」などに見立て、わかりやすく端正な図柄が特徴となっています。有職文様である七宝や亀甲、立涌も幾何文様に含まれます。

縞いろいろ

室町時代に初めて縦縞の「唐桟」や名物裂の「間道」などが縞織物として伝わったといわれています。江戸中期になると各藩の奨励もあり、各地に特徴のある縞が生まれました（→104頁）。

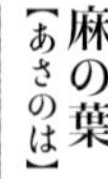

麻の葉【あさのは】

正六角形を基本とした直線模様が麻の葉を連想させ、連続したものは「麻の葉繋ぎ」と呼ばれる。麻の葉は生長が早くまっすぐに伸びることから、子どもの産着にも用いられた。

市松【いちまつ】

色違いの正方形を交互に敷き詰めた入れ替え文様。昔は「石畳」、平安時代には「霰」と呼ばれ有職文様の地紋とした。江戸時代の歌舞伎役者・佐野川市松が愛用しこの名に。

鱗【うろこ】

正三角形や二等辺三角形を交互に並べた入れ替え文様。魔除けの力を持つといわれ、武具や戦陣の衣装に用いたり、女性が厄除けとして身につけた。

籠目【かごめ】

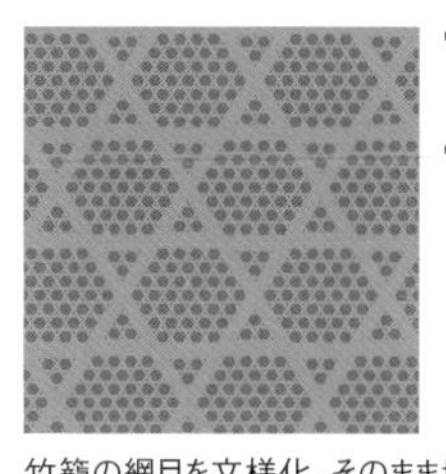

竹籠の網目を文様化。そのまま地紋としても使われるが、蛇籠（石を入れて土のうの代わりとした籠）からの連想で、葦や柳、杜若、水鳥など、水辺の動植物と組み合わされる。

紗綾形【さやがた】

梵語の卍を斜めにくずして連続文様にしたもので、「卍崩し」「卍繋ぎ」「雷文繋ぎ」とも呼ばれる。桃山時代に明から伝わった紗綾という絹織物の地紋に使われていたためこの名がある。

網代【あじろ】

網代は竹や葦、檜皮などを薄く削り、斜めや縦横に編んだもので、天井、垣根、屏風に用いられた。同様に檜の薄板を互いに組んだ垣根を檜垣というため、檜垣文ともいう。

霰【あられ】

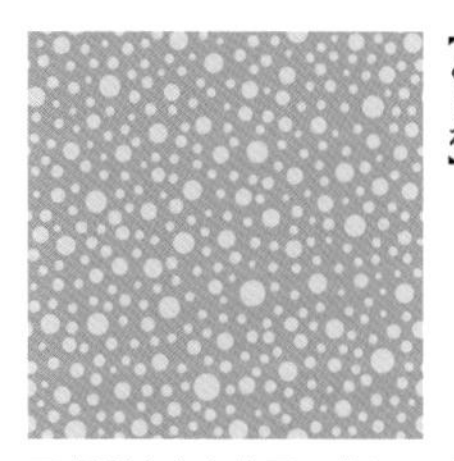
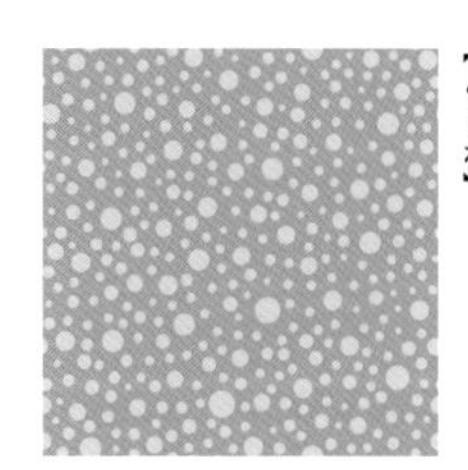

不規則な点を全面に散らして降りしきる霰を表現。江戸小紋の代表的な柄のひとつで、裃に多く用いられた。図のように、点に大小をつけたものは「大小霰」という。

襷【たすき】 有職

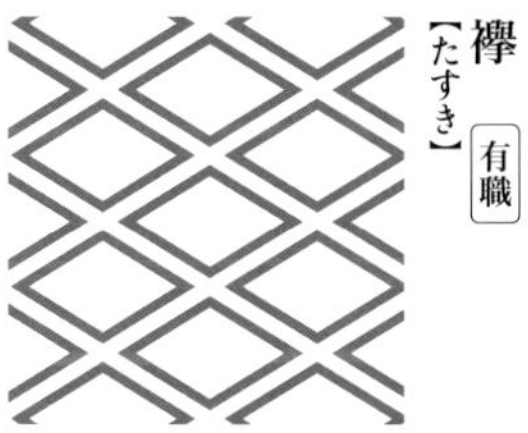

古くから有職文様のひとつとして用いられてきた、斜めの線が交わる文様。「斜め十文字」「菱格子」ともいう。線を鳥で表した「鳥襷」「花襷」など、さまざまな変化型がある。

格子【こうし】

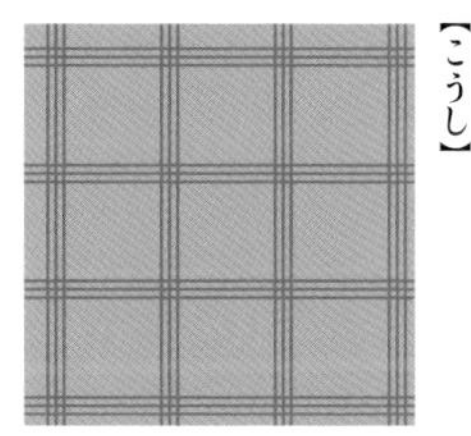

縦横の線を格子状に表した文様で、「格子縞」とも。江戸時代には「弁慶格子」や「三筋格子」など、縦縞と横筋の太さや本数の異なるさまざまな意匠が誕生した。

植物文様

着物の文様の中でも、最も多く用いられている文様です。四季のある日本では、桜、梅、椿、紫陽花、菊、紅葉などの代表的な草花を用いることで季節の移ろいを表現してきました。吉祥文様の代表ともいえる「松竹梅」をはじめ、さまざまな意味や願いを込めた植物文様が多様な意匠とともに生み出されてきたのです。

吹き寄せとは

さまざまな木の葉や花が、木枯らしに吹き寄せられた様子を描いた文様です。本来は、松葉や紅葉、松かさ(松ぼっくり)、銀杏などを散らして秋を表しますが、現在では桜や菊、梅、笹などを添えて、季節に関係なく楽しむことができるものも多くなっています。

橘【たちばな】 吉祥

日本に自生するみかんの一種。『古事記』にも登場し、京都御所・紫宸殿の右近の橘をはじめ、長寿瑞祥の象徴として尊ばれた。実は子孫繁栄、葉は長寿を表す。

露芝【つゆしば】

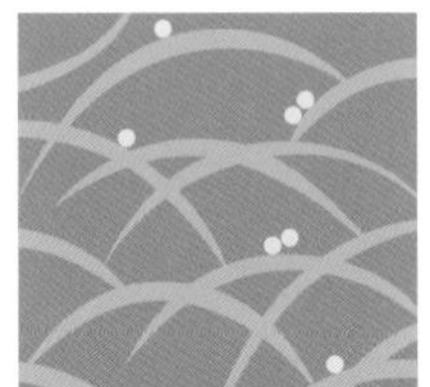

芝草に露が降りた様を表した文様。露のはかなさと秋のもの寂しさを重ね合わせて、薄や秋草に露を添えたものも多い。秋の文様とされるが、地紋の場合は季節を問わない。

桐【きり】

桐の木には鳳凰が棲むとされ、古くは菊とともに皇族だけに許された高貴な文様。三枚の葉と三つの花序で表し、小さな花の数が三五三で並ぶ「五三の桐」は家紋の定番。

桔梗【ききょう】

秋の七草のひとつで、古くから歌に詠まれ絵画の題材として愛されてきた。「桔梗紫」と呼ばれる美しい色と涼しげな様は、秋の草花を組み合わせた「秋草文」にも欠かせない。

鉄線【てっせん】

初夏に紫や白の花を咲かせるクレマチスのこと。優美な姿と硬い蔓を持つことから、娘の良縁(固い縁)を願って婚礼衣装の文様にも取り入れられている。

撫子【なでしこ】

夏から秋にかけて咲くことから「常夏」とも呼ばれる撫子。「大和撫子」の言葉もあるように、清楚で可憐な日本女性の象徴として愛され、文様化されてきた。秋の七草のひとつ。

狢菊【むじなぎく】

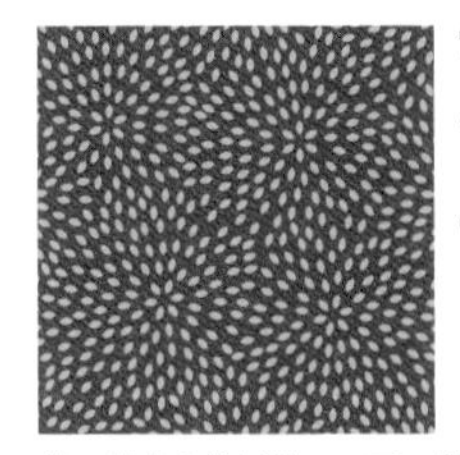

菊の花弁を放射状に一面に散らした菊文様のひとつ。花弁が狢(=あなぐま)の毛並みのように見えることからこの名がある。江戸小紋に多く用いられ、季節や慶弔を問わない。

龍田川【たつたがわ】

奈良県生駒郡を流れる龍田川は、多くの歌に詠まれた紅葉の名所。もともとはこれらの詩歌を背景に龍田川を表現した文芸意匠だったが、現在は流水と紅葉の組み合わせを指す。

桜楓文【おうふうもん】

春の桜と秋の楓を取り混ぜた季節を問わない文様。長谷川等伯・久蔵親子の筆による国宝「桜図」「楓図」をはじめ、春秋を代表する花と葉の取り合わせは絵画の題材にもされる。

動物文様

農耕文化の根づいた日本では、他国と比べると少ないといわれる動物文様ですが、鹿や兎などの獣類や、鳥、昆虫、魚介類、さらには龍、麒麟、鳳凰のように中国渡来の空想上の動物など、その種類は多様です。鶴亀、鴛鴦、鳳凰などは吉祥文様です。

名物裂とは

室町時代末から桃山時代にかけて中国、インド、中近東などから輸入され、名家や著名な社寺に伝わった貴重な織物のことで、「時代裂」ともいいます。茶道の隆盛とともに茶碗や茶入れなどの袋に用いられ、その所有者や文様などからそれぞれの名称がつけられました。

鶴亀【つるかめ】 吉祥

長寿の象徴である鶴と亀の組み合わせ。工芸品から婚礼衣装まで、幅広い用途に用いられる。亀は長寿のために尾についた海藻が長く伸びた「蓑亀」の姿で表されることも。

ふくら雀【ふくらすずめ】 吉祥

ふっくらとした雀の子や、冬の寒さを防ぐために羽毛をふくらませた雀を文様化したもの。ふくらんだ雀は「福良む」の当て字をして縁起物とされている。正面からの姿もある。

千鳥【ちどり】

群れ飛ぶ千鳥の様子を文様化したもの。写実的なものから輪郭と足だけで単純化したものまで、さまざま。「波に千鳥」や「沢千鳥」など、水とともに描かれることも多い。

燕【つばめ】

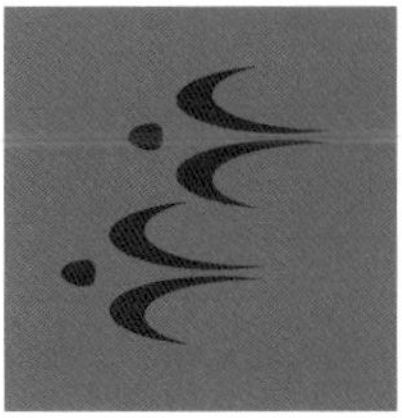

春になると、越冬していた南の島からやってくる燕たち。長い尾羽を翻して飛ぶその様子は、春の風物詩ともいえ、季節を象徴する文様となっている。紅型や絵絣によく見られる。

蜻蛉【とんぼ】

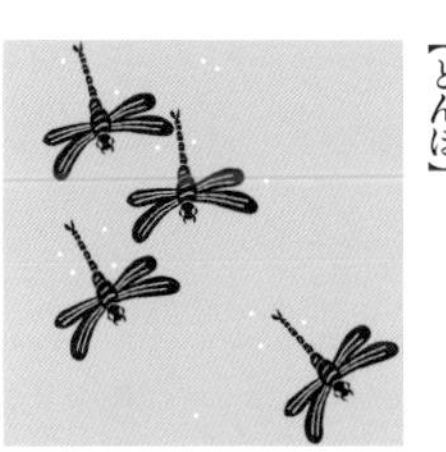
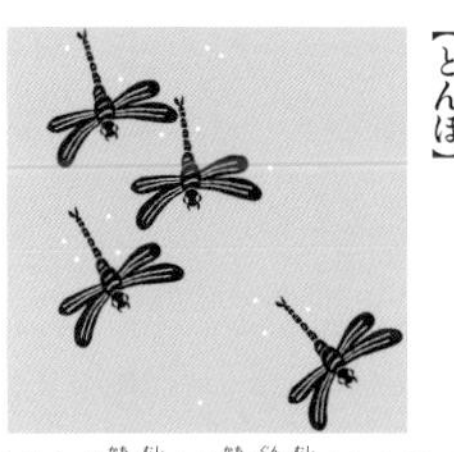

別名「勝虫」「勝軍虫」とも呼ばれ、縁起をかつぐ武士に用いられた。また、物の先に止まる＝人の頭に立つという意味から出世への願いを込めて、男子の産着にも用いられた。

兎【うさぎ】

月では兎が不老長寿の仙薬をついているという伝説から、中国では長寿の象徴とされ、日本でも古来、縁結びの神の使いとして大切にされてきた。その愛らしい姿が現代でも人気。

貝尽くし【かいづくし】

いろいろな貝を意匠化したもの。なかでも蛤は、対の殻以外にふたつと合うものがないことから、夫婦の契りを象徴し、夫婦・家庭円満の願いが込められる。

有栖川【ありすがわ】

有栖川家が所有していたといわれる名物裂、「有栖川錦」に見られる文様。鹿や馬、鳥などの動物を菱形や襷形、八角形などで囲んだものが多く、直線的な表現が特徴。

荒磯【ありそ・あらいそ】 吉祥

もとは名物裂の「荒磯緞子」に由来する、波間に鯉が跳ねる姿を表した文様。鯉は、中国では龍門という急流を登って龍になる出世魚として尊ばれ、吉祥文様とされている。

自然・風景文様

私たちの祖先は、山や海、川などの自然の風景を描いただけでなく、形のない霞や水をも「流水」や「ヱ霞」のように美しく文様化しました。また、「瑞雲」や「雪輪」のように、大胆なデフォルメを加えたり、中に別の文様を配して場面を区切ることが多いのも特徴です。

名所旧跡文とは

風景文様は、友禅染めの技法が確立した江戸中期に広まりました。名所旧跡のほかに、和歌で詠まれる情景が描かれることも多く、琵琶湖の南西岸を描いた「近江八景文」や萩や薄が武蔵野に生い茂る風景を描いた「武蔵野文」などが生まれました。また、中国の伝説にある「蓬莱山文」や、架空の高い建物を山水とともに描いた「楼閣山水文」などがあります。

流水【りゅうすい】

いく筋もの曲線で水の流れを表した流水は、弥生時代の銅鐸にも見られる古い文様。固有の形をもたない水の流れは、花筏や扇などさまざまなモチーフと組み合わせられている。

観世水【かんぜみず】

横長に渦を巻く水模様。能楽の流派のひとつ、観世家の定式文様として使ったことからこの名がある。能装束はもちろん、格調ある古典文様として広く使われている。

雲取り【くもどり】

雲がたなびいている様を表した文様。また、雲の輪郭の中にさまざまな文様をあしらったものもこう呼ぶ。つなぎ目や模様の途中に置いて、場を区切る方法としても用いられる。

雪輪【ゆきわ】

雪の結晶を美しい円形で表す。中に文様を入れたり、「雪輪取り」といって文様を区切る役割を果たすこともある。季節を問わず用いられ、夏に涼しさを演出することも。

月象【げっしょう】

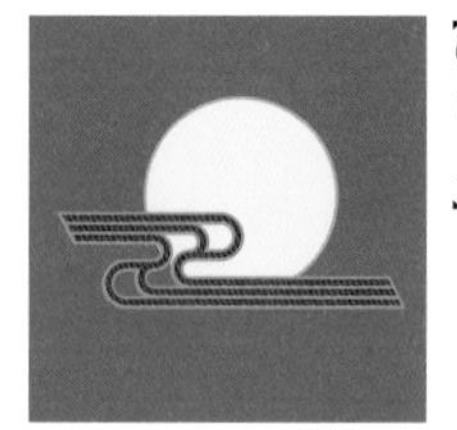

満月、半月、三日月、朧月など、さまざまな月の姿を文様化したもの。秋草をはじめ、兎や鹿などと組み合わせたものは秋の定番文様となっている。

ヱ霞【えがすみ】

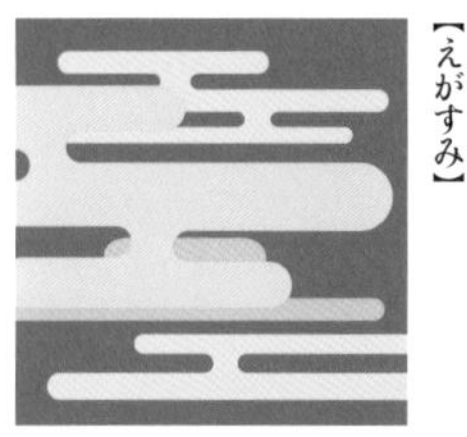

実際には形のない霞がたなびく様子を「ヱ」の字のように図案化したもの。「雲取り」同様、中をほかの文様で埋めたり、空間を区切る「霞取り」として用いることも多い。

雪持ち笹【ゆきもちざさ】

雪は豊年の兆しとされ、雪の重みに耐える枝葉の姿に翌年の豊作への期待と春を待つ心が込められる。柳や笹に雪が降り積もった様は「雪持ち柳」「雪持ち笹」と呼ばれる。

御所解【ごしょどき】

宮殿や楼閣、御所車、檜扇などの王朝時代を彷彿させる雅な素材に流水や草花を配した風景模様。江戸時代中～後期にかけて公家の奥方が小袖に用いていた。

茶屋辻【ちゃやつじ】

水辺の風景に橋や家屋、草花を描いた精緻な風景模様。もとは江戸時代、上級武家の女性が夏の正装に用いた、麻の小袖に藍染めで描いた細かい総模様で、辻は麻を指す。

器物文様

扇や巻物、文箱、屏風、弓矢、笛など、身の回りにある道具類や生活用具を文様化したもの。単独で用いるだけでなく、季節の花や別の文様を組み合わせて用いることも多く、「檜扇（宮中で用いられた木製の扇）」や「御所車」など王朝風のものは礼装や晴れ着に向きます。現代的なものまで、幅広く文様化されています。

王朝文様とは

平安の宮廷人の生活を彩った華やかな文様を「王朝文様」といいます。貴族が用いた道具を意匠化した貝桶や御所車、御簾、几帳などの器物文様や、御所解き文様も王朝文様で、典雅な雰囲気が晴れ着に向いています。

扇【おうぎ】

吉祥

「扇面文」「末広文」とも呼ばれ、扇の末広がりの形から縁起がよいとされる。扇の中にさまざまな文様を入れることが多く、扇に貼る紙の部分だけを文様化した「地紙文」も。

熨斗文【のしもん】

もともとは鮑の肉を薄くそいで伸ばし、乾燥させたものを儀式の肴に用いたことが始まりといわれる熨斗。文様としては、細長い帯状の紙を数本束ねた「束ね熨斗」として表される。

楽器文【がっきもん】

笙や篳篥、箏、鼓などの雅楽に用いる古典楽器を中心に文様化したもの。琵琶法師で有名な琵琶も楽器文のひとつ。さまざまな楽器を描いた「楽器尽くし」も。

源氏香【げんじこう】

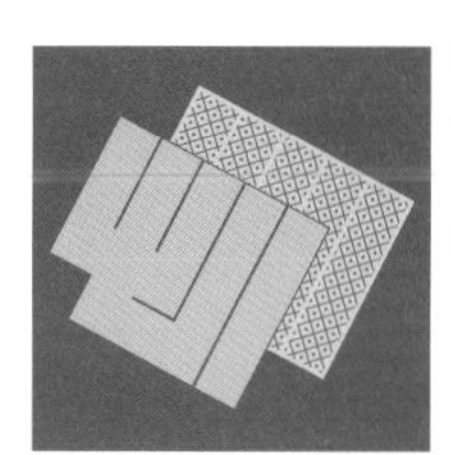

香道に用いられる符号で、香りの異同を5本の棒の変化で表現する。『源氏物語』五十二帖（巻頭と巻末を除く）の名がある。幾何学的な中にも雅な物語性が感じられる。

貝桶【かいおけ】

吉祥

貝合わせの貝を入れる貝桶は、中世には嫁入り道具のひとつとなり、江戸時代には夫婦が添い遂げる縁起物に。装飾された貝桶は華やかで美しく、現在も慶事用の文様として人気。

車文【くるまもん】

平安時代に公家が乗っていた牛車、御所車（源氏車）の車輪を文様化し、どこまでも回転する円の吉祥性を表している。御所車全体を文様としたものは御所車文という。

■文様の変化と遊び

ひとつの文様をさまざまに変形・組み合わせをすることで、文様の可能性は無限に広がります。代表的なものを紹介します。

よろけ

よろけたように波打つ曲線文様。「よろけ縞」「よろけ藤」など、直線にはないやわらかさが出る。

子持ち

文様のそばに小さい文様を並べ、親子のように見立てる。「子持ち亀甲」「子持ち縞」「子持ち格子」など。

繋ぎ

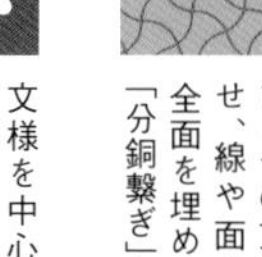

ひとつの文様を繋ぎ合わせ、線や面を構成する。全面を埋めることも多い。「分銅繋ぎ」など。

捻じ

文様を中心から一方向に捻じったような文様。「捻じ花」「捻じ菊」など花の文様に多い。

取り

文様の中に異なる文様を詰めたもの。彩りを増すうえ、空間を区切る役目も果たす。「雲取り」など。

散らし

花や葉が風に吹かれて落ちたように、文様を全体に散りばめた文様。「松葉散らし」「桜散らし」など。

日本全国の染めと織りの産地

全国各地には、それぞれの風土によって育まれてきた多種多様の染織品があり、地域の重要な産業として発達してきました。ここでは、現在全国で生産されている染織品の中から経済産業大臣が指定する「伝統的工芸品」に選ばれたものの中でも、代表的な染めと織りについて紹介します。

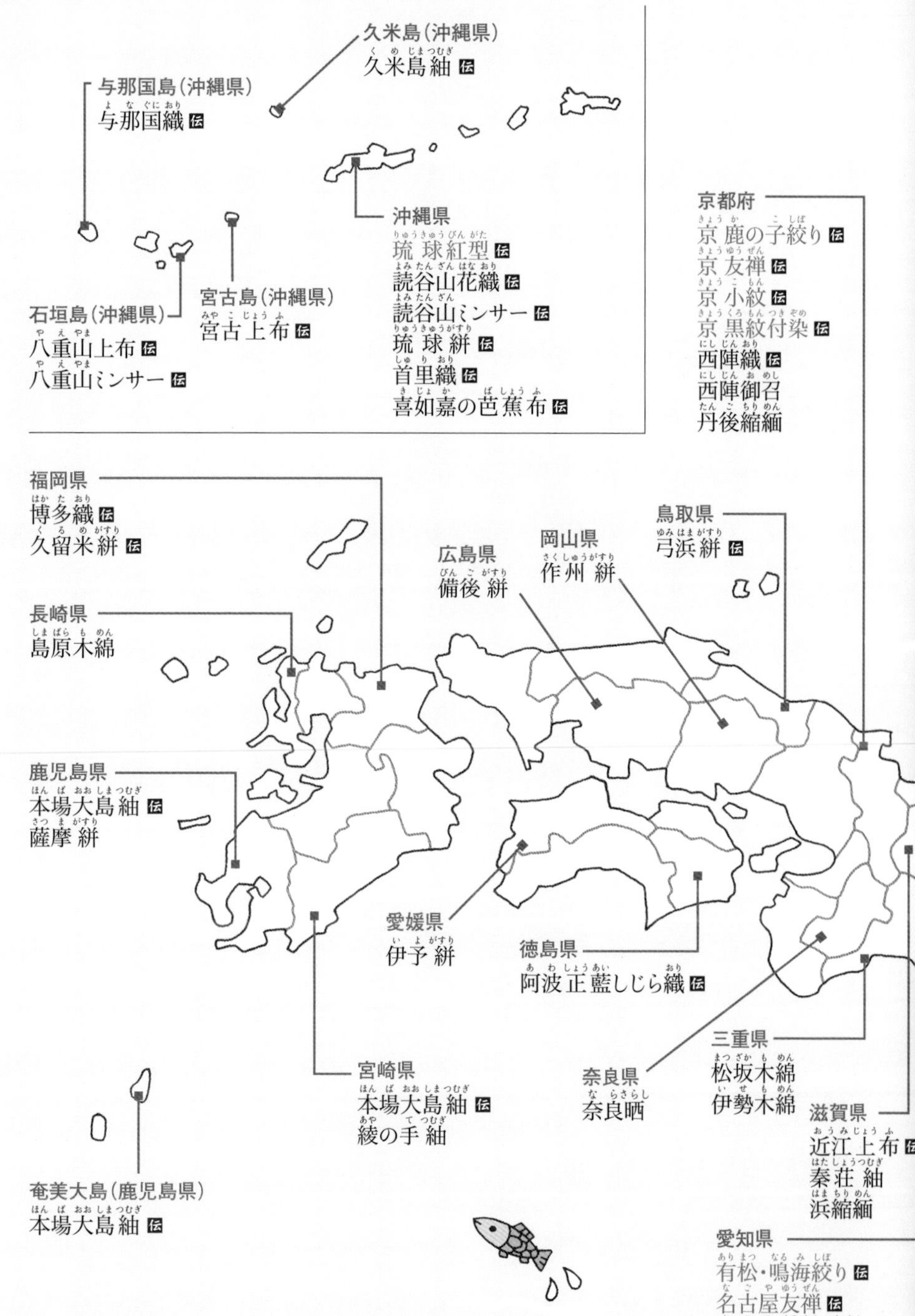

久米島（沖縄県）
久米島紬 伝
与那国島（沖縄県）
与那国織 伝
沖縄県
琉球紅型 伝
読谷山花織 伝
読谷山ミンサー 伝
琉球絣 伝
首里織 伝
喜如嘉の芭蕉布 伝
宮古島（沖縄県）
宮古上布 伝
石垣島（沖縄県）
八重山上布 伝
八重山ミンサー 伝
京都府
京鹿の子絞り 伝
京友禅 伝
京小紋 伝
京黒紋付染 伝
西陣織 伝
西陣御召
丹後縮緬
福岡県
博多織 伝
久留米絣 伝
鳥取県
弓浜絣 伝
岡山県
作州絣
広島県
備後絣
長崎県
島原木綿
鹿児島県
本場大島紬 伝
薩摩絣
愛媛県
伊予絣
徳島県
阿波正藍しじら織 伝
三重県
松坂木綿
伊勢木綿
奈良県
奈良晒
宮崎県
本場大島紬 伝
綾の手紬
滋賀県
近江上布 伝
秦荘紬
浜縮緬
奄美大島（鹿児島県）
本場大島紬 伝
愛知県
有松・鳴海絞り 伝
名古屋友禅 伝
名古屋黒紋付染 伝

染めの産地いろいろ

「染め」の産業は古くから文化的産業として独立していたため、産地も都市部に多いのが特徴です。

手描き友禅

元禄時代に京都の扇絵師、宮崎友禅斎が創始したといわれる友禅染めは、色彩豊かで華やかな柄が特徴の染めの技法です。友禅が考案したのは、もち米と糠と塩を混ぜた糸目糊（友禅糊）です。この技術により、隣り合った色が混じり合わないように防染し、絵画のように精緻な模様を表現できるようになりました。明治時代に開発された型紙を用いる型友禅に対し、手描きで染められたものは本友禅ともいわれます。

京友禅（京都府）

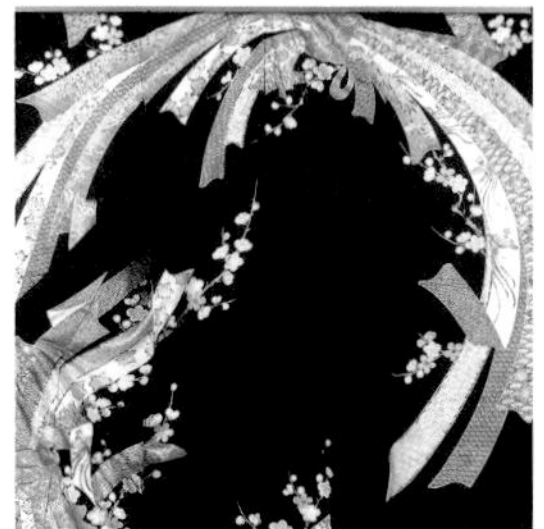

京友禅協同組合連合会

京都で染められる友禅は、花鳥風月や山水などの自然に加え、「御所解き文様」「有職文様」などの雅やかなデザインが特徴。刺繍や金、銀、箔、絞りなどを加えた華やかな印象のものも多い。意匠作りから始まるさまざまな工程は、徹底した分業化が行われている。

東京友禅（東京都）

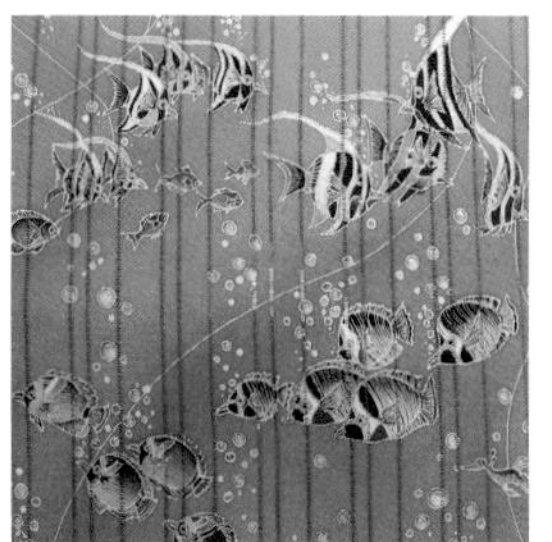

新宿区染色協議会（熊崎和人）

東京で染められる友禅は、磯の松や釣り船、網干し、千鳥、葦などの写実的な風景が多く描かれ、色も、藍、茶、白など、渋くあっさりした色を用いる。糊で防染した白い部分を活かす「糊の白上がり」が特徴的。構図から下絵、糸目置き、色挿しなどの制作過程のほとんどをひとりで行う。

加賀友禅（石川県）

協同組合　加賀染振興協会

加賀の城下町・金沢を中心に染められる友禅は、「加賀五彩」といわれる藍、臙脂、黄土、緑、紫（または墨）を基調とした、格調高い色調のものが多い。また、草花や鳥などの自然文様が写実的に描かれ、金、銀、箔や刺繍などによる加飾を行わないのも特徴。東京友禅と同様、分業は行わない。

型染め

型紙を用いて生地を染める技法です。染め方はさまざまですが、模様によっては何枚もの型紙を組み合わせて使うため、一枚の反物に百枚以上の型紙が必要なこともあります。

江戸小紋（東京都）

竺仙

小紋柄を彫った型紙を白生地の上に置き、柄を糊で防染して一色で染め上げげた小紋。長さ45cmの型紙で一反（約12m）染めるには何十回も型紙を送らねばならず、熟練が必要。「江戸小紋」の名称は昭和30年につけられ、「東京染小紋」として経済産業省から伝統的工芸品に指定されている。

琉球紅型（沖縄県）

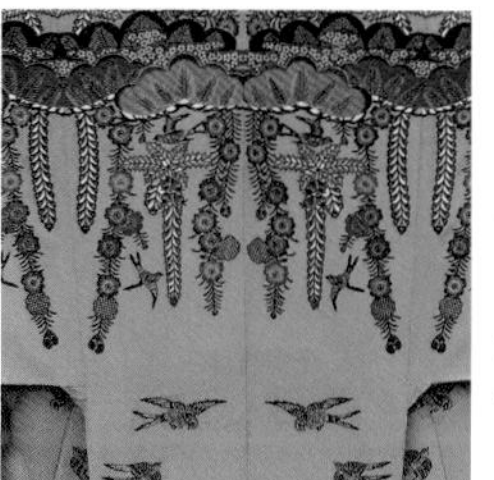

琉球びんがた事業協同組合

紅は色を、型は模様を指す、南国らしい華やかな彩りの型染め。黄、朱、藍、紫、緑を基調とした多彩な色を一枚の型紙で染め分け、模様に「隈取り」と呼ばれるぼかしをつけるのが特徴。もともとは琉球王朝の王族や貴族の礼服で、身分によって色柄が決められていた。

絞り染め

糸でくくったり、縫い締めたりして防染し、染料に浸し、白く残った部分が柄になって現れます。絞った部分は隆起するため美しい立体感があり、淡いぼかしになります。

有松・鳴海絞（愛知県）

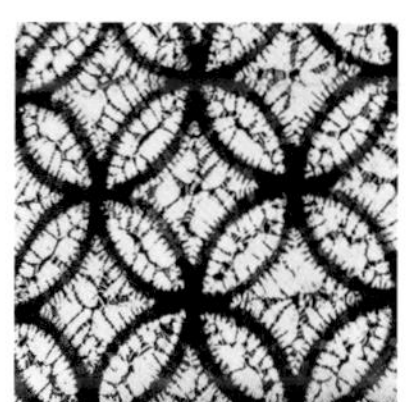

巻き上げ絞り　糸で布を何十回も巻いて絞る。

唐松縫い絞り　縫い絞りの一種で丸型に木目が入る。

有松絞商工協同組合

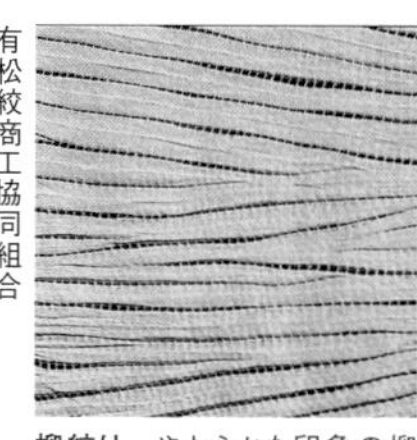

柳絞り　やわらかな印象の柳のような絞り模様。

蜘蛛絞り　蜘蛛の巣のように放射状に浮かぶ模様。

江戸時代初期、尾張藩によって開拓された有松の特産品として、三河木綿の豆絞りの手ぬぐいを売り出したのが始まりといわれる。布をくくるときに簡単な器具を用いるのが特徴で、鹿の子絞り、三浦絞りをはじめ、百数十にもおよぶ絞り文様がある。現在では、ほとんどが絹製品になっている。

京鹿の子絞（京都府）

凹凸がしっかり残っている。

観世水の柄を表した帯揚げ。

京鹿の子絞振興協同組合

絞りの模様が美しい訪問着。

総絞りの豪華な振袖。

京都で生産されている絞りの総称で、なかでも子鹿の背の斑点に似ていることから「鹿の子絞り」の名で知られる「疋田絞り」が代表的。くくり粒の精緻さと絞りで模様を描く染め分けで立体感ある仕上がりに。特に、絞りを全面にほどこした「総鹿の子絞り」は、江戸時代に奢侈禁止令の対象とされるほどぜいたくで、絞りの最高級品とされる。

織りの産地いろいろ

多くは農家の女性たちの手仕事として発達した織物は、産地も全国に散らばっているのが特徴です。

結城紬（茨城県・栃木県）絹

さが美

茨城県結城市を中心に、奈良時代から織り続けられる絹織物。手紡ぎ糸を「居坐機」と呼ばれる織機で手織りした紬は、「結城は親子三代で着る」といわれるほど非常に丈夫で堅牢。その一方で、一幅に百以上の亀甲や蚊絣を織り出す緻密さを併せ持つ。紬の最高級品。

村山大島紬（東京都）絹

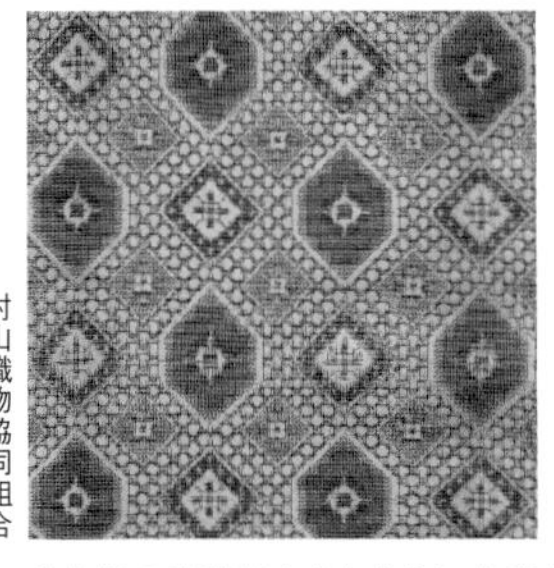

村山織物協同組合

東京都の武蔵村山市を中心に生産されている絹織物。大島紬と同じく生糸を用いて織られる紬で、大島紬に似た風合いをもつ。絣糸の防染を「板締め」で行うのが特徴。青みがかった灰色の地に藍と赤を用いた柄が多く、普段着やアンサンブルとして人気がある。

黄八丈（東京都）絹

銀座もとじ

伊豆諸島の八丈島で織られる草木染めの絹織物。島ものの生糸を島に自生する八丈刈安で染めた、鮮やかな黄色が特色となっている。黄色地に格子や縞柄のものが有名だが、樺色の「鳶八丈」や黒地の「黒八丈」もあり、3種の濃淡が多様な黄八丈を生み出している。

塩沢紬（新潟県）絹

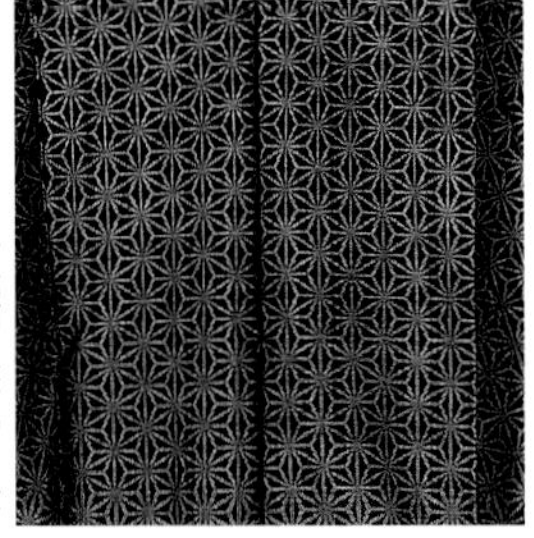

塩沢織物工業協同組合

越後上布の技法を取り入れた、「蚊絣」と呼ばれる細かい十字絣や亀甲絣が特徴の絹織物。緯糸に真綿の手紡ぎ糸を用いるため光沢が少なく、表面に小さな節がある。色使いが少なく、白や黒、藍といった色合いが多いことから男性用にも人気があるが、生産量は少ない。

小千谷縮（新潟県）麻

小千谷織物同業協同組合

「越後縮」とも呼ばれ、シャリ感のあるしぼが涼しげな麻の縮。江戸初期、播州明石の堀次郎将俊が明石縮の技法を麻に応用し、緯糸に強い撚りをかけることで独特のしぼを生み出したのが始まり。さまざまな模様がすべて緯糸で織り出されているのも特徴のひとつ。

小千谷紬（新潟県）絹

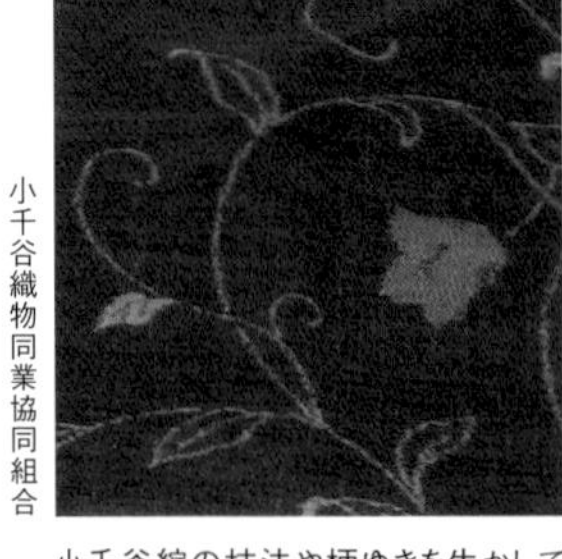

小千谷織物同業協同組合

小千谷縮の技法や柄ゆきを生かして生まれた、素朴な味わいの絹織物。小千谷では昔からくず繭を使って織った紬を自家用としていたが、昭和の始めに商品化されて人気となった。図案を元に作った「木羽定規」を用いて、緯糸のみで模様を織り出す「総緯絣」が特徴のひとつ。

本場大島紬（鹿児島県・宮崎県） 絹

本場大島紬織物協同組合

奄美大島で始まった絹織物。島に自生するテーチキ（車輪梅）の汁で染めた糸を鉄分の多い泥でもむ泥染めを繰り返すことで、独特の艶やかな黒や焦げ茶が生み出される。また、締機という専用の織機を使って行う「織り締め」も独自の工法として有名。

十日町絣（新潟県） 絹

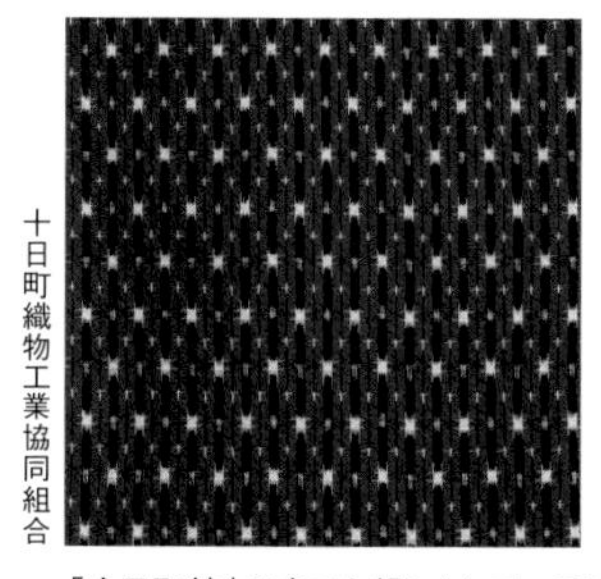

十日町織物工業協同組合

「十日町紬」の名でも親しまれているこの絣は、突き棒を使って絣糸を染める「突絣」という糸の染め方に特徴があり、色合いも多岐に富む。十日町は西陣と並ぶ絹織物の産地で、「十日町御召」「明石縮」をはじめ、さまざまな織物を「十日町織物」として産出している。

読谷山花織（沖縄県） 絹

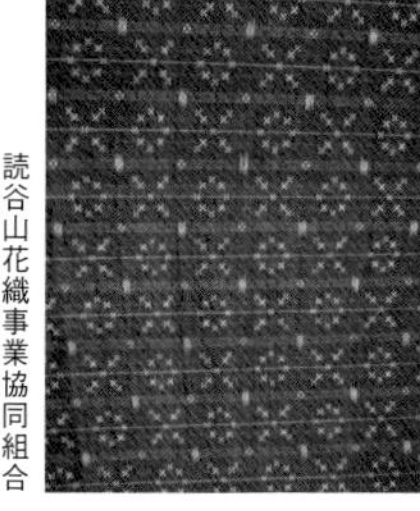

読谷山花織事業協同組合

紺や白地に赤や白、黄、緑、紫、藍などの色糸を使って花模様を織り出した、沖縄の紬織物。沖縄で織られる花柄の織物を「花織」といい、銭花、風車、扇花の3つの模様を組み合わせ、アレンジを施した模様を基本とする。色柄、技法ともに南方色の強いのが特徴。

久留米絣（福岡県） 木綿

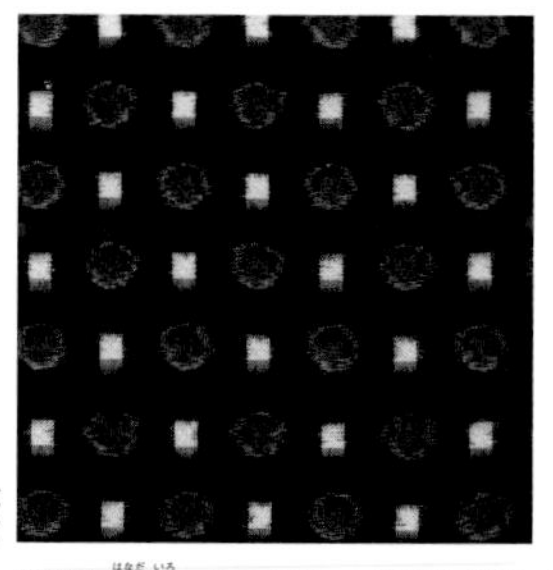

木村

濃紺と縹色、白の細かい絣柄が美しく、丈夫な木綿絣。江戸時代後期、当時12歳だった井上伝によって考案され、明治以降、実用的な絣として普及した。手ぐくりの木綿糸を天然藍で染め、手織りする昔ながらの伝統的技術は今も守られ、木綿絣の最高級品となっている。

【帯】

西陣織（京都府） 絹

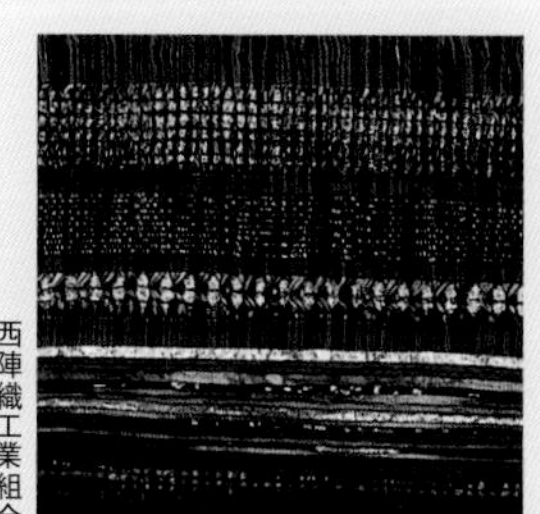

西陣織工業組合

日本を代表する織物の産地、京都・西陣で生産される織物の総称。錦、金襴、繻子、緞子など、いずれもさまざまな技法を駆使して織り上げられた、色鮮やかで精密な模様を特徴とする。応仁の乱後、西軍の本陣跡だったこの地で大きく発展したため、この名がある。

博多織（福岡県） 絹

博多織工業組合

生地に厚みと張りがあり、帯地として名高い絹織物。鎌倉時代に商人の満田弥三右衛門が宋から持ち帰った唐織の技術が始まりといわれ、独鈷、華皿（ともに仏具）、縞を織り出す独鈷模様の帯は、江戸時代に幕府への献上品とされたことから「献上博多」と呼ばれる。

用語解説

【藍染め】あいぞめ
藍で糸や布を染色すること、または染色したもの。現在は合成染料インディゴピュアを混用する場合が多く、植物藍による藍染めは、「正藍」「本藍」という。⬇118頁

【合褄幅】あいづまはば
着物の衽先のつけ止まりでの衽幅。⬇8、228頁

【麻の葉】(文様)**あさのは**
⬇263頁

【網代】(文様)**あじろ**
⬇40、263頁

【後染め】あとぞめ ⇔先染め
織り上がった白生地に、後から染色加工すること。「染め」ともいわれる。⬇12、13、14、23、24、84頁

【後練り】あとねり ⇔先練り
精練を参照。

【雨下駄】あまげた
歯が高めの下駄で、雨降りの日に適した形に作られている。本降りのときは爪皮をつける。
⬇140頁

【雨ゴート】あまごーと
雨天用に防水加工をほどこしたコート。着物が濡れるのを防ぐため丈は裾まである。⬇141頁

【洗い張り】あらいはり
着物の洗濯方法のひとつ。着物を解いて一枚の反物状に縫い合わせ洗い、素材により板張り、伸子張り、湯のしなどで仕上げる。呉服店や悉皆屋で取り扱う。
⬇245、246頁

【霰】(文様)**あられ** ⬇263頁

【有栖川文】ありすがわもん
⬇134、265頁

【荒磯文】ありそもん・あらいそもん
⬇265頁

【有松・鳴海絞】ありまつ・なるみしぼり ⬇271頁

【袷】あわせ
胴裏と八掛をつけて仕立てた着物のことで、主に10月から5月に着る。長襦袢やコートにも用いられる。⬇128、150、152頁

【生洗い】いきあらい・いけあらい
丸洗いに同じ。

【衣桁】いこう
着物を掛けておく調度品。

【居敷あて】いしきあて
単衣の着物や長襦袢の腰のあたりに、裏側から補強のために縫いつけておくあて布。人が座ったときに床につく部分を「居敷」といったことからこの名がある。
⬇131頁

【意匠】いしょう
工芸品の形、模様、色などに加える考案、工夫。

【伊勢型紙】いせかたがみ
伊勢で作られた型染めに用いる型紙で、武士の裃を染める小紋とともに発展した。略して伊勢型とも。

【伊勢木綿】いせもめん ⬇23頁

【市松】(文様)**いちまつ**
⬇263頁

【糸目糊】いとめのり
友禅染めに用いるもち米とぬかを主原料にした防染糊。友禅糊とも。筒に入れて押し出し、模様の輪郭を防染することを糸目置きという。⬇18、270頁

【色留袖】いろとめそで
地色が黒以外の留袖。五つ紋付きの色留袖は、未婚の女性も着られる礼装となるが、三つ紋や一つ紋の場合は準礼装。⬇35頁

【色糊】いろのり
染料と糊を混ぜて作る色の糊。型友禅や型小紋に用いる。「写し糊」とも。へらで地色を染めるときは「しごき糊」と呼ぶ。⬇19頁

【色無地】いろむじ
黒以外の色で一色染めされた着物。準礼装として用いられる。
⬇15、40、41頁

【色喪服】いろもふく
喪服として着用できる地味な色無地。⬇55頁

【色紋付き】いろもんつき
家紋を付けた色無地、または色留袖のこと。

【ウール】うーる
羊毛から作られた織物。ウール地の着物は単衣に仕立てることが多く、シワになりにくく丸洗いができる普段着用の着物として人気がある。夏用の薄いサマーウールもある。⬇88頁

【右近下駄】うこんげた
⬇117頁

【兎】(文様)**うさぎ** ⬇265頁

【薄物】うすもの
盛夏(7、8月)に着る薄地の織物の総称。絽、紗、麻(上布)など。⬇132、134頁

【うそつき】うそつき
半襦袢と裾よけの二部式になった襦袢で、表から見える袖や裾だけに襦袢の生地を、身頃や胴周りの隠れた部分には晒などを用いた「うそつき襦袢」のこと。長襦袢を着ているように見えるため、この名がある。⬇94頁

【内上げ】うちあげ
着物の仕立て方のひとつ。内側の隠れる位置で縫い上げること。後で丈の調節ができる。

【写し糊】うつしのり
色糊に同じ。

【鱗】(文様)**うろこ** ⬇263頁

【上前】うわまえ ⇔下前

襦袢や着物を着たときに外側にくる身頃。左前身頃ともいう。
➡8頁

【ヱ霞（文様）】 えがすみ
➡266頁

【江戸小紋】 えどこもん
模様の部分を糊で防染し、地色を一色で染め上げた型染めの着物。「江戸小紋」の名は、昭和30年頃に他の小紋と区別するためにつけられた。遠目に見ると無地に見えるほど細かい柄が特徴で、一つ紋を付けると準礼装となる。
➡19、42、43、72、78、79頁

【江戸小紋三役】 えどこもんさんやく
江戸小紋を代表する「鮫」「行儀」「角通し」の三種類の文様のこと。特に「極」とつくものは模様が細かく、格調高いとされる。
➡42、43、49頁

【江戸褄】 えどづま
江戸褄模様の略で、裾模様の一種。現在は留袖の別名で用いられる。➡20、34頁

【絵羽】 えば
模様が着物全体にわたって絵画のようにつけられた着物、あるいはその模様のこと。絵羽模様とも。縫い目で模様が途切れないよう、あらかじめ白生地を裁断・仮縫いして、下絵をつけてから糸を解き、模様づけをする。留袖、振袖、訪問着に用いられる。➡20頁

【衣紋】 えもん
「衣紋を抜く」というように、首の後ろの衿周りを指すことが多い。➡10、169、213頁

【衿】 えり ➡8、16、17頁

【衿肩あき】 えりかたあき
着物の肩に衿をつけるために、背中心線から首周りの寸法に合わせて入れた切れ込み。➡9頁

【衿先】 えりさき
衿の先。➡8頁

【衿下】 えりした
衿先から褄先までの寸法。褄下ともいう。➡8、229頁

【衿芯】 えりしん
衿の形がくずれないよう、半衿の中に入れて芯とする布のこと。三河木綿で作られた三河芯のほか、差し込み式のものもある。➡158、159、162、163、200頁

【扇（文様）】 おうぎ
➡267頁

【王朝文様】 おうちょうもんよう
➡267頁

【桜楓文】 おうふうもん
➡264頁

【大島紬】 おおしまつむぎ
鹿児島県の奄美大島で生産する高級絹織物。島の植物テーチキで作る染料で糸を染め、鉄分の多い泥の中でさらに媒染する。この染め工程を何十回も繰り返し、しなやかな糸ができる。色は渋く、文様は絣を組み合わせたものが多く、シワになりにくいのが特徴。
➡22、103、273頁

【岡木綿】 おかもめん
輸入綿糸を用いて織り出した浴衣に用いる木綿生地。江戸時代に栃木県真岡市を中心に生産された真岡木綿を模したもの。➡109頁

【衽】 おくみ ➡8、16、17頁

【お染め仕立て】 おそめじたて
開き仕立てに同じ。

【お太鼓】 おたいこ
最も一般的な帯の結び方である「お太鼓結び」のこと。および、お太鼓結びにしたときに背中に出る部分。袋帯では二重太鼓、名古屋帯では一重太鼓にする。

【苧環】 おだまき
麻糸を空洞の玉のように巻いたもの。苧環が飾りとしてついた帯締めは、街着に合う。➡81頁

【小千谷縮】 おぢやちぢみ
➡268、272頁

【小千谷紬】 おぢやつむぎ
➡268、272頁

【おはしょり】 おはしょり
女子の着物は着物の丈を腰のあたりでたくし上げ、腰紐で締めて着るが、そのたくしあげた部分を指す。➡10頁

【帯揚げ】 おびあげ
帯を結ぶときに帯枕にかぶせ、前で帯の上端に収めて飾る小布。➡10、62、96、139頁

【帯板】 おびいた
帯を締めるとき、胴周りにシワができないよう前に挟む板状の小道具。➡158、159頁

【帯地】 おびじ
帯に用いるために織られた布地のこと。着物と同じく織りと染めがある。➡26、27、28頁

【帯締め】 おびじめ
帯がくずれないように帯の上から締める紐。江戸末期にお太鼓結びができたときに初めて使われた。➡63、97、139頁

【帯芯】 おびしん
帯に張りをもたせるために帯の中に入れる芯地。織りの帯には薄手の芯、染め帯には厚手の芯を入れて仕立てることが多い。➡28頁

【帯付き】 おびつき
羽織や道行などの羽織ものを着ず、着物と帯だけの姿。帯付き姿の略。

【帯留め】 おびどめ
帯締めに通して用いる飾り。彫金、宝石、珊瑚、陶器などがある。➡63、97頁

【帯枕】 おびまくら
帯の形を整える小道具。➡158、159頁

【帯山】 おびやま
お太鼓結びをしたときの、お太鼓の上のライン。➡10頁

【御召】 おめし
「御召縮緬」の略。精練した糸を先染めし、強い撚りをかけて織り

上げるため、細かいしぼがあるのが特徴。徳川十一代将軍・家斉が好んで着たことからこの名があるといわれ、「上代御召」や「縫い取り御召」をはじめ、さまざまな種類がある。⬇23、82、83頁

【女紋】おんなもん
家紋以外に女性だけが使う紋の総称。一般的には、女性が結婚するときに、嫁入り道具や衣服に実家の母方の紋を付け、引き続き使っている紋のこと。ほかに、定紋に対して、女性が用いる優雅な替え紋を指すこともある。⬇57、72頁

か

【貝桶】(文様) **かいおけ**
⬇267頁

【懐紙】かいし
お茶席や会席料理をいただく際に用いる二つ折りの和紙。「ふところがみ」とも。⬇254頁

【貝尽くし】(文様) **かいづくし**
⬇265頁

【替え紋】かえもん
公的に決まっている家紋(定紋)の代わりに用いる略式の紋。江戸時代によく作られ、現在も歌舞伎役者の各家で用いられる。⬇57、71頁

【加賀紋】かがもん
洒落紋の一種。加賀から始まったという、友禅で描かれた色彩のついた紋のこと。草花を染めや刺繍で表したものもある。⬇56頁

【加賀友禅】かがゆうぜん
写実的な草花模様が多く、絵画調の柄を特徴とする石川県金沢の染め物。ぼかしや葉に墨で点を描く虫喰いの技法を多用する京友禅が内側から外側にぼかしているのに対し、外側から内側に向かってぼかしているのが特徴的。⬇270頁

【角通し】かくどおし
江戸小紋三役のひとつ。細かな正方形を規則的に並べた模様。⬇42、43頁

【掛け衿】かけえり
着物の部分名称。衿の汚れを防ぐために、衿の上に重ねる衿。着物と共布を用いると共衿と呼ぶ。⬇8頁

【陰紋】かげもん
紋の輪郭だけを白く染め抜いた略式の紋。染め抜き紋の一種で「裏紋」とも呼ばれ、訪問着や付け下げ、色無地などの一つ紋として用いられる。⬇56、57頁

【籠目】(文様) **かごめ**
⬇263頁

【重ね・襲】かさね
上着と下着を重ねた着方。明治・大正頃まで多用された。現在は稀に礼装に用いられるのみで、通常は重ねるように見せる比翼仕立てにする。平安時代の十二単が、かさねの美学の原点といえる。⬇260頁

【絣】かすり
経糸か緯糸、もしくはその両方を部分的に染めた「絣糸」を使って織り上げた織物。または、その模様のことをいう。まだらに染まった糸がかすれて現れることからこの名がある。⬇273頁

【化繊】かせん
「化学繊維」の略。最近はポリエステルやテトロンのほか、化繊と天然繊維を組み合わせた生地の着物などいろいろ作られている。⬇90頁

【肩あて】かたあて
着物や半襦袢の肩の裏側に補強するためにつける布のこと。

【型染め】かたぞめ
型紙を使って染色する方法、または染色したもの。大きく分けて、型抜きした部分に染料をつける染め方と、型抜き部分に防染糊をつけてから地を染める方法がある。⬇19、27、271頁

【楽器文】がっきもん
⬇267頁

【鹿の子絞り】かのこしぼり
絞りの文様が子鹿の斑点に似ていることから名づけられた絞り染めの最高級品。ひと目ひと目指先でつまんで絞る。⬇18、271頁

【裃】かみしも
武士の礼装に用いた衣装。⬇42頁

【家紋】かもん
紋に同じ。

【唐織】からおり
もともとは中国から渡来した織物の総称だったが、平安時代以来、綾織地の上に多彩な色糸を使って模様を刺繍のように織り出した絢爛豪華な絹織物のことを指すようになった。高級帯地や能装束に用いられている。⬇26、58頁

唐織

【唐草】(文様) **からくさ**
⬇262頁

【仮仕立て】かりじたて
絵羽の絵つけ時に白生地のまま裁断し、着物の形に仮縫いすること。

【観世水】(文様) **かんぜみず**
かんぜすいともいう。⬇266頁

【生糸】きいと
蚕の繭を煮てほぐし、繊維を数本ずつ合わせて糸にしたもの。未精練の絹糸。⬇14頁

【桔梗】(文様) **ききょう**
⬇112、144、264頁

【着尺】きじゃく

着物一枚を仕立てるための布地。反物と同意。

【着丈】きたけ
着る人の肩山から裾までの長さを指す。⬇10頁

【亀甲（文様）】きっこう
⬇262頁

【吉祥文様】きっしょうもんよう
縁起のよい動植物や器物などを描いた図柄。祝意を表すのに用いる。⬇47、262、265頁

【絹紅梅】きぬこうばい
木綿と絹で織った紅梅織のこと。紅梅を参照。⬇109、135頁

【黄八丈】きはちじょう
⬇272頁

【キャラコ】きゃらこ
平織した綿布を、硬く糊づけしツヤ出し加工したもの。足袋に用いられる。

【九寸名古屋】きゅうすんなごや
名古屋帯に同じ。八寸名古屋と区別して用いる。

【キュプラ】きゅぷら
光沢があり、絹のようななめらかさが特徴の人工繊維。裾よけや洋服の裏地などに用いる。

【京洗い】きょうあらい
丸洗いに同じ。⬇244頁

【行儀】ぎょうぎ
江戸小紋三役のひとつ。斜めの点が整然と並んだ模様。⬇42、43頁

【京袋帯】きょうぶくろおび
一重太鼓の長さで袋状に仕立てた帯。⬇25頁

【京友禅】きょうゆうぜん
京都で生産される友禅染めで、古典文様柄を使用したものが多く、色彩豊かで華麗。着物の制作工程は分業制度で成り立ち、各工程に専門職人がいる。⬇270頁

【桐（文様）】きり ⬇264頁

【切りばめ】きりばめ
布地の一部を切り抜き、そこに別布を切りとってはめ込み、細かく縫い合わせたもの。切りばめ風にデザインされた「切りばめ模様」や「切りばめ小紋」もある。

【金糸】きんし
金箔や金色の金属箔を糸に巻きつけたもの。織物や刺繍に用いる。金糸を多く用いるほど格上げになり、豪華になる。

【銀糸】ぎんし
銀箔や銀色の金属箔を糸に巻きつけたもの。

【禁色】きんじき ⇔ゆるし色
律令制で位階により衣服の色が定められたなか、勅許なしで着ることを禁じられた装束の色。紫と紅が官位の高位の象徴。

【金通】きんつう ⬇104頁

【鯨尺】くじらじゃく
江戸時代から着物の寸法を測るのに用いる物差し。物差しを鯨の髭で作ったことによる。丈、尺、寸、分で表す。⬇228頁

【くず繭】くずまゆ
蚕が繭を作るのをやめたりして、生糸にならない繭。紬糸に使われる。⬇22、84頁

【組紐】くみひも
数本の糸を束にして編み上げた紐。帯締めや羽織の紐に用いられる。その形状から「丸組」「角組」「平組」の三種類に分けられる他、組み方によって「四つ組」「唐組」「高麗打ち」などのさまざまな名前がある。

【組物】くみもの
織物が経糸と緯糸が90度で交差するのに対し、組物は縦方向に対して2本の糸が45度で交差する。組物の帯は組帯という。⬇93頁

【雲取り（文様）】くもどり
⬇266頁

【繰越し】くりこし
仕立て方のひとつで、着物や襦袢の衿肩あきを肩山より後ろにずらすこと。⬇9、230頁

【車文】くるまもん ⬇267頁

【久留米絣】くるめがすり
⬇23、273頁

【黒留袖】くろとめそで
「五つ紋付き黒地裾模様の留袖」の略。五つ紋を付けた黒地の留袖は、既婚女性の礼装として、結婚式や披露宴で新郎新婦の母親、仲人夫人、親族の既婚女性が着用する。⬇34頁

【黒紋付き】くろもんつき
黒無地に紋の付いた着物や羽織のこと。女性の黒無地紋付きは喪用だが、男性の黒紋付きに羽織・袴は慶弔両用の礼装。

【月象（文様）】げっしょう
⬇266頁

【源氏香（文様）】げんじこう
⬇267頁

【献上】けんじょう
「献上博多織」の略で、江戸時代に藩主・黒田氏が幕府に「独鈷文」の織物を献上したことから上等な博多織の織物のことを指す。転じて、独鈷文の博多帯のこともいう。⬇26頁

献上

【格子（文様）】こうし ⬇263頁

【紅梅】こうばい
太糸（勾配糸）と細糸を配して、表面に細かな格子状を表した織物。さらっとした肌ざわり。「勾配」糸を用いたことから「紅梅」になった。綿糸のみを用いたものを「綿紅梅」、絹糸と綿糸を用いたものを「絹紅梅」という。
⬇109頁

【石持】こくもち
後から紋を入れられるように、紋が入る部分を丸く白抜きにして染めた着物地。留袖や喪服などに

多い。

【五三の桐】 ごさんのきり
桐文様のひとつで、三枚の桐の葉の上に桐の花を左右に三つずつ、中央に五つつけたもの。花の数が五・七・五の「五七の桐」とともに、日本の代表的な家紋のひとつ。

日向紋「五三の桐」

【腰紐】 こしひも
着付けの際、着物におはしょりを作るために結ぶ幅の狭い紐。
⬇158、159頁

【御所解】（文様） ごしょどき
御所風、すなわち、四季の草花とともに牛車や檜扇、楼閣などを配した雅な風景文様。⬇266頁

【こはぜ】 こはぜ
足袋の合わせ目を留める爪形の金具。⬇64頁

【小袋帯】 こぶくろおび
帯幅が普通の帯の半幅、4寸（約15センチ）になっている袋帯。半幅帯とも。⬇120頁

【駒下駄】 こまげた
形が駒（馬）の蹄に似ていることからこの名がある。⬇117頁

【子持ち】（文様の変化） こもち
⬇104、267頁

【小紋】 こもん
繰り返し模様の型染めの着物。本来は小紋型で染めた小さい紋のことを指したが、現在は紋の大小によらず型染めの着物地の総称となっている。
⬇21、46、47、80、81頁

【衣更え】 ころもがえ
季節に応じて衣服を着替える、平安時代から行われる慣習。
⬇128頁

【佐賀錦】 さがにしき
江戸時代に佐賀藩の女性の間で織られた錦織の一種。経糸に金などの箔糸を用い、重厚な輝きが特徴。

【先染め】 さきぞめ ⇕後染め
織る前に糸を染色すること、あるいはその糸で織られた織物のこと。染め（後染め）に対する紬・絣・上布など、織りのことをいう。⬇12、13、22、23頁

【先練り】 さきねり ⇕後練り
精練を参照。

【鮫小紋】 さめこもん
江戸小紋三役のひとつ。薩摩藩島津家の留柄といわれ、三役の中でも格が高い。⬇42、43、50頁

【紗綾形】 さやがた ⬇263頁

【更紗】 さらさ
草花や鳥獣をはじめ、幾何文様などさまざまな模様を総柄で染めた綿布。室町時代にインドやジャワ（インドネシア）などから渡来し、日本でも作られるようになった。
⬇19、27、78、88頁

【晒】 さらし
漂白した木綿のこと。かつては日光や雪の上で「さらし」たことからこの名がある。

【三分紐】 さんぶひも
帯留めをつけるときに用いる、通常より細い3分幅（約1センチ）の帯締め。ほかに二分紐（幅6ミリ）もある。⬇97頁

【地色】 じいろ
模様染めや模様を織り出したものの模様以外の部分。

【塩沢紬】 しおざわつむぎ
⬇272頁

【塩瀬】 しおぜ
「塩瀬羽二重」の略。密にした細い経糸に太い緯糸を織り込むことでできた、横畝のある織り地が特徴。厚手で帯地、半衿、袱紗に使われることが多い。

【獅嚙文】 しかみもん ⬇66頁

【四君子】（文様） しくんし
⬇56、124、262頁

【しじら】 しじら
織物の表面に作り出した細かいしぼ。また、そのような織り方や織物。経糸に二種類の糸を用い、張力のある部分と緩めた部分を縞状に配列して緯糸を織り込む。経糸の緩めた部分が縞状に縮れる。「阿波しじら」が有名。

【下前】 したまえ ⇕上前
長襦袢や着物を着たときに内側になる身頃。右前身頃。⬇8頁

【悉皆】 しっかい
「残らず」「全部」という意味で、仕立て、染色、染め直し、洗い張りなど、着物に関する一切のことを業者との間に立って取り持つプロデューサー的職業。「悉皆屋」「京染め屋」ともいう。⬇244頁

【七宝】（文様） しっぽう
⬇262頁

【七宝細工】 しっぽうざいく
七宝とは七種の宝を指し、仏教の経典により異なるが、金、銀、瑠璃、玻璃（水昌）、硨磲（貝）、珊瑚、瑪瑙、真珠などを用いて作った工芸品。

【紙布】 しふ
和紙を細かく裁断し、撚りをかけて長いこよりにして織った織物。宮城県の白石で作られる紙布は、江戸時代から「白石紙布」として知られ、夏物として用いられた。

【しぼ】 しぼ
縮緬や縮などの織物の表面に作られる細かい波状の凹凸。しぼのある生地は、肌ざわりがよい。

【絞り染め】 しぼりぞめ
生地の一部を糸でくくる、縫い締

める、板で挟むなどしてから染めたもの、またはその模様。絞った部分が染め残って模様となり、立体感のある生地になる。➡18、27、271頁

【縞（文様）】 しま ➡104頁

【地紋】 じもん
生地に織り出した地模様のこと。➡14、15、40、41頁

【紗】 しゃ
もじり織の一種で、薄く、隙間ができるために透けることから、盛夏用の生地として用いられる。➡134、135頁

【尺】 しゃく
尺貫法による長さの単位で、1尺は約37・8センチ。

【シャリ感】 しゃりかん
生地の風合いを表す言葉で、握るとやや硬く、反発する感じをいう。縮や上布などの風合いを表現するときに用いられる。

【洒落紋】 しゃれもん
家紋のほかに、好みで創作する紋。➡56、57頁

【繻子】 しゅす
繻子織の略で、経糸・緯糸が交差する点が一定の間隔で配置されている織物。経糸だけ、もしくは緯糸だけで織られているように見えるのが特徴。光沢がありやわらかだが、摩擦に弱くすり切れやすい。

【襦袢】 じゅばん
ポルトガル語のジバンの当て字で、肌着のこと。素肌に身につける肌襦袢、着物の下に着る長襦袢、裾よけと組み合わせて着る半襦袢がある。➡60、94、136、137頁

【正絹】 しょうけん
混じりけのない絹糸のこと。またはその糸で織った織物をいう。

【正倉院文様】 しょうそういんもんよう
正倉院に収蔵されている染織裂に見られる文様の総称。シルクロードにより伝えられたペルシア系の文様が多く、主に礼装にほどこされる。

【松竹梅（文様）】 しょうちくばい
➡262頁

【上布】 じょうふ
細い麻糸で織られる麻織物。「上等な布」という意味があり、高級品だが普段着・街着用。夏の生地として用いられる。➡135頁

【シルクウール】 しるくうーる
経糸に絹、緯糸にウールの糸を用いた、絹の光沢とやわらかさ、ウールの丈夫さと暖かさを持ち合わせた着物地。➡88、89頁

【白生地】 しろきじ
織り上がったままの状態で、染色加工をほどこしていない白いままの織物。➡14頁

【瑞雲（文様）】 ずいうん
➡262頁

【瑞鳥】 ずいちょう
めでたいことの起こる前兆とされる鳥。鶴や鳳凰など。

【末広】 すえひろ
末広がりの形から扇子を指す。➡37頁

【素描き紋】 すがきもん
白抜きせずに、直接生地に線のみで紋を表したもの。➡40頁

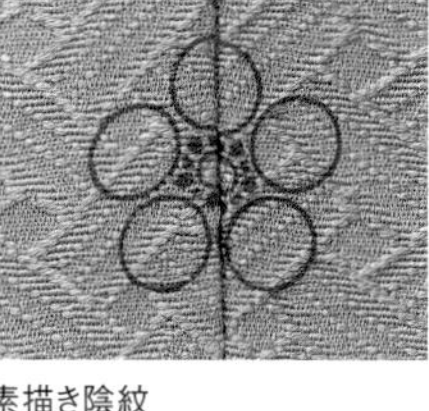

素描き陰紋
「梅鉢」

【すげる】 すげる
はめ込む、差し込むこと。また、そのようにして取りつけること。「下駄の鼻緒をすげる」など。

【裾さばき】 すそさばき
着物を着て動くとき、裾が絡んだり乱れたりしないような裾の扱い方。また、歩いているときの裾のまとまり具合を「裾さばきがよい、悪い」などという。

【裾すぼまり】 すそすぼまり
裾つぼまりとも。裾が広がらず、帯から下が裾に向けて緩やかに狭まった状態をいう。➡214頁

【裾回し】 すそまわし
八掛に同じ。

【裾模様】 すそもよう
着物の裾のほうにだけ模様を配した模様づけ。あるいは、そのような模様づけをされた着物のこと。もとは総模様が簡略化されたものだったが、江戸時代になって紋を入れた無地裾模様が女性の礼装となり、現在では、留袖の江戸褄模様を指すことが多い。

【裾よけ】 すそよけ
腰に巻きつける布。半襦袢とともに着用することが多い。➡158、159頁

【摺り込み紋】 すりこみもん
紋型を生地に張り、色で染めた紋。➡56頁

【寸】 すん
尺貫法の長さの単位。1寸は約3・78センチ。

【青海波（文様）】 せいがいは
➡142、262頁

【精練】 せいれん
繊維を染色する前に、薬品で繊維の中に含まれる不要物を取り除くこと。練るともいい、御召は糸を精練する先練り、縮緬は白生地になってから精練する後練り。

【背縫い】 せぬい
背中の中心で縫い合わせた部分。背中心ともいう。➡9頁

【全通】 ぜんつう
帯の柄づけの一種。帯の表地全体に模様がつけられていること。➡29頁

【総柄】そうがら
生地全体に模様が織り、または染め出された柄づけのこと。「総模様」とも。⬇49頁

【総絞り】そうしぼり
生地全体に絞り染めをほどこしたもの。⬇69頁

【袖】そで ⬇8、16、17頁

【袖口】そでぐち
袖から手先を出すのに開いた部分。⬇8頁

【袖丈】そでたけ
袖山から袖下までの袖の長さ。⬇8、230頁

【袖つけ】そでつけ
身頃に袖を縫いつけた部分。⬇8、230頁

【袖山】そでやま
前袖と後ろ袖の折り目の山。⬇9頁

【染め帯】そめおび
織り帯に対して、後染めの帯のことをいう。帯地には塩瀬やしぼの太い縮緬などが多く、夏物には紗や絽も用いられる。⬇27頁

【染め替え】そめかえ
古くなって退色した着物や、好みや年齢に合わなくなった着物を別の色や柄に染め替えること。⬇246頁

【染め抜き紋】そめぬきもん
白く染め抜いた紋。⬇56頁

た

【台】だい
草履の鼻緒を除くすべての部分。足を載せる表面を「天」、側面を「巻き」という。⬇65頁

【太子間道】たいしかんとう
名物裂の一種。経糸による絣で縞を表現する。⬇151頁

【大名縞】だいみょうじま ⬇104頁

【宝尽くし（文様）】たからづくし ⬇47、262頁

【滝縞】たきじま ⬇104頁

【抱き幅】だきはば
衽下がりでの前幅のこと。⬇8頁

【竹縞】たけじま ⬇104頁

【襷（文様）】たすき ⬇263頁

【橘（文様）】たちばな ⬇264頁

【龍田川（文様）】たつたがわ ⬇264頁

【伊達衿】だてえり
半衿と着物の衿の間に挟んで用いる衿。着物を二枚重ねで着ていた昔の礼装を簡略化したもので、衿の見えている部分にだけ重ねて使うことから「重ね衿」とも。⬇39、40、44、61頁

【伊達締め】だてじめ
胸元が着くずれないよう、長襦袢や着物の上に締める幅の細い単衣帯。博多織のものが有名。⬇158、159頁

【館山唐桟】たてやまとうざん
唐桟を参照。⬇23頁

【立涌（文様）】たてわく・たてわき ⬇262頁

【たとう紙】たとうがみ・たとうし
着物を畳んでしまうために和紙で作られた包装紙のこと。和紙は丈夫で通気性がよく、防湿効果がある。⬇237頁

【玉繭】たままゆ
2匹の蚕が共同して作ったひとつの繭。玉繭から取った糸を玉糸といい、節がある。⬇22頁

【袂】たもと
袖の下の袋のようになった部分。⬇8頁

【たれ】たれ
帯を結ぶときに、お太鼓などの形を作る側のこと。または、お太鼓結びの下端8〜10センチ部分。たれの端をたれ先という。⬇10頁

【反物】たんもの
和服地の総称で、着物一着分を一反とする。かつては、一反は約12メートルであったが、現在は平均的に体が大きくなったため12・5〜13メートルある。⬇16頁

【力布】ちからぬの
布目や裁ち目などで補強が必要な場所につける布のこと。着物の場合、衿肩あき部分に共布を使った細い布をつける。

【縮】ちぢみ
「縮織」の略で、生地の表面に独特のしぼがある織物。糸に強い撚りをかけて織り上げる方法は、絹、麻、綿などさまざまな素材に用いられる。表面に凹凸があるため、肌ざわりのよい夏物生地として用いられる。⬇133頁

【千鳥（文様）】ちどり ⬇265頁

【茶屋辻（文様）】ちゃやつじ ⬇266頁

【中形】ちゅうがた
本来は小紋、中形、大紋と、型染めの型の大小を指したが、現在は木綿浴衣の代用語として用いる。⬇長板中形

【散らし（文様の変化）】ちらし ⬇267頁

【縮緬】ちりめん
緯糸に強撚糸を用いた絹織物。織り上げてから精練すると、撚りが戻り縮み、布面にしぼが生まれる。⬇14頁

【塵よけ】ちりよけ
防寒や着物を汚れから守るために用いる、和装用コートの別名。

【対丈】ついたけ
おはしょりを取らずに着物を着る方法。身丈と着丈が同じ。⬇126頁

【尽くし（文様の変化）】づくし
同じ種類の文様を集めて表現する。宝尽くし、玩具尽くしなど。⬇47、262、265頁

【付け下げ】つけさげ
胸と腰、袖に配置した模様がすべて上を向いている着物、またはそ

のような模様の配置法。あらかじめ模様が逆さにならないよう上向きに模様を描き、反物のまま生地を染めたもので、略式の訪問着として用いられる。「付け下げ模様」の略。⬇21、44、45頁

【辻が花】つじがはな 絞り染めで模様を描き、描き絵をほどこした染め物。摺り箔や刺繍をあしらったものもあるが、薄白、紫、藍、緑を主体とした草花模様が特徴。室町末期～安土桃山時代に現れ、幻の染め物といわれるが、近年かつての名品を模したものや創作品が作られている。

【筒袖】つつそで 袂の部分がない筒型の袖。半襦袢に用いる。⬇137頁

【綴織】つづれおり 経糸の下に図案を置いて、色糸を使った緯糸を織り込むことで、複雑で多彩な文様を織り出す技法。緯糸を文様の部分だけに使うため、裏にも表と同じ文様が現れる。金糸・銀糸を用いたものは礼装用になり、手織りによる「本綴」は高級品。機械織りによる「紋綴れ」もある。⬇26、59頁

綴織

【繋ぎ（文様の変化）】つなぎ ⬇267頁

【角出し】つのだし 帯枕を使わず、帯揚げだけで結んだ「角出し太鼓」の略。お太鼓の両脇から出した「て先」が角のように見えることから、この名がある。江戸時代、町人の女性が好んだ。⬇114頁

【燕（文様）】つばめ ⬇265頁

【褄】つま 着物の裾の両端部分。⬇8、9頁

【爪皮】つまかわ 下駄の前の歯にゴムをかけて、下駄の先端を覆うカバー。雨が降ったときに用いる。⬇140頁

【紬】つむぎ 紬糸で織った着物。丈夫で深い味わいがあり、おしゃれ着として人気がある。もともとは農家の自家用や副業として織られたものが多く、全国各地に特色のある紬がある。「結城紬」「大島紬」など、その産地の名前をつけて呼ばれている。⬇22、84、85頁

【紬糸】つむぎいと 玉繭やくず繭から真綿を作り、引き出して手で撚りをかけて紡いだ絹糸。太く、節などがあるが、これによって紬に独特の味わいが生み出される。⬇22頁

【露芝（文様）】つゆしば ⬇264頁

【鶴亀（文様）】つるかめ ⬇265頁

【て】て たれに対する帯の反対側のこと。名古屋仕立ての名古屋帯の場合、半幅になっている側。⬇28、29頁

【手描き染め】てがきぞめ 型染めや機械染めに対し、染料を含ませた筆や刷毛で直接生地に文様を描く染色法。⬇18頁

【鉄線（文様）】てっせん ⬇264頁

【手幅】てはば 手を軽く広げたときの親指から小指までの寸法。

【胴裏】どううら 袷の着物や長襦袢の胴の部分につける裏地。⬇16頁

【東京友禅】とうきょうゆうぜん ⬇38、270頁

【唐桟】とうざん 多彩な木綿縞の総称。室町から江戸時代に輸入され、桟留縞ともいう。唐は異国を、桟はポルトガル語でインドのサントメという地名を表す。⬇23頁

【道中着】どうちゅうぎ 旅行や外出用の上着。衿は「ばち衿」で、着物のように左前に重ね合わせて紐で結んで着る。⬇67頁

【胴抜き仕立て】どうぬきじたて 袷の着物に胴裏をつけずに、八掛をつけて仕立てる方法。胴単衣ともいう。⬇155頁

【十日町絣】とおかまちがすり ⬇273頁

【飛び柄】とびがら 飛び飛びに間隔をおいて文様を配置した柄づけ。絞り染めなら「飛び絞り」と呼ぶ。総柄に対して使う。⬇81頁

【どぶ】どぶ 着丈が足りない着物の胴に別布を足すこと。または足した部分。

【留柄】とめがら 江戸時代、各家ごとに定められ、他の使用を禁じた武家の裃の小紋柄を指す。江戸小紋には、将軍家の「御召十」、徳川綱吉の「松葉」、紀州徳川家の「極鮫」、加賀藩前田家の「菊菱」など多くの留柄がある。⬇42、43頁

【留袖】とめそで 女性の礼装。既婚女性のみが着られる「黒留袖」と、未婚でも着られる「色留袖」がある。諸説あるが、江戸時代、女性が成人、または結婚して振袖の丈を短く詰めることを「袖を留める」といっていたことからこの名がついたとされる。⬇20、34、35、36、37頁

【共衿】ともえり 着物と同じ布地で、衿の上に掛ける衿。衿周りの汚れや傷みを防ぐためにつける。「掛け衿」とも。⬇8、16、17頁

【共八掛】ともはっかけ
表地と同じ布でつけた八掛。
⬇37頁

【取り（文様の変化）】どり
⬇267頁

【緞子】どんす
布面がやわらかく光沢があり、重厚感のある絹の紋織物。現在は、振袖や訪問着に用いられる地紋に光沢のある白生地として、染め下生地に用いられることが多い。

【蜻蛉（文様）】とんぼ ⬇265頁

【長板中形】ながいたちゅうがた
長さ約6・3メートル、幅約43センチ厚さ2・6センチの長板を用いる型染め。正藍一色で表と裏の両面を同じ柄で染めるのが特徴。
⬇113、118頁

長板中形

【長襦袢】ながじゅばん
着物と肌襦袢の間に着る丈の長い肌着。単衣仕立て、袷仕立て、袖のみ袷にする袖無双仕立てもある。⬇60、94、136、137頁

【名古屋帯】なごやおび
お太鼓に結ぶ帯。お太鼓部分の端を縫い、て先から胴周りの部分を半分に折った「名古屋仕立て」で仕立てることが多い。仕立て前の帯幅が9寸あることから、「九寸帯」「九寸名古屋」とも呼ばれる。大正時代に名古屋女学校の越原春子先生が考案し名づけられた。
⬇24、59、92、115頁

【名古屋仕立て】なごやじたて
お太鼓になる部分を並幅の8寸に、胴周りを半幅の4寸に仕立てた帯。⬇28、231頁

【夏帯】なつおび
夏用の帯。通気性があり清涼感のある絽や紗、麻などの生地を用いることが多い。
⬇134、135頁

【捺染】なっせん
手描き染めに対し、型染めのこと。
⬇30、43頁

【夏羽織】なつばおり
夏用の単衣の羽織。素材は絽や紗が多い。⬇143、155頁

【撫子（文様）】なでしこ
⬇144、264頁

【錦織】にしきおり
金糸・銀糸やさまざまな色糸を使って模様を織り出した多彩色の絹織物の総称。振袖や礼装用の帯地のほか、能装束や装飾用品などにも用いられる。⬇26、58頁

錦織

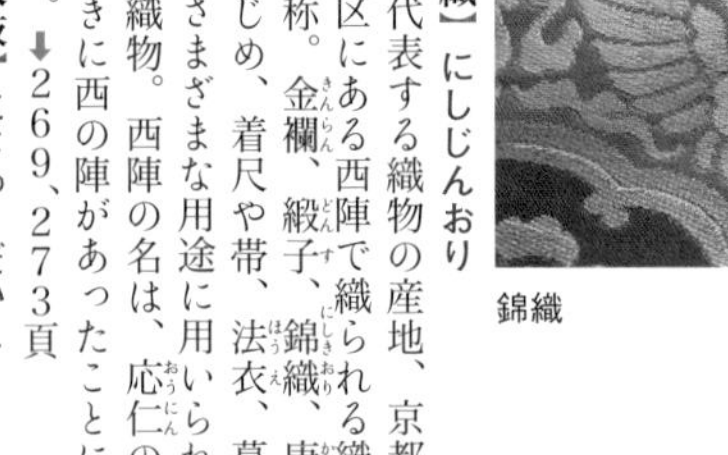

【西陣織】にしじんおり
日本を代表する織物の産地、京都市上京区にある西陣で織られる織物の総称。金襴、緞子、錦織、唐織をはじめ、着尺や帯、法衣、幕など、さまざまな用途に用いられる高級織物。西陣の名は、応仁の乱のときに西の陣があったことにちなむ。⬇269、273頁

【二重太鼓】にじゅうだいこ
帯の「お太鼓結び」のお太鼓部分が二重になったもの。丸帯や袋帯で礼装用に結ぶ。

【二部式】にぶしき
着物や襦袢の仕立てで、上下に分けて仕立てたもの。
⬇94、137、141頁

【日本刺繍】にほんししゅう
インドから中国を経て伝わった刺繍が日本でさまざまな技法を生み出し、独自の発展を遂げたもの。主に着物や帯の装飾に用いられる。

【縫い取り】ぬいとり
刺繍のこと。

日本刺繍

【縫い紋】ぬいもん
家紋を刺繍で表したもの。地色の濃淡色や、白糸、金糸・銀糸などを使った「陰紋」が多い。一つ紋の羽織や訪問着、色無地に用いられている。⬇56、57頁

縫い陰紋
「上り藤」

【塗り下駄】ぬりげた
漆塗りの下駄。⬇140頁

【捻じ（文様の変化）】ねじ
⬇267頁

【根付け】ねつけ
昔は印籠、巾着、たばこ入れなど腰にさげるものの紐の先端につけて帯に留める工芸品。今は懐中時計をつけたり、帯の飾りとして用いる。。⬇74頁

【熨斗文】のしもん ⬇267頁

【バイアス衿芯】ばいあすえりしん ↓158、159、163頁

【羽裏】はうら 袷の羽織の裏地に用いるすべりのよい生地。人前で脱ぎ着するので、裏地に趣向をこらした絵柄を用いるのが江戸の粋とされている。↓101頁

【羽織】はおり ↓101頁

【羽織紐】はおりひも ↓101頁

【博多織】はかたおり 福岡県の博多およびその付近で生産される絹織物の総称だが、一般には帯地のことを指す。↓115、273頁

【箔】はく 「箔押し」「摺箔」ともいい、金、銀、プラチナなどの金属箔や、箔を細かく粉末状にした「砂子」を布地に貼りつけて模様を表す技法。

【羽尺】はじゃく 羽織用に織られた短い尺の布地のこと。コートも作れる。

【肌襦袢】はだじゅばん 汚れ防止や保温のために、長襦袢の下に着る着物用下着。↓158、159頁

【ばち衿】ばちえり 女性の着物や長襦袢の衿型のひとつで、衿幅が衿先に向かって広くなる形。衿を折らずに簡単に着られ、浴衣に使われることが多い。

【八掛】はっかけ 袷の着物につける裏地のこと。生地は表地との調和を考えながら選ぶが、訪問着や留袖などには表地と同じ共布が用いられる。「裾回し」とも。↓16頁

【撥水加工】はっすいかこう 水濡れやシミなどを防ぐためにほどこす加工の一種。「ガード加工」とも呼ばれる。

【八寸名古屋】はっすんなごや 袋名古屋帯に同じ。織りの帯で、芯を用いず、仕立ても簡単。

【端縫い】はぬい 仕立てた着物をほどいて、反物の状態に戻して縫い合わせること。洗い張りや染め替えをする場合に用いる。↓245、246頁

【羽二重】はぶたえ 経糸・緯糸ともに撚っていない糸で織られた、光沢のある絹織物。白生地の羽二重は白羽二重と呼ばれる。↓36頁

【張り紋】はりもん 着物と同じ布に染め抜いた紋を貼り付ける紋。↓69頁

【パレス】ぱれす パレス縮緬の略で、経糸に生糸と緯糸にパレス撚りと呼ばれる強撚糸を用いた織物。しぼが目立たず、すべりがよいことから、八掛や長襦袢地に用いられる。

【半衿】はんえり 襦袢の衿の上に掛けるおしゃれと汚れ防止の衿。↓61、95、138、162頁

【半襦袢】はんじゅばん 二部式襦袢（うそつき襦袢）の上の部分。半衿をつけ、裾よけと合わせて長襦袢のように使う。↓94、137頁

【半幅帯】はんはばおび 帯幅が並幅・8寸の半分、4寸幅（約15センチ）の帯。並幅を半分に織って仕立てたもの、始めから半幅に織った単衣帯、半幅の袋織にした小袋帯がある。現在は女性の平均身長が高くなったため、4寸3分が主流。↓25、93、114頁

【疋・匹】ひき 反物2反分の長さのこと。羽織と着物を対で着るときに用いる。主に男性向け。

【疋田絞り】ひったしぼり 絞りの技法の一種で、「鹿の子絞り」の中でも、布目に対して45度方向に、隙間なく粒が並ぶ高級な絞り染め。「匹田絞り」「疋田鹿の子」とも。

【単衣】ひとえ 初夏から初秋にかけて着る、裏のない単衣仕立ての着物のこと。↓130、131頁

【単衣仕立て】ひとえじたて 裏地をつけずに仕立てること。

【一越縮緬】ひとこしちりめん 縮緬の一種。強く撚りをかけた左撚りと右撚りの緯糸を一本おきに（一越）織り込んだ、しぼの細かい縮緬。↓37頁

【日向紋】ひなたもん 白く染め抜いた正式の紋。男女ともに礼装に用いられる。略式の紋である「陰紋」に対して、「表紋」ともいう。↓36、56、57頁

染め抜き日向紋
「丸に四目菱」

【比翼仕立て】ひよくじたて 着物の衿、裾、袖口、振りなどに布を縫いつけ、二枚重ねて着ているように見せる仕立てのこと。主に留袖に用いる。↓34、35、36頁

【開き仕立て】ひらきじたて 名古屋帯の仕立て方の一種で、て・先を開いたまま縁を折り返して額縁のようにかがること。「お染め仕立て」「額縁仕立て」「鏡仕立て」ともいう。↓29、231頁

【平組】ひらぐみ 平たく組んだ組紐。帯締めや羽織紐などに用いられる。↓139頁

【広衿】ひろえり 最も一般的な衿のひとつで、約11センチで仕立てた衿のこと。衿幅

を半分に折って着るが、好みや体型によって自由に調節でき、着くずれしにくい。

【紅型】びんがた 沖縄の伝統染色技法で、多彩ではでやかな型染め。現在は、内地で染められる江戸紅型などもある。➡27、271頁

【ふき】ふき 袷の着物で、袖口や裾の裏地を表に出し仕立てた部分のこと。表地の汚れや傷みを防ぐための工夫で表地との配色も大事。

【吹き寄せ（文様）】ふきよせ ➡264頁

【ふくら雀（文様）】ふくらすずめ ➡265頁

【袋帯】ふくろおび 丸帯に代わって礼装用に作られた帯で、袋状に織られていたことからこの名がある。長さが1丈1尺1寸（約4メートル20センチ）以上と長いため、二重太鼓や変わり結びなどが楽しめる。婚礼衣装や礼装などに用いられる。➡24、58頁

【袋名古屋帯】ふくろなごやおび 帯幅が8寸（約30センチ）で、綴織や紬、博多織など、厚地の生地で織られた単衣仕立ての帯。「八寸名古屋」「八寸帯」「かがり帯」とも呼ばれる。➡25、59、93頁

【伏せ糊】ふせのり 地色を染めるとき、文様の部分に地色が混じらないように糊で防染すること。

【振り】ふり 袖つけから下の袖が開いている部分。➡8頁

【振袖】ふりそで 袖丈の長い着物で、未婚女性の礼装。

【プレタ着物】ぷれたきもの 仕立て上がりの状態で販売されている着物。プレタポルテ（＝高級既製服）と着物を合わせた造語。

【兵児帯】へこおび 薩摩（鹿児島県）の方言で青年を兵児といい、彼らが締めた白いしごき帯を兵児帯といった。西南の役のとき、兵士が使ったことから書生の間に広まった。近年は大人の女性用が市販されている。➡114頁

【別珍】べっちん 綿ビロードのこと。和装の場合、足袋に用いられる。

【紅花染め】べにばなぞめ 「紅染め」ともいい、紅花を染料にして生地を紅や黄色に染めた生地。紅花には防虫効果がある。

【防染糊】ぼうせんのり 色が入ってほしくないところに染料がしみ込まないように置く糊。糸目糊（友禅糊）のこと。友禅染めなどに用いる。

【訪問着】ほうもんぎ 留袖や振袖についで格調の高い準礼装。未婚、既婚を問わず着られるフォーマルな着物だが、パーティやお茶会などにも用いられる。現在は紋を省略するのが一般的。➡20、38、39頁

【ぼかし染め】ぼかしぞめ 濃い部分からだんだん淡く染める染め方。➡18頁

【補整（着物の）】ほせい 体型を茶筒型にするため、ウエストなどのくぼんだ部分にタオルなどをあてて、美しい和装シルエットを作ること。➡166、167頁

【ポリエステル】ぽりえすてる 摩擦に強く、耐久性のある合成繊維。ポリエステルで作られた着物は、安価で洗えるので人気がある。➡化繊

【本畳み】ほんだたみ 留袖・振袖以外の着物を畳む方法。➡238頁

【本場大島紬】ほんばおおしまつむぎ ➡273頁

本場大島紬には、奄美大島産と鹿児島産がある

ま

【前つぼ】まえつぼ 草履や下駄の足の親指と人差し指に挟む部分。➡65頁

【前幅】まえはば 前身頃の裾の幅。➡8、9頁

【蒔絵】まきえ 漆器の上に漆で模様を描き、金粉や銀粉を「蒔いて」付着させる、日本独自の漆工芸。和装ではかんざしや帯留めなどに用いる。

【松葉仕立て】まつばじたて 名古屋帯の仕立ての一種で、て先だけを半分に折って仕立てたもの。➡29、231頁

【丸洗い】まるあらい 着物を反物状に戻す洗い張りに対し、着物をほどかずにそのままの状態で洗うこと。京洗い、生洗いとも。➡244頁

【丸帯】まるおび 広幅に織った帯地を縦半分に折り、端を縫って仕立てた帯。表と裏が同じ柄になる。礼装用に用いられたが、戦後より軽い袋帯に替わられた。➡73頁

【丸ぐけ】まるぐけ 綿の芯を入れて、生地を筒状に縫った帯締め。主に礼装用に用いられる。

【真綿】まわた

繭で作った綿。繭をひとつずつ伸ばし、広げて乾燥させる。⬇22頁

【万筋（文様）】まんすじ ⬇104頁

【三河芯】みかわしん ⬇158、159頁

【三河木綿】みかわもめん 日本に初めて綿が伝えられた三河で作られる、厚手で丈夫な木綿。衿芯、帯芯、足袋底などに用いられる。⬇28頁

【身丈】みたけ 着物の肩山から裾までの長さ。⬇9、229頁

【道行】みちゆき 防寒や塵よけとして用いる和装用コート。約2センチほどの小衿が額縁のように縁取られた四角い「道行衿」が特徴。⬇67、141、154頁

【身幅】みはば 着物の衽幅、前幅、後ろ幅を合わせた幅。⬇8、9、229頁

【身八つ口】みやつくち 着物の身頃の脇の開き。⬇8頁

【狢菊（文様）】むじなぎく ⬇264頁

【無双（仕立て）】むそう（じたて） 表も裏も同じ生地で仕立てた、袷仕立ての一種。現在では主に袷の長襦袢の袖に用いられ、袖無双胴抜き仕立てが多い。

【村山大島紬】むらやまおおしまつむぎ ⬇272頁

【名所旧跡文】めいしょきゅうせきもん ⬇266頁

【銘仙】めいせん 丈夫で安価なことから、明治から昭和の初めまで庶民の着物の主流となっていた平織の着物。関東の養蚕地に発達し、「東の銘仙、西の御召」といわれたが、現在はほとんど生産されていない。

【名物裂】めいぶつぎれ 主に室町時代に舶来した宋・元・明時代の中国の美術織物。武士や富商、茶人に愛用された。時代裂ともいう。有名なものに、角倉金襴、有栖川錦、遠州緞子、吉野間道などがある。⬇265頁

【綿紅梅】めんこうばい 木綿で織られた紅梅織のこと。シャリ感のあることから浴衣地に用いられる。⬇109、112頁

【綿コーマ】めんこーま コーマ糸によって織られた綿織物。コーマ糸は、糸を紡ぐ際にコーマ通しと呼ばれるコーミング（櫛通し）を行うことでゴミや短い繊維を取り除き、長く細い繊維だけをそろえた糸。⬇108、109頁

【綿縮】めんちぢみ 縮を参照。

【綿紬】めんつむぎ 紬のように糸を先に染めてから織った木綿のことで、浴衣などに用いられる。⬇108、109頁

【綿絽】めんろ 木綿糸で絽に織った織物で、絽目と呼ばれる隙間があり、涼感がある。⬇108、109頁

【もじり織】もじりおり 経糸がからみ合ったところに緯糸を通して織り、隙間を作る。紗、羅はもじり織りの代表的織物組成。からみ織りともいう。

【モスリン】もすりん 薄くて軽く、やわらかなウールのこと。戦前まで幅広く用いられた。メリンスともいい、スペイン原産のメリノウールで織ったためこう呼ばれる。腰紐にも用いる。

【紅絹】もみ 紅花で染めた紅色の平絹。胴裏に用いる。⬇79頁

【木綿】もめん 江戸時代に、麻に代わって浴衣や普段着の素材として用いられるようになった。松阪（三重）、三河（愛知）、真岡（栃木）、河内（大阪）などが産地として発展した。

【紋】もん 「紋所」「家紋」「定紋」「紋章」に同じ。家を象徴する紋章。平安朝に貴族が衣服や牛車、調度品に付けたものが、戦国時代に武士の目印となり、江戸時代に庶民に広まった。黒留袖と喪服には必ず付けるが、紋の数とともに、その表現方法によっても格式が異なり、「染め抜き日向五つ紋」が最も格式高い紋とされている。⬇56、57頁

【紋織物】もんおりもの 紋様を織り出した織物のこと。紋御召、紋縮緬、紋綸子など。⬇15、26頁

【紋付き】もんつき 礼装用として家紋を付けた着物や羽織の総称。背縫いに紋ひとつの「一つ紋」、左右の後ろ袖に紋を加えた「三つ紋」、さらに両胸の抱き紋を加えた「五つ紋」があり、五つ紋のものが最も正式なものとされる。

や

【矢鱈縞（文様）】やたらじま ⬇104頁

【結城紬】ゆうきつむぎ 茨城県の結城市と栃木県にまたがる一帯で織られる代表的な紬。居坐機という伝統的な織機を用い、手工品の温かな味が感じられる貴重な織物となっている。⬇22、272頁

【友禅染め】ゆうぜんぞめ 友禅糊を使って隣り合う色が混ざらないように防染し、多彩で精巧な模様を染め上げる、日本を代表する染色法のひとつ。江戸時代、扇絵師の宮崎友禅斎によって始められた。本来はすべて手描きだっ

たが、明治以降、型紙を使った「型友禅」が生まれ、量産されるようになった。➡18、19、270頁

【有職文様】ゆうそくもんよう
平安時代以降、公家の装束や調度品に用いられた格調高く優美な文様のこと。唐から伝わった文様が平安中期に和風化したもので、現在でも吉祥文様として礼装用の着物や帯に用いられている。➡262頁

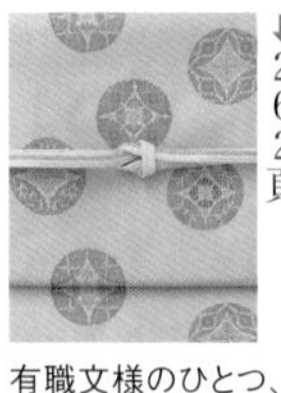
有職文様のひとつ、浮線綾

【浴衣】ゆかた
夏の遊び着。もともとは平安時代、高貴な人が入浴するとき「湯帷子」という麻の着物を着ていたのが始まり。江戸時代に湯上がりに木綿の単衣の着物を着ることが流行し、浴衣と呼ばれるようになった。➡110〜113頁

【裄】ゆき
背中心から袖口までの幅。肩幅と袖幅を足した幅。➡8、229頁

【雪持ち笹（文様）】ゆきもちざさ
➡266頁

【雪輪（文様）】ゆきわ　➡266頁

【湯通し】ゆどおし
製織中についた布地の糊を取るために、布地をぬるま湯に浸すこと。布地に光沢とやわらかさが出る。織物に用いる。「糊抜き」とも。

【湯のし】ゆのし
生地の長さや幅を一定にそろえるために、蒸気をあててシワや縮みを伸ばすこと。染め物に用いる。生地の風合いも増す。

【冠組】ゆるぎぐみ
表が中央で半分に割れたようになっている帯締め。主に冠の紐に用いられたことからこの名がある。➡63、97頁

【ゆるし色】ゆるしいろ　⇔禁色
禁色に対して、誰もが着用できた色。禁色であった紅色・紫色の淡いものを指すことも。

【楊柳】ようりゅう
「楊柳縮緬」の略。緯糸に片撚りの強撚糸を用いることで、縦に柳の葉のような不規則な形のしぼが現れる縮緬の一種。「楊柳クレープ」とも。➡137頁

楊柳

【夜着畳み】よぎだたみ
留袖や振袖、訪問着など絵羽模様になった着物に向く畳み方。➡239頁

【四丈物】よじょうもの
長さが4丈（約16メートル）の反物のこと。普通一反は3丈（約12メートル）だが、八掛を共布で作る場合はもう1丈（約4メートル）必要になる。

【読谷山花織】よみたんざんはなおり　➡273頁

【撚りをかける】よりをかける
糸を捻じり合わせること。撚糸は撚りをかけた糸のこと。縮緬は強い撚りをかけた強撚糸を用いる。

【よろけ（文様の変化）】よろけ
➡104、267頁

ら

【羅】ら
経糸を左右の緯糸に絡ませて織る薄手の絹織物。織り地に隙間が多く透けるのが特徴。➡129頁

【琉球紅型】りゅうきゅうびんがた
➡271頁

【柳状縮緬】りゅうじょうちりめん
御召、御召縮緬に同じ。

【流水】りゅうすい　➡266頁

【綸子】りんず
撚りの少ない生糸を用いて経糸で地を、緯糸で地紋を織り出した美しい光沢のある絹織物。「紋綸子」ともいう。礼装用の着物に多く用いられ、厚手だがやわらかいのが特徴。➡14頁

【絽】ろ
もじり織の間に平織を入れて織り上げた織物。「絽目」と呼ばれる独特の隙間が特徴で、絽目と絽目の間に入る糸の数によって、「三本絽」「五本絽」などと呼ばれる。薄くて軽い、夏の代表的な生地。➡14、135、136、138頁

【ろうけつ染め】ろうけつぞめ
ろうを防染剤として用いる染物のこと。ジャワのバティックが有名。➡18頁

【六寸帯】ろくすんおび
帯幅が6寸（約23センチ）の帯のこと。名古屋帯と半幅帯との中間で、名古屋帯よりもいろいろな帯結びが楽しめ、半幅帯より華やかさが出る。➡120頁

【六通】ろくつう
「六尺通し柄」の略で、お太鼓のたれ先から胴まで約6尺（約2・3メートル）模様のある帯。て先を除いて胴に巻く最初の一周部分だけが無地となっている。帯の6割に柄をつけたものという説もある。➡29頁

【和装ブラジャー】わそうぶらじゃー
胸のふくらみを目立たないようにする和装用のブラジャー。➡158、159頁

【撮影・取材協力】

青山みとも
荒川
awai
井澤屋
太田屋(着物再生専門店)
加藤萬
木村
きもの英
京源
京都小泉
銀座伊勢由
銀座いせよし
銀座いち利
銀座もとじ
さが美
三勝
塩野屋
時代布と時代衣装 池田
新装大橋
龍村美術織物
竺仙
辻屋本店
東京ますいわ屋
畑龍
はんなり浅草店
富士屋
ゑり正
ゑりの高砂屋
FURLA

※店名は、当社既刊『伝統を知り、今様に着る着物の事典』『着物でおでかけ安心帖』刊行時のものです。
※掲載した商品は、入手できないことがあります。
※クレジット記載のないものは、スタイリスト、スタッフの私物です。

参考文献

『きものあとさき』青木玉（新潮社）
『きものがたり』宮尾登美子（世界文化社）
『きもの暮らし』青木玉・吉岡幸雄（PHP研究所）
『きものの花咲くころ』田中敦子（主婦の友社）
『婦人の生活』より記事「きもの讀本」安並半太郎（生活社）
『窓のむこうに』平岩弓枝（廣済堂出版）

『新しい和裁』織田稔子（永岡書店）
『きものに強くなる』（世界文化社）
『きもののお手入れ&お直し』（世界文化社）
『着物のマナーお手本帖』五藤禮子監修（成美堂出版）
『きものの装い決定版』（世界文化社）
『現代きもの用語事典』本吉春三郎（婦人画報社）
『ひと目でわかる！保存版 帯の基礎知識』（世界文化社）
『別冊 NHK おしゃれ工房　めしませ着物』（日本放送出版協会版）

『かさねの色目―平安の配彩美』長崎盛輝（青幻舎）
『日本の伝統色―その色名と色調』長崎盛輝（青幻舎）
『眼で遊び、心で愛でる 日本の色』（学習研究社）

撮影／高橋仁己

大久保信子（おおくぼ・のぶこ）

着物スタイリスト、江戸着物研究家。東京・日本橋に三代続いた木綿問屋に生まれる。お茶の水女子大学附属高等学校、学習院女子短期大学（現・学習院女子大学）英米文学科卒。着付け講師を経て、着物スタイリストに。雑誌をはじめ、舞台やテレビの衣装担当もこなす。豊富な経験から一人ひとりの個性を引き出すセンスと技術に、多くの女優や歌手から支持されている。歌舞伎などの伝統文化にも精通し、江戸文化研究家としても知られる。『徹子の部屋』（テレビ朝日）出演。『手ほどき七緒　永久保存版　大久保信子さんの着付けのヒミツ』（プレジデント社）監修。『DVD付き ひとりで着られる着付けの教科書』（成美堂出版）、『大久保信子さんに教わる 人に着せる着付けと帯結び』（世界文化社）など著書多数。

デザイン・DTP	周玉慧
本文撮影	小塚恭子、森山雅智
カバー撮影	尾島翔太
モデル	中村多香子、井田まゆみ
ヘア&メイク	大門友子（MASH）
イラスト	赤澤英子、坂川由美香（文様）、坂木浩子、花島ゆき
ライター	富士本多美、久保田真理、山田桂、石森康子、藁科裕里、重松美奈子
校正	夢の本棚社
編集制作	童夢

本書は、当社既刊の『伝統を知り、今様に着る着物の事典』に新たな情報（当社既刊の『着物でおでかけ安心帖』に掲載の「着つけと帯結び」ページ）を加え、リニューアルしたものです。

改訂版
伝統を知り、今様に着る
着物の事典

監修者　大久保信子
発行者　池田士文
印刷所　日経印刷株式会社
製本所　日経印刷株式会社
発行所　株式会社池田書店
〒162-0851
東京都新宿区弁天町43番地
電話 03-3267-6821（代）
FAX 03-3235-6672

落丁・乱丁はお取り替えいたします。

ISBN978-4-262-16046-7

[本書内容に関するお問い合わせ]
書名、該当ページを明記の上、郵送、FAX、または当社ホームページお問い合わせフォームからお送りください。なお回答にはお時間がかかる場合がございます。電話によるお問い合わせはお受けしておりません。また本書内容以外のご質問などにもお答えできませんので、あらかじめご了承ください。本書のご感想についても、当社HPフォームよりお寄せください。
[お問い合わせ・ご感想フォーム]
当社ホームページから
https://www.ikedashoten.co.jp/

23006510